創始者たち

イーロン・マスク、ピーター・ティールと
世界一のリスクテイカーたちの薄氷の伝説

ジミー・ソニ 著
櫻井祐子 訳

ダイヤモンド社

THE FOUNDERS
by
Jimmy Soni

本書の執筆を始めたときに生まれた娘のヴェニスと
執筆を終えたときに他界した編集者のアリスに捧ぐ

新しい制度を率先して導入することほど、難しく、危険を伴い、成功が疑わしい企てはないということを忘れてはならない。なぜなら、革新を起こそうとする者は、旧制度でうまくやっていたすべての者たちを敵にまわしてしまうからであり、新制度で成功しそうな者たちにしても、冷めた味方にしかならないからである。こうした冷めた態度は、古い制度のもとで法を振りかざす敵への恐れから、また人間の懐疑心から生まれる。人間は経験を積むまでは新しいものごとを信じようとしないものなのだ。

——ニッコロ・マキアヴェリ『君主論』

卓越した精密科学と呼ばれるものの助けを借りて、未知の世界の境目を歩くことを覚えた者たちは、純白の空想の翼に乗って、われわれの住む未踏の地の、さらに奥深くに到達できることだろう。

——エイダ・ラヴレス

INTRODUCTION
シリコンバレーの謎

「おいおい、君のせいで屋根裏を引っかきまわす羽目になったぞ」

とイーロン・マスクは言った。

私たちが座っていた場所はマスクの自宅のリビングルームだったが、それでもこのたとえはしっくりきた。マスクは私にペイパルの物語を語ってくれようとしていたのだ。

時は２０１９年１月。マスクが二十数年前に共同創業したペイパルは、彼の記憶の片隅に追いやられていてもおかしくなかった。

この前日、マスクは２００３年から経営している電気自動車会社、テスラモーターズの大規模な一時解雇《レイオフ》を発表し、１週間前には２００２年に創業した航空宇宙メーカー／宇宙輸送サービス会社、スペースXの10パーセントの人員削減を発表したばかりだった。

混乱の渦中にあるマスクが、昔のことをどれだけ語ってくれるのか不安はあった。語り尽くされた話でお茶を濁され、追い払われることも覚悟して、私はインタビューに臨んだのだった。

だがインターネットの発展やペイパルの起源を語るうちに、マスクから物語があふれ出した。カナダの銀行での初めてのインターンのこと、一つ目と二つ目のスタートアップのこと、CEOの座を追われたときの気持ち……。

3時間が過ぎ、そろそろ夕方になろうとするころ、私はここでいったん終わりにしようと提案した。インタビューは1時間の予定だった。マスクが貴重な時間を割いてくれたのはうれしかったが、迷惑はかけたくなかった。

だが玄関まで歩く間にも、マスクはまた別のペイパルの物語を語り始めた。47歳のマスクは、輝かしい過去の話をせがまれた老人のように熱っぽく話した。「もう20年も経ったなんて信じがたいな!」

「ペイパルマフィア」と呼ばれる人脈集団

たしかに信じがたかった——歳月の経過だけでなく、ペイパル出身者がその間に成し遂げた業績もだ。
過去20年間にインターネットに触れたことがある人は、ペイパル出身者とゆかりのあるプロダクトやサービス、ウェブサイトを何かしら利用しているはずだ。

ユーチューブ、テスラ、スペースX、リンクトイン、イェルプ、パランティアなどの現代を代表する諸企業をつくったのは、ペイパルの初期社員だ。グーグルやフェイスブック〔現メタ〕、シリコンバレーの主要ベンチャーキャピタルなどの要職に就いた出身者も多い。

ペイパル出身者はこの20年間、シリコンバレーのほとんどの主要企業の創設、資金提供、支援に、あらゆるかたちで関わってきた。

彼らは史上最強のネットワークを築き、その力と影響力は「ペイパルマフィア」という物騒な呼び名によく表れている。ペイパルから数人のビリオネアと数多くのミリオネアが生まれ、彼らの純資産の合計はニュージーランドのGDPさえ超える。

その活躍は、資産を築きテクノロジーを動かすだけに留まらない。ペイパル出身者は画期的なマイクロレンディング（小口融資）のNPOを設立し、製作した映画で賞を総なめにし、ベストセラーを執筆し、州議会から連邦政府までの政治家に助言を与えている。

それに世界の系図記録から、広大な森林生態系の再生、「世界中のプロフェッショナルの生産性の向上」までのさまざまな使命の実現に、ペイパルでの経験を生かしている。

また彼らは現代最大の社会的、文化的、政治的論争に飛び込み、言論の自由や金融規制、テクノロジーとプライバシー、所得格差、仮想通貨の有効性、シリコンバレーの差別問題などをめぐって激論を戦わせている。

ペイパルの創業者たちは、賛美者にとっては模範とすべき集団だが、批判者にとっては巨大

IT企業の諸悪の権化であり、絶大な権力を握るテクノユートピア的自由至上主義者《リバタリアン》ということになる。

実際、ペイパルの創業者たちに関しては「ほどほど」の評価というものはない——彼らは見る人次第で英雄にも、怪物にもなる存在なのだ。

なぜ同じ場所から「世界を変える大物」が続出したのか？

それなのに、ペイパルの物語はほとんど語られることがない。話題に上るとすれば、出身者のその後の華々しい業績の踏み台になったことを称賛するくだりの中だけだ。

ペイパル後の彼らの成功があまりにも伝説的で、彼らをめぐる論争があまりにも目立つせいで、ペイパルの誕生物語はかすんでしまう。「宇宙旅行」のほうが「決済サービス」より新聞ネタになりやすい。

だが私は不思議で仕方がなかった。まるで、同じ小さな町で育った仲間が揃いも揃って成功しているのに、誰も彼らに成功の秘訣を訊ねないようなものだ。それにもったいない気もした。ペイパルの創生期に触れないのでは、創業者たちのいちばん興味深い部分をあえて無視し、彼らの初期のキャリアとその後の業績の原点となる経験をみすみす見逃すことになる。

ペイパルの起源について調べ、訊ねまわるうちに、その物語が見過ごされてきたこと、中心人物不在で語り直されていることに気がついた。

私がインタビューした多くの人が、ペイパルでの経験について詳しく聞かれたことが一度もないと打ち明けた。そして彼らの語る物語は、ペイパル出身の有名人たちが語る物語に勝るとも劣らないほど示唆《しさ》と発見に満ちていた。

実際、ペイパルの物語は、エンジニアやUXデザイナー、ネットワーク技術者、プロダクトスペシャリスト、不正対策担当者、サポート担当者たちが語ってこそ、息吹を与えられる。ある元社員が言っていた。

「たしかにペイパルにはピーター・ティールやマックス・レヴチン、リード・ホフマンのような人たちがいた。でも僕が入社したころ、神と崇《あが》められていたのは、データベース管理者だったよ」

1998年から2002年までの間にペイパルで働いた有名無名の数百人は、あの経験のおかげで、リーダーシップや戦略、テクノロジーへの取り組み方が一変したと、口を揃えて言った。ペイパル後も、当時のチームのような情熱と知性、率先力を持つチームを探し続けているという人も多かった。

「あのチームには本当に特別な何かがあったが、当時は誰も意識していなかったんじゃないかな」とプロダクトチームの一員は語った。「でもいまはどんなチームにいても、初期のペイパルにあった、あの特別な感覚を求めてしまう。めったに出会えない、あの魔法のような何かをずっと探し続けているんだ」

ある社員は、ペイパルの「バタフライ効果」を語った。マスク、ティール、レヴチンをはじめとする創業者たちが創造したものは、何百万、何千万人に影響をおよぼしただけでなく、それらの創造に立ち会った数百人の社員や関係者の人生までも変えてしまったというのだ。

「あの経験は僕にも僕の人生にも、この先ずっと影響を与え続けるだろう」

ペイパルの最初の数年間を知れば、テクノロジー史上最もめくるめく時代と、それをつくったためざましい人々をよりよく理解できるはずだ。この数年間のことを調べれば調べるほど、「屋根裏」を引っかきまわす必要をますます痛感したのだった。

ピーター・ティールとイーロン・マスクが手を組む

ペイパルの創業は、インターネット時代の中でもとくに壮大で信じがたい物語だ。

あれから20年が経ち、インターネットでモノを買うことをわざわざ「eコマース」なんて言わない現代に暮らしていると、ペイパルのようなサービスは、あってあたりまえのように感じられる。スマホを数回タップするだけで車を戸口まで呼べるこの時代、メールを使った送金は「すごい」ことには思えない。

だが、電子送金の基盤技術の開発が簡単だったとか、ペイパルが成功すべくして成功したなどと考えるのは大きな間違いだ。

いま知られているペイパルは、二つの会社が合体して生まれた。

一方の会社、フィールドリンク（のちにコンフィニティと改称）は、1998年にマックス・レヴチンとピーター・ティールという無名の二人が設立した。コンフィニティはやがてお金とメールを結びつける「ペイパル」の枠組みを開発し、オークションサイトのイーベイの利用者に熱狂的に受け入れられた。

だが当時、デジタル決済を手がける企業はコンフィニティだけではなかった。

イーロン・マスクが最初のスタートアップを売却した直後に立ち上げたX.com（Xドットコム）も、メール送金サービスを提供した。ただ、そのサービスはマスクの当初の野心的な構想とはかけ離れていた。

マスクはX.comを足がかりに、金融サービスに革命を起こそうとした。X.comを「すべての金融商品・サービスをまとめて提供し業界を支配する、アルファベット一文字のウェブサイト」として打ち出した。だが紆余曲折《うよきよくせつ》の戦略転換ののちに、金融サービス全体に切り込む踏み台として、コンフィニティと同じオンライン決済市場を狙うことにした。

コンフィニティとX.comは、イーベイでの決済のシェアをめぐって競争心を燃やし、死闘を繰り広げ、ついには苦渋の合併に至った。

その後の数年間、合併後の会社は、存続の危機にさらされ続けた。

ペイパルは当初から訴訟や不正利用、模倣に苦しめられ続けた四面楚歌のスタートアップだった。数十億ドル規模の巨大金融機関や手厳しいメディア、懐疑的な世間、敵対的な規制当局、海外の不正者と戦った。たった4年の間に、ITバブルの崩壊と州検察当局の捜査、自社の投資家によるプロダクトの模倣を経験した。

熾烈な競争にもさらされた。草創期には決済市場に新規参入した10社以上の競合と戦いつつ、ビザやマスターカードなどのクレジットカード会社や巨大銀行など既存企業の参入にも耐えた。またペイパルはイーベイ上の主要な決済サービスになったために、イーベイが得るはずの手数料をかすめ取る侵入者とみなされ、イーベイ経営陣に目の敵《かたき》にされた。イーベイはペイパルを蹴落とすために、決済会社を買収して自前の決済サービスを提供した。この競争がペイパルの初期の数年間に色濃く影響を与えた。

世界制覇か死か

――「世界制覇指数」を見つめながら働く

そうした荒波をさておいても、社内は混乱に満ちていた。

「ペイパルをマフィアと呼ぶのはマフィアへの侮辱だよ」と初期の取締役ジョン・マロイは笑う。「マフィアはわれわれよりずっとうまく組織化されている」

ペイパルは当初の2年間で経営陣が二度も総退陣をちらつかせ、三人のCEOを経験した。

ペイパルの上級幹部《シニア》は、従来の意味での「シニア」ではなかった。創業者や初期社員の大半は20代で、ほとんどが新卒だった。

社員が若いこと自体は、ひと稼ぎをもくろむ若い技術者であふれていた90年代末のシリコンバレーでは珍しくなかった。

だがペイパル社員は、シリコンバレーの基準からいっても異端だった。初期社員には高校中退者やチェスの名手、パズルのチャンピオンがいた――奇行や奇癖にただ寛容というだけでなく、それを積極的に受け入れる土壌があった。

ある時期、オフィスの壁にはその日の利用者数を示す「世界制覇指数」が表示され、ラテン語で「メメント・モリ」(「死を忘ることなかれ」の意)と書かれたバナーが貼られていた。ペイパルの異端者たちは、「世界制覇か死か」というほどの覚悟だった。

部外者は、おそらくは「死」のほうになるだろうと予想した。

90年代末当時、オンライン商取引の電子決済比率はわずか10パーセントで、まだ郵送小切手が決済の大半を占めていた。人々はまだクレジットカードや銀行口座などの個人情報の入力に不安を感じていた。ペイパルのようなサイトは、マネーロンダリングや、麻薬や武器の密輸などの不正との関わりが懸念された。

ペイパル上場前夜、ある有力な業界紙は、わが国にとってペイパルのＩＰＯ(株式公開)など、「炭疽菌の流行」と同じくらい不要なものだとこきおろした。

もっとも、辛口の報道は見過ごせばいいかもしれない。しかし世界を揺るがす大事件は無視できない。創業者たちがペイパル最大の勝利になるはずのＩＰＯの最終条件を詰めていたそのとき、2機の飛行機がニューヨーク上空を横切り、世界貿易センターのツインタワーに激突した。

ペイパルは2011年9月11日の同時多発テロ事件後、初めてIPOを申請した企業となった。国と金融市場がようやく攻撃から立ち直ろうとし始めたころのことだ。

IPO直前には数々の訴訟を起こされ、世間で大規模な不正会計スキャンダルが続発した煽《あお》りを受けて、証券取引委員会（SEC）の厳しい監視にもさらされた。殺伐とした合併、不正利用による数千万ドルの損失、テック株に厳しい市場環境といった数々の障害を乗り越えて、ペイパルは不可能を成し遂げた——IPOを華々しく成功させ、そして同年、イーベイへの15億ドルでの売却を果たしたのだ。

「過酷な軍事作戦」のような毎日

マスクは後年、ペイパルの創造は困難だったかと聞かれ、否定している。会社をつくるのは簡単だったが、「生かし続けるのが大変だった」とマスクは答えた。

あれから20年後のいま、ペイパルはドットコムバブル時に生まれた企業にしては異例な勝利を手にしている——なにしろまだ存続し、大成功を収めているのだ。

ペイパルはその後イーベイから分社化され、本書執筆時点での時価総額はほぼ3000億ドルと、いまや押しも押されもせぬ巨大企業である。

X.comとコンフィニティの合併からペイパルのナスダック上場まではたった2年だが、多くの社員はこの時期に一生分働いたように感じている。クリエイティブだが過酷で容赦なく厳しい、混沌とした環境で揉まれたと語る社員も多い。

ある社員は、入社初日にそれを思い知らされた。初めて自分の席に行くと、右には業務用サイズの頭痛薬の瓶が置かれていて、左では社員が電話で夫に怒鳴り散らしていた。「彼女は夫に叫んでいた。『今夜は帰れないのよ、つべこべ言わないで!』って」

私がインタビューした社員は、このころの記憶に「もやがかかっている」と声を揃える――疲労困憊《ひろうこんぱい》とアドレナリン、不安のもやだ。あるエンジニアはこの時期ほとんど睡眠を取れず、深夜に運転して帰る途中、車を1台ならず2台もぶつけてだめにした。あの集団は「過酷な軍事作戦を遂行する古参兵」のようだったと、CTO(最高技術責任者)は語った。

それでも彼らは昔を懐かしんでいた。「ほんとに刺激的な日々だった」と事業開発責任者のエイミー・ロウ・クレメントは言う。「私たちはロケット船に乗っていたのに、その自覚はなかった」

この時期に人生最高の仕事をしたと言う人たちもいた。品質保証アナリストのオクサナ・ウートンは「何か大きなものの一部になったように感じた。そんな気持ちになったのは初めてだった」と言う。「ペイパルを去ったさみしさを、いまもずっと噛みしめている」と不正アナリストのジェレミー・ロイバルは語る。

「数百人の人生」が交差し合うストーリー

ペイパル社員の多くは、まわり道をしてこの会社にたどり着いたが、本書も同じようにして生まれた。私は以前、情報理論という分野の創始者にして20世紀の忘れられた天才である、故クロード・シャノン博士の伝記を執筆した際、シャノンが勤務したベル研究所について調べた。ベル研はベル電話会社の研究開発部門で、そこで働く科学者や技術者は六つのノーベル賞を受賞し、プッシュホンやレーザー、セルラーネットワーク、通信衛星、太陽電池、トランジスタなど、数々の発明を行ったことで知られる。

そして私はベル研のような、人材の磁石のことを考えるようになった——ペイパルやジェネラル・マジック、フェアチャイルドセミコンダクターなどの技術系企業のほか、フュージティヴ派（詩人）、ブルームズベリー・グループ（芸術家・学者）、ソウルクエリアンズ（音楽）など、テクノロジーとは無縁の集団のことも。

イギリスのミュージシャンでプロデューサーのブライアン・イーノは美大で学んでいたころ、ピカソ、カンディンスキー、レンブラントなどの個人が芸術革命を生み出したと教えられた。だがイーノはこうした革命家たちが、実は「多くの人々が織りなす豊穣なシーン」から生まれたことに気がついた。「芸術家、収集家、キュレーター、思想家、理論家——こういった人々が、才能の生態系のようなものをつくりあげていたんだ」

イーノは彼らを「シーニアス」（天才とシーンをかけた造語）と呼ぶ。「シーニアスとは活動全体、集団全体の知性だ。文化について考えるときは、この概念のほうが役に立つと思うね」

この概念は、ペイパルについて考えるのにも役立つ。ペイパルの物語は、消費者向けインターネットの草創期を舞台に、数百人の人生が交差し、影響を与え合った物語として理解するのがふさわしい。

現代のテクノロジー物語は個人の、つまり「シーニアス」ではなく一人の「天才」の功績として語られがちだ。ジョブズはアップルの、ベゾスはアマゾンの、ゲイツはマイクロソフトの、ザッカーバーグはフェイスブックの物語と切っても切り離せない。

だがペイパルの物語は違う。そこにはたった一人のヒーローやヒロインは存在しない。

その歴史のさまざまな瞬間に、さまざまなメンバーが、会社を救う重要な突破口を開いた。それらが一つでも欠けていたら、会社全体が破綻《はたん》していたに違いない。

またペイパルの重要な功績の多くは、集団の生産的な切磋琢磨から生まれた。プロダクト、エンジニアリング、営業の各チーム間のせめぎ合いが、珠玉のイノベーションを生み出した。

初期の歴史は衝突と軋轢《あつれき》に満ちていたが、「本当の機能不全に陥らないように、お互いを個人的、感情的に害しないよう気をつけていた」とエンジニアのジェームズ・ホーガンは言う。

ペイパルでは不協和音が発見を生み出した。この生態系を——当事者たちの生産的な融合を、彼らが立ち向かった困難を、立ち会ったテクノロジーの歴史的瞬間を——私はなんとしても理解したかった。

苦難の中から現れた「新世代の起業家」たち

ペイパルの起源の物語は、書き甲斐があるが手強いテーマだ。まず手始めとして、このテーマについて語られたことや書かれたことをしらみつぶしに調べた。

さいわい多くのペイパル出身者が活発に発言していた。本を書き、ポッドキャストを公開し、会議やテレビ、ラジオ、新聞、雑誌でペイパルについて語っていた。彼らの発言と、初期のペイパルについて書かれた数百本の記事、ペイパルを扱った本や学術論文に数百時間かけて目を通した。

次に、上場以前からペイパルにいた社員に連絡を取り、数百人にインタビューした。ありがたいことに、共同創業者全員と、取締役と最初期の投資家の大半にインタビューできた。会社の技術顧問や、「ペイパル」の名付け親、ライバル企業の経営者など、部外者からも貴重な話を聞けた。

寛大にもペイパルの最初期の社内資料、写真、記念品、数十万ページ分のメールをシェアしてくれた人々を含め、みなさんにこの場を借りて感謝を捧げる。

これらの調査を通じて、これまで語られることのなかったペイパルの物語があらわになった。コンフィニティとX.comの合併話が難航し、決裂しかけたこと。ペイパルが重要な転機に何度も崩壊しかけたこと。ペイパルのインターネット技術が大混乱の中で生み出され、今日のインターネット環境をかたちづくるようになったいきさつ……。

数年間の調査から浮かび上がったのは、野心と発明、試行錯誤の物語である。

この苦難の時代が新世代の起業家たちを生んだ。彼らがのちに創り出していくものには、ペイパルの刻印がくっきりと押されている。

だが最初の勝利――ペイパルの成功――は、簡単なものではなかった。ペイパルの物語とは、破綻寸前に次ぐ破綻寸前の展開が続く4年間の波乱の旅なのだ。

したがって、ペイパルの物語は歴史的な科学技術の破綻から語り始めるのがふさわしい。

それはシリコンバレーから何千キロの彼方で起こった災害、未来のペイパル創業者が初めてコンピュータ技術に触れるきっかけとなった大惨事だ。

創始者たち　目次

第2部 孤立無援

第3部 強行突破

本文中の〔 〕は訳注を表す。*と†のルビは、その節の最後に原注があることを表す。

第1部

大胆不敵

Sicilian Defence

Chapter
1 ウクライナの天才
——マックス・レヴチン、西に向かう

1986年2月号の「ソヴィエトライフ」誌に、華々しい10ページの特集記事が載っている。タイトルは「プリピャチの平和と繁栄」。記事によれば、当時プリピャチは国際的な田園都市だった。

「今日この街にはソヴィエト連邦各地から30以上の国籍を持つ人々が集まっている」と書かれている。「通りは花であふれ、団地が松林に立ち並ぶ。居住区の周辺には学校や図書館、商店、スポーツ施設、遊び場がある。朝は人出が少なく、乳母車を押す若い女性たちがゆったりと歩いている」

街の唯一の問題は、新しい住民のための空間が不足していることだった。

「プリピャチでは現在、ベビーブームが起こっています」と市長は言う。「保育所や保育園を数十軒建設し、これからも増やす計画ですが、それでも需要を満たせていないのです」

需要が高いのも当然だった。プリピャチはソ連の科学技術の結晶、チェルノブイリ原子力発電所のために建設された街だった。原発は街の最大の雇用主であり、記事によると高給の仕事と、「大量の化石燃料を燃やす火力発電所に比べ、生態学的にはるかにクリーンなエネルギー」を提供していた。

安全面はどうか？　ソ連の大臣は官僚らしく自信たっぷりに述べている。「原発事故が起こる確率は、一万年に一度もありませんよ」

もちろん、「ソヴィエトライフ」誌がプリピャチの生活を宣伝した数か月後、プリピャチは煙がくすぶる放射能の廃墟と化した。86年4月26日午前1時23分、チェルノブイリ原発4号炉が炉心溶融《メルトダウン》を起こし、爆発で建物の1000トンの重さの屋根が吹っ飛んだ。プリピャチ上空には広島原爆の400倍を超える放射性物質が放出された。

マクシミリアン・ラファイロヴィッチ・レヴチンは、当時10歳で、原発から150キロほど離れた場所で眠っていた。この大惨事が彼の人生を一変させ、方向づけることになる。

事故直後の不安な時期に、レヴチンは両親に言われて、弟と一緒に列車で避難先に向かった。旅の途中に受けさせられた放射能検査で、レヴチンの足にガイガーカウンターが反応し、警報音が鳴り響いた。放射線源は靴に刺さっていたバラのトゲだとわかったが、レヴチンはその瞬間、足を切断することになったらどうしようとうろたえたという。

「放射能測定」の実験室でロボトロンに出会う

原発事故はレヴチンの家族全員、とくに母親のエルヴィナ・セルツマンの生活を揺るがした。母は食品科学研究所の放射能測定実験室で働く物理学者だった。チェルノブイリ事故以前は閑職で、主にウクライナのパンの安全性を確認する仕事だった。だが事故後にウクライナ北部で食品の放射能汚染が発見されると、職務の責任と緊急性がにわかに高まった。

この仕事を支援するために、ソ連政府から職場にコンピュータが2台送られてきた。ソ連製のDVK－2と、東ドイツ製のロボトロンPC1715だ。レヴチンはときどき母親に連れられて職場に行った。職場のコンピュータを見ても退屈でダサいとしか思わなかったが、DVK－2で遊べるテトリス（84年にソ連科学アカデミーの技術者によって開発された）が登場すると夢中になった。

レヴチンの関心はやがてロボトロンに向かった。ロボトロンにはパスカルのコンパイラ（人間の書くコードを機械語に変換するプログラム）が搭載され、コンパイラの使い方を説明する海賊版マニュアルが同梱されていた。ソ連では希少なこの教本が、レヴチンの聖典になった。

レヴチンはすぐに簡単なプログラムを書けるようになり、コンピュータにすっかり魅了された。「やることを命令すれば機械がやっておいてくれると知って、大きな衝撃を受けた」とレヴチンはのちに語っている。「これからはそんなに知識がなくても仕事を片づけられる。ただコードを書くだけで、コンピュータが勝手にやってくれるとわかった」

それまでは数学教師になるのが夢だったが、いまや「大人になったらプログラミングをしたい」と言い始めた。

レヴチンはコードを書き、ゲームをして楽しんでいたが、コンピュータが職場に設置されたのは彼を楽しませるためではなく、母がソ連の食品の放射能濃度を報告するためだ。息子が自分を上回るスキルを身につけたことを知り、母は息子と取引をした――頼んだ仕事をしてくれたら、あとはコンピュータを自由に使っていいわよ。

コーディングの時間があまり取れなくなったレヴチンは、ロボトロンを使える貴重な時間を無駄にしないための方法を編み出した。紙と鉛筆でコーディングするのだ。

近くの公園でコードを考えてノートに書いておき、母に頼まれた仕事を終えると、ノートの内容を正確にコンピュータに入力する。そして機械の判定を待った。「コンピュータはそれを機械語に変換して実行するだろうか、それともデバッグ（修正）が必要になるか？」

この学習プロセスを通して、レヴチンの中に厳格な基準ができた。

「あのおんぼろコンピュータでプログラミングを始めたことで、僕のプログラマーとしてのあり方が決まった」とレヴチンは語る。「あのころはいろんなアセンブリ言語でとても手続き的なプログラミングをしていた。そのせいで開発者としては確実に我慢強くなったね。楽なほうに逃げるという選択肢がなかったんだ」

「反ユダヤ主義的な国家」の反骨のユダヤ人

楽なほうに逃げないのはレヴチン家の伝統だった。彼らは反ユダヤ主義的な国家に暮らすユダヤ人として、さまざまな障壁に苦しめられながら、世に認められるために人一倍の努力をした。朝起きると、家の玄関のドアにダビデの星が落書きされていたこともあった。レヴチンは高校の総代にならなければ一流大学に行けないと言われて育った。

こうした障害にも負けず、一家はめざましい成功を収めた。

先陣を切ったのは、レヴチンの母方の祖母だ。フリーマ・ヨシフォヴナ・ルカツカヤ博士は、身長142センチと小柄だがパワフルな女性で、宇宙物理学博士号を取得後、キーウの科学アカデミー大天文台で働いた。星々の「食変光」を観測し研究する、天体分光学という科学分野の発展に貢献し、「不規則型および半規則型変光星の光量の自己相関分析」や、「変光星とクエーサーの光放射の特性」といった大作の論文を著名な学術誌に発表した。

レヴチンにとって、祖母は男性中心の分野で活躍し、ユダヤ人を敵視する国で成功した、不屈の精神の象徴だった。超人的な勇気の持ち主でもあった。レヴチンが生まれた年、ルカツカヤは珍しい悪性の乳がんと診断された。

「祖母は、孫息子が生まれたばかりなのに死ねるものかと言って、意志力だけでそれから25年も生きた」とレヴチンは言う。「どんな逆境にもけっしてへこたれない、生きた手本が身近にいた」

レヴチンが10代を過ごした80年代、ソ連経済は急激に悪化し、政治局は混乱した。ルカツカヤは戦時中に体験した恐怖の残響を感じ始めた。レヴチンの父親はKGBの監視下にあり、政府によって消される可能性が日に日に高まっていた。

ルカツカヤはユダヤ人難民支援団体に資金を申請し、一家でアメリカに移住する手はずを整えた。

出発は極秘にされた。「国を出ることは1年前からわかっていたのに、誰にも言えなかった。狂気の時代だったよ」とレヴチンは振り返る。

一家は最小限の荷物を引いて空港に向かった。税関で申告せずにすむように、7月の暑い盛りに冬物のコートを着込んだ。国境係官との出国面接で、二度と戻ることは許されないと言い渡され、アメリカ行きの飛行機に搭乗した。ソ連崩壊のわずか数か月前のことである。

アメリカで「インターネット」を手に入れる

91年7月18日、一家はシカゴのオヘヤ国際空港でコートを着たまま飛行機を降りた。シカゴを危険な熱波が襲う前日だ。コートは闇業者に二束三文で買い叩かれたが、そのわずかなカネでさえ貴重だった。ウクライナを離れる直前にルーブルが暴落し、数千ドルの貯えは数百ドルに目減りしていた。

移住は一家にとって危険な賭けだったが、16歳になったばかりのレヴチンにとっては、壮大な冒険の第一歩だった。アメリカに着いてすぐ、レヴチンは壊れたテレビを拾い、物理学者の一家はそれを修理した。おかげでテレビドラマ「アーノルド坊やは人気者」を見られるようになった。ハーレム育ちの主人公アーノルド・ジャクソンを手本に英語を覚えたと、ジャーナリストのサラ・レイシーに語っている。

レヴチンは新しい言葉と文化を身につけたが、変わらないものが一つあった。コンピュータ愛だ。そしてここアメリカで、とうとう自由に使えるコンピュータを手に入れた。それは親戚からの贈り物で、それまでのコンピュータにない、インターネット接続機能を備えていた。レヴチンはたちまちインターネットの虜《とりこ》になり、デジタルオタクの同志が集まるネットワークや掲示板に入り浸った。

学校でも仲間が見つかった。レヴチンはシカゴ北部のスティーヴン・ティン・マザー高校でチェス部に入り、コンピュータ部の運営を手伝い、学校の吹奏楽団でクラリネットを吹いた。そこで、トロンボーン吹きでのちにペイパル社員になるエリック・クラインと親しくなった。

マザー高校でも、レヴチンは強烈な集中力の片鱗を見せた。レヴチンの友人でのちのペイパル社員ジム・ケラスは、レヴチンと二人で美術室にいたとき、退屈しのぎに精密ナイフをダーツのように壁に投げて遊んでいた。

「マックス（レヴチン）は完璧主義者だ。何をやるのでも一番にならないと気がすまない。だからナイフに指をかけて重さを量るみたいにして、『ああ、この位置から投げると完璧だ』なんて試しながら投げていた。それを見て僕は、『こんなの、ただ強く投げりゃいいんだよ！』って」とケラスは笑う。

理数系が抜群にできたレヴチンは、大学受験が近づくと高校の進路面談で野心を打ち明けた。志望校は「ＭＴＩ」だった。「『どうしてもＭＴＩに行きたいんです。ぜひ受けさせてください』と頼んだ。『ＭＴＩってどこ?』って聞かれたけど」

レヴチンが志望していたのはもちろん、ＭＩＴ（マサチューセッツ工科大学）だ。進路指導の教師には、地元の名門校、イリノイ大学アーバナ・シャンペーン校（ＵＩＵＣ）を薦められた。

しかし問題があった。ＵＩＵＣの出願締め切りは過ぎていたのだ。

だが募集要項をよく調べてみると、留学生の締め切りまでにはまだ時間があった。レヴチンはこれに賭けることにした。「僕は留学生といえなくもなかった。アメリカ市民じゃないし、アメリカに来て2年も経っていなかったからいいだろうと」。レヴチンは留学生としてＵＩＵＣに合格した。

コンピュータ技術の「世界的中心地」

実家暮らしに飽きていたレヴチンは、新学期の2週間前に大学の寮に引っ越した。食堂はまだ閉まっていたから、大学生活最初の食事はマクドナルドだった。

そして、なるべく目立たないように身を潜めていた。キャンパスに来る前に受け取った手紙に、「新入留学生はウィラード空港で歓迎委員会の出迎えを受ける」と、有無を言わせない感じで書かれていたからだ。

「不正をしていると言われるんじゃないかとおびえていた」とレヴチンは言う。

出迎えを受ける日、荷物を詰め直したスーツケースを二つ持って、キャンパスから空港に向かった。2年もアメリカに暮らしているのに、初めて来たかのように目を見開き、驚いているふりをした。「あの計画、というか芝居は、かなり手が込んでいたね」

マックス・レヴチンにとってUIUCは図らずも絶好の進学先となった。伸び盛りの精力的なエンジニアが、コンピュータ技術の世界的中心地に足を踏み入れたのだ。UIUCは数十年前からデジタル技術で世界を牽引し、世界初のソーシャルネットワークを構築していた。

そしてレヴチンが海外から到着したふりをしていたちょうどそのころ、UIUCの学内にある国立スーパーコンピュータ応用研究所（NCSA）が、「モザイク」と呼ばれる新しいウェブブラウザを発表した。

モザイクが画期的だったのは、ウェブページに画像を表示する機能を持ち、ブラウザのインストール手順を簡素化したことだ。これがインターネットの普及と成長を大きく促した——そしてそのすべてがUIUCを中心に展開していた。

新入生マックス・レヴチンは、コンピュータ分野でのUIUCの業績をもちろん知っていたが、居場所と気晴らしを手に入れることが先決だった。

キャンパスの新入生勧誘イベントで、その両方が見つかった。

イベント会場で、コンピュータの隣に「オタク」としかいいようのない集団が立っていた。モニターには日除けに段ボールが巻かれていて、コンピュータへの耽溺《たんでき》を日光に邪魔されるものかという決意を誇示していた。「僕と同類だ」とレヴチンは直感した。

実際そうだった。60年代半ばに設立されたアメリカ計算機学会（ACM）のUIUC支部は、キャンパスのコンピュータに関わる全活動の中心となり、歴代のコンピュータサイエンス学部生が家同然に入り浸っていた。

レヴチンが入学したころは、計算機学会の「SIG」と呼ばれる分科会が、高度なネットワーキングから没入型仮想現実までのあらゆる研究に取り組んでいた。計算機学会の会報には当時の部員のこんな発言が載っている。「部室のコンピュータだけで、コンピュータサイエンス学部全体のコンピュータの演算能力を上回っている」

レヴチンはここに居場所を見つけた。やがて学生寮の自室よりも、デジタルコンピュータ研究所にある計算機学会の部室で過ごす時間のほうが長くなった。

「朝7時に自転車で寮からデジタルコンピュータ研究所まで行くなら、エリック・ジョンソンのギター曲『アー・ヴィア・ムジコム（Ah Via Musicom）』がぴったりの長さだ。あの曲を聴きながら、同じ道を何度通ったことか」とのちに大学の校友会誌に語っている。

体制を歯牙にもかけない反逆集団

計算機学会では、彼の人生とペイパルに大きく関わることになる二人の学生、ルーク・ノセックとスコット・バニスターとの出会いがあった。ある深夜、ノセックとバニスターが計算機学会の部室に入っていくと、レヴチンが脇目もふらずにキーボードを叩きまくっていた。二人はすでに部室の主になっていたレヴチンに興味を持った。

「何してるの？」とノセックは訊ねた。

「爆発シミュレーターをつくってるんだ」とレヴチン。

「何それ？　何に使うんだ？」とバニスター。

「どういう意味？　美しいじゃないか」とレヴチンは答えた。「リアルタイムで、ランダムな爆発を毎回再計算するんだ」

「金曜の夜だぞ、他にやることはないのかよ？」とバニスターはけしかけた。

「いや、僕はこれがやりたいんだ。そっちこそ他にやることはないのか？」とレヴチンは返した。

「僕たち、会社を始めようと思ってる。一緒にやらないか」とノセックは誘った。

レヴチンと同様、ルーク・ノセックも共産主義から逃げてきた移民の家庭に育った。ポーランドに生まれ、70年代末にアメリカへ移住した。

ノセックは頭がよくテック好きで向学心もあったが、学校というものが好きになれなかった。「学校に行くのはやりたいことを学ぶためであって、誰かに命じられたことを学ぶためじゃないと思うようになってね」とノセックは言う。だが、大学はもっと自由で自立した学習環境だからと、母親に諭されて進学した。

出願手続きが簡単だという理由でUIUCを受験したが、入学後、またもや学校教育に幻滅した。「1年目が終わるころには、授業をサボることばかり考えていた」。履修要項を調べて学位取得に必要な最低限の単位数を割り出し、試験の成績で欠席を埋め合わせようとした。

大学で同志を探し、すぐに計算機学会を見つけた。「計算機学会には教育嫌いの反逆集団ぽいところがあった」とノセックは言う。計算機学会は学生団体の中でも異色だと感じた。「他の学生は、大学という体制内の足場として団体を利用していた」。しかし計算機学会の部員は、体制など屁とも思っていなかった。反逆精神を創造に向け、革新的なプロトタイプをつくったり、ニッチな実験をしたりしていた。

あるときノセックたちは、計算機学会の部室のジュースの自販機をネットに接続した。「ネットのおもしろい使い方を考えようってことになって、自販機をネットにつないでみたんだ」。自販機は「カフェイン」と名づけられ、コンピュータサイエンス学部の会報によれば、「計算機学会の部員は、ドクターペッパーの古い自販機にマイクロコントローラを組み込み、それをネットにつないで、学生証をスライドさせるだけでジュースを買えるようにした」。

ノセックと計算機学会の仲間たちは、このスマート自販機を誇らしく思った。「自販機をネットにつなぐのはほんとに難しかった」とノセックは言う。「あれに費やした時間があれば、イーベイだってつくれたね」

すべての資金を「学生起業」に突っ込む

ノセックとスコット・バニスターはレヴチンに出会う前、計算機学会を通じて知り合った。バニスターは三人の中で初めてシリコンバレーに旅立ち、立ち上げたスタートアップを売却してから、ペイパルの前身の会社に投資し、その後取締役にもなった。

ミシシッピ州出身のバニスターも、幼いころからテクノロジー好きで、高校と大学ではウェブサイト制作に熱中した。UIUCを選んだのも、コンピュータサイエンスで評価が高かったからだ。

ノセックと出会ったころ、バニスターも伝統的教育に息苦しさを感じ、大学の制度をかいくぐろうとしていた。たとえば、会社を設立して自分をインターンとして雇い、そのインターンシップで単位認定を受けるという大胆な計画を実行した。

型破りで情熱的で人当たりがよく、キリストのような長髪のバニスターは、ノセックとレヴチンを導く光となり、三人は親友としてお互いを支え合った。

三人の初めての共同作業は、95年の工学部オープンキャンパス用のTシャツ制作だ。これは学生が中心となって運営する毎年恒例のカンファレンスで、この年はアップル共同創業者スティーヴ・ウォズニアックを基調講演に招いた。三人は小さなものを生み出すことで絆を深め、いつかもっと大きなものをつくろうと夢を膨らました。

ノセックとバニスターは、レヴチンにリバタリアニズムの手ほどきをした。二人はリバタリアンの学生団体を設立し、バニスターはそのウェブサイトを制作した。彼らはレヴチンを引き入れようとしてイベントに誘い、アイン・ランドの『水源』やフリードリヒ・ハイエクの『隷属への道』を読めとしきりに勧めた。

「(ノセックとバニスターは)破壊分子だった」とレヴチンは言う。「二人はリバタリアン愛に燃えていた。でも僕は『頼むからコードを書かせてくれよ』と言っていた。いつも自分だけ出来損ないのメンバーのように感じていたよ」

レヴチンの才能はソフトウェア開発にあった。バニスターはときどきプログラミング言語のパール(Perl)でコードを書いていた。パールは実用性は高いが洗練さに欠ける、「インターネット用ガムテープ」とも揶揄《やゆ》される言語だ。レヴチンは震え上がって「そんな醜いものを近づけないでくれ」と抗議し、バニスターは喜んでコード書きをレヴチンに任せた。

「マックスがいたから、僕はプログラマーになるのをあきらめたんだ」とバニスターは認める。「あれだけの才能を見てしまうとね」

三人はそれぞれの強みを発揮して、初めての本格的なプロジェクトに取り組んだ。ウェブサイト向けの広告を製作する会社、スポンサーネット・ニューメディアを立ち上げたのだ。

乏しい貯金を運営資金にし、それが底をつくとクレジットカードで工面した。スポンサーネットは収益を上げ、社員を雇い、シャンペーンの地味な名所ハンティントンタワーの低層階に小さな事務所を借りることまでできた。「学生の僕らにとって、本物の事務所を借りられたのはかなりすごいことだった」とバニスターは言う。

バニスターはスポンサーネットに専念するために1学期間休学した。レヴチンとノセックは学業と両立させるために夜間に働いた。だが会社は1年ちょっとしかもたなかった。

「スコットのそこそこの資金と、ルークのわずかな資金、僕のなけなしの資金を、この1年で使い果たした」とレヴチンはのちに個人ブログに書いている。「そして避けがたい壁にぶつかった。資金調達に失敗し、乏しい収益ではサーバーを稼働できなくなった」

失敗に終わったとはいえ、スポンサーネットは彼らの原体験となった。彼らは初めてチームを雇い、プロダクトをつくって販売し、お金を儲けた——あるいは失った。「あの経験がなければペイパルはなかった」とノセックは断言する。

世界初の「ウェブブラウザ」が誕生する

三人の中で最後まで学校教育を信じていたレヴチンは、スポンサーネットとUIUCの日々を懐かしそうに語る。「僕はとても幸せなオタクだった。どの授業にも出席して楽しんでいた。学校、プログラミング、恋愛、睡眠の中で選択を迫られると、いつも後の二つの時間を削って前の二つにつぎこんでいた」

レヴチンの時間割は技術系科目が占めていたが、心に残った授業は別だった。20世紀の名作映画を研究する授業で黒澤明監督の「七人の侍」を知り、夢中になったのだ。

「史上最高の傑作だと思ったね」とレヴチンは言う。「あんな映画は見たことがなかった」

夏休みの間、3時間27分のこのモノクロ映画をかじりつくように見続けた。「テレビとエアコンさえあれば何もいらなかった。あの夏は『七人の侍』を25回は見たよ」。その後レヴチンはこの名作を100回以上も鑑賞し、「経営者に必要なすべて」を学んだという。

一方、社交生活の面ではついに恋人ができたが、コード書きに明け暮れていたせいで関係がこじれてしまった。「彼女の家に行っても、コードを書くためにすぐにトイレにこもっていた」

彼女はドアをノックした。「ねえ、そんなところで何してるの？」

「何って、君とデートしてるんだよ」とレヴチンは困惑しながら答えた。

「ちがうわ。あなたはトイレでコードを書いてるだけよ」

レヴチンにとってコーディングは――どこで書こうと――すばらしい驚異と知見の源泉だった。だが世界にとってコーディングは、富と影響力の源泉になろうとしていた。

UIUC出身のマーク・アンドリーセンは、その道を切り拓いた一人だ。在学中にアルバイトしていた学内の国立スーパーコンピュータ応用研究所で、世界初のウェブブラウザ「モザイク」を共同開発し、卒業後西海岸に移ってネットスケープを創業した。ネットスケープはまもなくナスダックに上場し、アンドリーセンは時の人となりタイム誌の表紙を飾った。94年、フォーチュン誌は「モザイク」を年間最優秀製品の一つに選んだ。

UIUCのコンピュータサイエンス学部はこうしたニュースに沸き立った。

「僕がイリノイ大に入ったのは、マーク・アンドリーセンがいたからだ」とペイパル出身者でユーチューブ共同創業者のジョード・カリムは言う。カリムは高校時代にモザイク信者になり、モザイクがUIUCで開発されたことを知ってこの大学を志望した。入学後、授業が始まってもいないうちからNCSAでアルバイトを始めた。

アンドリーセンの活躍は、UIUCのエンジニアたちを奮起させた。それまで変わった趣味としか思われていなかったインターネットが、いまや経済の原動力になっていた。

レヴチンはのちにUIUC卒業生の会報でこう語っている。「僕を、またUIUCの多くの学生を奮い立たせたのは、成功の機会が満ちあふれているという、あの空気感だった。モザイクが成功して、ネットスケープも成功した。自分と同じような学生が、業界の誰も考えなかったすばらしいツールを開発したことにとても励まされた」

初めて「商業的成功」を手にする

スコット・バニスターは、インターネットのゴールドラッシュを逃すものかと、UIUCを中退して夢を追いかけた。ルーク・ノセックはすぐに大学をやめるつもりはなかったが、早く学位を得て西へ旅立とうと勇み立った。

親友の二人がカリフォルニアをめざすことになり、レヴチンは自分も中退して起業に専念しようかと考えた。だが教育一家を説得するというハードルがあった。話し合いは一瞬で終わった。

「おばあさんは死にかけているんだぞ」と両親は言った。「死を早めたいのか？」

レヴチン家にとって、学士号は教育のはしごの一段目でしかなかった。「わが家では高等教育とは博士号のことなんだ」とレヴチンはのちにサンフランシスコ・クロニクル紙に語っている。中退への道は閉ざされ、学士号を取るために大学に残った。

西海岸に行く夢はお預けになったが、やることはたくさんあった。スポンサーネットが倒産するかしないかのうちに次のベンチャー、ネットモメンタム・ソフトウェアを共同創業した。新聞社のウェブサイト向けの広告ツールを製作する会社だったが、このベンチャーも長続きしなかった。プロダクトや開発について意見が折り合わず、共同創業者との苦い決別を初めて経験した。

資金が枯渇したレヴチンは、単発で請け負っていたプログラミングの仕事に箔をつけようと、コンサルティング会社を設立することにした。ＵＩＵＣの仲間エリック・ハスと一緒に、ネットモメンタムの残骸の「ＮＭ」のロゴを再利用するために、ネットメリディアン・ソフトウェアという名前で立ち上げた。

この会社のプロダクトで、レヴチンは初めての商業的成功を手にした。

ネットメリディアンの「リストボット」は、メーリングリスト管理ソフトの草分けとなり、のちのメール広告サービスのメールチンプやセンドグリッドにもその精神が受け継がれている。リストボットは人気が沸騰し、会社のサーバーが悲鳴を上げた。需要に応えるために数千ドルのソラリスサーバーを購入した。サーバーは90キロもの重さがあり、トレーラーで届けられた。

ネットメリディアンは続いて「ポジションエージェント」というプロダクトで二つ目のヒットを飛ばした。

グーグル以前の1990年代末でさえ、ライコスやアルタビスタ、ヤフー等の検索エンジンの上位表示をめぐる競争は熾烈だった。ポジションエージェントは、ウェブサイト管理者が検索エンジンでの自社サイトのランキングを追跡するためのツールだった。このプロダクトには、たとえばページを再読み込みしなくてもランキングが随時更新されるなど、レヴチンならではの工夫が盛り込まれていた。

だがネットメリディアンの成功は諸刃の剣でもあった。ユーザーの増加に伴いインフラを拡充する必要が生じたが、サーバーを増設するだけの現金はなかったのだ。

レヴチンはスポンサーネットで困ったときと同じ方法で資金を工面した。成長資金を賄うためにクレジットカードで資金繰りをまわし、そのせいで高金利の借金を抱え、低い信用スコアに長年苦しむことになった。

陸軍向けに「アナログ風」の開発をする

レヴチンは表向きは有望なＳａａＳ型サービス、ネットメリディアンの若き創業者だった。だがその実は、多額の負債で破産寸前の20歳の若者だった。さいわい当時は昼夜働けるコーダーは引く手あまたで、すぐにマーケット・アクセス・インターナショナル（ＭＡＩ）という会社の社長ジョン・ベッドフォードから割のいい仕事を請け負った。

ベッドフォードが週給数千ドルのプログラミングの仕事で「貧困から救ってくれた」とレヴチンは言う。

ＭＡＩは主に、消費財の広告（テレビＣＭ、動画、画像等）を収集、分析したものをデータベースにして、コンパクトディスクのかたちで定額制で企業に提供していた。レヴチンはこのマイクロソフトベースのソフトウェアを「耐えがたいほどひどい出来」だと思っていたが、お金をもらえるのはありがたかった。

ＭＡＩのほか、キャンパス内のアメリカ陸軍工兵司令部の研究施設でもプログラミングの仕事をした。「陸軍発行のＩＤをもらって、本物の陸軍施設で働いた」とレヴチンは言う。時給は14ドル、それにめったにない機会にも恵まれた。軍事基地内を探索し、ヘリコプターの操縦士たちと仲良くなった。

レヴチンが担当したのは、陸軍の航空管制システムに組み込まれた、ヘリコプター用の音声ソフトウェアだった。「パスカルで書かれた膨大なコードがあった」。ソフトウェアの制作者がいなくなり、レヴチンはその維持管理を任された。

このソフトのユーザーは、紙と鉛筆方式の飛行手順に慣れた、自動化を嫌う、百戦錬磨の基地司令官たちだった。早く慣れてもらうために、アナログ風の操作感を持たせた。「入力フォームを紙と同じ寸法にするのに1週間かけたこともあった」

入力すると画面がスクロールしていくようにフォームをつくったが、当時のカクカクした動きのアニメーションを『目がまわる』とか、ばかげているとか思われるんじゃないかとひやひやした」。だが上官は「いいね、わかりやすいから誰でも使えるだろう」とほめてくれた。

イグジットを果たし、一路カリフォルニアへ

卒業が近づくと、ネットメリディアンの経営と最終試験の猛勉強に追われつつ、次はどうしたものかと思案した。友人たちは巣立つ準備を進めていたが、レヴチンは身動きが取れなかった。ネットメリディアンは成功していたが、クラウドコンピューティング以前の当時は、巨大なサーバーなしでは事業が成り立たなかった。サーバーがイリノイにある以上、彼も動けなかった。

救いはスコット・バニスターがもたらした。

バニスターはすでにシリコンバレーで会社を創業し、売却を果たしていた。彼の仲介で98年

8月、ネットメリディアンのリストボットとポジションエージェントの売却に成功した。いまやレヴチンは正式にイグジット（投資回収）を成功させ、「カリフォルニアに脱出」できるようになった。デジタル世界を永久に変えることになる起業の旅に踏み出すのだ。

旅は慎ましやかに始まった。引っ越しにカネをかけたくなかったレヴチンは、レンタカー店で二番目に大きなトラックを借りて、ルームメイトで共同創業者のエリック・ハスと一緒に、イケアの机と椅子など、事務所で使っていた一切合切を積み込んだ。

トラックと、ハスのトヨタ・ターセルにめいっぱい荷物を積むと、西へと出発した。「道中どこにも立ち寄らなかった。パロアルトに早く着きたい一心だった」

Chapter 2

ビリオネア朝食クラブ

――ピーター・ティールという男

ピーター・アンドレアス・ティールは、彼自身認めるように、実力主義社会で成功するためのあらゆる条件を満たすことに青年期を費やした。高校で優秀な成績を収め、スタンフォード大学に進学し、学士号と法務博士号を取得した。

「僕は中学から高校、大学まで、競争のレールに乗り続けていた」とティールは大学卒業生へのスピーチで語っている。「そのままロースクールに進めば、幼いころから受け続けてきたような試験で競い合うことになるのはわかっていた。それでもロースクールでは、これはプロフェッショナルになるためにやっているんだと言うことができた」

ロースクール卒業後も成功を続け、権威ある控訴裁判所の法務事務官になった。だがそこで大きな挫折がやってくる。最高裁判所の法務事務官になるための面接で落とされてしまったのだ。最高裁に拒絶されたことは、ティールにとって天地がひっくり返るほどの衝撃だった。「世界の終わりのように感じられた」。そしてそれを機に「自分探しのクォーターライフ・クライシス」に陥り、法曹の世界を飛び出した。クレディ・スイスでデリバティブトレーダーとして働き、1996年に西海岸に戻った。

カリフォルニアで心機一転、友人と家族から集めた資金でグローバルなマクロ経済戦略と通貨投資に特化したヘッジファンド、ティール・キャピタルを立ち上げた。

2年後、ティールはファンドの最初の社員を探すために、身近な人材プールを頼った。スタンフォード大学2年生のとき、同級生のノーマン・ブックと共同創刊した、大学からの資金援助を一切受けない学生新聞、「スタンフォード・レビュー」だ。

スタンフォード・レビュー紙は創刊号で、明確な逆張り思考を打ち出した。「第一に、当紙はスタンフォードコミュニティを取り巻く幅広い問題について、オルタナティブな見解を示したいと考えている」。ティールはレビュー紙の資金調達と編集、執筆勧誘を担当し、各号の冒頭の論説を執筆した。「開かれた心、または空っぽの心?」「制度化されたリベラリズム」「西洋文化とその失敗」「誠実であることの重要性」といったタイトルの論説をものした。

スタンフォード・レビューは、支持者の目にはスタンフォード大学の息の詰まるようなポリコレに新風を吹き込む存在に映った。批判者にとっては、腹黒いあまのじゃく的な主張を繰り広げ、議論よりも挑発を優先する存在だった。同紙は学内で政治的異端として知られるようになり、創刊編集長のティールはのちにシリコンバレーでも政治的異端として名を馳せることになる。

スタンフォード・レビューは創刊者たちの卒業後も存続し、ティールは同紙を通じてキャンパスとのつながりを保っていた。卒業後も折を見てイベントに参加し、そこでテキサス出身の4年生、ケン・ハウリーを知った。二人は短い会話を交わし、連絡を取り合うようになった。しばらくしてティールはハウリーの留守電に、ティール・キャピタルに参加しないかというメッセージを残した。

二人はパロアルトのステーキ店に夕食に行った。数時間後、ハウリーはティールの知識の深さと幅広さにすっかり魅了されていた。ハウリーは寮に戻るなり恋人に宣言した。

「ピーターは、スタンフォードの4年間に出会った誰よりも頭がいい。これからは一生、彼と働きたい」

ハウリーの恋人や友人、家族は腰を抜かした。東海岸の一流金融機関から好条件の内定をいくつももらっているのに、そのすべてを得体の知れない男のために蹴るというのか？ ティール・キャピタルにはティール以外の社員はいなかった。オフィスすらなかった。

それでもハウリーは惹かれた。ティールの新しい会社にというより、ティールという人間に。ハウリーはスタートアップやテクノロジーに興味があり、ティールはそうした世界に通じているように思えた。彼に賭けてみよう。卒業後、ケン・ハウリーはティール・キャピタルに入社した。

「掃除用具入れ」を本社にする

その後まもなくドットコムブームが、ティールとハウリーのすぐそばで始まった。インターネット企業の株式が、アメリカの老舗企業と並んで証券取引所で取引され、西海岸に何十億ドルもの資金がなだれこんだ。ティールはグローバルなマクロ投資で一定の成功を収めていたが、インターネットの熱狂を見て、有望な技術系スタートアップへの投資で一攫千金《いっかくせんきん》を狙えると気がついた。

そしてこの分野で成功するには、会社に正しい住所が必要だと考えた。つまり、シリコンバレーの名門ベンチャーキャピタル企業が並ぶ、メンローパークのサンドヒルロードだ。

オフィス探しがハウリーのティール・キャピタルでの初仕事となった。楽な仕事ではなかった。ネット上の領土争いが過熱するなか、サンドヒルロードの低層ビルも入居待ちが絶えず、賃料はマンハッタンのセントラルパークを見下ろすオフィス以上に高騰していた。

ハウリーは直談判するしかないと考え、サンドヒルロードをしらみつぶしに歩いた。門前払い続きの苛立たしい一日を過ごし、最後の訪問先のサンドヒルロード3000番地に着くと、年配の紳士が生け垣の手入れをしていた。ハウリーは近寄って、賃貸の話は誰にすればいいのかと訊ねた。実はその人こそ、ビルのオーナーだった。第二次世界大戦の退役軍人で地元の不動産王、77歳のトム・フォードは、自ら物件の手入れをしていた。

フォードはハウリーをサンドヒルロード3000番地内に招き入れると、ビルの見取り図を取り出した。入居中の部屋の並びを指でなぞり、ハウリーにはシミにしか見えないものの上で指を止めた。

「空室はないな。だが、この掃除用具入れが使えるかもしれんぞ」

フォードはハウリーを掃除用具入れに連れていった。箒《ほうき》とモップが1本ずつと、バケツが数個、その他の清掃用品が壁際に並んでいた。ハウリーは即決し、フォードは5ページの簡単な契約書を作成した。ハウリーはただちにティール・キャピタル新本社の内装に取りかかった。

「金物屋で数字のプレートを買ってきて外の壁に釘で留めたら、掃除用具入れには見えなくなったよ」とハウリーは言う。窓はなかったが、フォードはその代わりにと野生動物のポスターを2枚くれた。

ファミレスの「ビリオネア朝食クラブ」

98年、ティール・キャピタルは社員一人と、サンドヒルロードの「オフィス」を手に入れ、テクノロジー投資を開始した。最初期の投資先の一つが、イリノイ大学の有望な卒業生、ルーク・ノセックの会社だった。

ノセックは卒業後カリフォルニアに移り、住む場所が見つかるまで知り合いの家のカウチで寝ていた。彼は天性の社交家で、シリコンバレーで開かれるテック企業のパーティーの招待状を難なく手に入れた。そうした場で知り合った人にネットスケープの仕事を紹介してもらい、ほどなくして事業開発部で働き始めた。

この新しい職務のために、ノセックは暇さえあればテック系の会議やオフ会に顔を出した。あるとき参加したシリコンバレー・スタートアップ起業家協会の集まりで、大学時代の友人スコット・バニスターが、教育改革に関するディスカッションにパネラーとして登壇した。

このときの別のパネラーが、大学時代のルームメイトのピーター・ティールにバニスターとノセックを紹介してくれることになった。

四人は地元の家族向けレストラン、ホビーズで初めて会い、その後何度も集まった。ノセックはこの会合を、「ビリオネア朝食クラブ」と冗談めかして呼んだ。「お互いが偉大なことを成し遂げるだろうと思っていた」。食事をしながらテクノロジーや哲学、教育、スタートアップ、未来予測について議論を戦わせた。このときノセックは、ティールがスタートアップ投資に関心を持っていることを知った。

ノセックは大学卒業後もずっと起業熱にとりつかれていた。大企業の正社員になるとなおさら熱は高まった。「ネットスケープでは何もしなかったよ」と彼は打ち明ける。たった一年で解雇された。

だが失業は起業につながった。紙の手帳という過去の遺物をデジタル化した「スマートカレンダー」のアイデアを思いつき、ティールから投資を取りつけたのだ。「いま思えば、あのアイデアは何もかもが間違っていた」とティールは笑う。電子カレンダーは「200社ほどの競合」がひしめく飽和市場だった。ノセックは社外の逆風と社内の対立にさらされ、共同創業者と決裂して会社を追われた。スマートカレンダー事業は終了した。

スマートカレンダーの失敗はノセックを苦しめた。新しい友人ピーター・ティールの資金を失う結果になったのがつらかった。「損をさせたから、ピーターとの関係はダメになったと思ったね」。だがティールにとってスマートカレンダーは、投資以上に、スタートアップの速習コースとして大きな意味があった。ノセックはティールに会社の浮き沈みを逐一報告し、インターネットマーケティングや顧客獲得、プロダクトデザインについて詳しく手ほどきしたのだ。

このときの投資が豊かな学びにつながり、その失敗から教訓を得て、共同経営者を正しく選ぶことや、競争を最小限に抑えることの大切さなどを学んだからこそ、ペイパルは成功できたのだと、ティールはのちに述べている。

ノセックも、あの手痛い失敗後も付き合い続けてくれたティールから学んだことがある。シリコンバレーでお金を失うことは、ほかの場所でお金を失うこととは違う――ここではイグジットだけでなく、努力も評価されるのだ。

レヴチンとティールの「運命の出会い」

ノセックが会社の経営、ティールがファンドの立ち上げに奔走していたころ、マックス・レヴチンはもっと切実な設備を探していた――エアコンだ。彼が住むパロアルトのワンルームマンションにはエアコンがなく、自分でなんとか工夫する必要があった。近くのスタンフォードのキャンパスをぶらついて公開講義に入り込み、教室の後ろに座って目を閉じていれば暑さをしのげるだろうと気がついた。

そんなエアコン探しのミッションを実行していたある日、レヴチンはキャンパスでピーター・ティールの講義の告知に目をとめた。「金融市場と通貨取引」というテーマにはそそられなかったが、ティールのことはルーク・ノセックから聞いていて、彼がスタートアップに投資していることを知っていた。教室に行ってみると思ったより人が少なく、数人がゼミ形式でティールを囲んでいた。

レヴチンはティールの話に感心した。「すごいな、金融関連の仕事をするならなんとしてもこの人とやりたい」と思った。またレヴチンはティールの金融業界の知識に、別の資質をかぎ取った。「この人はコンピュータ科学者じゃない。だが、オタクなのは間違いなさそうだ」

講義が終わるとレヴチンは教室に残り、ティールと話す機会を待った。ティールが誰かの売り込みにつかまって「救いを求めている」ように見えたので、割って入ることにした。

「やあ、ピーター、僕はマックス。ルークの友人だよ」

ティールの相手は状況を察して去り、ティールはレヴチンに目を向けた。

「よろしく。君は何をしているんだい？」

「これから会社を始めようと思ってる。イリノイでもやっていたんだ」とレヴチンは言い、自ら立ち上げたネットメリディアンが買収されたばかりだと説明した。

「へえ、すごいな。一緒に朝食でもどう？」とティールは誘った。

ホビーズで「売り込み」をする

翌朝、レヴチンは約束の店のホビーズまでの距離を読み間違えて遅れそうになった。間に合うように必死で走り、汗だくでたどり着くと、息を切らしながら謝った。ティールはお気に入りのスムージー、「レッド、ホワイト&ブルー」を飲みながら涼しい顔で待っていた。レヴチンが腰を下ろすと、ティールはスタートアップのアイデアについて質問を浴びせてきた。

レヴチンが最初に売り込んだアイデアは、大学時代に仕事を請け負っていたマーケット・アクセス・インターナショナル（ＭＡＩ）のサービスを現代版にしたものだ。ＭＡＩが提供していたのは従来型メディアの広告情報だったが、レヴチンはオンライン広告のデータベースにも市場があるはずだと考えた。「ウェブ中のバナー広告を集めて、データベースにまとめるんだ。ＭＡＩのアイデアをオンライン広告に応用したらどうかと思って」と彼は言った。

「そうか、おもしろいね」とティールは流した。

ティールの薄い反応を見て、レヴチンは次のアイデアに移った。

大学時代、大規模なコンピュータシステムを管理する友人たちの問題を解決するために、当時流行《はや》っていた携帯情報端末「パームパイロット」で使えるアプリをつくった。当時のシステム管理者はクレジットカード大のキーカードをセキュリティに使用していた。一台一台のコンピュータが別々のキーカードに紐付けられていて、ログインするたび、カードが生成するワンタイムパスコードの入力が必要になった。そのせいでシステム管理者はカードをどっさり持ち歩く羽目になった。

　だがレヴチンが開発した「セキュアパイロット」というアプリを使えば、カードのパスワード生成をすべて携帯端末上の一つのアプリで行うことができた。「僕のアプリはパームパイロット上でキーカードの機能を模倣したから、みんなあのばかげたカードを捨てることができたんだ」とレヴチンは説明する。

　これは並大抵のことではなかった。キーカードは複雑な暗号化技術を使ってすばやくコードを生成した。ユーザーをいらつかせないように、セキュアパイロットにも同等の速さが求められたが、パームパイロットの貧弱なプロセッサでそれだけの速度を実現するのは技術的に困難をきわめた。

「スピードアップのために、UI（ユーザーインターフェース）の面でも数学的な面でも、ちょっとした技術が必要だったね」とレヴチンは、ジェシカ・リヴィングストンによるインタビューで語っている。「数学的にどれだけのスピードを絞り出せるかを考えつつ、UIを工夫して、実際よりも時間がかかっていないように思わせる必要があった」

　セキュアパイロットは、この数学とUIの難題をクリアし、おまけに有料顧客まで獲得した。

1ダウンロードあたり25ドルの料金を取り、レヴチンがティールとホビーズで会ったころには、利益を生むプロダクトになっていた。

セキュアパイロットのささやかな成功は、より大きなポテンシャルを示唆していると、レヴチンはティールに熱弁した。携帯端末とモバイルセキュリティの接点には大きな事業機会がある、これからはパームパイロットのような携帯端末が必要不可欠になり、何もかもを端末で行う時代になる、と。

ティールは半信半疑だった。「そういう端末は見たことがあるけど、何に使うんだ？」

「いまはメモを取るくらいだけど、そのうちノートや録音機、パソコンでのメールチェックに置き換わるようになる」。やがて誰もがスーパーコンピュータを持ち歩く時代が来ると、レヴチンは予言した。

ティールは踏み込んだ。「要するに、どういうこと？」

「僕が調べたところ、いまの携帯端末はまったく暗号化されていない、脆弱《ぜいじゃく》な状態にある。誰かが僕のパームパイロットを盗んで僕の暗証番号を知ったら、大変なことになる。端末に保存された文書やメール、音声といったあらゆる情報が簡単に抜き取られてしまうだろう？」とレヴチンは説明した。「だから、情報端末を暗号化する必要があるわけだ」

ティールはようやくその可能性を理解し始めたが、まだ疑問を持っていた。それは暗号化における当時の難題だった。パームパイロットのプロセッサは1回限りのパスワードを生成できても、メールや文書などのファイルの複雑な暗号化まで処理できるのか？　レヴチンのアイデアはいまの技術を超えているのではないか？

「僕の強みはまさにそこなんだ」とレヴチンは胸を張った。彼は学生時代、小型端末の暗号化技術に関する学術論文を読みあさり、当時の貧弱なプロセッサで暗号化したデータを瞬時に保存する技術を、セキュアパイロットですでに実現していた。効率的なモバイル暗号化に打ち込み、この分野では並ぶ者がいないと自負していた。

ティールは納得し、懐疑者から支援者に変わった。「すばらしいアイデアじゃないか！　君は絶対それをやるべきだ。ぜひ僕に投資させてくれ」と彼は即断した。

クイズで直感力を見抜く

レヴチンとティールは、その後の数週間に何度も会った。これらのミーティングを、レヴチンは「超オタク的デート」と呼んだ。パロアルトのプリンターズ・インク書店で会ったときは、頭の体操クイズを出し合って何時間も過ごした。「まず僕がクイズを出して、ピーターが解けるかどうかを試す。すると今度はピーターが僕にクイズを出す」

ムードは和やかだったが、その根底にはのちのペイパル文化の原型となる競争心が燃えさかっていた。二人ともクイズ解きには自信があり、二人とも強烈な負けず嫌いだった。

レヴチンはティールから最初のころに出されたクイズを覚えている。「整数には、約数の個数が奇数個のものと、偶数個のものがある。約数の個数が偶数個である、z未満の整数の個数はいくつか[*]？」

レヴチンはクイズと格闘した。最初は難しく考えすぎてうっかり「部分集合の部分集合」を考えてしまったが、最後には正解にたどり着いた。余計なまわり道はしたが、それでもすぐに解いてティールを感心させた。

次はレヴチンの反撃だ。「密度にムラがある2本のロープがある。ロープに火をつけると、燃える速さは違うが、完全に燃え尽きるまでにどちらも1時間かかる。2本のロープを使って正確に45分計るにはどうしたらいいか[†]？」

ティールは正解した。

真剣勝負は何時間も続いた。頭の体操クイズの次は数学クイズ、それから論理クイズを出し合った。レヴチンとティールはお互いのおかしな共通点に気づいた――二人は数学で気晴らしができる特殊な人種だった。「ピーターは技術系じゃない」とルーク・ノセックは言う。「でも彼もマックスも、つねに物事を理解しようとするという意味での〝知識人〟だ。楽しみながら知力の限界を試し合っていたよ」

ティールとレヴチンの初期のこうしたやりとりには、ペイパルでの採用方法の片鱗が見られる。「ロープ燃やし」のような問題は、ペイパルの採用面接でも出題された。「一見ただのクイズのようで、実は基本的なコンピュータ科学の問題なんだ。一歩引いて問題を俯瞰《ふかん》して、『これはクイズだな、さっさと解かなくては』と気づかないといけない。掘り下げすぎてもダメなんだ」

レヴチンがのちに数学の博士号を持つ有望な候補者に面接でクイズを出したとき、候補者はすぐに答えを書き始め、ホワイトボードを計算で埋め尽くし、ガラス戸にまで書いた。レヴチンはその長く屈折したプロセスを見て、候補者を落とした——このプロセスが、ソフトウェアエンジニアとしての彼の未来を物語っている。正解にはたどり着くだろうが、時間がかかりすぎる。

難解なクイズを入社試験で出すのは、ペイパルだけではない。多くのテック企業がクイズで候補者を苦しめている。また、ペイパル出身者が全員、この手法を望ましいと思っていたわけでもない。

「僕はクイズはそんなに得意じゃない。でも、問題解決は好きだ」とペイパルのエンジニア、エリック・クラインは言う。「クイズと問題は別物だ。ペイパルの面接ではクイズを使うことが多かったが、そのせいで問題解決が得意な人をふるい落としてしまったかもしれない」。クラインは当時このやり方に「全面的に賛成」していたが、「歳を取ったいまは、あれが最適な採用方法ではなかったとわかる」と言う。

エンジニアのサントッシュ・ジャナーダンは、その場でクイズを解かせる方法の利点と難点を指摘する。「たまたま調子が悪かった人を落としてしまったかもしれない。でも、少なくともIQが高く、僕らと同じ考え方をする人を採用することはできた。つまり、本当に優れた人材を何人か逃した可能性はあるが、それでも入ってきた人は直感力に優れていた。似た者同士で集団思考《グループシンク》に陥る危険もあったが、いまから思えば、あれは少人数で何かを本当にすばやくやり遂げるチームをつくるのにはいい方法だったな」

クイズが採用に役立ったかどうかはさておき、ペイパルと他社との違いは、謎解きの精神が企業文化にまで浸透していた点だ。あるUXデザイナーによれば、ペイパルのエンジニアリングチームは問題解決を愛していた。「美しい解決策を考えることに喜びを感じていた」。そうした喜びをかき立てるために、週刊の社内報は難問クイズを毎号掲載し、次の号で正解を発表して社員を一喜一憂させた。

＊　答え：z未満の完全平方数の個数をz－1から引いた数。

†　答え：1本目のロープの両端と、2本目のロープの片端に、同時に火をつける。1本目のロープは30分後に燃え尽きる。燃え尽きたその瞬間に、2本目のロープの残りの片端に火をつければ、2本目のロープが燃え尽きるのは、最初からちょうど45分後である。

「10年先」を行っていた男

コーヒーとクイズのミーティングを何度か経て、98年12月、ティールはレヴチンの新会社にシード資金として10万ドルのつなぎ融資を行った。多額ではなかったが、それが始まりとなった。レヴチンはいまやエンジェル投資家の支援を得て、会社を始める準備が整った。CEOになってくれそうな人に心当たりもあった。モバイルコンピューティングのコンサルティング会社を経営していた、ジョン・パワーズだ。

二人の出会いはレヴチンがまだ大学生のころ、イリノイ州オークブルックで開催されたモバイルテクノロジー会議でのことだ。パワーズがモトローラのブースで質問するために並んでいると、レヴチンが担当者と話す声が聞こえてきた。あの若者は担当者より詳しそうだ、とパワーズは感心した。

パワーズはレヴチンをコーヒーに誘い、その場でレヴチンは、パワーズがモトローラの社員に聞くつもりだった問題をサッと解いてみせた。「こいつはただものじゃない」とパワーズは舌を巻いた。

レヴチンはパワーズのことを「ひょろ長くてちょっと変わった、気のいい人」で、「つねに時代の10年先を行っていた」と評する。

パワーズがこの会議に出たのは、モバイルコンピューティングに関心があったからだ。折しもパームパイロットやアップルのニュートン、カシオのカシオペア、シャープのウィザードなどの第一世代のモバイル端末が登場したばかりで、パワーズはワイヤレス標準やモバイル端末のセキュリティの文献を読みあさっていた。「進化が起ころうとしていた」とパワーズは言う。

パワーズは企業向けモバイルコンサルティングの事業案を、当時の勤務先ＪＤエドワーズの上司に売り込んだ。有望な事業だという確信があったが、モバイルコンピューティングはまだ生まれたばかりで、上司は難色を示した。それでもパワーズのモバイル熱は冷めず、休職してコンサルティング会社を始めた。

人手が必要になったので、レヴチンにモバイルプログラミングの仕事を時給15ドルでやらないかと持ちかけると、レヴチンは二つ返事で引き受けた。パワーズの会社の初めてのクライアントは、フォークリフトや牽引トラクターのリース会社、ハイスターだ。ハイスターはサービス技術者が現場でクライアントに請求書を発行できるソフトウェアを求めていた。レヴチンは修理の所要時間と部品代を現場で管理できるソフトウェアを書いた。

取引先はどんどん増えていった。イリノイ州ペオリアのキャタピラー社や、まったくの異業種のエイボン化粧品など。ソフトウェアの導入が最も円滑に進んだのはエイボンだったという。レヴチンのソフトウェアはごく短期間のうちに、化粧品の営業にもフォークリフトの修理にも役立てられるようになった。

パームコンピューティングへの売り込み

有料顧客を獲得すると、パワーズとレヴチンは投資家への売り込みを開始した。二人でシカゴの投資家をまわったが、まったく相手にされなかった。「オンラインのペット用品販売やTシャツ製作の会社にはホイホイ金を出すのに、うちには1セントも投資してくれなかった」とパワーズはこぼす。

いまにしてみれば、二人が苦戦したのも無理はない。1998年といえば、多くの企業が紙と鉛筆をキーボードとマウスに取り替え始めたばかりのころだ。新しく、操作が難しく、安全性にも不安のある、パームパイロットなどの低電力の携帯用デバイスはまだまだ縁遠かった。「私たちは甘かった」とパワーズは認める。

売り込みは実を結ばなかったが、レヴチンにとって、顧客にアイデアを提案し、いくつかの小さな契約を獲得できたことは、有意義な経験となった。

あるとき二人は当時のモバイルコンピューティングの聖地たる、パームコンピューティングの本社に招かれた。

パワーズは紺のブレザーとカーキのパンツにネクタイを締めていったが、レヴチンは短パンにビーチサンダル、「ウィンドウズはクソだ」とでかでかと書かれたTシャツを着てきた。パワーズはレヴチンの身なりに苦言を呈したが、レヴチンは昂然《こうぜん》と反論した。「ジョン、わかってないなあ」とレヴチンは言った。「彼らもマイクロソフトが嫌いなんだよ」

実際そうだった。パームコンピューティングの本社にはアップル出身者が多く、彼らもマイクロソフトに反感を持っていた。それに、たとえレヴチンのラフな格好が懸念をもたれたとしても、彼が難しい技術的質問に口早に答えるうちに不安は消えたはずだ。端末スループットやプロセッサ速度に関する質問にも、レヴチンはスラスラ計算して答えた。その場にいた最も経験豊富な技術者でさえ、身なりに似合わないレヴチンの才能には脱帽した。

だがこの会合も、関心は引いたものの、それ以上には進展しなかった。やがてレヴチンは卒業して西海岸に移ったが、それからもパワーズと連絡を取り合い、単発のコンサルティングの仕事を引き受けていた。

ティールが「マインド・トリック」を発動する

98年末、レヴチンはパワーズに一報を入れた——とうとう僕たちのモバイルコンピューティング会社に支援者が現れたぞ。二人がずっと温めていたセキュリティ製品をつくるときがやってきた。パワーズはパロアルトとイリノイの自宅を往復し始めた。

このころの取り組みが、最初期のペイパルの姿と言って間違いないだろう。会社は数々の門前払いのちによみがえり、いまや掃除用具入れにオフィスを構えるエンジェル投資家（ティール）と、エアコンなしのＣＴＯ（レヴチン）、片道３４００キロの超遠距離通勤のＣＥＯ（パワーズ）を擁していた。

パワーズは社名に「フィールドリンク」を提案した。エイボンやハイスターとの現場《フィールド》仕事の本質を捉えているし、信用がありそうに聞こえる。ティール、レヴチン、パワーズはプロダクトに関するアイデアを詰めて、早速投資家に売り込み始めた。

フィールドリンクの三人はすぐにチームとして結束した。仕事の合間にはチェスやカードゲームに興じ、楽しみながら競い合ううちに、パワーズはティールとレヴチンの驚くほどの共通点を見抜いた。すさまじいまでの競争心だ。

あるときプリンターズ・インク書店でのミーティングで、パワーズは「３－５－７ゲーム」（別名マッチ棒ゲーム）でティールを負かした。苛立ったティールはゲームを中断して、紙に計算式を書き出した。計算を終えると、ティールはその後のすべてのラウンドでパワーズを打ちのめした。

「あのゲームでピーターという人間がよくわかった」とパワーズは回想する。「何事も運任せにはしない。つねに合理的な根拠をもとに意思決定するんだ」

パワーズは西海岸で新進のテック系スタートアップを立ち上げる経験を楽しんだが、へとへとに疲れてもいた。金曜の夜にカリフォルニアに飛び、週末いっぱいをレヴチンとティールと働きづめで過ごしてから、日曜の夜行便でシカゴに戻り、早朝に帰宅して妻と言葉を交わし、着替えてそのまま職場に向かうという生活だった。

初期のこの体制は、レヴチンにはもってこいだった。ティールとパワーズに営業と資金調達を任せ、自分は一人残ってコード書きに専念できた。だが何週か経つうちにパワーズの負担に気づき、会社には地元に住むフルタイムのCEOが必要だと考えるようになった。ティールとレヴチン、疲れ果てたパワーズは、パロアルトのカフェ・ヴェローナで話し合いをした。

レヴチンは難しい話を切り出す役目をティールに任せた。ティールはパワーズに穏やかに言った。もしパロアルトに引っ越して来られないのなら、CEOを辞めてもらうしかない。遠く離れた、前途多難なスタートアップのために、パワーズが始まったばかりの新生活を捨てられないことは、ティールにはわかっていた（パワーズは新婚だった）。

パワーズは前向きに受け止めた。「そりゃ、がっかりしたよ。あの過酷だが楽しい生活が気に入っていたから。でもいまにして思えば、あれはまったく賢明な判断だった」

話は丸く収まった。実際、レヴチンとティールは会社が大きくなってから、パワーズに保証人を頼んだこともある。パワーズは喜んで引き受けた。

この初めての人事交代で、レヴチンはティールの手腕を目の当たりにした。レヴチンとパワーズは当初、会社の株式を半数ずつ持ち合っていた。だがパワーズの退任とティールの出資によって、ややこしい問題が生じた。レヴチンとパワーズの持ち分を減らし、また未来の社員に配る株式を確保しておく必要もあった。

レヴチンはティールに厄介な交渉を任せ、ティールはそれをそつなくこなした。

「あれを見て、おお、まるで（人の心を操る）ジェダイのマインド・トリックだと思った。僕は3時間、ひと言もしゃべらずに、（パワーズが）持ち分を減らさなくてはならない理由をピーターが説明するのを、ただただ感心して眺めていた」

ティールにフィールドリンクで、エンジェル投資家以上の役割を担ってもらえないだろうかと、レヴチンは考え始めた。

「CEOや創業者には、心から信頼し合える人が必要だ」とのちのペイパルの投資家ジョン・マロイは言う。「順調なときによくしてくれる人はいくらでもいるが、逆境のときに客観的に話し合える相手はいるだろうか？　マックスとピーターはお互いにとってそういう存在だった。二人はまったく違う、輝かしい才能を持っていた。すばらしい協力関係の鑑《かがみ》だ」

Chapter 3 「正しい問い」は何か?

――イーロン・マスクの模索

イーロン・マスクの金融界での冒険は、大学時代に始まった。

イーロンと弟のキンバルは80年代の終わりごろに南アフリカからカナダに移住して、オンタリオ州キングストンのクイーンズ大学に通っていた。二人は有名人と知り合うために、新聞で見つけたおもしろそうな人に片っ端から電話をかけた。

あるときイーロンは、ノヴァ・スコシア銀行(スコシアバンク)の経営幹部、ピーター・ニコルソン博士の記事に目を留めた。ニコルソンは物理学とオペレーションズ・リサーチを修め、政治や政策、金融の世界に科学の知見を取り入れた人物だ。ノヴァ・スコシア州議員に選出されたり、カナダ首相府で副首席政策補佐官を務めたこともある。多彩なキャリアを通じて、パンチカード式コンピュータからカナダの漁業会社の漁業権共有協定までのあらゆる問題に取り組んでいた。

マスクは興味を引かれ、記事を書いた記者からニコルソンの電話番号を聞き出すと、早速電話をかけた。「突然、仕事をくれなんて言って電話をかけてきたのは、イーロンだけだよ」とニコルソンはほほえむ。マスクの度胸に感心したニコルソンは、イーロンとキンバルと食事の約束をした。

三人は昼食を取りながら「哲学や経済、世の中の仕組み」について語り合った。マスクは記事を読んで感じた、「めちゃくちゃ賢い巨大な脳の持ち主」という印象が間違っていなかったと確信した。

インターンとして働かせてほしいと二人が切り出すと、ニコルソンはスコシアバンクの自分の小さなチームに席が一つだけあると言った。ニコルソンの科学的志向に共感したイーロンがその席をもらうことに決まり、ニコルソンは彼を一人だけのインターンとして自分の手元に置いた。

ピーター・ニコルソンも栄誉を得た。イーロン・マスクの数少ない上司の一人になったのだ。

マスク、銀行に勤める

マスクがスコシアバンクに入ったのは、ニコルソンがいたからであって、銀行家になるためではない。ニコルソンが銀行に加わったのも金融にではなく、銀行のＣＥＯセドリック・リッチーに惹かれたからだ。リッチーはニコルソンを小さな社内コンサルティング部門のトップに据えた。「主流から外れた、ちょっと変わったチームだったな」とニコルソンは回想する。

19歳のインターンのマスクにとって、これは金融界を最上部から俯瞰する絶好の機会となった。彼は早くも才能の片鱗を見せていた。「非常に優秀で、非常に好奇心が強かった」とニコルソンは言う。「すでに物事をとても大局的に捉えていたね」

仕事以外の時間にはニコルソンと「クイズをしたり、物理学や人生の意味、宇宙の本質について語り合ったりして過ごした」とマスクは言っている。ニコルソンによれば、マスクは当時から、ある分野に特別な関心を持っていた。「彼が本当に愛していたのは宇宙だった」

インターンシップの間、ニコルソンはマスクにどんどん難しい課題を与えた。その一つが、スコシアバンクの中南米向け債権ポートフォリオを分析するというプロジェクトだ。北米の銀行は70年代に発展途上国、とくに中南米の数か国に、経済の急成長を当て込んで数十億ドルの融資を行った。だが80年代になると成長は落ち込み、新興国の債務危機と融資した銀行の経営危機が取りざたされ始めた。

さまざまな対応措置が取られたが、いずれも失敗に終わった。ニコルソンを含む多くの専門家は、不良債権の証券化、すなわち債券への転換が、最善の解決策だと考えた。銀行は金利の固定化と返済期限の延長に同意し、その見返りとして、新しい債券を公開市場で売買できる。成長が再開すれば理論上は債券の値上がりが見込めるはずだ。たとえそうならなくても、国や銀行が連鎖的にデフォルトを起こし世界恐慌を招くという破滅的なシナリオよりは望ましい。

アメリカ財務長官ニコラス・ブレイディはこの案を支持し、その結果生まれた債券は「ブレイディ債」と呼ばれた。ブレイディ債は米ドル建てで、アメリカ財務省とIMF（国際通貨基金）、世界銀行が保証を与えた。89年にメキシコが初めて債務交渉に合意し、他国もあとに続いた。「ブレイディ債の流通市場がすぐに生まれた」とニコルソンは語る。

「50億ドル儲かりますよ、いまこの瞬間に」

実を言えばニコルソンは、中南米向け債権の課題で、とくに成果を期待していなかった。たんに飽きっぽいマスクを熱中させるほど手強い課題を与えただけのつもりだった。ところがマスクはブレイディ債の市場を詳しく調べ始めると、たちまちそこにビジネスチャンスをかぎつけた。

マスクがブレイディ債の保証にどれだけの価値があるかを計算してみると、それよりはるかに安い金額で、債権そのものを他行から購入できることがわかった。マスクはニコルソンに内緒で、ゴールドマン・サックスやモルガン・スタンレーなどのアメリカの金融機関に電話で問い合わせた。「僕は19歳かそこらの若造だったけど、『こちらはスコシアバンクですが、この債権はいくらで買えますか』なんて聞きまわっていた」

マスクは莫大な利ざやを稼ぐチャンスを見出した――他行から不良債権を安く買い入れ、ブレイディ債に転換されるまで持っていたらどうだろう？　数十億ドルの利益が得られるうえ、理論上はアメリカ財務省とＩＭＦ、世界銀行の保証付きだ。早速ニコルソンにこのアイデアを持ちかけた。

「債権を買い占めましょう。どこの銀行も大馬鹿ですよ、絶対に損しない投資スキームなのに」とマスクは言った。「50億ドル儲かるんです、いまこの瞬間に」

銀行の経営陣はそうは考えなかった。カナダの他行は途上国向け債権をすでに売却して莫大な損失を計上していたが、スコシアバンクだけは含み損を抱えたままブラジルとアルゼンチン向け債権を数十億ドル保有していた。このリスクで取締役会の批判を受けていたＣＥＯは、これ以上のリスクを、ましてや新しく不確かなブレイディ債のリスクを積み増す気などなかった。

マスクは唖然とした。これは過去とは何の関係もない話だ。ブレイディ債はたしかに新しい。だがまさにそこが、このスキームの肝なのだ。

「だからこそ債権が売りに出されていた。どこの銀行のＣＥＯも愚かで横並びの考え方に囚われていた」とマスクは息巻く。「莫大な利ざやを得るチャンスが目の前にぶらさがっているのに、銀行が何もしないのを見て仰天したよ」

ニコルソンは、ＣＥＯセドリック・リッチーの決定に理解を示す。中南米向け不良債権を保有し続けていたスコシアバンクは、他行よりも大きなリスクにさらされていた。「イーロンは当時よくわかっていなかったかもしれないが、スコシアバンクは含み損が大きすぎて債権を損切りできなかったんだ。そこに、さらに債権を買い増す？　それはできない相談だった」

リッチーにもマスクにも同じ先見の明があったと、ニコルソンは言う。リッチーは途上国向け債権を保有し続けるべきだと考え、マスクは買い増すべきだと考えた。最終的にどちらの正しさも証明された。1989年から1995年にかけてさらに13か国が債務交渉に合意し、債務は売買可能な債券に転換されたのだから。

マスクはこのときのインターン経験から、「銀行がいかに能なしか」を痛感した。銀行は未知を恐れるがゆえに、数十億ドルもの利益をみすみす逃した。マスクはのちのX.comとペイパルでの取り組みで、このときの経験を根拠に、「銀行に勝てる」と信じて疑わなかった。「銀行がこんなにイノベーションが苦手なら、金融業界への参入企業が銀行につぶされるはずがない。銀行は新しいことは何もできないんだから」

物理学と銀河ヒッチハイク・ガイド

マスクはスコシアバンクで伝統的な銀行を見限ったが、ピーター・ニコルソンという生涯の友であり師といえる相手と出会えた。マスクはニコルソンに倣《なら》って、大学で科学と経営学を学ぶことにした。奨学金を得て、クイーンズ大学からアメリカのペンシルベニア大学に編入し、物理学とファイナンスの学位の同時取得をめざした。

マスクはのちに、経営学を学んだのは「保険」の意味もあったと認めた。「もし経営学を学ばなかったら、僕の知らない特殊知識を持つMBAの下で働かされるかもしれないだろう?」

と、アメリカ物理学会の会報に答えている。「それが嫌だから、経営の知識も身につけておこうと思ってね」。もし大学をやり直すとしたら、経営学の授業はもう取らないだろうとも言っている。

物理学は厳格な学問だとマスクは感じていた。「上級証券分析という授業を取ったんだけど、そこでは行列計算を教えていた。物理の数学ができたら経営の数学なんて楽勝だったよ」。物理学のクラスでは共通の趣味を持つ友人が見つかった。かつて「ナードマスター3000」を自称していたマスクは、ダンジョンズ&ドラゴンズなどのビデオゲームとコンピュータプログラミングが好きな仲間を見つけて喜んだ。

マスクが物理学を正式に学び始めたのはペンシルベニア大に移ってからだが、それよりずっと前から傾倒していた。「12、3歳のとき、実存の危機に陥った」とのちに語っている。「自分の存在にどんな意味があるのか、人間がなぜここにいるのか、すべてが無意味なのか、などと自問していた」。この危機のさなかに、希望をくれるSF小説を見つけた。ダグラス・アダムスの『銀河ヒッチハイク・ガイド』だ。

小説の主人公アーサー・デントは、地球滅亡を生き延び、伝説の星マグラシアを探して銀河を旅する。デントはこの冒険で「超知性を備えた汎《はん》次元的な生命体」の古い種族が、「ディープ・ソート」というコンピュータを設計して「生命、宇宙、そして万物についての究極の疑問」に答えを出そうとしていることを知る。

マスクはこの本から、正しい問いを立てることは、答えを導き出すことと同じくらい大切だと悟り、そのことが実存的不安を和らげたと語っている。「問いは答えより難しいことが多い。そして、問いを正しく立てることさえできれば、答えを考えるほうは比較的簡単だ」

マスクの見るところ、物理学は正しい問いを投げかける学問だった。『銀河ヒッチハイク・ガイド』を読み終えると、ノーベル賞受賞学者リチャード・ファインマン博士の著書を読みふけった。

大学でさらに物理学にのめりこみ、ペンシルベニア大学ウォートン校の経営学の授業では、ウルトラキャパシタ（電気二重層コンデンサ）と宇宙エネルギーシステムの経済的メリットに関するレポートを書いて高い評価を受けた。

マスクは授業で物理学の問いに取り組みながらも、卒業後に物理関係の道に進むべきかどうか悩んだ。「たとえば、粒子加速器の建設計画が官僚主義に阻まれたらどうする？」と彼は言う。「粒子加速器がＳＳＣ（超伝導超大型加速器）計画みたいに中止されたら最悪だと思ってね」

だがそれに代わる道は何なのか？　ウォートンの同級生は銀行やコンサルティング会社に内定が決まり、多額の契約ボーナスをもらっていた。マスクは、銀行はもう経験済みだった。そんなありきたりの進路は、議会に邪魔されながら粒子加速器に取り組むよりさらにつまらなそうだ。

結局、迷える大学生の定番の進路を選んだ。大学院だ。マスクはスタンフォード大学の材料科学工学の博士課程に出願し、合格した。

テック系スタートアップが次々と誕生する

イーロン・マスク博士。これが自分のめざす道なのだろうか? マスクはサラリーマンに向いていない自覚はあったが、スタンフォード大学の難関プログラムに合格したあとも、研究に代わる道を模索し続けた。

大学4年の夏休みに、シリコンバレーの二つの会社で同時にインターンをした。日中は宇宙兵器や先進監視システム、自動車の新しい動力源などを研究するベンチャー、ピナクル研究所で働き、夜になると最先端ビデオゲームのスタートアップ、ロケット・サイエンス・ゲームズに移動した。「ゲームプログラムのレンダリング中の夜間に来て、ディスクを裏返す係だった」とマスクの上司だったマーク・グリノーは言う。

マスクはこれらのインターンを通して、テック系スタートアップの世界に初めて触れた。そして自分のように昼夜を問わず働き、ビデオゲームを愛し、楽しみのために数学クイズを解く人たちがいるのを知った。物理学のクラスと同様、ここでもオタクであることは、バグではなく仕様だった。だが何より、「アイデアが世界を変える」ことをマスクは学んだ。ピナクルの研究者はただ学術研究を行うだけでなく、自動車を一変させる技術を生み出していた。

ベイエリアでの経験に刺激を受けて、マスクは弟のキンバルと起業のアイデアを出し合った。

「医師向けのＳＮＳ」というアイデアを検討したこともある。実現には至らなかったが、このアイデアが二人のスタートアップ熱に火をつけた。

チャンスがそこら中に芽吹いているのを二人は意識せざるを得なかった。マスクが西海岸に来る数か月前、スタンフォード大学院生のジェリー・ヤンとデイヴィッド・ファイロが、インターネット検索サービス「ジェリーとデイヴィッドのワールドワイドウェブガイド」を、大学のトレーラーハウスで立ち上げた。その後この会社を「もう一つの階層構造の気が利くデータベース（Yet Another Hierarchical Officious Oracle）」と改称し、頭文字を取って「ヤフー（Yahoo）」とした。

94年には、元ヘッジファンド・マネジャーのジェフ・ベゾスが妻とともにニューヨークからシアトル郊外に引っ越し、自宅のガレージでカダブラという会社を起業した。この会社も改称されてアマゾン・ドットコムになった。

自分が「世界に最も影響を与える」には？

コンピュータプログラミングは、マスクにとっては目新しくもなんともなかった。子どものころからコードを書いていた。13歳で「死の水素爆弾とステータスビーム装置を積んだ異星人の宇宙貨物船」を破壊する「ブラスター」というビデオゲームをつくり、ソースコードを販売した。起業も経験済みだった。カナダでマスク・コンピュータ・コンサルティングという会社を設立し、コンピュータとワープロを売った。クイーンズ大学学生新聞の広告には、この会社が「最先端」であることが謳われ、「昼夜いつでもお電話ください」と書かれている。

マスクの見るところ、ヤフーやアマゾンの創業者は自分とたいして歳も変わらず、自分より賢いはずもなかった。とはいえベンチャーを始めるのは、とくにスタンフォード大学院への切符を手に入れたいまとなっては、リスクが高いように思われた。とりあえずの落としどころとして、当時の大人気IT企業、ネットスケープの求人に応募してみた。

ネットスケープからは返事がなかったが、正式に断られたわけでもなかった。マスクはネットスケープの本社に行って、ロビーをうろつくことにした。そこで誰かと話しているうちに何かにつながるかもしれない。だがこの計画も空振りに終わった。

「僕はシャイで誰とも話せなかった」と、のちに起業家のケヴィン・ローズに打ち明けている。「だから、ただロビーに突っ立っていた。あれは恥ずかしかったね。誰かに話しかけようと思って立っていたのに、ビビって誰とも話せずに帰ってきたんだから」

ネットスケープの線が消えると、大学院に行くか、インターネット企業を立ち上げるかで悶々と迷った。「未来に最も影響を与えることは何だろう、僕らが解決すべき問題は何だろうと考えていた」。ペンシルベニア大学時代、彼は近未来に大きなインパクトを与える分野をリストアップした。インターネット、宇宙開発、再生可能エネルギー。だが未来を変える分野にこの自分が、イーロン・マスクという人間が影響をおよぼすには、いったいどうしたらいいのだろう?

マスクはピーター・ニコルソンに相談した。トロント界隈をゆっくり散策しながら、二人で次のステップを考えた。ニコルソンはマスクの背中を押した。「いいか、イーロン。インターネットのロケットはぐんぐん上昇している。君のアイデアに賭けてみるのに、いまほど絶好のタイミングはない。博士号なんていつでも取れるじゃないか。その機会はこの先もずっとテーブルに置かれたままだ」

自身もスタンフォードの博士号を持つニコルソンの助言には重みがあった。

それでもマスクは95年夏、ペンシルベニア大学を去り、スタンフォード大学博士課程に進もうとした。だがいざベイエリアに戻ると、ニコルソンのアドバイスが気になってきた。「インターネットのめざましい急成長を横目で見ながら何年も過ごすのはあまりに歯がゆく、いても立ってもいられなくなった」とマスクは言う。スタンフォードに、入学時期を1995年9月から翌年の1月に延期することを願い出た。

マスクはいまでこそ、ビジネス界きってのリスクテイカーとみなされているが、このときは大学院に進むかどうかを逡巡していた。当時がどれほどリスクの高い環境だったかがうかがい知れる。

「僕は生まれながらのリスクテイカーじゃない」とマスクはペン大の校友会誌ペンシルベニア・ガゼットで語っている。「奨学金と学資援助もあったから、それを失うことにもなる」。入学延期が認められたとき、スタンフォードの学部担当者にこう言われたという。

「まあ、やってみなさい。でも3か月後にまたお会いすると思いますよ」

マスク兄弟、会社を立ち上げる

95年、マスクはデジタルマップと道順案内、企業情報を組み合わせた、オンラインのシティガイドをつくるべく、ソフトウェアを書き始める。弟のキンバルを誘い、二人の貯金と、知り合いのカナダ人実業家で共同創業者として加わったグレッグ・クーリの数千ドルを元手に、会社を設立した。

クーリとの橋渡しをしたのはイーロンとキンバルの母、マイエ・マスクだ。クーリは2012年に心臓発作で亡くなったが、マスク兄弟への投資について、彼の妻に話を聞くことができた。「マイエが夫に話したのよ。『私には二人の息子がいて、こんなアイデアを持っているの』って」とジーン・クーリは言う。

クーリは事業にとっても、マスク兄弟の人生にとっても、大きな存在になった。二人の数歳上で、ビジネス感覚に優れたクーリは、会社の草創期にキンバルとイーロンと生活をともにした。「イーロンとキンバルは、夫を兄のように慕っていた。本当の兄弟みたいだった」。マスクも愛情をこめてクーリのことを語る。「グレッグは本当に親しい友人だったよ。心優しい戦略家で、持ち前の能力をよいことに使っていた」

三人はパロアルトに簡素なオフィスを借り、床にドリルで穴をあけてケーブルを通し、階下のサービスプロバイダからインターネット回線を確保した。マスクはオフィスに寝泊まりし、近所のＹＭＣＡでシャワーをすませた（母方の祖父でカイロプラクティック専門家のジョシュア・ハルデマン博士をお手本にした。「第二次世界大戦中、ハルデマン博士は政治と経済の調査に忙しく、診療の時間がほとんどなくなり、ＹＭＣＡに寝泊まりしていた」）。

マスク兄弟はこの会社を「グローバルリンク・インフォメーション・ネットワーク」と名づけ、95年11月初めに正式に法人登録した。会社の初めてのプレスリリースには、兄弟の未熟さが表れている。製品を発表したのに、まだ名前を確定していなかったのだ。

96年2月2日付のサンフランシスコ・クロニクル紙は二人を揶揄する記事を載せた。「新製品の名前は『バーチャル・シティ・ナビゲーター』または『トータルインフォ』のどちらかだが、後者は新発売のイタリアのソフトドリンク、トータルフィーノと似ていて紛らわしい」とコラムはからかっている。「添付された手紙には、これがグローバルリンクの初めてのプレスリリースだと書かれているが、それは製品名がどちらなのかよくわからないという点にもよく表れている」

ともあれ、サンフランシスコ・クロニクル紙は、無名の二人を初めて取り上げたアメリカのメディアになった。「彼らは南アフリカ出身で、弟のキンバルによれば、家族は南アで3台目のＩＢＭ ＰＣ――メモリはわずか8Ｋ、ハードドライブなしのＸＴモデル――を所有していたという。なんとすばらしい」。皮肉はともかくとして、マスク兄弟はさぞかし誇らしかったことだろう。なにしろ自分たちのプロダクトが、発表から数か月と経たずに全国メディアに取り上げられたのだ。

突然「３５０万ドル」もの出資を得る

そこから事態は急展開を迎える。グローバルリンクは数社のベンチャーキャピタルへの売り込みに失敗したのち、モール・ダヴィドウ・ベンチャーズが主導する３５０万ドルの投資ラウンドを確保したのだ。ただ、このときも兄弟の未熟さが露呈した。

「彼らは当初、25パーセントの株式と引き換えに１０００万ドルもの投資を求めていた」と、ベンチャー投資家のスティーヴ・ジャーヴェットソンが作家のアシュリー・ヴァンスに、『イーロン・マスク未来を創る男』（講談社）の中で打ち明けている。「いやはや驚いたよ！　モール・ダヴィドウが３００万以上投資すると聞いたとき、彼らは事業計画を本当に読んだんだろうかと疑ったね」

マスク自身も驚いていた。「コカインでもやっているのかと思ったよ」と2年後に記者に語っている。「僕らのことを何も知らないのに、３５０万ドルをポンと出してくれるというんだから！」

これを機に、兄弟はグローバルリンクやトータルインフォ、バーチャル・シティ・ナビゲーターなどの名前を捨てて、ブランディング会社が考えた新しい社名に変更した。「Ｚｉｐ２《ジップツー》」だ。96年3月24日にＵＲＬ、www.zip2.com を登録し、マスクはＣＴＯ（最高技術責任者）となり、経験豊富なビジネスパーソンのリッチ・ソーキンをＣＥＯに据えて事業運営を任せた。

当初は第二のヤフーやライコス、エキサイトをめざして、地域の小売店や商店に特化した消費者向けポータルサイトの構築に取り組み、「広告料金を払えば検索上位にサービスや道順案内が表示される」と宣伝した。だが96年当時、中小企業にインターネット広告を売り込むのは並大抵のことではなく、零細小売店には見向きもされなかった。そこでＺｉｐ２は方向転換《ピボット》して、パシフィック・ベルやＵＳウエスト、ＧＴＥといった巨大通信会社に狙いを定め、オンライン広告技術を提供することにした。

96年７月、キンバル・マスクは業界誌に、「通信会社はマーケティングに経験と強みを持っているが、インターネット技術の開発では後れを取っている」と語った。Ｚｉｐ２は通信会社にオンライン広告技術を売り込んだが、通信会社がインターネット広告運用の内製化をめざしていることを知り、この方向性も断念せざるを得なかった。

Ｚｉｐ２は次に「世界トップクラスの技術プラットフォームによって、メディア企業が地域基盤を強化し、オンライン地域広告のシェアを拡大できるよう支援する」戦略に切り換えた。要するに、オンライン・シティガイドを作成するためのソフトウェアパッケージをメディア企業に提供して、デジタル広告収益を伸ばす手伝いをするということだ。

このコンセプトは前途有望だった。Ｚｉｐ２はナイトリッダーやランドマーク・コミュニケーションズをはじめ大手新聞社やメディア企業と次々と契約を結んだ。有力業界誌はＺｉｐ２を「新聞業界の新しいスーパーヒーロー」と呼び、「地味なソフトウェア企業がオンラインディレクトリ競争の最前線に立って、通信会社とマイクロソフトに対する新聞業界の反撃を先導している」と書き立てた。

壮大な構想から離れ、「広告屋」になりさがる

イーロンとキンバルのマスク兄弟は北米で暮らし始めたころ、カナダの新聞で読んだ有名人に会おうと奔走した。それからわずか数年後、彼らはアメリカの新聞界の救世主として持ち上げられていた。その後の数年間、Ｚｉｐ２は６００億ドル規模の地域広告市場をめぐって、マイクロソフトやシティサーチ、ＡＯＬ、ヤフーとの競争に明け暮れた。この時期、マスクはスタートアップの生活とその浮き沈みを初めて本格的に味わった。

マスクはＺｉｐ２に数々のイノベーションを導入した。デジタルマップや無料メールサービス、レストランの席をファックスで予約する機能等々。96年1月に汎用プログラミング言語のＪａｖａが公開されると、Ｚｉｐ２の技術チームは9月にはＪａｖａの開発環境に移行していた。Ｊａｖａソフト上級ディレクターのルー・タッカー博士は、Ｚｉｐ２を絶賛した。

「Ｚｉｐ２の画期的なマップと道順案内は、今日のインターネットにおける、Ｊａｖａの最も強力な応用例です」と、Ｚｉｐ２の（大いに改善された）プレスリリースの中で述べている。

「先進技術と実用性の真の融合です」

96年末から97年にかけて、Ｚｉｐ２はソフトバンクやハースト出版、ピューリッツァー出版、モリスコミュニケーションズ、ニューヨーク・タイムズから合計数百万ドルの投資を得て拡大

を続け、創業からわずか2年にして140もの新聞のウェブサイトにサービスを提供していた。「97年半ば、Zip2は実質的にマイクロソフトの小型版となっていた」と業界関係者は述べている。

だが拡大には代償が伴った。96年秋、マスクはZip2の投資家と経営陣に経営手腕を疑問視され、対立した。せっかちで、つねに睡眠を削って働いていたマスクは、無理な期限を設定し、経営陣や同僚を人前でこきおろし、他人のコードを勝手に書き直した。

マスクはのちにこうした欠点を認め、自分はZip2を経営するまで何かを運営した経験がなく、「スポーツチームなどのキャプテンを務めたことも、人を管理したこともなかった」と告白している。同僚の仕事を勝手に直して人前で恥をかかせ、嫌われてしまったときのことを、伝記作家のアシュリー・ヴァンスに語った。「やっとわかった。僕は間違いを直してあげたつもりだったのに、そのせいで相手はやる気をなくしてしまったんだと。あれはいいやり方じゃなかった」

マスクはその後もCTOと取締役会長としてZip2に留まることを許された。だが会社が拡大するにつれ、マスクが戦略の方向性におよぼす影響力は衰えた。職務を縮小されたマスクは、当初の壮大な構想がしぼんでいると感じ、不満を強めていった。次のヤフーになるはずだったZip2が、いまや新聞業界の広告屋になりさがっていた。

「僕らの開発したすごいテクノロジーが、伝統的なメディア業界とベンチャーキャピタルに奪われたようなものだった」とマスクは言う。「僕らはF35戦闘機を提供したのに、メディア企業はそれを使って坂滑り競争をしていた」

マスクは方向転換を働きかけたが、聞き入れられなかった。彼はドメイン名「city.com」を購入して消費者向け情報サイトを提供することを提案した。98年には戦いの場をメディアに移し、ニューヨーク・タイムズ紙に辛辣に言い放った。「本当の戦いは、地域ポータルサイトになるための、ヤフーやAOLとの戦いのはずだ」。だがZip2の取締役会、投資家、経営陣はそう考えなかった。彼らにとって、メディア企業はライバルではなく、お得意様だった。次のヤフーになるなどというのは幻想でしかなかった。

「あれは哲学の問題などではなかった」とCEOのリッチ・ソーキンは言う。「カネのあるところに向かったまでのことだ」

98年、Zip2は苦境に陥った。最大の競合、シティサーチとの合併話が立ち消えになった。初期からの大手取引先シャーロット・オブザーバー紙が、広告収益の減少を理由にZip2のシティガイドを解約した。オブザーバー紙の不満は業界全体の問題を象徴していた。98年9月にニューヨーク・タイムズ紙は「広告主の関心は高いが、一貫して利益を上げているシティガイドは一つもない」と指摘した。

世界を根本的に変えてしまうもの

翌年早々にすべての結論が出た。99年2月、Zip2は3億700万ドルの現金でコンパックコンピュータに買収されたのだ。コンパックはこの買収により、検索エンジン部門のアルタビスタにZｉｐ2の地域広告事業を統合した。マスクの懐には2100万ドルが転がり込んだ。

マスクはこのときのことにいまも驚きを隠さない——莫大な金額にだけでなく、それが届けられた方法にもだ。お金は小切手で届いた。「それこそ郵便受けにだよ。まったくばかげてる、誰かに盗まれたらどうするんだ？　まあ、現金化されることはないんだろうけど。それにしても、こんな方法で大金を送ってくるなんてね」。買収のおかげで、マスクはZｉｐ2を離れ、次へと進むことができた。「預金残高が5000ドルから2100万5000ドルになったよ」と彼は言う。27歳のことだ。

このイグジットにより、マスクは一躍メディアの寵児になり、彼はその役回りを嬉々として演じた。あるライターが書いている。「彼はシリコンバレーの技術者に典型的な早口で話し、ラフな格好をしているが、モルモン宣教師のようにさわやかで隙《すき》のないマナーを身につけている」。マスクはこのとき得たカネのうち、数百万ドルでパロアルトの高級マンションを購入し、100万ドルでスポーツカー、マクラーレンF1を手に入れた。

大金と名声は喜ばしかったが、Zｉｐ2の成功には「但し書き」がついていると、マスクは感じた。買収は金銭的には大勝利だったが、そのせいで技術に足枷《あしかせ》をはめられた。

マスクの誇るZｉｐ2のイノベーション——世界初の実用的なオンラインマップの開発など——も、買収のせいで豚に真珠となった。Zｉｐ2のプロダクトは、インターネットの莫大な可能性を存分には、少なくとも彼が望むほどには引き出せていなかった。「技術を開発する方法はわかっていたのに、花開かせることができなかった」

マスクは資本家と科学者を賛美した。だがペンシルベニア大学時代にそうだったように、科学への憧憬《しょうけい》がつねに勝《まさ》った。実業家はインターネットを20世紀最新の華々しいゴールドラッシュと見ていた。マスクの見方は違った。「世界を根本的に変えてしまうものだと思った。人類を超生命体に変える、世界の神経系のようなものだ」

マスクにとって「神経系」たるインターネットは、SFと自然科学の融合、銀河ヒッチハイク・ガイドとファインマンの混合だった。彼はさりげない驚きをこめて語る。

「それまで人間は一度に少しずつしかコミュニケーションを取れなかった。誰かのところに物理的に出向く必要があった。誰かが物理的に手紙を運ぶ必要があった。でもいまや、アマゾンのジャングルの奥地にいても、衛星信号を利用してインターネットにアクセスすれば、世界中の全情報を利用できる。現実とは思えないね」

現実とは思えない――しかし彼のまわりではそれが現実になっていた。マスクはさらに大きなことがしたいと渇望した。彼の言葉で言えば、インターネットの「構成要素」をつくりたいと。彼にとってZip2はすでに過去だった。目の前には大金があった。次のベンチャーを立ち上げるときが来ていた。

Chapter

4 ネット上で最もクールなURL

――X.com誕生

１９９０年、インターンのマスクは、イノベーションに後ろ向きなスコシアバンクの姿勢に我慢がならなかった。だがその後の10年間に技術が急激に進化していくなかで、大銀行はさらにその頑迷さを深めていった。

インターネットがあたりまえになっても、Ｚｉｐ２のデジタル広告を拒否したかつての中小企業と同様、銀行経営者たちは懐疑的な姿勢を崩さなかった。マスクがＺｉｐ２を開発していた95年当時、「オンラインバンキング」は矛盾した用語だった。デジタル世界に踏み出す銀行は増えていたが、銀行が提供していたのは、ネット上に掲示された動かないパンフレットに過ぎなかった。

一例として、94年末ごろのウェルズファーゴ銀行のウェブサイトを見てみよう。サイトを訪れると、銀行の駅馬車のロゴの下に、細かく分類された項目が並んでいるのが見える——といっても、もしサイトを開くことができたらの話だが。

「残念ながら当時はダイヤルアップ接続が標準でしたから、このカラフルな駅馬車の画像は一つずつダウンロードされていき、サイト全体が表示されるまでに数分かかりました」と銀行の社史担当者は述べている。ウェルズファーゴ銀行の顧客は不満を訴え、当然の疑問をぶつけた。「いつになったらネットで預金残高を確認できるようになるんだ？」

銀行のオンライン化が遅すぎると考えていたのは、マスクだけではなかった。90年代の終わりごろにオンライン金融・銀行市場にはスタートアップが押し寄せた。だがマスクにとって、これらのサービスは不十分だった。マスクは「ただのオンライン銀行」を立ち上げる気などさらさらなかった。彼が新しい金融サービス会社について持っていた構想は、もちろん野心的だった。

一つの会社がすべての金融サービスをまとめて提供したらどうだろう、とマスクは考えた。投資家への最初期の売り込みで、マスクはこの構想を「アマゾンの金融サービス版」と呼んだ。つまり、標準的な普通預金と当座預金だけでなく、住宅ローンから無担保ローン、株式取引、融資、保険までのすべてを提供する、金融のワンストップサービスだ。この新しい会社は、カネの集まるところならどこへでも向かうことになる。

マスクの構想はきわめて論理的であると同時に、とてつもなく壮大だった。彼は一つの新しい会社のアイデアを語っていたのではない。半ダースもの会社を包含したアイデアを語っていたのだ。

金融のインフラをアップデートすべきときはとうに来ているとマスクは考えた。「銀行と政府の古くさいメインフレームが古くさいコードを動かし、お粗末なセキュリティのもとでバッチ処理を行い、おまけにデータベースは寄せ集めときている。うんざりするようなおぞましい代物だった」

つまり、90年代の銀行のインフラはひどかった、ということだ。マスクの目に、このインフラを動かす銀行は、たいした見返りも与えずに高い手数料をぼったくる仲介者に映った。

「銀行は、なぜかばかでかい建物を建てるのが好きだよね」とマスクは揶揄する。「『副社長』の前にやたらと形容詞をつけるし。上級副社長だの、取締役副社長だの、取締役上級副社長だの」

マスクの批判は、証券取引所などの一見不可欠に思われる金融インフラにも向かう。

「僕はこう言っていた。『なぜ個人間取引ができるようにしないのか？　誰かに株式を売りたいなら、直接売ればすむ話じゃないか？』。仲介など必要ない。取引所など不要だ」。つまり、正しいプログラミングコードがあれば、ナスダック証券取引所さえ不要になるということだ。

だがそのコードは誰かが書く必要があった——巨大銀行の高層ビルと長々しい肩書きの行員、そしてそれらのすべてを賄《まかな》う法外な手数料を不要にするデータベースを、誰かが構築し、運営し、所有する必要があった。その「誰か」になれるのは自分だと、マスクは確信していた。

「秘蔵っ子」ハリス・フリッカー

マスクがこのアイデアを初めて売り込んだ一人が、カナダ金融業界のエリート、ハリス・フリッカーだ。マスクとフリッカーは、スコシアバンクでピーター・ニコルソンによって引き合わされた。ニコルソンはこの「秘蔵っ子」たちについて、「二人ともとてつもなく優秀でね」と目を細める。「二人が組めば、強力な頭脳になると思った」

フリッカーはノヴァ・スコシアのインゴッシュという片田舎で、建設作業員と看護師の両親のもとに生まれた。大学で優秀な成績を収め、毎年11人のカナダ人大学生にしか与えられないローズ奨学金を得てイギリスのオックスフォード大学に留学する。経済学と哲学を学び、カナダに戻ると銀行で働いた。マスクがインターネット界で成功したように、フリッカーも金融界で頭角を現し、20代後半の若さで証券会社の社長になった。

フリッカーもインターネットの台頭に興味をそそられた。98年末、マスクはフリッカーの才能を見込み、新しいタイプの金融サービス会社で働かないかと熱心に誘った。

「マスクほど凄腕のセールスマンには会ったことがないね」とフリッカーはこのときのことを語る。「まるでスティーヴ・ジョブズだ。何かを説明するとき、幅広い層にウケる核心部分を直感的に見つけることができるんだ」。フリッカーは99年初めに口説き落とされ、100万ドルの年収を捨ててパロアルトに向かった。

その後まもなく、フリッカーは三人目の共同創業者となるクリストファー・ペインを引き入れた。

ペインはオンタリオのクイーンズ大学を卒業後、金融とプライベートエクイティ業界で働いてから、ウォートンでMBAを取得した。コンピュータにも関心があり、夜間や週末にハードウェアを改造したり、簡単なコードを書いたりしていた。やがて本業でもテクノロジーを担当するようになった。ウォートンを出て入社した投資会社BMOネスビット・バーンズで、彼の机にはインターネット系スタートアップの事業計画が山積みになった。

フリッカーはこの会社でペインと出会い、数年後に辞めてシリコンバレーに移るとき、一緒に行こうとペインを誘った。「いまから20年後、インターネットの黎明期《れいめいき》にどこにいたかと子どもに聞かれたら、何と答えたい？　古臭い銀行か、それとも最前線か？」とペインは口説かれた。

ペインは99年にパロアルトに引っ越し、初めてマスクと会った。「ほんとにパワフルなやつだと思った」とペインは回想する。「さあ行こうぜ、さっさと働こうぜ、つくろうぜ、やりきろうぜ、という感じで」

ある日ペインはマスクの自宅の寝室に足を踏み入れた。「文字通り本であふれていた——名経営者の伝記やら物語やら成功哲学の本やら。てっぺんに積まれていたのは、たしかリチャード・ブランソンの伝記だった。それでピンときた。イーロン自身、著名起業家になるための準備や研究をしているんだと。イーロンは壮大な目標を持ち、それに駆り立てられていたんだ」

喜んで「ルール」を破る

共同創業者の最後の一人となったのが、マスクが誘ったエド・ホーだ。

ホーはカリフォルニア大学バークレー校で電気工学とコンピュータサイエンスを学び、オラクルで働いてから、コンピュータ会社のシリコングラフィックスに加わった。シリコングラフィックスは腕利きエンジニアの宝庫だった。だが90年代半ばになると、ホーの同僚たちは好条件の同社を辞めて、インターネット系スタートアップに移り始めた。

そうした脱出者の一人に、ホーの元上司でZip2に移ったジム・アンブラスがいた。

ホーはアンブラスに誘われてZip2に入り、技術課題に嬉々として取り組んだ。とくに印象深いプロジェクトが、当時生まれたばかりの携帯電話のアプリ開発だったという。「たとえば二つの住所を入力すると――当時の携帯で入力するのはほんとに面倒だったね――画面に道順が表示されるアプリをつくった」とホーは言う。

ホーはZip2で初めてマスクのリーダーシップに触れた。「僕が何かを提案すると、イーロンはいつも『やれよ』と言ってくれた」。ホーによれば、マスクは経営者というよりはエンジニアに近く、ビデオゲームのスタークラフトやQUAKE《クエイク》を徹夜でプレイして、競争心をむきだしにした。「スタークラフトの達人だったね」

ビデオゲームからすぐに友情が芽生えた。「深夜まで働いていると、自然にゲームをするようになって、親しくなった」とホーは言う。Ｚｉｐ２がコンパックに買収されるかされないかのうちに、ホーはマスクに次のスタートアップに誘われた。「いまだから言えるが、本当はルール違反だった」

マスクは法律上はＺｉｐ２の非競争条項に縛られていたが、そうしたルールを楽しみながら破るのがつねだった。ホーによれば、シリコングラフィックスから人材の引き抜きについて正式な苦情が来たときも、マスクは光栄だと喜んでいた。

マスクに誘われた99年初め、新会社はまだマスクの頭の中の構想に過ぎなかったが、ホーは社員番号４番として二つ返事で加わった。「大波が来たわけだ」とホーは言う。「その波をつかまえるのか、黙って次のヤフーが通り過ぎていくのを見ているのかって話だ」

四人の共同創業者は職務を分担した。マスクとホーが技術と製品を、フリッカーとペインが財務、規制、業務方面を担当することになった。

Xは「財宝のありか」である

マスクはまだプロダクトもないうちに社名を決定した。X.com（Xドットコム）だ。マスクはこれが「ネット上で最もクールなＵＲＬ」だと信じて疑わなかった。

そう思ったのはマスクだけではない。90年代初め、ピッツバーグ・パワーコンピュータという会社を創業したマーセル・デパオリスとデイヴ・ワインスティーンの二人のエンジニアが、会社用にwww.x.comのURLを取得した。彼らはその後会社を売却したが、X.comのURLは持ち続け、私的なメールアドレスに使っていた。

URLを買いたいという申し出は何件もあったが、条件が折り合わずに断っていた。99年初めに新しい引き合いがあった。「2000年問題が取りざたされていたころ、イーロン・マスクから連絡があった」と彼らはメールで教えてくれた。マスクが提示した取引条件は妙味があった。彼らは現金とX.comのシリーズA資金調達ラウンドの150万株と引き換えに、X.comのURLをマスクに売った。

この交渉はウォール・ストリート・ジャーナル紙の関心を引き、スタートアップの株式に関する記事で取り上げられた（偶然にも同じ記事に、新会社の株式と引き換えにオフィス空間を確保した若き起業家、マックス・レヴチンの話も紹介されている）。

マスクはこの取引によって会社用の覚えやすい個人アドレス、e@x.comを手に入れた。彼はX.comというURLのすばらしさに心酔していた。紛らわしいとか怪しそうといった批判は気にも留めなかった。

マスクにとってX.comは斬新で、興味をそそり、すべての銀行・投資サービスが共存する場所という会社の精神をすっかり表現できるほど自由な名前だった。宝の地図の「X」が財宝のありかを示すように、X.comはネット上の富が集まる場所を示していた。それにこのURLは、当時は世界に三つしかなかった希少な一文字ドメインのうちの一つなのだと、マスクは語っている（残る二つはq.comとz.com）。

マスクがこの名前をほしがったのには、実際的な理由もあった。世界はまもなく携帯端末――はがき大のキーボード付きポケット型コンピュータ――であふれるだろう、とマスクは考えていた。そしてその世界では、X.comという短いURLは理想的だ。親指を数回タップして入力するだけで、あらゆる金融商品にアクセスできるのだから。

マスクがX.comに惚れ込んだのは、Zip2という名前に困惑していたからでもあった。「まず、いったいどういう意味なんだ？　まさに史上最悪のURLだ。郵便番号《ジップコード》が2だということか？　ジップtwoなのか？　ジップto？　それともジップtoo？」とマスクは言う。「同音異義語がやたらと多い単語を選んでしまった。同音異義語はウェブサイトの名前に向いてない。あらゆる意味でばかげた名前だよ」

マスクはコード書きの忙しさにかまけて、グローバルリンクの改称を業者任せにしたことを悔やんだ。「専門家気取りのやつらにブランディングやマーケティングを任せてしまった。だが常識を働かせるべきだったと、あとから気づいた。実際、常識のほうが優れた指針なんだ」

マスクにとってX.comという名前には、Zip2に欠けていたすべてがあった――そして彼はX.comがZip2にできなかったすべてを成し遂げると信じていた。「イーロンはあの一文字に本当にインスパイアされていた」とペインは語る。

自ら「1000万ドル超」を会社につぎこむ

マスクはZip2の売却益の大半をX.comにつぎこんだ。1250万ドル投資し、X.comのドメイン購入にもポケットマネーを投じた。「あのときは、なんてイカレたやつなんだと思った。とてつもないリスクじゃないか!」とエド・ホーは言う。

実際、マスクが個人資産を新しいスタートアップにつぎこんだことは、特筆に値する。なぜなら、その必要はまったくなかったからだ。Zip2の華々しいイグジットは脚光を浴び、マスクの新しいベンチャーに投資したいという人は引きも切らなかった。「イーロンは電話一本で、投資家とのミーティングを招集できた」とペインは言う。

ニュー・エンタープライズ・アソシエイツやモール・ダヴィドウ・ベンチャーズ、セコイア・キャピタル、ドレイパー・フィッシャー・ジャーヴェットソンなどの名門ベンチャーキャピタル(VC)が、マスクのオンライン金融サービスの構想を聞きたがった。

伝統的な金融機関出身のハリス・フリッカーは、あまりにも簡単に事が運ぶのに驚いた。チームはたいして準備もせずに投資家との会合に臨み、やすやすと関心を引くことができた。「イーロンの得意技は――僕は正直侮っていたけれど――投資家の説得だった」とフリッカーは言う。「金融業界がいかに間違っているかを、とうとうと語るんだ。巨大金融機関の独占や、非競争的な価格設定といったことをイーロンがこきおろすと、みんな『そうだ、そうだ』と盛り上がった」

投資家は熱狂したが、マスクは当面、自己資金で行くことにした。

自己資金にこだわったことには、メリットが二つあった。

第一に、X.com の所有権と経営支配権をマスクが掌握できた。今度ばかりは（さしあたり当面は）彼を脇へ追いやろうとする投資家はいなかった。

第二に、人材を口説くのに役立った。

「採用活動で電話をかけて、『イーロンは1300万ドルつぎこんでいるよ』と言えた」とホーは言う。エンジニアの争奪戦では、候補者の関心を引けるどんな話題でもありがたかった。注目の創業者が会社に私財を投じているとなればなおさらだ。

採用努力が実を結び、X.com はエンジニアリングと財務の優秀な人材を確保できた。バンクオブアメリカの重役スティーヴン・ディクソンがＣＦＯ（最高財務責任者）として参画した。ドイツ銀行の元アナリスト、ジュリー・アンダーソンが営業チームの一員になった。プロダクトチームと技術チームには、フリッカーとペインのカナダの友人のシー・ホン・トゥン、主任開発者としてハーヴェイ・タン、そしてソフトウェアエンジニアとしてダグ・マクと、ハワイ出身でエド・ホーの友人の元保険アナリスト、クリス・チェンが加わった。

マスクは弁護士のクレイグ・ジョンソンを X.com の相談役に迎えた。「クレイグはシリコンバレーの著名弁護士だった」とフリッカーは言う。ジョンソンの参画は、X.com の本気度を知らしめる強力なシグナルとなった。また、きちんとした住所が必要になり、ユニバーシテイ・アベニュー394番地の賃貸オフィスに入居した。

「銀行は何もわかっちゃいない」

この新しい拠点で、X.comは小売銀行とオンライン銀行をライバルと定めた。「当時、市場にはオンライン銀行がほかに数行あって、1株当たり純資産の4倍近くまで買われていた。一方、従来型銀行は約2倍だった。つまりオンライン銀行の株価には莫大なプレミアムがついていた」とX.comの初期の社員は言う。「だからイーロンは事業計画でこう宣言するだけでよかった。『うちはインターネットに詳しいので、これこれこんなことができる。シリコンバレーから資金を調達した初めての銀行になり、どこの銀行より成功する』と」

X.comが競合とみなしていたオンライン銀行の一つに、1996年に創業し「未来のデジタル銀行」を謳う、ネットバンクがあった。97年半ばに1株12ドルで上場し、99年の時点で株価は7倍に跳ね上がっていた。ネットバンクは成功していたが、X.comは「ネットバンクなど相手にならない」という自信に満ちあふれていたとホーは言う。

もっとも、それは計画というよりは、希望であり誇大広告のようなものだった。ホーは言う。「僕たちは要は――いやな言い方だけど――『銀行の連中は何もわかっちゃいない』というスタンスだった。『連中は銀行業務には詳しくても、テクノロジーや消費者のことはまるで理解していない』と」。また、ネットバンク創業者の発言に反発する気持ちもあった。

「当社は銀行であり、規制の下で事業を行っています」とネットバンク創業者は98年に記者に語っている。「アマゾン・ドットコムのような会社は、財務状況を誰にも監督されていません」

つまりこの創業者が言いたかったのは、ネットバンクはれっきとした銀行であり、信用ならないIT企業とは違うということだ。それを見せつけるかのように、ネットバンクはシリコンバレーではなく、東海岸のジョージア州に本拠を置いていた。

だがマスクとX.comはこれを、ネットバンクや当時のオンライン銀行が「テクノロジーに精通していない」ことの歴然たる証拠とみなした。他方、X.comはインターネット技術に精通している――だからプロダクトをすばやく投入し、手数料や最低取引金額を下げ、果敢に顧客を獲得して、競合を撃破できるというわけだ。

迅速な市場投入を実現するために、X.comは外部業者の力を借りた。従来型銀行にすでにライセンス供与された〝銀行お墨付き〟の既存のソフトウェアのコードをもとに、プロダクトを開発する道を選んだ。「この方針の難点は、中核となるソフトウェアを所有できないことだった」とホーは言う。「平面、会計や規制の問題はすべて対応済みという利点があった」

「獲物は檻に入ろうとしている」
――資金確保が先、説明はあと

サードパーティ製のソフトウェアをもとに開発を行っていたにもかかわらず、X.comはたちまち規制地獄に陥った。信用供与、キャッシング、住宅ローン、債券、株式取引、そしてたんなる資金保管にさえ、州と連邦の複雑な規則が適用された。これらの規則を規定するＦＤＩＣ（連邦預金保険公社）などの伝統的な政府機関は、ジーンズをはいたシリコンバレーの経営者の扱いに慣れていなかった。

X.comは法律事務所デチャート・プライス＆ローズを雇って規制問題に当たらせたが、それでも規制の厳しい逆風にさらされた。ＣＥＯのマスクが、すべての金融サービスを一つの屋根の下に集める「金融革命」を掲げていたことが、なおさら話をややこしくした。

革命と規制は水と油だ。一例として、マスクの望む小売銀行業務と投資銀行業務の兼業は、１９３３年にできたグラス・スティーガル法によってはっきり禁じられていた。この法律を廃止するための法案は１９９９年４月にようやく提出され、ビル・クリントン大統領の署名を得て成立したのはさらにその数か月後だ。

大恐慌時代につくられた法律は成長著しいデジタル経済にそぐわないと、マスクたちは考えた。「法律が実に苛立たしいのは、不合理なことが多いからだ」と、マスクはのちに語っている。「そして規制が道理に合わないといくら説明しても、聞く耳を持ってもらえない」（マスクはスペースＸの創業後かなり経ってから、未来の火星政府がこの問題に遭わないようにする方法を提案している。火星のすべての法律に、期日が来れば自動的に失効する「サンセット条項」を含めるという）

X.comは規制上の問題にひるまず突き進む、そうマスクは決めた。「失敗を恐れていたら何も始まらない」とマスクはペインに言った。X.comの顧問弁護士はマスクの判断を支持し、頃合いを見て規制当局に掛け合ってみると約束した。

顧問弁護士の考えでは、投資家から資金を確保することがとにかく先決だった。説明はあとでいい。X.comの初期の社員はこんなことを記憶している。「投資家に事業内容について誤った期待を持たせてはいけないというジレンマにぶつかったとき、弁護士は言った。『獲物は檻《おり》に入ろうとしている。怖がらせてはいけない。事業計画なんていつでも変えられる』」

X.comの金融出身者はこの戦略にハラハラした。金融業界では規制を無視するなどあり得ない。「資本要件に報告要件、プライバシー要件等々、守らなくてはならないことが山ほどある」とペインは言う。金融規制をもてあそべば、会社と経営陣が法的問題に巻き込まれると懸念する社員もいた。

数学的分析より「物語」を重視する

こうした問題をめぐって、マスクとフリッカーは激しくぶつかるようになった。この亀裂は立ち上げ期の数か月間に大きな影を落とした。

フリッカーはマスクの規制への対応だけでなく、マスクが新会社をメディアに取り上げてもらえるよう広告会社を雇ったことや、X.comのドメインを購入する際、会社の株式も利用したことにまで異議を唱えた。フリッカーは中核業務の推進に何ら役に立たない浪費だと批判し、マスクは競争の激しい市場で勝つための必要経費だと反論した。

フリッカーは、X.comがすべての金融商品を提供するというマスクの約束にも当惑した。「事業内容には、会社が実際にやっていたことの10倍ものことが書かれていた。プロダクトを完成させ、認可を受けてから公開するのが筋だと思った」とフリッカーは語る。「大風呂敷を広げれば広げるほど、実現は遠のいていった」

フリッカーは事業範囲を絞り込むべきだと訴えた。X.comは二つのサービスに特化すれば成功できる。伝統的な銀行サービスにインデックスファンドを組み合わせ、資産運用の助言を行うのだ。マスクに伝えると、けんもほろろだった。マスクにしてみれば、この戦略はX.comの活力をいたずらにそぐだけだった。それに金融アドバイザリー業務は、デジタル企業のX.comに、多大なコストと労力を要する人的要素を加えることになる。

フリッカーとペインはX.comの成長と収益をモデル化してみたが、金融のスーパーマーケット構想の数字はつじつまが合わないように感じられた。「すべてが疑わしく思えた。僕はごく伝統的なウォール街の、事実と数字に厳密に基づく考え方を叩き込まれていた。つまり、スプレッドシートを使って、複雑な未来予測をもとに検討するんだ」とペイン。「とくにリスクと機会の分析に関しては、理詰めで機械的に考える」

だがマスクに言わせれば、つじつまが合わないのは前提が間違っているからだった。「イーロンは数学的分析より物語を重視していた」とペインは回想する。「そしていまもそうだが、未来を見据えて、僕らの目標はあそこにある、僕にはそれが見えている、だからそこへ向かおう、とみんなを駆り立てるのが非常にうまかった」

超合理的なシリコンバレーでさえ、ビジョンはデータと同じくらいものを言うのだ。「テック界で成功する起業家が莫大な報酬を得るのにはわけがある。起業とは、ただ工場を建設して製品を開発し、販売するだけじゃないからだ」とペインは言う。

フリッカーは、マスク率いるエンジニアリングチームへの苛立ちを募らせていった。エンジニアリングチームは暫定版のプロダクトさえ、フリッカーたちに見せようとしなかった。だがエンジニアに言わせれば、作業は「未完了」ではなく「進行中」だった。

プログラミングは執筆と同様、人が思うほど型にはまった作業ではなく、先が見えずに足踏みすることもある。「直線的には進まない。ある方法を試して3時間溶かしてしまい、ああ、まずいと思いながら、袋小路に入ったことを人に悟られないようにする」とホーは言う。

だがそうした袋小路にも意味がある。スタートアップの成功とは、正しいアイデアを生み出すだけでなく、誤ったアイデアに気づいてすばやく捨て去ることでもある。それをマスクはZip2で学んだのだ。

「何らかのアイデアからスタートするが、そのアイデアはたいてい間違っている。だからアイデアに手を加え、改良を続け、そして批判に耳を傾ける」と何年もあとにマスクは聴衆に語っている。「反復的な改善を続けて、『誰かの役に立つことをしているのか』と繰り返し考える。

それこそが、会社に求められることだからだ」

最初の計画が細かすぎると、反復のループが時期尚早に打ち切られてしまうとマスクは考えていた。

シリコンバレー陣営と金融陣営の社内闘争

フリッカーは金融界の申し子だった。生活のすべてにおいて几帳面だった。X.comでは早朝に出社し、金融市場が開く太平洋標準時の午前6時半には仕事に没頭していた。一方マスクは、夜間にオフィスの床で仮眠を取りながら、フリッカーが来るほんの数時間前の午前3時か4時まで働いていた。

夜通し働くマスクを直に見ていないフリッカーには、マスクが仕事に本気で取り組んでいないように映ったが、マスクにしてみれば、スタートアップでは深夜に働くのがあたりまえだった。このことも二人の摩擦の種になった。緊張の高まりは会議にまで飛び火し、フリッカーとマスクの強烈でせっかちな性格が火に油を注いだ。

二人の衝突に戸惑う同僚もいた。エド・ホーは、フリッカーとマスクがたちまち険悪な仲になったことに首をかしげた。「二人がぶつかり合うたびに思った。なぜそんなに対立するんだ、友だちじゃないか、と」。それほど驚かなかった人もいた。マスクもフリッカーも、以前の職務では仕事を仕切っており、権限委譲が苦手だった。ペインは彼らの協力関係が「うまくいくはずがない」と最初から思っていた。

フリッカーは、マスクがX.comに正面から向き合っていないと感じていたが、マスクとの関係改善を図る努力はした。99年5月9日にマスクに宛てた長いメールの最後にこう書いている。「イーロン、Xでまた一緒に頑張ろうじゃないか。君が賢いのは知っているが、君にやる気が欠けているときは僕らにだってわかる。有能な経営者は得てしてそういうときがあるからね」。そして、自分がそもそもカリフォルニアに引っ越してきたのは、マスクと働きたかったからだと強調した。

マスクは愛想のいい返事をしたが、仕事に身が入っていないという指摘についてはきっぱりと否定した。「ありがとう、でも君は僕を誤解しているように思う。僕の心はいつだってXにある。寝ても覚めてもだ。僕は生まれつき強迫的な性格だからね」とマスクは書いた。「僕にとって大事なのは勝つこと、それも大きく勝つことだ」。マスクは今夜一緒に夕食を食べようと提案し、「君の友人でありパートナーであるイーロンより」と結んでいる。

5月から6月にかけて、亀裂はさらに深まった。「激しいやり合いがあった」とホーは言う。X.comは二つの陣営に分裂した。マスクとホーのシリコンバレー陣営と、フリッカー、ペイン、ディクソンの金融陣営だ。数人の話によると、99年7月、金融陣営はX.comの戦略転換とマスクのCEO解任を迫った。

スコシアバンクでマスクの上司だったピーター・ニコルソンは、このころマスクから深夜に電話を受けた。マスクは憤慨していて、フリッカーが自分を会社から追い出そうとしていると訴え、「なんとかしてほしい」と懇願した。ニコルソンはX.comとは正式に関わっていなかったが、自分が数年前に引き合わせた二人のことが心配で、翌日フリッカーと話をしてみると請け合った。

ニコルソンは、フリッカーが電話でこう言ったのを覚えている。「僕らが集めたチームは、イーロンの管理スタイルに合わせるのにほんとに苦労している」。フリッカーは自分の部下たちが一斉に辞めるのを恐れていた。またフリッカーは、マスクは優秀で、彼のアイデアには先見の明があるが、「アイデアは実行できてこそ価値がある」と言った。

ニコルソンは賢明にも、対立に立ち入らないことに決めた。「私が関わっても意味がないと、その時点で判断した」と彼は言う。「二人のことはとても気に入っていたよ。いまも二人を大いに尊敬している。だが私は社内で何が起こっているのかはおろか、スタートアップでの毎日がどういうものなのかさえ知らなかったからね」

ニコルソンが関わろうが関わるまいが、対立はほどなく頂点に達した。まだX.comの経営権を握っていたマスクは、フリッカーと顧問弁護士との会議を招集した。その日、ほかの社員は、言い争いが起こる前に会社を出た。「何かが起こっているのはみんな知っていた」とペインは言う。「会社を出たのは盗み聞きしたくなかったからだ」。彼らが出るか出ないかのうちに怒鳴り合いが始まった。

マスクは最終的にフリッカーを解雇した。突然のことだった。フリッカーがある日出社すると、自分のコンピュータのデータが消去され、X.com のファイルにアクセスできなくなっていた。

四人の共同創業者の三人が去る

クリス・ペインは共同創業者の一人としてショックを受けた。「二人が決裂したとき、いったい何が起こったのかと頭を抱えたよ」と彼は言う。その後の混乱の中で、フリッカーがX.com 社員の大半を引き連れて新会社を始めようとしているという噂が流れた。

マスクはこれを阻止すべく、残った社員を面接し、追加の株式を与えると言って引き留めた。「イーロンは会議室で一人ずつと話をした。『君は残るのか、出ていくのか？　残るつもりがあるなら、一緒にこれをつくろう』と言って」とエンジニアのダグ・マクは言う。クリス・チェンはマスクと差しで話し、追加の株式が「いつか大金になる」という言葉に説得された。

ペインもマスクに引き留められ、そのことに心を動かされた。「ごく率直に、残ってほしいと言われた」とペインは言う。ペインはマスクとはずっとよい関係にあったが、フリッカーを裏切れなかった。カリフォルニアに引っ越すよう誘ってくれたのはフリッカーだった。フリッカーへの敬意から、辞めるのが筋だと思った。

共同創業者のエド・ホーも会社を去った。彼はマスクに採用された一人だった。「エドは動揺したんじゃないかな」とマスクは言う。ホー自身は、「イーロンと働くのは好きだったが、数か月間の社内闘争に疲れ果てた」と言っている。X.comのプロダクト開発計画にも幻滅した。「誰かがつくったソフトウェアの上にペンキを塗る」ような仕事はうんざりだった。フリッカーの新しいベンチャーに参加することも考えたが、結局自分で会社を始めることにした。

マスクの側についたのは、エンジニアのダグ・マクを含む数人。マクは数週間前にIBMを辞めてきたばかりだった。四人の共同創業者のうちの三人が去ったいま、この会社に入ったのは正しい選択だったのかと思い悩んだ。マクが残る決め手となったのは、会社の未来に希望を持たせるマスクの説得だった。

「イーロンは何かをやると決めたら、有り金すべてを賭けてでも実現させようとする」とマクは言う。「そのイーローンが銀行業界に革命を起こそうと言うんだから、やり遂げるに違いないと思ったね」

「巨大な才能」の決別とその後

20年が経ったいま、マスクはX.comの初期の混乱については軽く触れるにとどまり、ペイパルの歴史の「一ページ」だと片づける。「スタートアップにドラマはつきものだ」

ハリス・フリッカーは、あんな終わり方を迎えたことを悔やんでいる。「もっと違うやり方もできた」と彼は言う。投資家やメディアに完成済みのものを示すだけでなく、起こり得る未来のビジョンを描き出そうとするマスクの戦略を、もっと広い心で受け入れるべきだった。

「常識的な事業判断をいったん停止すべきだった。当時としては、あのやり方がそれほど間違いではなかったことに気づくべきだった」

フリッカーがさらに残念に思っているのは、個人的な関係だ。彼とマスクはただの同僚ではなかった。友人同士だった。「僕の職業生活で最大の後悔は、あの関係をだめにしてしまったことだ。僕らは関係を修復しようともしなかった」とフリッカーは言う。

X.comを去ったのち、彼はwhatifi.comという金融アドバイザリーのスタートアップを立ち上げようとした。それが頓挫すると、カナダに戻って金融業界に返り咲き、GMPキャピタルのCEOなどを歴任した。

マスクとフリッカーのメンターであるピーター・ニコルソンは、決別は避けられないと思っていたという。「二人は傑物《タイタニック》だった」とニコルソンは言う。「あるいは一方が氷山で、もう一方がタイタニックだったのかもしれないな」

Chapter 5 ビーマーズ

——コンフィニティ、活路を見出す

レヴチンの携帯端末セキュリティの会社、フィールドリンクは、CEOを必要としていた。レヴチンは自分がCEOになることも考えたが、やりたいのはCTO（最高技術責任者）だと思い直した。「エンジニアの中のエンジニア」を自負するレヴチンは、自分の強みはコード書きであり、事業運営や投資家への売り込みではないと知っていた。

だが自分がやらないのなら、いったい誰がやる？　レヴチンは生まれつきの社交家ではなく、シリコンバレーの知り合いも相変わらず少なかった。

ルーク・ノセックが紹介してくれた人材はパッとしなかった。その中ではジョン・パワーズが面接した、ノースウェスタン大学ケロッグ経営大学院の二人は有望だった。二人にオファーを出したが、どちらにも断られた。「会社にはあまりお金がなくてね」とパワーズは言う。「候補者は10万ドル超えの初任給を望んでいたが、とてもそんなには出せなかった」

結局、レヴチンにはピーター・ティールしかいなかった。「知人の中で、そのころ多忙でなく、CEOが務まる人は、ピーターだけだった」

ティール自身は、この会社で投資家以上の役割を担うつもりはなかった。だがレヴチンは、ティールがパワーズを解任したときの巧みな手際をその目で見ていた。そこで当時の「どでかい携帯」でティールに電話をかけ、フィールドリンクのCEOになることを考えてくれないかと言った。

当初、ティールは興味を示さなかった。「ピーターはいつものようにぶつくさ言っていた」とレヴチンは言う。「無理強いはしたくなかったけど、なんとしても説得しなくてはと思った」。ティールはフィールドリンクの成功を望んではいたが、CEOの経営管理の仕事にはまるで関心がなかった。金融取引に専念していたかった。

とはいえ、ティールは会社経営の実務経験の価値も認めていた。CEOとして経験を積めば、投資家としてのアンテナに磨きをかけられるかもしれない。彼は妥協案を出した。事業の足場固めをする間、自分が暫定CEOを務める。会社が軌道に乗ったらCEOを辞めて相談役として留まり、経営の舵取りは別の誰かに任せる。レヴチンは同意した。

ティールは自分の経営するファンドの最初の社員ケン・ハウリーに電話をかけて、フィールドリンクに加わることになったと伝えた。ハウリーはティール・キャピタル・マネジメントが終わってしまうのではとうろたえた。だがティールは、日中は一緒にフィールドリンクで働き、夜と週末はこれまで通りファンドの経営を続けようとハウリーを誘い、二人はそれを実行に移した。

ティール、フィールドリンクの開業を急ぐ

フィールドリンクの新CEOに就任したティールは開業を急いだ。テック業界では毎分のようにスタートアップが生まれていた。ティールは採用、資金調達、プロダクトのリリースですばやく動くことが重要だと考えた。そしてレヴチンに、もっとエンジニアを雇うよう迫った。

「そうだね、でも僕はコード書きがあるから」とレヴチンは尻込みした。

「だがエンジニアを増やさないと。君はCTOだろう」とティールは言った。

「でも、誰も知らないし」

「一流のコンピュータサイエンス学部を卒業したばかりなのに、何言ってるんだ。ほんとに誰も知らないのか？」とティール。

「まあ、何人かは知ってるけど……」

レヴチンの頭に浮かんだのは、UIUCの二人の元同級生、ユー・パンとラッセル・シモンズだ。二人とは一緒に仕事をしていた。多忙なときに、単発のプログラミングの仕事を手伝ってもらった。

ユー・パンは卒業後、ミネソタ州ロチェスターに移り、IBMで働いていた。だがミネソタで初めての冬を過ごすと激しく後悔した。パンのわびしい生活を、シモンズが話してくれた。「仕事に行って、家に帰り、夕飯にオイスターソースがけご飯を食べて、オンラインゲームをするだけ……。泣けたね」

98年冬、レヴチンはパンに、フィールドリンクとカリフォルニアでの生活を売り込んだ。パンは過ごしやすい気候には惹かれたものの、疑心暗鬼だった。プログラミングの仕事では稼がせてもらったが、レヴチンのことを変人だと思っていた。レヴチンは卒業後、パンや友人たちに何も言わずに突然カリフォルニアに引っ越したからだ。

パンが送ったメールにも返事がなかった。「忽然《こつぜん》と消えたんだ。あのときは、いったいどうしたのかと思ったよ」とパンは言う。「本当に給料がもらえるのかと疑った。僕の中では『マックス=信用できない』だったからな」

レヴチンはパンを安心させた。フィールドリンクは資金提供を受けた本物の会社だし、自分は二度といなくなったりしない。当初パンはレヴチンに断固ノーを突きつけた。「うるせえ、絶対行かないぞ、誰が信用するかよと思った」。だがレヴチンはスタートアップで働くことのよさと、パロアルトのさわやかな気候やアルティメット〔フライングディスクを使ったアメフトのようなスポーツ〕の活況をひたすら売り込んだ。

パンは少しずつなびいていったが、障害はもう一つあった。パンの家族だ。レヴチンとティールと同様、パンの両親も移民だった。両親にとって、パンのIBMでの仕事は、堅実で、安定していて、家にも近いと三拍子揃っていた。それに引き換えレヴチンのスタートアップは、あらゆる点でその対極だった。息子の友人が経営する得体の知れない会社で、シカゴからも遠い。「説得が必要だった」とパンは言う。

シカゴに来て親と話してほしいと、パンは頼んだ。レヴチンは飛行機に飛び乗ってパンの家を訪ね、この機会がいかにすばらしいかを売り込んだ。パンの親は納得し、ユー・パンは晴れてフィールドリンクの上級エンジニアとなった。

天才レベルのIQの持ち主

それに比べればラッセル・シモンズの採用は楽だった。レヴチンは計算機学会のプロジェクトでシモンズと出会い、当時からシモンズのずば抜けた才能を買っていた。「ラッセルはすごい。並外れている。天才レベルのIQの持ち主だ。何かを学ぶと決めたらどんなことでも、僕が思う半分の時間で習得できる」

シモンズは卒業後、UIUCに残り、大学院でコンピュータサイエンスを学んでいた。「僕は人生を戦略的に考えたりしない」とシモンズは言う。「だから就職のことなんて考えずに、『大学院にでも行くか』と。起業したり、シリコンバレーに行ったり、そういうことには何の興味もなかった」

98年9月にレヴチンから連絡を受けたとき、シモンズはもう修士課程に飽きていた。中退してテキサスでプログラミングの仕事でもしようかと思っていると、レヴチンに返事をした。レヴチンは、代わりにカリフォルニアに来ないかと誘った。「ここはほんとにいいところだから、ここに来てクールなことをするといい」とメールに書いた。その年の暮れ、「クールなこと」はフィールドリンクの仕事になっていた。

ユー・パンと同じく、シモンズも安心材料がほしかった。「マックスの頭がいいのは知っていたけど、『本気だろうか？　行ったら本当に仕事があるのか？』と疑っていた」

懸念はもう一つあった。レヴチンはフィールドリンクの株式を額面金額で買えとシモンズに勧めてきた。これはスタートアップ界隈のならわしだが、シモンズは不審に思い、パンと同様、母親に相談した。「『まだ働き始めてもいないし、給料ももらっていないのに、お金を送れというの？　なんだか詐欺みたいね』なんて言っていたよ」

迷いはあったが、シモンズは行くことに決めた。シモンズとパンは「レヴチン協定」を結んだ。もしレヴチンに見捨てられたら、二人で助け合おう。

とはいえ、リスクはたいしてなさそうだった。シリコンバレーではエンジニア人材は引く手あまただった。パンとシモンズは連れ立ってシカゴから格安航空会社アメリカン・トランスエアのフライトで西海岸へ飛び、空港でレヴチンの出迎えを受けた。

UIUC出身の凄腕人材が続々と集まる

レヴチンだけでなく、ティールも社員の採用に奔走した。ケン・ハウリーに加え、ルーク・ノセックにも声をかけた。

だがノセックもためらった。一つには、スマートカレンダーの次のスタートアップをすでに考え始めていたからだ。アイデアを対象とするオンラインギャンブルのプラットフォーム、いわばアイデアの先物市場のようなものをつくる構想を練っていた。それを聞いたティールは、賭博や証券市場には厄介な規制があると忠告し、代わりにフィールドリンクに来るよう誘った。

ノセックは迷った。「携帯端末のセキュリティなんて退屈で、事業案としてもばかげていると思った」。だがティールとレヴチンは、大当たりのアイデアを考えつくまで試行錯誤を続けるからと説得した。

ノセックにとってそれよりも大きな決め手になったのは、チームが一丸となったときに発揮する力だった。大学時代から知る天才のレヴチンのほか、いまやパンとシモンズまで加わっていた。「僕が心を決めたのは、一緒ならすごいことができると思ったからだ。たとえ彼らのアイデアがまったく違うものだったとしても、一緒にやりたいと思っただろう」

こうしてルーク・ノセックが仲間に入った。だがレヴチンは重要な問題を投げかけた。ルークは具体的に何の仕事をするんだ？　ルークは技術系とはいえ、プログラミングがすごく得意というわけではない。レヴチンがこの話をしていると、ＵＩＵＣ時代の友人のスコット・バニスターが答えを出した。

「そんなの決まってるじゃないか。『ルークらしいこと』をすればいい」

「ルークらしいこと」は、やがてかたちになっていった。ノセックは主にマーケティングや顧客獲得の分野で、型破りで画期的なアイデアを次々と繰り出した。

「ルークはただ歩いているだけですごいアイデアに出くわすタイプだ。誰にも見えないものが、彼にだけは見える」とレヴチンは言う。「ルークが何かを提案すると、最初は『そんなばかげた話があるか』と思う。でもそのうちとてつもない名案だとわかってくる。人が見過ごしている抜け穴を見つけるのがうまいんだ――なぜか道に落ちたままになってるお札を見つけるような」

ノセックはマーケティング・戦略担当副社長の肩書きを与えられ、彼とラッセル・シモンズ、ユー・パン、ケン・ハウリーの四人も共同創業者に名を連ねることになった。

「自信」と「無限」を組み合わせる
――コンフィニティ誕生

最初の仕事場は、共同創業者たちの暮らすグラント・アベニュー469番地のマンションだったが、その後、再びオフィス探しを託されたハウリーが、ユニバーシティ・アベニュー39

4番地の物件を見つけてきた。

ハウリーはこのオフィスに、ノセックの前の会社の備品と、レヴチンがイリノイから持ってきたイケアの家具を設置した。ノセックはハウリーと一緒に机を組み立てた。「あのとき、ケンが何でも楽しんでやる人だと知った」とノセックは言う。「オフィスの設営にあんなに熱中できるのはケンだけだ」

新しい本拠を構えたことを機に、レヴチンは社名変更に踏み切った。フィールドリンクという社名が気に入っていなかったのだ。

新社名はコンフィニティ。コンフィデンス（自信）とインフィニティ（無限）を掛け合わせた造語だ。だが、すぐに後悔した。「みんなに言われたよ。『コンって……詐欺《コン》のこと？ カネをだまし取る会社？』って。あれ以来、自分で社名をつけたことはない」

ともあれ、新しい社名は戦略転換を示していた。それまでフィールドリンクが力を入れていたのは、レヴチンとパワーズの開発したソフトウェアとレヴチンのパスワード生成アプリ「セキュアパイロット」をもとにした、モバイル端末の安全な接続の実現だった。だがレヴチンとティールが気づき始めたように、モバイルセキュリティ分野には競合がいた。

レヴチンは数年前からパームパイロットの親会社スリーコムに取り入ろうと画策していた。スリーコムが主催する会議に足繁く通い、パームパイロットの153人目の登録開発者になった。パームの企業向けソリューション製品責任者のグリフ・コールマンとも親しくなった。その狙いは、パームのコードベースをセキュアパイロットに対応するように変更してもらうことにあった。

あるときレヴチンは大胆な突撃作戦に打って出た。スリーコム本社で行われる開発者会議に行き、基調講演を終えたパームのCEO、ジェフ・ホーキンスを出待ちして、車で家まで送ってもらえないかと頼んだのだ。

ホーキンスはレヴチンをスリーコムの社員だと思って車に乗せた。レヴチンはドライブを長引かせるために曖昧な道案内をしていたが、不審なまわり道を繰り返すうちにホーキンスは我慢の限界に達し、「ここで降ろしてもいいか?」と聞いてきた。

「そうですね」とレヴチンは穏やかに言った。「あと数分だけ、パームのOSにまもなく必要になる、セキュリティの話をさせてもらえませんか?」

ホーキンスは、パームはセキュリティに関してすでにカナダのサーティコムと提携していると答えた。「くそっ、出し抜かれた、と思った」とレヴチン。

ほかにも気がかりな兆候があった。

レヴチンとティールは、売り込み先の企業にモバイルセキュリティの必要性をなかなか理解してもらえなかった。

「気づいたんだ。たとえ僕らの考えが理論的に正しかったとしても、企業が携帯端末に飛びつくのはまだまだ先のことだと」とレヴチンはのちに語っている。「イエスの再臨を待ち焦がれた1世紀のキリスト教徒のように、僕らも待ち続けた。『携帯端末のセキュリティを求めて、いまにも数百万の人々が押し寄せてくるぞ』と。でもそうはならなかった」。方向転換のときが来ていた。

未来を正確に予見した「事業計画」

コンフィニティの当初の事業計画は、ある重要な面では成功した。資金の獲得だ。チームは99年2月に50万ドルの資金調達ラウンドを完了した。調達先は主に身内だった。ティールのファンドが24万ドル、スコット・バニスターがもう10万ドルを提供した。家族の助けもあった。ティールの両親から3万5000ドル、ハウリーの両親から2万5000ドル。

さらにティールの友人たちが5万ドル出資した——サンフランシスコの音楽家でチェスプレイヤーのエド・ボーガスが2万5000ドル、ティールのスタンフォードの級友でスタンフォード・レビューの共同創業者ノーマン・ブックが2万5000ドルを出した。

最後の5万ドルの提供者が、グードル・キャピタルだった。グードルは、オーストラリア生まれのピーター・デイヴィソンとグレアム・リネットが運営するVCで、アメリカのテック界に参入したばかりだった。人脈もまだほとんどなく、「ちょっと毛色の違うスタートアップを探そうとしていた」とリネットは言う。

「スタートアップの知識もなかったし、投資の経験もなく、ただベンチャーキャピタリストになりたい一心だった」とデイヴィソンは打ち明ける。コンフィニティはグードルにとってVC

として初めての投資となり、２週間以内であれば違約金なしで解約できる条項を含めるという条件で成約した。

投資ラウンドが完了した翌日の99年2月26日、コンフィニティは戦略転換を説明する18ページの資料を、デイヴィソンとリネット、その他の投資家に送付した。

企業向けにモバイルセキュリティを提供する計画が難航しているため、今後は消費者向けに舵を切る。コンフィニティは物理的な財布に置き換わる、携帯端末用の「モバイルウォレット」をリリースする。モバイルウォレットとは、パームパイロット上でユーザーの財務情報を保護し、端末間で送金や電子商取引を行えるようにするアプリだ。

この事業計画は、モバイルテクノロジーの未来を驚くほど正確に描き出していた。コンフィニティは携帯端末と電子金融市場の成長の波に乗ろうとしていた。「今日の携帯型情報端末の市場には、１９９５年のインターネットや１９８０年のホームコンピュータ市場と似た点があります」と事業計画には書かれている。「新しい用途の出現と価格の低下により、ユーザーは限られた技術者集団から一般大衆にシフトしつつあるのです」

理屈のうえでは、携帯端末の台数が増えるにつれてモバイルウォレットの利用も増え、「友人や家族がすでに持っているから」という理由で、モバイルウォレットをインストールするユーザーがますます増えるはずだった。

事業計画には、当然の疑問も記されていた。「もしユーザーにとってのネットワークの価値が、その大きさによって決まるのであれば、現状、ネットワークをほとんど持たないコンフィニティは、どうやってユーザーを取り込み、ネットワークを生み出していけばよいのでしょう?」

チームはこの「ニワトリが先か、タマゴが先か」の問題に対処する方法を二つ考えていた。トップダウン方式とボトムアップ方式だ。

トップダウン方式として、コンフィニティは優良な企業や市場に狙いを定め、ユーザーの拡大を働きかける。ボトムアップ方式として、既存のユーザーに知人をネットワークに誘ってもらう。「これらの二つの方式を組み合わせますが、当初はとくに後者の草の根方式に重点を置いていきます」

そうすればコンフィニティはやがて市場シェアを占有し、維持できる。あとは販売者と購入者をつなぐ決済手段や、クレジットカード、オンラインバンキングを提供するなどして、さらに規模を拡大していけばいい。「コンフィニティのネットワークが拡大するにつれ、ほかのデジタル認証会社に乗り換えるコストはきわめて高くなり、それが実質的な参入障壁になるでしょう」。コンフィニティはこの構想を実現するために人員を増やし、プロダクトを構築する資金として、400万ドルの資金調達をめざし、プロダクトのリリースは6か月後の99年8月の予定とした。

この事業計画が書かれた時点で、コンフィニティには六人の共同創業者と50万ドルの資金、パン屋の2階の賃貸オフィス、イケアの中古家具しかなかった。だが彼らはホームランを狙っていた。いったんモバイルウォレットが普及すれば、「既定のイグジット戦略として、コンフィニティのユーザーネットワークを最も活用できる、金融機関やテック企業への会社の売却」を実現する。

また、代替戦略も書かれていた。「コンフィニティは電子金融取引プラットフォームの積極活用により、すべての銀行サービスを提供するグローバルな金融機関になることもできます。このシナリオでは、コンフィニティはＩＰＯを果たすことになるでしょう」

「前史」がベンチャーの強さを決める

事業計画の共同創業者紹介の前書きには、スタートアップのチーム構築についてティールとレヴチンが当時どのような考え方をしていたかがよく表れている。

コンフィニティの創業者を集めるうえで絶対に外せない、二つの重要な考慮事項がありました。第一が、事業運営や技術の複数の課題に対応できる、才能豊かで個性的な人材を集めること。第二が、チームとして力を発揮できる集団を形成することです。コンフィニティの創業メンバーは全員、ほかの一人以上のメンバーと、過去にスタートアップの環境で働いた経験があります。したがって中核チームの全員が、お互いの強みと弱みを知り尽くしています。それぞれの最も得意なことを知り、さまざまな課題を誰に割り当てるべきかを知っています。このように歴史を共有しているからこそ、コンフィニティは効率的に、迅速に動くことができるのです。

のちにティールは投資家や企業のアドバイザーの立場から、ベンチャーにおけるチームの「前史」、すなわち会社を立ち上げる前から存在する仕事や友情の絆がいかに重要かを強調している。コンフィニティについては、とくにレヴチンには長い前史があった。ノセック、パン、シモンズはイリノイ時代からの友人で、その他の古参社員も彼の人脈やティールのスタンフォード大学の人脈を通じて入社した。

この人材獲得方法には当然、マイナス面もあった。チームを友人で固めることで、社内文化が閉鎖的で特権的、単一的になるリスクがあったし、解雇が非常に困難になった。

だがティールの考えるところ、一般にチーム内の信頼を育むのは難しいが、友人から社員になった人たちには信頼関係があらかじめ「インストール」されている。

「人脈採用のおかげで、かなり優秀で、会社の成功のために全力を尽くしてくれる人材を集めることができた」と古参社員のデイヴィッド・ウォレスは言う。信頼はスピードにつながった。「他の会社に比べて、仕事をずっと速くまわすことができた。他社は何かを社内に周知するだけでひと月もかかっていた」

控えめなウォレスも、コンフィニティでは「安心して」発言できた。「知り合いが一人もいないところに行っていたら、あんなふうには話せなかっただろうね」

コンフィニティの人材に必要な条件

ペイパルの採用方法の利点が認識されたのはずっとあと、つまり会社が成功して、初期のチーム設計の正しさが証明されてからのことだ。当時は論理的にというよりは現実的に、経験をもとにというよりは便宜上、この方法を取っていた。「友人を雇ったのは、ほかに働いてくれる人がいなかったからだ」と、のちのペイパルCOO（最高執行責任者）デイヴィッド・サックスも言っている。

94年から99年ごろにかけて、インターネット業界の人材は高い専門性を持つようになった。アマゾンやグーグル、ネットスケープなどの企業は、よく知られるようにガレージやトレーラーハウス、寮の部屋から始まったが、いまや広いオフィスを構え、高い給料と潤沢な手当、理論上ではなく現実にカネになるストックオプションを与えて、人材を引き留めていた。シリコンバレーやそれ以外の場所の最高の人材を獲得するために、高価な人材会社を雇う資金も持っていた。

一方コンフィニティには、それほどの評判もプロダクトも牽引力もなかった。「あのころは大変だった。実績のない会社が人を雇うのは本当に難しかった」とティールは語っている。

ヴィンス・ソリットはワシントンDCで上院議員の広報担当者を務めていたころ、デイヴィッド・サックスにコンフィニティに誘われた。ソリットは懐疑的な妻に条件を出されたという。

「(ワシントンDCの)家は売らない。一年、賃貸に出しましょう。そして会社が一年以内にだめになったら、戻ってくる。それが条件よ」

コンフィニティはインターネットブームに乱立した、他の「実績ゼロの会社」とも人材を取り合っていた。この急成長期、ソフトウェアエンジニアの需要はうなぎ上りだった。「生きてさえいれば仕事にありつけた。1999年はそんな時代だったね」とエンジニアのサントッシュ・ジャナーダンは回想する。

こうした状況で、レヴチンとティールは友人や親しい知人を雇うしかなかった。コンフィニティの最初期のエンジニア、トム・パイトルがその好例だ。パイトルとレヴチンは10代のころ、「デモシーン」と呼ばれるコンピュータアートのサブカルチャーで、ハンドル名「デルフ」(レヴチン)と「トラン」(パイトル)として知り合った。

デモシーンのコーダー集団は、最先端のCG映像(デモ)を見せ合い、技術力を競った。とくにパイトルは、息を呑むようなデモの制作で伝説的存在になっていた。「デモに使う時間はたっぷりあった」とパイトルは言う。「いつも授業をサボってたからね。高校は中退したよ、何の意味もなかったから」

2年で高校を中退したころには、すでにプログラミングの仕事で生計を立てていた。ゲームソフト会社エピックゲームズのコードを書いたこともある。

数年後、パイトルは国内旅行の途中でレヴチンとシモンズ、パンに会うためにパロアルトに

コンフィニティの最初期のメンバー。(後列左から)マックス・レヴチン、ジェイミー・テンプルトン、デイヴィッド・ウォレス、(中列)デイヴィッド・テレル、ピーター・ティール、トム・パイトル、ラッセル・シモンズ、ルーク・ノセック、(前列)ユー・パン、ローリ・シュルティス、ケン・ハウリー、マット・ボグミル、デイヴィッド・ジャックス。

立ち寄った。レヴチンいわく、パイトルは「本当のさすらい人《びと》だった」。

パイトルはカリフォルニア滞在中、ボロボロのマリンシューズを履いてコンフィニティのオフィスに遊びにきた。「靴からつま先が飛び出してたね」とシモンズ。会社が成功してからもその靴を履き続けていたと、社員たちは証言する。

コンフィニティではボロ靴も不問にされた。才能があれば奇癖は見逃された。レヴチンはパイトルをなんとかチームに引き入れようと骨を折り、パイトルが入社を決めると、シモンズとパンは大喜びした。「彼が加わったのは本当に大きかった」とシモンズは振り返る。

パイトルは深く考えずに決めた。「人生の若い時期には、リスクなんてたいして考えない」と彼は言う。「ああ、いいよ。おもしろそうじゃん、ちょっとやってみるかって感じだった」

トム・パイトルは博士になれるほど優秀だった。ボロ靴を取り替えないほど反逆的だった。自由に使える時間があった。モバイルウォレットで世界制覇するという構想をおおらかに受け入れた。才気、反骨心、時間的余裕、不信の停止——これらがコンフィニティの初期のメンバーの特徴であり、その後の企業文化の基盤となった。

暗号化機能の技術を何に使うか?

コンフィニティのモバイルウォレットの売り込みは、すぐにフィールドリンクのセキュリティソフトと同じ壁に突き当たった。物理的な財布の代わりに電子財布を使おうという人などいなかったのだ。チームは必死にコードを書いて、端末で何でも安全に行える体制を整えながらも、モバイルウォレットの前途に不安を感じていた。99年春、チームはすでに開発した機能を「他の用途」に使えないだろうかと、ブレインストーミングを行った。

それは技術的問題というより、頭の体操だった。普通の財布にしまうよりも、パームパイロットに保存したほうが安全な情報とは何だろう?

当初進めていた案は、パスワードだった。パスワードを紙に書いて財布にしまうと、盗まれるおそれがある。「でもパームパイロットに入れておけば、第二のパスフレーズでさらに保護できる」とレヴチンは言う。これは今日のパスワードマネジャーの先駆けとなる有望なアイデアだった。だが当時の携帯端末市場はまだ小さく、パームパイロットのパスワードマネジャーの市場となるとさらに微々たるものだった。

そうした問題に加え、パスワードは「華々しさに欠ける」という難点もあった。この時代のIT企業はしきりに技術革命を謳い、食料品配達から出会い仲介までのあらゆるアイデアを約束していた。それらに比べれば、パスワードマネジャーの売り込みは地味に思えたと、レヴチン自身さえ言っている。

パスワードのアイデアではユーザーを引きつけることはできなかったが、そこから重要な問いが生まれた。ほかに保護できるものはないだろうか？　銀行小切手や紙幣を保護するというアイデアもあった。

「次に、暗号で保護された借用書（IOU）をつくってみた。たとえば『君から10ドル借りたよ』と言って、パームパイロットにパスフレーズを入力する」とレヴチンは説明する。このデジタル借用書は、ユーザーがパームパイロットをコンピュータに接続するまで端末に保存され、接続した時点で支払いが完了する。

つまりコンフィニティはこのとき、携帯端末と金融を結びつける、初歩的な電子小切手を考案したのだ。だが過去のアイデアと同様、パームパイロットの借用書も万人が飛びつくような革新的製品ではなかった――チームがあるひねりを加えるまでは。

1998年発売の第3世代のパームパイロット「パーム3」には、約1・3センチ四方のプラスチック片が背面上部に埋め込まれていた。この赤外線ポートを使えば、端末間で情報を送受信できるという触れ込みだった。だがパーム3が出荷される時点になっても、ユーザーがどんな情報をビーム送信するのかは不明だった。

「すべてのソフトウェアでビーム機能が使えるわけではありません。パームメールやエクスペンスなどの内蔵ソフトであっても、ビームは使えません」と、『誰でもわかるパームパイロット』（未邦訳）に書かれている。「しかし今後は時間が経つにつれ、ビーム機能搭載のソフトが増えていくので、パーム同士でさまざまな情報を送信し合えるようになるでしょう」

だが赤外線ポートには不具合が多かった。「端末から端末までの距離が1・2メートル以上離れると、互いを認識できなくなります」と同じ本に書かれている。「また、8センチより近づくと、通信に問題が生じます」

それでもこの機能は、新しもの好きのアーリーアダプター層の心をつかみ、ネット掲示板ではソフトウェアエンジニアたちが想定用途について延々と議論し合った。

ある開発者は、「赤外線ポートはテレビのリモコンに使うには出力が足りないが、パーム同士ならほぼどんなデータも送受信できるだけのパワーがある」と書き、続けて赤外線ポートを利用して「バトルシップ（レーダー作戦ゲーム）」をプレイする方法を長々と説いた。

赤外線ポートはデータ通信における携帯端末の未来を予感させたが、99年のこのときは、まだ具体的な用途のない、しゃれた機能に過ぎなかった。しかし全員がパームパイロットのアーリーアダプターだったコンフィニティのチームは、ある用途を思いついた。送金だ。

未来的な「ビーム送金」のアイデア

想像してほしい。数人のハイテクマニアがパロアルトで昼食を取っている。テーブルに伝票が来ると、会計を割るという面倒な作業が始まる。すると一人が、みんなパームパイロットを持っているじゃないかと指摘する。それぞれの端末には、電卓とコンフィニティの送金ソフトが入っている。一人がまとめて支払いをし、それから残りの人が「せーの」でその人に自分の勘定をビーム送金し、割り勘が完了する――。

チームは会社とソフトウェアの方向性、投資家への売り込みを、「パームパイロット間のビーム送金」にシフトした。この構想には二つのメリットがあった。

第一に、チームがすでに書いていた数千行もの携帯端末の暗号化コードを活用できた。第二に、それはいままでにない、まったく新しいものだった。パームパイロットの赤外線ポートを、メモを交換したりバトルシップを沈没させたりする以外の目的で本格的に使いこなしている人は、まだ誰もいなかった。コンフィニティは「ビーム送金」というアイデアで、赤外線ポートの新しい用途を生み出したのだ。

レヴチンは何年かのちに、これは「奇妙でばかげた」アイデアだったと笑っている。シード段階の企業に特化したVC、Yコンビネーターの創業者で作家のジェシカ・リヴィングストンにこう語っている。「あなたなら財布から5ドル出して自分のランチ代を誰かに払う？　それともみんなで一斉にパームパイロットを取り出して、おかしな送金をする？」

だが当時はこのアイデアは斬新だったとレヴチンは言う。「ほんとに奇抜で革新的だった。ギークたちは『おお、これが未来か』と飛びついた」

ティールの見るところ、ビーム送金は新しい、キラキラした物語を会社に与えた。最新の未来的なテクノロジーを利用したこのプロダクトで、投資家に説得力のある売り込みができそうだ。友人や家族から集めた50万ドルは、人員を増やしていくとすぐに底をつきそうだった。チームはこのプロダクトの革新にフォーカスしたプレゼンテーション資料を作成した。

その資料によれば、パームパイロット間のビーム送金は「現金よりも優れ、小切手よりも優れ、クレジットカードよりも優れた、10億ドル規模の事業機会」だった。そのうえ「コンフィニティは政府発行の現金通貨から〔電子マネーへ〕のシフトにより、通貨発行益《シニョレッジ》の一部を得ることができる」と資料には書かれている。

「シニョレッジ」とは古くからある概念で、通貨の額面からその原価を差し引いた、発行利益をいう。たとえば王様の造幣局に１００キロの銀を持ち込み、99キロの銀貨を受け取ったとする。この場合、差額の１キロ分がシニョレッジ、つまり銀を貨幣にするにあたって王が徴収する税金となる。

ティールの説によると、テック企業が政府に代わる仲介者になれば、この税を自分のものにできる。これは少々難解な考え方だ。「彼が何を言っていたのか、いまだによくわからない」

とレヴチンも言っている。だがそれを裏づける数字はあった。シニョレッジはアメリカで年間推定250億ドルにも上ると、資料には書かれている。そしてコンフィニティがその4パーセントでも獲得できれば、10億ドルの純利益が得られるのだ。

ティールとレヴチンが構想したのは、現金を使わない、モバイル決済の世界だった。この世界ではコンフィニティが中央銀行とクレジットカード会社、小売銀行をつなぐ仲介者となり、パームパイロットが標準的な決済・送金手段になる。すべてが計画通り進めば、2002年にはモバイルウォレットと送金ソフトが軌道に乗り、2500万ドルの年間収益が見込めると予測した。*

* 予測は8分の1しか当たらなかった。収益はこの予測の8倍になった。

「100回以上」の不毛なプレゼン

魅力的な構想だったが、売り込みはやはり難航した。99年2月、レヴチンは国際金融暗号化技術会議に出席した。カリブ海のアンギラ島で開催されたこの年次総会には、暗号化技術と電子マネーの学界、経済界の主要関係者が集結した（ちなみに2000年の総会に参加したティールは、仮想通貨ビットコインの謎の発明者サトシ・ナカモトがこのとき出席していたはずだといまも信じている）。

レヴチンはこの会議で、「パームパイロットを使った、キャッシュレスで完全デジタルの通貨システム」というアイデアを発表して感触を探った。だが学者たちの反応はかんばしくなかった。彼らはレヴチンたちのはるか昔からこの問題を考えていた。「彼らは相当な怒りと憤りを感じていた」とティールは言う。

運の悪いことに、コンフィニティがこのコンセプトを売り込んでいたころ、数々の電子マネーが華々しく失敗し、最も近いところでは98年にその代表格のデジキャッシュが倒産していた。ティールとレヴチンは金融暗号化の専門家の目に、過去10年間の徒労に終わった取り組みを知らない、傲慢で無知な新参の部外者に映ったのだ。

コンフィニティを冷たくあしらったのは学者だけではなかった。

マーク・リチャードソンはティールの知り合いのコンサルタントで、コンフィニティの初期の事業計画の修正を助言し、ティールに金融サービス業界の人脈を紹介した人物だ。リチャードソンは、コンフィニティの売り込みを聞いた、ＪＰモルガン・チェースの担当者の素っ気ない反応を覚えている。

「担当者はこんなことを言っていたよ。『自分たちもこれまでＡＴＭやクレジットカード以外の決済方法を調査し、試験し、導入してきた。そうした方法についてはいろんな見方があり、試運転や試験的導入も行われてきた。しかし現金やＡＴＭ、クレジットカードが使われなくなるとはどうしても思えない』と」

投資家も気乗り薄だった。ティールが「耐えがたいプロセス」と呼んだこの時期、チームは１００回以上のプレゼンを行ったが、売り込みはことごとく失敗した。投資家たちはもっともな質問を繰り返した。人は携帯端末でビーム送金などするだろうか？　ランチをした仲間が全員パームパイロット端末を持っていて、端末にモバイルウォレットをインストールしている可能性がどれだけあるのか？　シニョレッジとはつまり何なのか？　また、コンフィニティは本当にティールの言うように、〔顧客から預かった資金が実際に決済されるまでの〕「滞留資金《フロート》」の運用で利益を上げられるのか？

「ノキア社長」に直接、売り込む

断られ続けるうちに、チームは切羽詰まっていった。そしてシリコンバレー以外のベンチャーキャピタルにも売り込みを始めた。ノセックは人脈を伝って、ヨーロッパの携帯端末会社ノキアのベンチャー部門との会合を取りつけた。*

ノキア・ベンチャーズ社長ジョン・マロイとの会合は、波乱のスタートを切った。レヴチンとノセックの二人は短パンとサンダル姿で登場した。

「当時、投資家と会うのにあの服装は非常識にもほどがあったね」とマロイはあきれる。おまけに彼らは気もそぞろに見えた。「端末間のビーム送金に夢中になりすぎて、それればかりやっているんだ！　大人同士の会話をしようとしたが、まるで噛み合わなかった。『ちょっと君たち！』という感じでね。私は彼らを（ビームに夢中の）『ビーマーズ』と呼んでいたよ」とマロイは笑う。

携帯端末をビジネスにしているマロイにさえ、コンフィニティの言っていることは大風呂敷に聞こえた。「ピーターは私の目をじっと見つめながら、『うちの方式が、パーム経済圏の主要な決済システムになるでしょう』なんて言うんだ」。マロイは、おいおい冗談はよしてくれ、なんだその大それた構想は、と思った。それでもマロイと、ノキア・ベンチャーズの同僚ピート・ビュールは、会合を終えるころには興味をかき立てられていた。ノキアはかねてからモバイル決済の動向に注目しており、この技術の未来を信じていた。そしてコンフィニティは突破口を開きかけていた。

だがビュールとマロイにそれよりずっと強い印象を残したのは、コンフィニティのチームそのものだった。

「彼らには独特のエネルギーがあった。とにかく際立っていたね」とマロイは言う。ビュールも同意する。「超優秀なビジネスマンのピーターがいて、超優秀だという評判の技術屋のマックスがいて、超アイデアマンのルークがいた」。たとえパームパイロットの構想が売り込み通りにいかなくても、チームには成功するものを見つける原石のような才能がある、とマロイは直感した。

ビュールとマロイはチームに関心を伝え、コンフィニティの企業調査を開始した。ビュールはコンフィニティの技術顧問を務めるスタンフォード大学教授のダン・ボネとマーティン・ヘルマンの二人に問い合わせた。ボネは携帯端末の暗号化技術の研究で知られる新進気鋭の教授で、ヘルマンは著名な公開鍵暗号の発明者だ。教授たちは、マックス・レヴチンは「本物」だと太鼓判を押した。「私たちにとってある意味、本当の保険になったのは、マックスのすばらしい評判だった」とビュールは言う。

マロイは、ノキア社長ペッカ・アラ＝ピエティラ博士とレヴチンとの会合をセッティングした。コンフィニティに投資するのにアラ＝ピエティラの承認は必要ではなかったが、社長にシリコンバレーの若いエンジニアと知り合う機会を与えたかった。そもそもノキアはそのためにシード段階のスタートアップに投資を行っていたのだ。

だがその意図はレヴチンに伝わらなかった。レヴチンはアラ＝ピエティラとの会合を、ただの顔合わせではなく、コンフィニティの未来がかかった、投資の最終関門だと思い込んだ。おまけにアラ＝ピエティラは世界最先端のテック企業――モバイル技術を実際に開発し、数百万人の顧客に販売する企業――のリーダーなのだ。会合までの数週間、レヴチンはモバイル技術の知識を必死に詰め込んだ。

ついに対面の日が来た。アラ＝ピエティラはレヴチンに技術的な質問を次々と投げかけた。たとえば、どうやって低出力のパームパイロットに複雑きわまりない計算をさせるのか。準備万全のレヴチンは、さまざまな暗号化標準（システムを保護するために用いられるアルゴリズム）の相違点を示し、最低限の処理速度で最大限の保護を実現する方法をスラスラと説明した。

レヴチンは、アラ＝ピエティラが投資の可否をこの会合で決めるのだと思っていた。だが話し合いが終わると、アラ＝ピエティラは足労をねぎらっただけだった。会合はレヴチンには不安なほどあっさり終わった。ティールに感触を聞かれ、レヴチンは正直に答えた。「どうだろう。うまくやれたとは思うけど、失敗していたとしてもわからないよ」

会合の直後に、マロイはアラ゠ピエティラからレヴチンに対する好意的な評価を受け取った。ノキア・ベンチャーズはコンフィニティへの投資条件を起草した。

＊ 偶然にも、ノキアのジョン・マロイとノセックが知り合うほんの数か月前、ジョン・パワーズがマロイにフィールドリンクを売り込み、失敗していた。「ノキアはパームOSの利用法についてよいアイデアをたくさん持っていた」とパワーズは言う。

「航海」の不穏な始まり

シリコンバレーにおけるVCの序列からいうと、ノキア・ベンチャーズのような提携企業の支援を受けたスタートアップは、底辺に近かった。また当時のノキア・ベンチャーズにはもう一つ難点があった。ビュールとマロイの小さな部門には、イグジットやIPOを数多く成功させた実績がまだなかったのだ。

そのためコンフィニティのチームは一時期、もっと名の知れたVCからの投資のオファーも検討した。ドレイパー・フィッシャー・ジャーヴェットソン（DFJ）は、画期的なメールサービスの「ホットメール」への初期投資など、消費者向けインターネット分野への投資で一定の成功を収めていた。ティールはDFJの高い評判に惹かれはしたが、最終的に、より多額の資金をより好条件でオファーしてくれたノキア・ベンチャーズで行こうと、チームを説得した。

99年、ノキア・ベンチャーズは同社にとって3社目の投資として、コンフィニティの450万ドルの資金調達ラウンドを主導した。この資金を得たことによって、コンフィニティは本格的な企業の体裁が整った。いまやコンフィニティにはVCの支援と当座の事業計画、取締役会が揃った。

ノキアのジョン・マロイも取締役会に加わり、コンフィニティの人事や業務に深く関わるようになった。マロイはのちにコンフィニティの、最も注目を浴び、最も波乱に満ちた合併騒動の渦中に立たされるほか、社内では投資家だけでなくセラピストの役割も担い、経営陣や社員の相談に乗ることになる。「ジョンは僕らにとって、本当に大きな存在だった」とスコット・バニスターは言う。レヴチンは彼を「ペイパル物語の縁の下の力持ち」と呼ぶ。

マロイの参画は不穏なスタートを切った。マロイはティールと電話で投資の最後の詳細を詰めていたとき、ノキア社長のアラ゠ピエティラとヨットで航海中だった。だがマロイによると、ヨットが大きすぎて、強風と荒波に煽られてしまった。あげくプロペラが故障して、命からがらドックに戻ることになった。

「さんざんな目に遭ったよ」とマロイは回想する。「大荒れの一日だった」

Chapter 6 終わりだ

――ユニバーシティ・アベニュー394番地にて

1999年の春から初夏にかけて、コンフィニティとX.comはユニバーシティ・アベニュー394番地の隣り合うオフィスを借りていた。両社が同じ建物内に入っていたことは、のちに盛んにメディアに取り上げられたが、きっかけはただの偶然だった。当時、コンフィニティとX.comは競争も協力もしていなかった。コンフィニティはモバイル送金と暗号化技術に取り組み、X.comは金融のスーパーマーケットをめざしていた。

そしてお互いがお互いを、見当違いのことをしていると見ていた。マスクはパームパイロットのビーム送金を容赦なく批判した。「ばかげたアイデアだ、絶対失敗すると言っていた」とマスクは回想する。他方コンフィニティは、X.comが規制の泥沼に陥ると予想していた。金融技術への取り組み方こそかけ離れていたが、どちらの会社のCEOも同じ執着を持っていた――会社に注目を集めることだ。

マスクがメディアの関心をX.comに集めようとしたように、ティールもメディアの関心を引くことを最優先課題とした。ノキア・ベンチャーズの投資を取りつけたいま、この契約を広く世に知らしめ、画期的なビーム技術をお披露目するための、大々的で華々しいイベントが必要だった。

チームはその舞台に、バックス・オブ・ウッドサイドを選んだ。陶製のカウボーイブーツや本物のソ連の宇宙服、自由の女神のミニチュア像などがごてごてと飾られたこのレストランは、テック関係者の憩いの場であり、起業家の聖地でもあった。バックスはアメリカでいち早く公衆Wi-Fiを導入したレストランで、ホットメールもこの店の席の一つで設立されたとされる。

ティールはコンフィニティをバックスの歴史の一頁にしたかった。そこで「バックスで、パームパイロットを使ってノキア・ベンチャーズの銀行口座からコンフィニティの口座に450万ドルの資金をビーム送金する」というイベントを考えた。

だがこの「バックスビーム」は、言うほど簡単ではなかった。「赤外線技術が全然機能していなかった」とレヴチンは言う。それでもレヴチンは、このデモではビーム送金のふりをするのではなく、暗号化された本物の取引を行うべきだと譲らなかった。

エンジニアリングチームは必死の作業を続けていたが、コードベースはまだ完成にはほど遠かった。「ビーム送金はほとんど機能していなかった」とユー・パンは認める。

バックスビームに備えて、レヴチンは自前のセキュリティプロトコルを超特急で作成し、アプリのボタンなどのUIを更新する必要があった。パームパイロットの計算機アプリからほとんどのボタンをコピーし、デモ用の新しい送信ボタンのコードを書きまくった。

まもなくチームは、ボタンよりはるかに恐ろしい問題にぶつかる。

プログラマーが書いたコードを動かすためには、コンパイル（コード化されたコマンドを機械が理解できる言語に翻訳するプロセス）が必要だ。このコンパイルの段階で、プログラミングのエラーを見つけて修正を繰り返す。だがパンが自分の書いたコードを何か月もコンパイルしていなかったことを、ラッセル・シモンズが発見した。「そしてもちろん、コンパイルすると何千個もエラーが見つかった」とレヴチンは語る。

そこから死にものぐるいの作業が始まった。「その時点からバックスビームに向けて一心不乱で取り組んだ。三人とも一睡もしなかった。3日後、パンは抜け殻のようになっていた」とレヴチンは言う。99年7月23日金曜日の朝のイベントの直前まで、レヴチンとチームは不眠不休で働き続け、二重三重にコードをチェックした。

金曜日の明け方、レヴチンは何日も着替えていなかったことに気づき、ズボンを替えなくてはと思った。車を運転して帰宅し、ズボンをはき替えた。ズボン更新が完了すると、大急ぎでバックスに向かった。

テレビ局を集めた「リアルタイム送金」イベント

レヴチンが店に着いたとき、ティールはすでにノキア・ベンチャーズのピート・ビュールと歓談していた。ティールは地元のテレビ局数社からこのイベントを取り上げてもらう約束を取りつけ、中継車が何台か停まっていた。

レヴチンは送金用に用意した2台のパームパイロットのうち、1台をビュールに、もう1台をティールに渡した。カメラの前に立ったビュールが端末を手に持ち、スタイラスを使ってノキアの支払い金額、4-5-0-0-0-0-0を入力した。そして、端末の赤外線ポートをティールのポートに近づけ、レヴチンがつくったばかりの送信ボタンをタップした。レヴチンは息を呑んだ——もし何かが失敗するとしたらこの瞬間だ。

だがティールのパームパイロットはビープ音を鳴らして、画面に「入金が完了しました」というメッセージを表示した。ティールはそれを誇らしげにカメラに見せた。コンフィニティのチーム一同は、深い安堵のため息をついた。

あれほどやきもきした割に、この一大イベントは「あっけなく終わった」とビュールは言う。

しかしあろうことか、あるテレビ局のスタッフがティールとレヴチンのところにやってきて、もう一度送金をやり直してもらえないかと訊いた。カメラがちゃんと捉えていなかったというのだ。

「無理だよ、繰り返すなんて！」とレヴチンは叫んだ。「数百万ドルが銀行から銀行へ移動したんだ。簡単にやり直せるわけがない」。カメラマンの求めに応じて、今度はティールとビュールは送金するふりをした。

　レヴチンには苛立ちを表す気力すら残っていなかった。よろよろと歩いて隅の席に腰を下ろすと、テーブルに突っ伏した。

　しばらくして目を覚ますと、同僚たちの姿はなく、冷めたオムレツが横に置かれていた。ウエイターに訊くと、レヴチンの朝食代を払ってみんな帰ってしまったという。

「ピーターに起こしてくれなかったことの文句を言うべきだろうか、それとも寝かしておいてくれたことの礼を言うべきだろうか？」とレヴチンは思った。

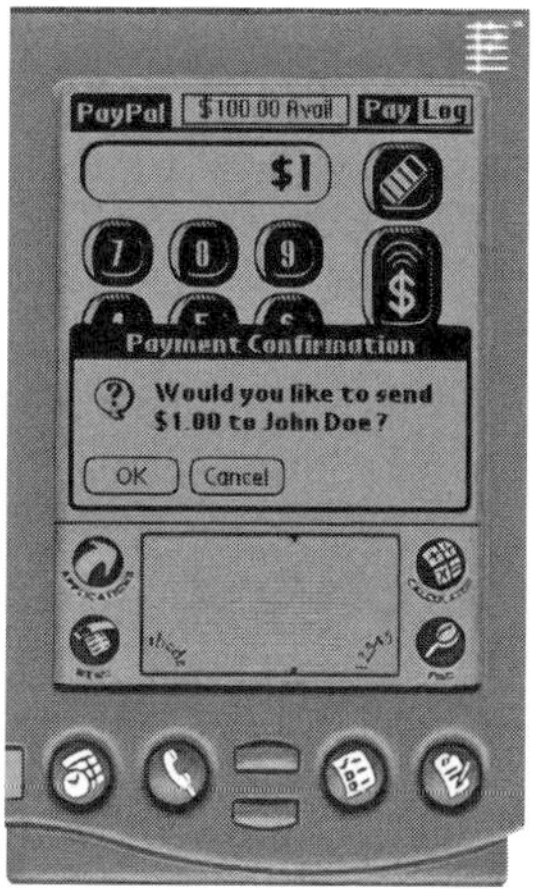

パームパイロットのビーム送金の画面。

　それはさておき、ティールはこのイベントに満足した。「僕らはあの歴史に残るイベントで、群れから抜け出した」と語る。メディア露出のおかげで、それまでの苦労が嘘のように、投資家の引き合いも求人の申し込みも増えた。

　だが、そうした関心はユーザー獲得につながったとは言いがたい。パームパイロットのビーム送金を問い合わせる電話はただの一件もなかった。

「あれは、パブリシティについて僕らが早くに学んだ教訓の一つだ」とノセックは言う。「あのイベントはプロダクトの普及というよりは、求職者や投資家への認知度を高める方法としての意義がずっと高かった」

だがバックスビームが発した最も重要なシグナルは、社内向けだったかもしれない。レヴチンとティールが率いるこの小さな集団は、メディアに、それもテレビにまで取り上げられるほどのプロダクトを、ほんの数か月で生み出したのだ！

チームは自信を深めた。「僕らは未来を信じたかったんだろうな」とノセックはしみじみ言う。

「ネーミング」には厳密な分析が必要だ

インターネットブームが始まると、スタートアップの贅沢な風潮がベイエリア全体に広がった。贅沢な社員旅行、飲み放題のパーティー、高価な広告。しかしティールとレヴチンは、そうした出費では会社の製品や理念を広めることはできないと考え、ノキア・ベンチャーズから得た大金をけっして浪費しなかった。

だが資金のおかげで、ある贅沢が許された——ビーム製品にいい名前をつけることだ。

「コンフィニティ」は社名にはよくても、「製品名がコン（詐欺）」から始まっていたら消費者に信用してもらえそうにない。だいいち、「お金をコンフィニティして！」では語呂が悪い。消費者製品には大衆受けする名前が必要だ。その名前探しの役目は、ノセックにまわってきた。

ノセックはインターネットに導きを求め、試しにブラウザにwww.naming.comと打ち込んでみると、ネーミング会社マスター＝マクニールのウェブサイトがヒットした。「ネーミング・ドットコムなんてドメインを持つ会社なら、さぞかし期待できるだろうと思ってね」とノセックは言う。

マスター＝マクニールの創業者ＳＢ・マスターは、カリフォルニア大学サンタクルーズ校で経済学と音楽、そして自ら考案した書籍史の課程を三重専攻した。彼女はハーバードでＭＢＡを取得後、ブランディング会社でネーミング部門を立ち上げ、タッチストーン・ピクチャーズやウェスティン・ホテルズの命名を担当した。その後独立してマスター＝マクニールを創業し、社名のコンサルティングを行っていた。

マスターは詩的センスと抜け目のないビジネススキルを併せ持っていた。彼女は、多くのスタートアップがネーミングをただの言葉遊びとみなし、「壁にボールを当てて遊ぶような、ランダムで純粋にクリエイティブなプロセス」と考えていると批判した。

マスターの持論では、社名の決定は他のどんな経営判断にも劣らず重要で、厳密な分析を必要とするプロセスだった。

「ペイパル」という名前
——ペイパルを採用すべき6つの理由

99年6月、コンフィニティはマスター＝マクニールにビーム製品のネーミングを依頼した。マスターとチームは、ティール、レヴチン、ノセック、その他のコンフィニティ社員に聞き取り調査を行い、製品名を通して何を伝えたいのかを洗い出した。

1. 設定と利用が簡単、便利、機敏
2. 即時、迅速、瞬時、待たせない、時短、手軽
3. 携帯可能、手軽、身近
4. 送金、ビーム、交換、送信／受信、あげる／もらう
5. お金、口座、金融取引、数字、資金移動

マスター＝マクニールとの議論を通じて、プロダクトの方向性に関する重要な課題が浮き彫りになった。ビーム送金はアメリカのテック界を引きつけることはできたが、それ以外の市場に拡大するにはどうしたらいいのだろう？

その答えはまだ出ていなかったが、「ハイテク」すぎず、それでいて「とくにアーリーアダ

プター層に訴求し、携帯型電子機器（情報端末や携帯電話など）を使うどんな人にも受け入れられ」、かつ「アメリカ、フランス、ドイツ、スペイン、イタリアなどでの使用にも適した」名前を考えてほしいと、チームは要請した。

これらの条件とネーミングの狙いを念頭に、マスター＝マクニールのチームはさまざまな案を出した。それを「最も有望な」80個に絞り込み、既存の商標やURL、慣習法を確認した上で、最終的に12個の名前を提案した。「eマネービーム（eMoneyBeam）」「モモ（MoMo）」「ザピオ（Zapio）」「カシェ（Cachet）」、そして「ペイパル（Paypal）」など。

この中で、「eマネービーム」と「モモ」は早い段階で落とされた。「ザピオ」は遊び心にあふれ、お金をすばやく動かす（ザップ）という、プロダクトの特徴をよく表していたが、コンフィニティのチームは気に入らなかった。チームは最初、「カシェ」がいちばんいいと思ったが、マスターの意見は違った。カシェは綴りも発音も難しく、「気取った感じ」があり、海外で意味が通じにくい。それにwww.Cachet.comのドメインはすでに登録されていた。

そして、「ペイパル」だ。マスター＝マクニールのプレゼン資料には、この選択肢を選ぶべき理由が6つ挙げられている。

- 「お金、口座、金融取引、資金移動」という意味を伝える
- 「親しみやすい、使いやすい、シンプル、簡単」なイメージ
- 「身近、携帯可能、手軽」なイメージ

・「pa」を繰り返す構造が覚えやすく、楽しい
・とても短く、見た目が対称的：名前の両端に上に突き出す文字が2つ（Pとl）、中央に下に突き出す文字が2つ（yとp）ある
・Paypal.comのURLは取得可能

マスターは「ペイパル」が圧勝すると踏んでいた。「ザピオ」より一音節短いし、「カシェ」に比べて読み間違いのおそれがずっと少ない。「読み方がわからないと、間違えたら恥ずかしいという心理が働く」とマスターは言う。「だから口に出さなくなる。恥はとても強い感情なのよ」

ペイパルは信頼を生む名前だと、マスターは考えた。レヴチンの考案したコンフィニティとは違い、ペイパルの「パル」は心を和ませ、信頼感を与える。「『パル』の意味はただの友人じゃない。パルは肩を組む相棒、身近な心から信頼し合える仲間よ」

そのうえペイパルには二つのpが含まれていた。「この破裂音がいいの」とマスターは説明する。「この音を出すとき、いったん息を止めてから吐き出すでしょう?」。破裂音は耳に残る時間がほかの音より数分の一秒長く、その分ブランドが記憶に残りやすいという。「破裂音が2つあるから、この効果を最大限に活用できるというわけ」

「間抜けな名前にもほどがある」

マスターは「ペイパル」で決まりだと思っていたが、ティールをはじめ多くのコンフィニティのメンバーからは異論が噴出した。「みんなで話し合ったときのことを覚えているよ。……ペイパルだって？　間抜けな名前にもほどがある、と思った」とエンジニアのラッセル・シモンズは言う。

「満場一致の決定じゃなかったのはたしかだ」と、社員番号11番ジャック・セルビーも口を揃える。取締役のピート・ビュールは、金融商品の名前にしてはふざけすぎていると感じた。『ペイパル』なんて名前が信頼されるはずがないと思ったよ。これ以上ばかげたアイデアはないと。ペイパルなんてプロダクトにカネを託せるか？」

だがじっくり考えるうちに、この名前のよさがわかってきた。「僕らが最初に考えていたプロダクトの用途は、ランチ代のやりとりだった。『ペイパル』は他の名前に比べて、この用途に合っていた」とカスタマーサービスおよび業務担当責任者デイヴィッド・ウォレスは言う。

決め手となったのは動詞形の言いやすさ――「ペイパルして！」――だった。それに綴りが簡単なことも。

初期の取締役の数人も「ペイパル」を推した。スコット・バニスターもその一人だ。「いい名前じゃないか、pが続いていて覚えやすい」。www.paypal.comのドメインは空いていたので、時間と費用のかかる交渉も必要なかった。チームは99年7月15日にドメインを取得した。

ティールは当初「カシェ」を推していたが、やはり「ペイパル」のよさに気づいた。

実際ティールは、のちにペイパルの名前を例に挙げて、親しみやすくおおらかに聞こえる社名のメリットを力説し、だから「フェイスブック」は「ウーバー」や「リフト」「マイスペース」などより好ましいのだと語っている。やがてはティールや多くの社員が、「ペイパル」と並べると「X.com」は不気味に思えると主張することになる。

プロダクト名は中央のPを大文字にした「PayPal」に決定した。これ以降、ペイパルはすべて「PayPal」と表記されることとなる。

マスターのファイルに挟まれた一枚のメモに、このとき真ん中のPを大文字にしたことが記録されている（「PayPalを採用」と走り書きされている）。だが誰の発案だったかを、マスターは覚えていない。彼女自身だったのか、グラフィックデザイナーか、コンフィニティのメンバーだったのかは不明だ。

グーグルの高給に負けずに「人材を集める」方法

名前が決まったところで、プロダクトを実現させるための増員が必要となった。コンフィニティもX.comと同様、エンジニアの熾烈な人材争奪戦に参戦することになり、潤沢な資金とメディアの注目をもってしてもなお、人材確保は困難だった。

チームメンバーの大学の人脈のほか、初期のエンジニアのイリノイ州数学科学アカデミー（IMSA）とのつながりから数人が入社した。イリノイ大学とIMSAからはエンジニアが、スタンフォード大学からはプロダクトチームと営業チームのメンバーが加わった。

人材をすばやく集めるために、エンジニアが一人採用されるごとに、紹介した社員に数千ドルのボーナスを与えた。

社員のジェームズ・ホーガンは、IMSAとUIUC時代の友人でコンフィニティでエンジニアとして働いていた（のちにユーチューブを共同創業した）、スティーヴ・チェンから連絡が来たときのことを覚えている。「スティーヴは紹介ボーナスに燃えていた」とホーガンは笑う。「ソフトウェア開発経験のある知り合いを血眼《ちまなこ》で探していた。きっと僕は、彼の目には札束に見えていたんだろうな」

人材を勝ち取るために、チームは斬新なセールストークを考えた。数年後、レヴチンはスタンフォードのコンピュータサイエンスのクラスでその秘訣を披露している。

エンジニアはつむじ曲がりだ。そうなるように訓練されているんだ。それに彼らはシリコンバレーで引く手あまただから、偏屈でいることを許されている。

エンジニアはどんな新しいアイデアもくだらないと思っているから、僕らの新しいアイデアも当然、くだらないと却下する。グーグルでクールなことをして高給をもらっているエンジニアを誘っても、なぜ世界をインデックス付けするのをやめて、おまえの会社のくだらない仕事をする必要があるんだ、と言われてしまう。

だから、巨大企業と競争するには、お金以外の工夫が必要だ。金額ではグーグルに負けてしまう。グーグルには年間３００億ドルの収益を叩き出す、検索という油田がある。

グーグルのような会社に勝つには、歯車の話をするといい。グーグルでは、君は歯車でしかない。でもうちに来れば、僕らと一緒に自分一人ではできない大きなことができる、と。

ビジョンを語れ。高給は必要ない。食うのに困らない程度、家賃を払ってときどき外食できる程度の給料でいい。大事なのは現金じゃない。冷笑主義《シニシズム》の壁を破ることだ。グーグルの20万ドルの年俸とポストよりも、この新しいものを一緒に生み出すほうがおもしろい、と思わせるんだ。

ホーガンは、まさにこの考えに説得された。彼は当時テキサス州ダラスに住み、ノーテル・ネットワークスで「巨大な会社の歯車として」働いていた。「不満たらたらで、たいした仕事もしていなかった」。だからこそ、コンフィニティの口説き文句に胸を突かれたという。

口説き文句に磨きはかかったものの、採用はゆっくり進んだ。それは意図的でもあった。「エンジニアリングチームは、たった一度の採用ミスがコードベース全体を破壊するのを本気で恐れていた」とエンジニアのエリック・クラインは指摘する。「それは自業自得でもあったんだけどね。僕らがそれだけ壊れやすいコードベースをつくっていたということだから。でも急いで雑なコードを書いていると、そういうコードベースになりがちだ。そして問題が起こる――すると、その問題に対応できる人材を雇わなくてはならなくなる」

レヴチンは採用のハードルを非常に高く保っていたと、エンジニアのサントッシュ・ジャナーダンは証言する。そのせいで人材獲得のスピードが落ちても仕方がないと、レヴチンは考えていた。「マックスは口癖のように言っていた。『A級の人材はA級を雇う。B級はC級を雇う。だからB級を一人でも雇えば、会社全体が傾いてしまう』と」

おまけにコンフィニティの経営陣は、チーム全員がすべての候補者に会うことを義務づけた。そして時間のかかるこの総当たり面接、いわゆる「相性テスト」が終わってから、チーム全体で議論して採否を決めた。

才能を次々と惹きつける特殊な「相性テスト」

当時の超売り手市場のテック業界では、求職者も自分なりの「相性テスト」を行っていた。複数のコンフィニティ社員が、「プロダクトの構想や成功の見込みよりも、チームそのものが入社の決め手になった」と語っている。

スカイ・リーはネットスケープとアドビで経験を積み、その後スタートアップで働いていたとき、コンフィニティに移った元同僚から、デイヴィッド・サックスに会ってみないかと誘われた。彼女が当時働いていたスタートアップは業績不振で、その二の舞になるのを恐れたが、とりあえず会うことにした。

リーは、午後10時にコンフィニティのオフィスに来てほしいとサックスに言われた。「夜だし、オフィスにちょっと寄ってから別の場所に行く」のだろうと思っていた。だが「ちょっと寄る」だけではすまなかった。「フルスケールの面接になった」と彼女は言う。「そんな準備は全然していなかったのに」。午前2時にオフィスを出るまでに、コンフィニティのほぼ全員に会っていた。

面接を終えるころにはチームに魅了されていた。「私は直感的だからうまく言葉にできないけれど、ほかにはないエネルギーを感じた。ここには何かがあると思った」。リーは再度の面接を経てコンフィニティに入社し、主力プロダクトの設計で重要な役割を担った。

プロダクトチームのデニス・アプテカーは、別のスタートアップで働き始めた数か月後に、ルーク・ノセックとパーティーで知り合った。ノセックはその場で紙ナプキンにコンフィニティのビーム送金の基本計画を書いて見せた。彼女はそのアイデアにというよりは、それを話すノセックの情熱に心を惹かれた。

アプテカーはチームに会うために会社を訪れた。「面接を終えた時点で、プロダクトやその他の具体的なことはよくわからないながらも、自分が一緒に働きたいのはこういう人たちだということだけはわかった」と彼女は言う。「明らかに競争心が強くて、明らかに仕事中毒で、明らかに世界を変えようとしている。同類が見つかった、と思ったわ」

技術デザイナーのベンジャミン・リストンは、デイヴィッド・サックスとマックス・レヴチンに会ったとき、勤め先に何の不満もなく、「同類」を求めていたわけでもなかった。リストンはサックスにオフィスでランチを食べようと誘われた。

「ランチだけのつもりが7時間もいた」とリストン。彼はデザイン慣行に関する7時間の自由な話し合いに夢中になった。「オフィスでホワイトボードに書き殴っている自分を想像できた。これが面接だというのなら、実際にここで働くのはどんなに楽しいだろうと思った」

異才チャド・ハーリーが仲間になる

ティールは早い段階で、非公式な「解雇なし」のルールを定めた。「人を解雇するのは戦争と同じだ」とティールは言っている。「そして戦争は悪だ。しないに越したことはない」。解雇なしルールによって、会社が求める人材像のハードルが高くなり、成績不良の社員は解雇されずに社内をあちこち異動させられた。「たぶん、もっとクビを切るべきだったんだろうな」とある古参社員は認める。

「相性テスト」と「解雇なしルール」は曖昧で非効率だったが、これらは会社がすばやく動くために意図的に設けられた採用プロセスだった。

レヴチンはコンフィニティの草創期に、部屋にいる人数が増えれば増えるほど、基本のコミュニケーションでの摩擦が増えることに気がついた。「一人で仕事をするときは、ただただ全力で働けばいい」とレヴチンは説明する。「でもそれでは満足の行く仕事ができないから、誰かとチームを組む。すると、コミュニケーションの問題が人数の2乗倍に増えてしまう。五人のチームなら、25通りの人間関係とコミュニケーションを維持する必要がある」

摩擦を最小限に抑えるために、レヴチンは自分と同じようなものの見方をするエンジニアを集めようとした。たとえば彼が初期にペイパルのプログラミング言語に、(彼自身「クソみたいな言語」と呼んでいる)「C++」を選んだときも、エンジニアに不満を持ってほしくなかった。「ケチをつける人はチームにいてほしくなかった。進捗が遅れるから」

とはいえレヴチンもティールも、集団思考に陥らないよう気をつけていた。「マーケティング戦略や戦術的、戦略的なソリューションを話し合うことは必要だ。実際、こういったことは非常に重要な意思決定だ」とレヴチンは言う。「経験則として、重要な問題について何もわかっていないときは、多様な意見を聞くことが大切だ。ただし、何が正しいかがすでにはっきりわかっているときは、議論は必要ない」

両者のバランスを取るのは簡単なことではなく、チームは不満を持つこともあった。それに解雇なしルールが破られたことも何度かあった。だがその一方で、すばらしい人材も獲得できた。

この時期、コンフィニティに初めて「人脈外の人材」として入社したのが、チャド・ハーリーだ。のちにユーチューブを共同創業した逸材だが、99年当時は大学で美術系の学位を取ったばかりで、コンフィニティとは何の縁もなかった。彼は「バックスビーム」の記事を見て、メールで求人に応募し、ミーティングを取りつけた。フライトの遅延と遅刻、夜通しの面接を経て、グラフィックデザイナー第一号として入社した。

ハーリーの初仕事は、ペイパルのロゴのデザインだった。彼が考案したのは、青と白をベースにPが渦を巻く、初代のロゴだ。

またレヴチンはハーリーに、チームTシャツのデザインも頼んだ。そのお題は、「システィーナ礼拝堂の天井画『アダムの創造』のイメージで、全能の神がアダムに手を伸ばして指先から命を吹き込む代わりに、パームパイロットからお金を送っているとしたら?」というもの。歳月が流れ、ハーリー作のミケランジェロのパロディTシャツは、いまやチームのお宝になっている。

ハーリーら数人が加わったために、ユニバーシティ・アベニュー394番地のこぢんまりした本社は手狭になった。チームはそこから徒歩5分のユニバーシティ・アベニュー165番地に空き物件を見つけた。この建物は特別な意味を持っていた。直前まで入っていたテナントは、いまをときめくグーグルだった。グーグルから譲り受けた卓球台は、しばらくの間、会議テーブルとしても使われていた。

オフィス移転を機に、重要な通過儀礼が廃止された。ユニバーシティ・アベニュー394番地では、新入社員はイケアの机を自分で組み立てる決まりになっていた。仲間意識と平等意識を高めるとともに、レヴチンが初期のオフィスで使っていたイケアの家具に敬意を払う意味があった。だがユニバーシティ・アベニュー165番地の新しいオフィスには家具と備品がほぼ完備されていたため、この伝統に終止符が打たれた。

何人が「パームパイロット」を持っているのか？

新しい社名、新しいオフィス、新しい社員——すべてが前進を指し示しているように思われた。だが古くからの重要な問題が、まだ会社を悩ませていた。ビーム製品の認知度を高め、何より利用を促すには、いったいどうしたらいいのか？

需要はどこかに存在するはずだと、つまりプロダクトが完成したいま、〝ビーマー〟が現れるはずだと、チームは心の中で信じていた。

彼らが置かれた環境を考えれば、そう思うのも無理はなかった。シリコンバレーでは、他の地域では普及しているとはいえないパームパイロットなどの携帯端末や、それに似た技術のフィーチャーフォンが大流行していたのだから。

「僕はパームパイロットのプラットフォームに関して、とても強気だった」とスコット・バニスターは認める。「シリコンバレーの多くの人がそうだった」。パームパイロットの所有者は99年に500万人を超え、パームの親会社スリーコムはパームの分社化と上場さえ検討していた。

コンフィニティのチームは、パームパイロットの成長の波に乗れると確信していた。携帯端末専門誌の広告枠を購入し、ネットのIT関連掲示板に入り込んで、ペイパルの宣伝にいそしんだ。またノセックは一風変わったマーケティング法を提案した。オフィスの老朽化した日よけを、電光掲示板が組み込まれた新しい日よけに取り替えて、ペイパルの宣伝を流してはどうかというのだ。

この案は実現しなかったが、チームがいかにユーザー獲得に苦労していたかを物語っている――そんなことまで考える必要があったのだ。

チームの奮闘にもかかわらず、ビーマーはいっこうに現れず、99年夏になると会社の顧問や支援者はプロダクトの成功を危ぶみ始めた。

「僕らはパームパイロットだらけの世界に暮らしていた」とティールのスタンフォード時代の友人でコンフィニティの初期からの取締役、リード・ホフマンは言う。「でもあるとき、あちこちのレストランでテーブルをまわって、パームパイロットを持っている人が何人いるか聞いてみたんだ」。結果、レストラン一軒につき一人いるかいないかだった。「つまりこの用途でのペイパルの利用回数は一店一回転につき、一回あるかないかだった！ 終わりだ、このアイデアはダメだと思った」

その夏に何度も行われた、プロダクトに関する深夜の話し合いの一つで、リード・ホフマンはもう一つの重要な問題点を提起した。ペイパルのユーザーがパームパイロットを家に忘れてきたら、どうやって送金すればいいのか？

レヴチンが解決策を出した。「ペイパルのウェブサイトPayPal.comから、メールアドレスを使って送金できるようにしよう」。ユーザーはパームパイロットをパソコンと同期するために、どっちみちペイパルのサイトに行ってソフトをダウンロードする必要がある。このサイトでビーム送金に代わる方法として、メールで送金するシステムを提供すればいい――。

「メール送金」という、この画期的なアイデアが初めて出たとき、誰一人それを世紀の大発見だとは思わなかった。むしろその逆だった。レヴチンは、パームパイロットを忘れた人がサイト上で決済できるように、簡易なデモ版を公式サイトの片隅にでも置いておけばいいと思った。

メール送金は、ペイパルの本来の目的とはかけ離れていた。この機能は、もし機能と呼べるのであれば、ホフマンが指摘した問題の打開策に過ぎず、主力プロダクトではあり得なかった。

この「打開策」は、レヴチンが思いもしなかった面で役立つことになる。メール送金のデモ版をつくるまで、彼はペイパルに修正を加えるたび、それをテストするために面倒な手順を踏んでいた。パームパイロットから別のパームパイロットに送金し、両方の端末をクレードルに置いてパソコンと同期させ、両方のダミー口座の残高を調べて、ちゃんと送金できたことを確かめていた。メール送金のデモ版は、この手順を劇的に簡略化し、マウスを数回クリックするだけで送金を確認できるようになった。

数週間後、レヴチンはこの「おまけ」のプロダクトの熱心なユーザーになっていた。とはいえ、彼は相変わらず当初の構想にこだわっていた。「あの時点で気づくべきだったよね」と彼は苦笑する。

エリック・クラインは、タイミングが幸運だったと指摘する。

「インターネット上では雪玉効果が働く。最初は小さくてもあっという間に拡大していく。たった一年ほどで、誰も知らなかったうちのサイトが、誰もが知るサイトになった」とクラインは言う。「もとはビジネスパーソンがパームパイロットで支払いをする用途を考え、その波に乗ろうとした。でもそこに、それを凌駕するインターネットの大津波が押し寄せた。そして僕らは幸運にも、大津波を捉えることができたんだ」

すべてを否定する男、現る

ビーム送金の成功を激しく疑っていた人物がもう一人いる。このころ入社し、会社の成功に大きく貢献することになったデイヴィッド・サックスだ。

サックスはティールとともにスタンフォードで学び、シカゴ大学ロースクールを経て、経営コンサルティング会社のマッキンゼーで働いていた。

99年半ば、ティールはコンフィニティとそのプロダクトについて、折あるごとにサックスの意見を求めていた。ティールはサックスに、コンサルティング会社をやめてコンフィニティに来るようしきりに誘った。サックスはまんざらでもなかった。彼は起業家の血も引いていた。彼の祖父は1920年代にリトアニアから南アフリカに渡り、菓子工場を立ち上げた人物だ。だがその孫息子のサックスは、ティールの会社に興味はあったものの、パームパイロットのアイデアは失敗だと思っていた。

それでもサックスは西海岸に面接を受けにきた。だが、社員の評判はかんばしくなかった。

「サックスは相性テストにパスしなかった」とコンフィニティの古参社員は言う。その一因は、サックスがパームパイロットの構想を全否定したことにあった。

「あれは間抜けなアイデアだった」とサックス。「問題は二つあった。第一に、パームのユーザーは全世界に500万人しかいなかった。ユーザーが別のユーザーと同じ場所にいなければアプリは使えないのに。もう一つの問題は、たとえユーザー同士が一緒にいたとしても、ビーム送金を何に使うんだ？　食事を割り勘する以外、誰も用途を思いつかなかった」

サックスはティールに言った。入社してもいい――ただし条件は、メール版を優先することだ。「僕は、『もし会社がそれを呑むなら、明日にでもマッキンゼーを辞めてくる』と宣言した。メール版がキラーアプリになると信じていたから」

ティールから、メール送金をビーム送金より優先するという言質《げんち》を取り、サックスは入社を決めた。ところがチームの大半はそのことを知らず、まだビーム送金が主力だと思っていた。そのためサックスが入社するやいなやパームパイロット版の優先順位を下げると、エンジニアは慌て、そして激怒した。

「マックスは知っていたが、ほかの誰も事情を知らなかった。だから僕はみんなからすれば、いきなり押しかけてきて、やっていることを全否定してきたやつ、という感じだった」とサックスは言う。ティールは妥協案を出した。両方のプロダクトを並行して開発しよう、と。

ティールはサックスを雇う際、強権を発動してチームの反対を退けた。これはティールには異例なことだった。彼はそれほどサックスを特別な人材と買っていたのだ。

なにしろ、会社の主力プロダクトに向けて銃をぶっ放しながら面接にやってくる者などほとんどいない。ティールは率直さを尊び、サックスが本音を話してくれると信頼していた。「ピーターは、本気で怒鳴り合える相手がほしいと言っていた」とサックスは言う。

サックスは社内で、タフで強気という評判を得た。彼がチームにフォーカスを与え、プロダクトに磨きをかけたと称える社員は多い。「デイヴィッド（サックス）に議論を吹っかけられてみんな文句を言っていたが、彼との議論はつねに有意義だった。意味のある衝突だった」とジャコモ・ディグリゴリは言う。「彼の言うことが人格攻撃だったり、くだらなかったり、偉そうだったりしたことは一度もなかった。いつだって議論の的はアイデアだった。僕らは何をしようとしているのか、顧客は何を必要としているのか、僕らはなぜここにいるのか？」

すばらしくひどいアイデア

その夏の議論は、ほぼすべてが仮説をもとにしていた。送金の仕組みはまだ提供開始前で、世間がどのような反応を示すかは未知数だった。「バックスビーム」はたんなるお披露目に過ぎず、正式なローンチではなかった。

そこでティールは、コンフィニティを宣伝する機会がもう一つほしいと考えた。プロダクトの価値を投資家に証明するだけでなく、メディアの注目を再び会社に集めるために。

ティールはローンチを早めるようレヴチンにハッパをかけた。「あの夏は週7日24時間ぶっ通しでコードを書き続けた」とレヴチンは言う。

　この時期、エンジニアリングチームはとくに金融サービスに関する知識の速習を求められた。「チームには銀行と関わりのある人も、金融関係のコードを書いた人もいなかった」とエンジニアのエリック・クラインは言う。「だから気の毒なＣＦＯのデイヴィッド・ジャックスが、銀行サービスの仕組みを僕らにつきっきりで一から説明してくれた。その知識をもとに、４週間コードを書きまくったよ」

　本物のユーザーが本物のお金をネットで送金するのは、テレビ撮影のためにコンフィニティの所有する2台のパームパイロット間でビーム送金をするのとはわけが違った。「いまから思うとおかしいよね、僕らは決済については素人も同然だったんだから。データベースとやりとりするコードを書いたことすらなかった。だから問題がどんなに手強いかがわかっていなかった」とシモンズは言う。

　ＩＴ関連掲示板のスラッシュドットなどが、パームパイロット間のビーム送金を取り上げ始めると、コンフィニティは初めて批判にさらされた。スラッシュドットのある投稿者は、「なんてすばらしくひどいアイデアだろう」というタイトルで、ビーム送金に関するコメントを投稿した。


　なぜひどいアイデアかというと、少なくとも三つの面からシステムに侵入して不正送金ができるからだ。

・赤外線通信の面では、遠隔で他人の決済を複製するなど。
・ソフトウェアの面では、正規の支払いを受信してからパームのソフトをハックして金額を増額するなど。
・データの面では、データがコンフィニティに戻るときに、架空の取引記録を送信するなど。

ほかにも侵入経路はあるだろう。もちろん、適切な暗号化技術でこの三つは解決できるが、コンフィニティがソフトウェアを書いたときにそこまで気を配っていたとは思えない。1、2年後にバグが修正されるまでは、重要な送金に使わないほうがいい。どのみちこのソフトはすぐに消えてしまうだろうけど。

スラッシュドットのテクノロジー通のユーザーによる批判は辛辣で、ときにユーモラスだった。ある投稿者は「いまから10年後の銀河百科事典からの抜粋」と題して、未来の強盗について書いている。「そしてそれ以降、強盗は飛び出しナイフと銃とともに、パームパイロットを装備するようになった。強盗の決まり文句は、『おまえのパームを俺のに向けて全額送金しろ、そうすれば誰も傷つけない』である」

チームは「技術に関するFAQ」を急いでまとめ、その中で批判に答えた。

「Q：このFAQは、スラッシュドットの投稿に答えて書かれたのですか？　A：はい。投稿者のみなさんの懸念に早急に対処するために、急いで書きました。構成、体裁、目次の不備はご容赦ください」

「Q：コンフィニティの暗号化技術の特色／長所は何ですか？」という質問に対するチームの答えは、技術的であり率直でもあった。

A：現在、当社は決済の署名に163ビットECDSAを、携帯端末のデータの暗号化にDESXを、赤外線通信の鍵交換にディフィー＝ヘルマン鍵交換アルゴリズムを、同期中のデスクトップからサーバーへの接続の保護にECCベースのTLSを使用しています。乱数発生器に与える初期値を生成するのに十分なエントロピーを得るために、キーボードを30分ほど叩きまくります。

バックアップなし、コードベース全消去

チームの経験不足は他の面でも露呈した。あるときレヴチンたちは、ペイパルのシステムで複式簿記を採用すべきだったことを知って青くなった。複式簿記は何世紀も前に生まれた簿記の基本中の基本で、すべての取引を貸方と借方の二面から捉えて記帳する方法だ。「会計を知らないエンジニアは、取引を二面から記録することのメリットがわからない。『複式』なんて、てっきり会計士のおかしな作り話だと思っていたよ」とレヴチンは苦笑する。

レヴチンはCFOのジャックスに頼んで会計の勉強会を開いてもらい、チームはその知識をもとにデータベースを構築し直した。

プロダクトそのものも、ローンチ直前に突然の方向転換を余儀なくされた。ティールはニューヨークでメディア向けの説明会をこなしていた。「ピーターが最初のメディアインタビューを終えてから電話をかけてきて、『やあみんな、完全無料だと宣伝してしまったよ。手数料は全部取り除いてくれ』なんて言うんだ」とデイヴィッド・ウォレスは言う。チームはウェブサイトの文章を全面的に書き換えさせられた。

ローンチの重圧のなか、次々と発生する新たな問題に対応するために、チームはすばやく解決策を編み出さなくてはならなかった。

だがこの取り組みを通して身についた仕事のやり方が、ペイパルやそれ以降の仕事に大いに役立ったと、彼らは一様に言う。「いまの仕事でも、立ち会議で状況を話し合って、どうしたら現状を打開できるのか、どんな工夫ができるのかと考えている。『調べて実行』するより『その場で対応』することを学んだ」とエリック・クラインは語る。

この時期、コンフィニティは絶体絶命の危機に陥った。サーバー間でハードドライブを移動する際、システム管理者が誤ってコードベースを全消去してしまったのだ。

大丈夫、とレヴチンは思った、バックアップを起動しよう。

ところが恐ろしいことに、その同じシステム管理者がバックアップを怠っていたことが判明した。かくして数千行のコードと8か月分の作業がすべて無になった。「あの瞬間、ペイパルは終わったと思ったね」とティールは言う。

すると、エンジニアのデイヴィッド・ガウスベックが口を開いた。コンフィニティの全ソースコードを複製してあるというのだ。「全員が共有サーバー上で開発していて容量が足りなくなったから、新しいサーバーを設置してそこに全部移しておいたんだ。元のコードベースが死んだとき、それをやっていたのは僕だけだった」。ガウスベックのバックアップのおかげで、チームはコードを一行一行書き直すという苦行を免れた。

「あれはほんとに冷や汗ものだった」とレヴチンは言う。くだんのシステム管理者は、「解雇なしルール」のまれな例外になった。

スタンフォード教授は「これは何だ?」と言った

夏から秋になったが、ペイパルのデビュー準備は長引いていた。レヴチンはやむなくローンチの延期を何度も要請し、そのたびティールを苛立たせた。「ローンチまではほんとにいろいろあった」とレヴチンはため息をつく。

この時期、レヴチンはプロダクトの安全性確認を行うことにした。パームパイロットのコードはまだ歴史が浅かったし、パームパイロット用の暗号化技術となればなおさらだった。ペイパルの実用化を早めるために、レヴチンは「楕円曲線暗号化(ECC)」と呼ばれる公開鍵暗号方式を採用していたが、これもまだ新しい分野だった。「パームの暗号化コード、とくにE

CCはとにかく不足していたから、一部は自作する必要があった」とレヴチンは言う。

こうした要素を一からつくることには、脆弱性のリスクがあった。「自前の暗号プリミティブ〔基本暗号〕なんて、ほんとにつくりたくなかった。暗号プリミティブの開発に専念している誰かにつくってほしかった」とレヴチンは嘆く。

レヴチンは暗号化セキュリティに関しては、コンフィニティの技術顧問を務めるスタンフォード大学教授のダン・ボネ博士に相談していた。ボネとレヴチンは、二人ともモバイル技術と暗号化技術に夢中で、アルティメット仲間でもあった。そして何より、ボネもレヴチンと同じくらい熱心なパームパイロット信者だった。「iPhoneが出てからも、パームパイロットが好きすぎて長い間iPhoneを拒否していたよ」とボネは笑う。

好きが高じて、ボネはUIUCの計算機学会でノセックがやったように、大学の同僚と組んで、大学構内の自販機にパームパイロットのウォレットを接続した。「暗号化プロトコルを使用して送金できるようにしたんだ」

その秋、コードを急いで確認する必要に迫られたレヴチンが頼ったのが、パームパイロットの安全な拡張に詳しいボネだった。「12時間で安全性確認をするとしたら、どんな方法があるだろうと考えた。そしてダンに、ちょっと来て僕のコードを読んでくれないかと頼んだんだ。ダンは『もちろん、君の頼みなら喜んで』と、二つ返事で来てくれた」とレヴチンは言う。

ボネは30歳の誕生会の予定があったので、二人は確認をさっさとすませてしまうつもりだった。だがボネはすぐに問題を発見した。「コードを読むなり、『おいおい、これは何だ？』と言われてしまった」とレヴチン。問題はレヴチンたちの「パケット化」の方法にあった。「『ああ、こんなふうにパケット化している』と指摘されて、僕は『なんてこった！』と。ダンは『これはランダムじゃない。ランダムの正反対だ。スーパーコンピュータなんかなくても、紙と鉛筆で解読できてしまうぞ』と脅した」

そして夜を徹しての熾烈な突貫作業が始まった。二人はコードを一行一行見直し、間違いを片っ端から修正していった。ボネは途中でいったん帰宅して誕生会に出て、またオフィスに戻って朝の5時までレヴチンにつきあった。

誕生会の中断と半狂乱の徹夜を経て、チームは初回リリースの最終準備を終えた。

10月末から11月初めにかけて、会社の初めてのプロダクトのダウンロードと利用が可能になったことを知らせるメールが、友人や家族宛てに送られた。ペイパルの稼働開始である。

Chapter 7 鬼気迫るイーロン

——空想を現実にする方法

1999年晩夏の時点で、イーロン・マスクのX.comは、彼の構想する——またペイパルののちの姿である——巨大デジタル金融会社にはほど遠かった。

X.comには完成したプロダクトもなく、チームは空洞化していた。カナダの金融専門家ハリス・フリッカーらが去りしいま、X.comに残ったのはたった五人だった。いなくなったのは社長兼COOと、CTO兼プロダクト開発担当副社長、CFO、主任開発者、事業開発副社長である。

若手エンジニアのスコット・アレグザンダーは、この騒動を間近で目撃した。カリフォルニア大学バークレー校でコンピュータサイエンスと経営学の学位を取得したあと、まわりの学生が社名にドットコムとつくあらゆる企業に飛び込んでいくのを傍観していた。彼はゆっくり考えることにして、いろいろなスタートアップの事業計画を詳しく調べた。「99年はドットコムフィーバーの最盛期だったけど、ペット用品の通販会社が10億ドルの時価総額を維持できるとはどうしても思えなくて」

X.comのことは求人サイトで知った。応募してマスクとの面接に進んだが、そのときのことをいまも覚えている。「面接が終わるころ、イーロンに言われたよ。『わかっておいてほしいんだが、うちはスタートアップだから、君にはいろいろやってもらうことになる。ただ会社に来て週40時間働くだけじゃだめなんだ。会社が成功するまではたっぷり残業してもらうし、不可能なことを頼むかもしれない』と」

この面接の翌日、アレグザンダーはX.comの共同創業者エド・ホーから急ぎのメールを受け取った。X.comは分裂し、ホーら上級幹部が辞めて新会社を設立することになったと書かれており、X.comの面接での幸運を祈ると結ばれていた。その直後に、ホーからもう一件メールが来ているのに気がついた。それはホーの個人アドレスからで、彼の新会社で働かないかという誘いだった。

アレグザンダーはこの人材の取り合いを「ばかばかしい」と感じ、すべてを忘れたくなって、前々から計画していたサンルカス岬への旅行に出かけた。だがマスクには別の計画があった。「旅行から戻ってきたらイーロンから留守電にメッセージが6件くらい入っていて、『電話をくれ。きっと悪い知らせを聞いたと思うけど、いい知らせがあるから』と言っていた」。マスクはVCから資金を確保し、数百万ドルの自己資金もX.comにつぎこむつもりだと、アレグザンダーに伝えた。

アレグザンダーはマスクが私財を投じたことに説得力を感じた。「イーロンは本当にすごいと思った。カネはものを言う」。アレグザンダーは99年8月にX.comに加わった。

名門「セコイア」の投資を取り付ける

外部投資家からの引き合いは多かったが、この時点までマスクは外部資金を一切受け入れていなかった。Zip2の投資家に食い物にされたと感じていたマスクは、今度は慎重になりたかった。

だがX.comに関心を持つベンチャーキャピタリストと話はしていた。理由は二つあった。

第一に、当時のインターネット系スタートアップには莫大な金額がつぎこまれていた。マスクはこれを〔恐怖を和らげる〕「笑気ガス」と呼んだ。

98年から99年にかけてインターネットの熱狂が頂点に達するなか、インターネット系スタートアップへのベンチャー投資は急増していた。マスクの潤沢な資金があるとはいえ、X.comは危うい立場にあった。競合が軒並み笑気ガスを吸入すれば、一気に成長してX.comを追い抜いてしまうかもしれない。

第二が、話題性だ。マスクは会社に莫大な私財を投じていることを相変わらず吹聴していたが、彼もティールと同様、外部資金を得ることの象徴的な効果に気づいていた。「資金は必要なかった」とマスクは言う。「それより重要だったのは、一流ＶＣのお墨付きだ」。これを求めて、マスクはシリコンバレーの名門ＶＣ、セコイア・キャピタルの名物ゼネラルパートナー、マイケル（マイク）・モリッツに接近した。

モリッツはシリコンバレーでは異色の存在だった。オックスフォード大学出身、ウェールズ訛りのタイム誌の元記者で、技術的知識はほとんどなかった。だが記者としての長い経験を通じて、才能と野心をかぎつける直感を磨いた。現代最大のインターネット企業を、まだ苗木のうちに次々と発掘した。創業者たちがまだトレーラーハウスで働いていたころのヤフーに、株式の25パーセントと引き換えに１００万ドルを投資したのは有名な話だ。

モリッツはどうやってマスクと知り合ったのかを思い出せない。「99年はベンチャー界にハリケーンが吹き荒れた。それまでは定時仕事だったうちのファンドにも、想像を絶するほどの機会が舞い込んできた。猫も杓子も起業したがっていて、失敗しようがないと思っていた。そんな空気だった」

とはいえ、X.comはひしめくスタートアップの中でも抜きん出た存在だった。モリッツはX.comの物語とその広告塔のマスクに説得力を感じた。「イーロンは、いまや世界中が知っているように、物語を語る才能がある」とモリッツはほほえみながら語る。「しかもその物語のいくつかを実現させている」。またモリッツはこのころ巨大銀行シティコープＣＥＯのジョン・リードと話して、X.comによる業界批判が腑に落ちたという。「この銀行なら倒せる、絶対に、と思ったものだ」

そしてマスクにとって重要なことに、モリッツはX.comという名前にも魅了された。「ヤフーを彷彿とさせたね。あるいはアップルを」と彼は言う。「一度聞いたら忘れられない名前、キッチン用品会社やトヨタのブランディング会社には思いつかないような名前を持つことは大切だ」

99年8月、セコイア・キャピタルは株式と引き換えにX.comに500万ドルを投資し、モリッツは取締役に就任した。セコイアはマスクに個人資金を引き揚げさせた。「(モリッツに)言われたよ。『会社に財産をつぎこむにしても、せめて家と車以外にしろ』って」とマスクは言う(のちにマスクは自己資金を――ただし前より高い評価額で――再投資した)。

モリッツは、もしその後の展開を、つまりX.comとテクノロジー界全体にとっての苦難の時代を知っていたら、X.comに参画したかどうかはわからないと打ち明ける。「私もイーロンや、それからピーター、マックスたちと同じだった。何も知らずに足を踏み入れたんだ」とモリッツは語る。「あの投資決定には、どこか浮かれた、向こう見ずなところがたしかにあった」

財務責任者のスティーヴ・アームストロングは、この時期X.comの採用面接を受け、マスクにもそうした向こう見ずさを見て取った。「こんな感じだったよ。『オンライン銀行をやるぞ! 保険サービスも! 証券業も始めるぞ! それに銀行も買った! バンク・オブ・アメリカを駆逐するぞ! 口座にはセコイアの500万ドルがある!』。そして小切手帳を僕にポンと渡して、『君の仕事は、僕が一文無しにならないようにすることだ』と言うんだ。僕は『わかった、やってみよう』と引き受けた」

あらゆる金融取引の「世界の中心」になる

資金は確保できた。だがまだ重要な問いが残っていた――モリッツとセコイア・キャピタルは、いったい何に投資したのか？

アレグザンダーは99年8月に入社した当時、「プロダクトはほとんど何もなかった。そこにあったのはありとあらゆるアイデアと、少しのコードだけ」という。X.comは預金のない銀行だった。運用資産のない投資会社だった。必要最小限のウェブサイトしかない、デジタル金融の不思議の国だった。

この時点でX.comは、マスクが打ち出した壮大な構想をまだ何一つ実現していなかった。その一因は、99年半ばのマスクとフリッカーの衝突によって生じた、プロダクト開発の数週間の遅れにあった。

それでもマスクは、さらに大きな野望を臆面もなく公言した。コンピュータ・ビジネス・レビュー誌に、「X.comはバンク・オブ・アメリカ〔銀行〕とチャールズ・シュワブ〔証券〕、バンガード〔投資運用〕、クイッケン・ローンズ〔住宅ローン〕を組み合わせたもの」になると豪語した。

ミューチュアルファンド・マーケット・ニュース誌に事業計画について聞かれると、X.comは既存の金融サービス会社とは違う、「多面的な」アプローチを取っているのだと力説した。「金融資産のすべてを、つまり借入、住宅ローン、保険、銀行預金、投資信託、保有株式を一枚の明細書にまとめるのは、革命的なことだ」

そしてマスクは、「X.comはS&P500連動型投資信託と米国総合債券ファンド、公社債投資信託を年末までに提供する」と言い切った。

X.comはその壮大な構想とインターネットとの相乗効果によって、これらのサービスを既存企業より安く、より速く、よりよく提供できるはずだとマスクは信じていた。「X.comはとても高い志を持っていたよ」と古参社員クリス・チェンは言う。「オンライン銀行はコアプロダクトの一つでしかなかった。保険商品も投資商品も提供する、金融のスーパーマーケットをめざしていた」

もちろんこれは新しい構想ではなかったし、既存金融機関がオンラインバンキングを提供すれば、X.comはたちまち駆逐されるだろうと、業界アナリストは予想した。だが内部改革に後ろ向きなスコシアバンクを直に見ていたマスクは、巨大銀行との競争を恐れてなどいなかった。

インターネットで金融の総合サービスを提供するという構想には、最近の強力な前例があった。ジェフ・ベゾスの「すべてを一か所にまとめる」という戦略が、アマゾンの急成長の原動力として注目を集めていた。ベゾスは、アマゾンが本の注文処理もまだ満足にできないうちにCDの販売を開始した。

すべてを提供する一つのサイトには、一つの品を提供するサイトが五つ束になっても敵わないことを、ベゾスもマスクも知っていた。

このこと自体は画期的な発見でも何でもない。雑貨店のアイデアは数世紀前からある。だがそれをインターネットの規模で、しかも消費者がようやくネットショッピングやオンラインバンキングにおずおずと足を踏み入れ始めたその時期に提供するというのは、先見の明がなければできないことだ。

マスクはある意味、ベゾスがアマゾンで行ったよりもさらに大胆な動きに出ようとしていた。アマゾンは、本とCDを並行して販売することを法律で禁じられていなかった。だがX.comが銀行商品と証券商品を同時に提供することは、少なくとも、1933年グラス・スティーガル法の主要条項が議会で廃止される99年末までは、政府によって禁じられていた。

こうした明確な法律を抜きにしても、X.comが提供しようとするそれぞれの金融商品は厳しい規制下にあった。そして規制当局にとって、マスクの金融スーパーマーケット構想は悪夢だった。

マスクに言わせれば、お金はただの「データベースの入力項目」に過ぎない。X.comは、たんに世界中の「入力項目」を一つのデータベースにまとめ、利益をむさぼる仲介業者を締め出そうとしているだけだ。

「僕がX.comに持っていた構想は、あらゆる金融取引が行われる世界の中心地になることだった」とマスクは強調する。

「スペシャリスト」をチームに引き込む

この構想を実現すべく、マスクは人員拡大を急いだ。

ティム・ウェンゼルは、フリーランスのリクルーターとして初期のX.comに人材を紹介していた。「あのころのシリコンバレーは過熱状態で、人を雇うのは本当に大変だった。優秀な人材にはオファーが殺到した」と彼は言う。「でもX.comに特別な何かがあることは、すぐわかったよ。応募したほぼ全員が、X.comで働きたいと言ったからだ。あの会社に行けるなら他の機会をあきらめると言っていたね」

やがてウェンゼル自身もこの選択に直面した。彼はX.comから採用人数に応じて報酬を得ていたが、報酬が増えすぎたため、正社員として入社するか、X.comの採用の仕事を辞めるかの選択を迫られた。「なんのためらいもなかった。『入社する』と即答したよ」

X.comの数人の古参社員によると、コンフィニティの20代の独身男性中心の初期社員と、X.comの多様な顔ぶれ――子持ち、女性、金融業界で数十年の経験を積んだ中途社員など――は好対照をなしていた。

デボラ・ベゾナは福利厚生コンサルタントとして多くの企業を見てきたが、X.comとクライアント契約を結んだ際、「それまで関わってきたどの会社よりも人材が多様だった。そのことに感心した」と言っている。

ベゾナはドットコムブームの最中に、数々のスタートアップに健康管理と退職管理をアドバイスしたが、そうした動きの速い企業の中でも、X.comとそのCEOは際立っていたという。マスクは社員に「何者にでもなれる自由度」を与えていたが、仕事については非常に高い水準を求めた。「私も人生であんなにハードに、速く働いたことはなかったわ」と彼女は言う。

ベゾナは給与や福利厚生、H1B（特殊技能職）ビザ、退職手当などに関するマスクの意向を実行に移したが、X.comの「福利厚生はとても手厚く」、マスクは退職する社員にも寛大だった。「基準に達しない、つまり仕事ができない社員がいると、イーロンはいつも体面と尊厳を傷つけないようにして辞めさせた」。退職手当は職位を問わず全員に与えられた。

またこの時期、マスクはX.comの取締役副社長にジョン・ストーリーを迎えた。ストーリーは数十年のキャリアの間に、アライアンス・キャピタルやモンゴメリー・アセット・マネジメントの上級職を歴任していた。

彼の参画を受けて、X.comが新しい金融機関に伝統的な銀行を取り込もうとしているという噂が金融業界に流れた。「運用資産も支店も持たない会社が、市民の資産に手を伸ばそうとしている」と業界ニュースサイトのイグナイツ・ドットコムが書いている。「この会社の構想に信用を与えているのが、同社の経営幹部だ」

ほどなくして金融界で経験を積んだエリートがもう一人加わった。マーク・サリヴァンはボストンのファースト・データ・インベスター・サービシズ・グループ副社長を経て、X.comに業務担当副社長として加わった。「それまで伝統的な銀行にいて、ドットコムの世界には爪先も踏み入れたことがなかった」と彼は言う。

サリヴァンはパロアルトに飛んで、マスクとストーリーと昼食に行った。マスクは早速サリヴァンを口説きにかかった。「昼食が終わると、『で、いつ来られる？』とイーロンにせっつかれたよ。弱ったね、そんなつもりはまったくなかったから！」

しかしサリヴァンは数週間後、勤務先に辞表を出してパロアルトに引っ越し、30代後半の若さでX.comの「大人の監督者」の一人になった。「いわゆるグレイヘア〔白髪のベテラン社員〕だね」と笑った。

その直後に加わったもう一人の「グレイヘア」が、シティバンクのシンガポール支店勤務などを経たベテラン、サンディープ・ラルだ。ラルはマスクとの面接をよく覚えている。「私が『変革のマネジメント』という言葉を使うと、『そんなまやかしみたいな言葉を使うな』と言われてね」

ラルの能力を確かめるために、マスクはテストをした。「シンガポールからアメリカに資金を移動させるにはどうするかと質問されたよ」。ラルが一つひとつの手順を注意深く説明すると、マスクはその場でオファーを出した。

「開発者」と「人間」の通訳

この時期に入社したとくに重要な人材が、事業開発責任者のエイミー・ロウ・クレメントだ。クレメントは大学を卒業してＪＰモルガンで働き始めたが、思ったほどやりがいを感じなかった。「世界に広く影響を与えるような仕事がしたいと、ずっと思っていた」と彼女は言う。ＪＰモルガンを辞めて西海岸に移り、ギャップの企業戦略・事業開発部で働いたが、もっと大きなことがしたいと思い続けていた。

その後仕事を辞めてビジネススクールに出願していたとき、ＪＰモルガン時代の知り合いのジョン・ストーリーが有望な金融サービスのスタートアップに加わったことを知った。彼に強く誘われて、最初は気乗りしなかったが、マスクに会うことにした。面接もマスクの説明も「とてもおもしろかった」とクレメントは言う。マスクの業界批判を聞いて、「金融システム内で現金を動かすのに、なぜこんなにお金がかかるのかと疑問に思った」。

クレメントは事業開発責任者としてX.comに加わったが、まもなくプロダクトのユースケース〔システムの利用例をユーザー目線で表現すること〕を担当するようになった。「開発者と人間の橋渡しをすることが私の仕事になった」と語る。

X.comの数ブロック先のコンフィニティ本社でデイヴィッド・サックスが痛感していたことを、クレメントも味わった――コードをプロダクトとして完成に至らせるには、規律と戦略が必要なのだ。

数人の社員によれば、クレメントは「開発者と人間」の通訳を巧みにこなしたほか、X.comの未熟なプロダクトの管理以外の領域でも幅広く活躍した。プロダクト、規制、人間関係など、何であれ困ったことが起こると、みんながクレメントを頼りにした。個性の衝突を和らげ、一触即発の組織を安定させる有能な外交官であり、重要な緩衝材《バッファー》だったと、社員は口々に褒め称える。

クレメントは99年末から7年間も会社に留まり、上場と、その後のイーベイによる買収も経験した。プロダクトとデザインを統括し、最終的にイーベイの最年少役員になった。彼女は多くのペイパル出身者を導く光だった。マスクは彼女を「陰の功労者」と呼ぶ。別の社員は、クレメントの管理スタイルを模範にしていたと語る。「エイミーのようになりたかった。憧れの人だった」

エンジニアを次々と採用する

エンジニアの採用もすばやく進められた。

コリン・キャトランは9月にヘッドハンターから電話を受けた。キャトランは、イーベイによって99年の初めに買収された決済スタートアップ、ビルポイントで働いていた。彼にとってシリコンバレーでの初めての仕事だった。ガレージに入るほどの少人数のチームで、一人ひとりが重要な役割を果たしていた。

だがビルポイントはサービス提供開始のわずか数か月後にイーベイに買収され、キャトランは官僚主義的な親会社で疎外感を感じるようになった。ビルポイントでユニバーサルな決済処理システムを開発したいという提案も、イーベイに冷たくあしらわれた。

「やり残した仕事があるように感じていた」とキャトランは言う。「それまで決済の仕事に全力で取り組んできた。ビルポイントでそれができないのなら、別の会社でやりたかった」

マスクとの面接で、決済ネットワークを構築したいと話すと、マスクは関心を持った。キャトランは9月初めにエンジニアリング責任者として入社した。

ハーヴィー・マッド大学出身のニック・キャロルも、X.com の経営陣が流出したこの時期に入社し、新卒2年目にして上級エンジニアに抜擢された。キャロルは大学時代から知るジェフ・ゲイツとトッド・センプルの二人のエンジニアを会社に引き入れた。

マスクの人脈からは、ブランデン・スパイクスもエンジニアリングチームに参加した。スパイクスはZip2でスタートアップ生活のあらゆる浮き沈みを経験した。彼はX.com の成功というより、マスク自身の成功に賭けていた。「実を言うと、オンライン銀行で働くなんて退屈なんじゃないかと心配していた」とスパイクスは笑う。ブランデン・スパイクスは責任者の肩書きと、b@x.com のアドレスを与えられた。

「われわれはどこにも負けない。以上」

チームは拡大しながらもプロダクト開発を進め、仮設サイトをオープンした。サイトには「サービス提供開始のお知らせを受け取りたい方は、メールアドレスを入力してください」というお願いと、X.comに関する次の説明が書かれていた。

インターネットの登場により、伝統的な資金管理方法は廃れようとしています。格安手数料のオンライントレードの利用者や、オンラインでの保険料比較やファイナンシャルプランニングの利用者は加速度的に増えています。それにもかかわらず、いまだに多くの人が街角のATMを使い、伝統的な銀行の高価な支店や窓口係のコストを負担し続けているのです。X.comは支店を持たず、老朽化し維持費の高いコンピュータの基盤も持たない、純粋なインターネット企業として、手数料や隠れたコストをお客様の手に戻し、低コストの個人投資と保険、ファイナンシャルプランニングを提供することを使命としています。X.comは個人資産管理のシームレスなサービスを提供します。

このサイトのX.com本社への道順案内には、マスクの最初の会社に敬意を表して「提供：Zip2」と記されていた。

X.comは開発を加速するために外部業者を利用した。そうした業者の一つに、資産運用会社や金融機関向けのソフトウェアを開発する、エンビジョン・ファイナンシャル・システムズがあった。

同社の共同創業者のサトナム・ガンビールは、巨大な銀行や金融機関といった、動きが速いとはいえない企業との取引に慣れていた。

「最初にクライアントに会ってから、契約を結び、納品するまでの売上サイクルは、通常6か月から2年だ」とガンビールは説明する。だがエンビジョンはX.comを初めて訪問した2週間後には書類を交わし、その直後にX.comにソースコードへのアクセスを許可していた。「そしてX.comはたった10週間で開発を終えて、稼働を開始した」とガンビールは驚く。

X.comは9月にバークレイズ銀行との提携を発表し、バークレイズ銀行の投資信託を販売し始めた。そのすぐあとに地域金融機関（コロラド州ラ・ジャラのファースト・ウェスタン・ナショナル銀行）の買収が合意に達した。X.comは規制当局の承認を待って同買収を実行し、これによって「認可銀行」および「ＦＤＩＣ（連邦預金保険公社）保険対象」を名乗れるようになった。そして重要なことに、自社ブランドのデビットカードと小切手を発行できるようになった。

こうした進展を受けて、ＣＮＢＣテレビやウォール・ストリート・ジャーナル紙、フォーチュン誌などがこぞってX.comを取り上げた。マスクはここぞとばかりに大胆な約束をぶちあげた。まだ準備中のX.comのサイトに、今後提供する予定の金融商品を並べた。口座開設の申し込みはたった2分で完了すると請け合った。手数料も解約手数料も取らないと約束した。1社ではなく2社のセキュリティ会社にサイトを注意深く監視させると強調し、「徹底した顧客志向」を貫くと宣言した。

またマスクはX.comを競合と比較した。オンライン銀行のウィングスパン銀行とテレバンク・ファイナンシャル・コープを、技術面が弱いとけなした。業界大手のバンガードグループにも言及した。X.comの投資商品は、低コストで知られるバンガードのファンドに太刀打ちできるのかと訊かれて、「われわれはどこにも負けない。以上」と言い切った。

マスクの語り口はメディア受けがよく、下克上物語を求める大衆の心理に訴えた。そのうえマスクはメディアの注目を集めるコツを心得ていた。とくにハッタリ気味のアピールは効果てきめんだった。

X.comはまだ実体もないうちから、メディアの注目の的になった。マスク自身もだ。社員の半数が流出したわずか数週間後の99年8月、ニュースサイトのサロン・ドットコムは、マスクが「シリコンバレーの次の大物になろうとしている」と書き立てた。

イーロン、社内を走りまわる

9月が10月になり、マスクはサイトを早くローンチせよとチームにハッパをかけた。コンフィニティと同様、X.comのエンジニアリングチームも、厳しいCEOに延期を申し入れるという苦渋をなめた。

「9月にアーキテクチャができたとたん、イーロンはサイトを開設したがった」とキャトランは言う。「10月まで待ってもらうだけでもほんとに大変だった」。チームはX.comが金融機関である以上、手抜かりがないよう細部にまで気を配るべきだと考え、マスクはマスクで、いますぐローンチしなければX.comは忘れ去られると食い下がった。

ローンチが近づくと、マスクの集中力は強烈に高まった。

「社内でのイーロンは鬼気迫っていた。開発者、財務担当者、業務担当者の間を走りまわって、質問に即答を要求した。いつでも答えられるように構えていなくてはならなかった。『あとで答える』なんて口が裂けても言えなかった」とサリヴァンは言う。マスクはどんなに細かい点も見落とさなかった。マスクの監視の下で働くことのストレスを、社員は口々に語る。

ただ、マスクはチームに対してと同じくらい、自分にも厳しかった。「僕らは机の下で寝ていた」とキャトランは言う。「イーロンもだ。彼はそういうことから逃げなかった」。マスクも社員と一緒になって厄介な技術的問題に取り組んでいたと、エンジニアは言う。「CEOは社員に自分をさらけ出したりしないものだ」とスパイクス。「でもイーロンは、『一緒に塹壕に入ろう、一緒にこれをやろう』って感じだった。だからイーロンと働くと元気をもらえたんだ」

大企業から移ってきた年長の社員にとって、X.comは血気盛んなスタートアップ文化に触れる初めての機会だった。

「オフィスらしいオフィスもなければ、机すらなかった」と大手金融機関から移籍したマーク・サリヴァンは言う。「椅子と牛乳箱で仕事をしていたよ」。管理職として入社したウェンズデイ・ドナフーは、パーティションの装飾や若い労働力、カジュアルな身なりが印象的だったという。CEOがTシャツと短パンで出社していたことも。

ドナフーによると、あるとき投資家がマスクと経営幹部に会いに来ることになり、誰かがマスクにスーツに着替えたらどうかと言った。「イーロンは『僕の服装が気に入らないなら、プロダクトも気に入らないだろう。そもそも彼らが投資するのはプロダクトであって、僕の服装じゃない』とはねつけた」。この瞬間のことを、彼女は胸に刻んだ。「プロダクトがすばらしければ、人はほしがる。身なりなど関係ない」

航空宇宙大手ロッキード・マーティンからX.comに来たニック・キャロルは、ロッキードとの違いをすぐに実感した。X.comでもデータベース開発者を雇おうとキャロルが提案するとイーロンは、「うちにデータベース開発者は必要ない。SQLサーバーの設定なんか簡単だ。ほら、こうするんだ」と言って、自分で手を動かした。「スタートアップで働くと、いろんな役目を果たす必要がある。サポートもなく、頼める人もいないのは、僕には新しい経験だった」とキャロルは言う。

マスクはX.comのローンチを早めるためとあれば、出費を惜しまなかった。たとえば、机はサイトのローンチを早めるのに役立たないが、高性能のサーバーは役立つ。キャロルによると、マスクはサイトのトラフィック急増に対応できるデル製のサーバーを探すよう、チームに指示した。「当時買える中でいちばん高価でいちばん強力な構成のサーバーを探した」とキャロル。価格は数万ドルだったが、マスクは購入を承認した（ブランデン・スパイクスはそのサーバーを防弾ガラスで囲った。「銀行だからセキュリティが大事だと思ってね」）。

開発を早めるには臨機応変に動く必要があった。X.com サイトの外観や操作感という重要な決定さえ、即断で決まった。

キャロルいわく、「僕は、ホーム画面のデザインはどうするんだろう、デザイナーを雇うのだろうかなどと思っていた。するとイーロンが『シュワブ証券のような外観にしよう』と独断で決めた。きっと、そのころイーロンがあのサイトを使っていたからだろう。それでシュワブのページを見てみた。結局、X.com の最初のサイトはシュワブに似せて、青色がベースになった」。

チーム全体が重圧をひしひしと感じていた。「僕はソフトウェアエンジニアになってまだ6年なのに、投資信託のシステムを一からつくるという重要な責任を与えられた」とスコット・アレグザンダーは言う。チームは資金と顧客の資産を保護するために、「洗練されたコード、しっかりしたコードを書くよう心がけた」。

この時期、混乱はあったが、X.com のサイトやプロダクトがかたちになっていくのを見て、チームは心を躍らせた。「やることは山ほどあった」とマーク・サリヴァンは言う。「疲れ切っていた。でも仕事は嫌じゃなかった。自分たちはすごいものをつくっているとわかっていた。毎日退社するとき、新しい何かを開発した、構築した、新しいアイデアを生み出した、という充実感があった」

「冒瀆的な選択」をする
——なぜLinuxよりマイクロソフトなのか？

X.comは多くの点でパロアルトの典型的なスタートアップだったが、ある重要な点でシリコンバレーの常識から外れていた。技術アーキテクチャの根幹に、LinuxなどのオープンソースのOSを採用する代わりに、マイクロソフト製品を利用していたのだ。

マイクロソフトのプラットフォームは、支持者にとっては、巨大上場企業の信頼できるプロフェッショナルなプラットフォームだった。批判者にとっては、プログラミングから芸術性を取り去った、閉鎖的でアマチュアっぽいシステムだった。

一方Linuxのシステムは、「民主的な」技術アーキテクチャとみなされた。一から書き直せるという点で、初期のインターネットの理念と同様、オープンで柔軟だった。ネット掲示板などでは、「マイクロソフト対Linux」の論争が宗教対立の様相を帯びることもあった。

X.comがマイクロソフトの技術を採用したことは、のちにコンフィニティとの対立の火種になるが、X.comのエンジニアは当然の選択だと当初は信じていた。「いろいろと調べた結果、商用に耐え得る——エンタープライズ〔企業〕システムを扱える——開発環境は、マイクロソフトしかないという結論に達した」とエンジニアのスコット・アレグザンダーは言う。「そしてそれは、シリコンバレーでは冒瀆《ぼうとく》とみなされた」

チームは何よりもスピードを優先した。そしてマイクロソフトにはLinuxにない、エンジニアリングの作業負荷を軽減する、導入しやすいフレームワークが揃っていた。「X.comでは『フレームワークは善』だった」とアレグザンダーは言う。「いまじゃみんなフレームワークを使っている。でもX.comはあのころから、すべてを自分で書くよりフレームワークを使うべきだと言っていた。短時間でずっと多くのことができるからね」

マスクがこの決定を支持したのは、柔軟性より効率性を重視したからだ。「10年か12年経ったいまじゃ、Linuxのツールも増えているが、当時はほとんどなかった」。マイクロソフトの既製ソフトウェアを使えば、三人のエンジニアで数十人分の仕事ができたとマスクは言う。

マスクが99年11月末までにサイトを開設すると発表したため、11月下旬の感謝祭の祝日が近づくと、チームはそれまで以上にしゃかりきに働いた。「あのころパロアルトのオフィス街では、真夜中になると交差点の信号が赤の点滅信号に変わった」とキャロルは言う。「なぜそんなことを知っているかというと、いつも午前1時か2時ごろに車で家に帰っていたからだよ」

感謝祭前夜、マスクとノーン・トランなどのエンジニアは夜通し働いた。翌朝——感謝祭当日の朝——スコット・アレグザンダーは午前11時ごろにマスクから電話を受けた。「イーロンの言葉をいまも正確に覚えているよ。『ノーンは徹夜でもう燃料切れだ。ちょっと様子を見に来てくれないか?』」。残りの社員は、休暇中に出社しない社員をこきおろす、怒り心頭の全社メールをマスクから受け取った。

パロアルト・オフィスの近くのATMで、X.comのデビットカードを使って初めて現金を引き出し、とてもうれしそうなマスク。

X.comのサービスは99年の感謝祭休暇中に世界に公開され、チームはその直後に会社を出て、近くのATMに向かった。

マスクはX.comのデビットカードをATMに挿入して、暗証番号を入力し、「現金引き出し」を選んだ。ATMが音を立てて紙幣を吐き出すのを見て、チームは大喜びした。「イーロンは本当に、本当にうれしそうだった」とサリヴァンは回想する。

99年夏、X.comの金融業界出身組は、CEOのマスクの追放を企て、それが頓挫すると会社を一斉に去った。社員は数人になった。ユニバーシティ・アベニュー394番地のビルは、2階の銀行よりも1階のパン屋で有名だった。この名ばかりの会社の実態は、謎めいたURLと数人の忠実な残留組、減りつつあるマスクの資金、そしてアイデアだけだった。

わずか4か月後、あの流出劇は遠い過去のことになっていた。この間、X.com は名門VCから資金を調達し、機能するプロダクトをつくり、エンジニアと経営幹部を増員し、国内外の銀行と契約を結んだ。マスクはさらに速く、さらに輝かしい成果を挙げたがっていた。それでも彼とチームは余裕をもって過去を振り返り、決意をもって未来を見据えることができた。X.com のサイトは現実のものになったのだ。

第2部

孤立無援

Bad Bishop

Chapter

8

「破産まっしぐら」の名案

――カネをもらうより配ってしまえ

X.comとコンフィニティは、どちらも大それた野心を持っていたが、その後まもなく始まったすさまじいまでのユーザー増加への心構えができていたとは言いがたい。

イーロン・マスクは急激な拡大を予想していたが、チームはマスクらしいハッタリだと高をくくっていた。だが、いまやその予想が現実になりかけていた。ローンチ後の数日間はユーザーがポツポツと増え――そしていきなりなだれこんできた。「初日は10人、次の日は20人、その次の日は50人増えた」とコリン・キャトランは言う。5週間後、X.comのユーザーベースは数千人になっていた。

拡大はいったん始まると「山火事」のように広がったと、X.com社員のジュリー・アンダーソンは言う。半狂乱でローンチにこぎつけたあとも、休暇を取る暇はなかった。「ひと息つけるかなと思っていたけど、サーバーが過負荷で止まりそうになって、そうもいかなくなった」とキャトラン。チームは疲れた体に鞭打ってサイトの構築を続け、厳密なテストもできないままアップデートをし続けた。

ケン・ミラーはこの急成長期に不正問題担当者として入社し、新規開設口座の日報を見て衝撃を受けた。「こんな感じだったよ。なに、ファーストネームがミッキー、ラストネームがマウスだと? 不正アカウントじゃないか。そしてうちは2700ドルの送金まで通している。おまけにこのアカウントに与信枠まで与えてしまっている」とミラーは言う。X.comが買収したファースト・ウェスタン・ナショナル銀行も不正アカウントの多さに愕然とし、ミラーは非難の矢面に立たされた。

マスクは新規顧客全員に小切手帳とデビットカードを発行すると約束したが、それらは社員が手作業で郵送した。「ファーストネームがasdfでラストネームがjklの小切手帳を何冊印刷したかわからない。とにかく全部印刷した」とスティーヴ・アームストロングは言う〔asdfもjklもキーボードの横並びの文字をタイプしただけの偽名〕。

X.comには顧客からクレームが殺到し、電話回線がパンクした。あるニュース記事はX.comの通話量の急増を、初期ユーザー獲得の証拠だと指摘したが、仮設コールセンター(社内では「洞窟」と呼ばれていた)で電話に応対した社員は、怒れる顧客に悩まされ続けた。

誰も彼もがX.comを批判しているように見えた。CEOの母親のマイエ・マスクは200

0年1月末、サイトの使い方を息子にメールで訊ねた。「私もお友だちも、X.comのデビットカードはあまり使っていません。マイレージが貯まらないからよ。それにX.comのサイトから請求書の支払いもできないわ。いつになったらX.comは使いやすくなるのでしょうね？愛をこめてMより」

セキュリティの問題もX.comの拡大に影を落としていた。「修正しなくてはならないバグが山ほどあったし、システムに侵入してSQLコードを挿入したり、あらゆる攻撃を仕掛けてくる輩も山ほどいた」とマスクは言う。彼はこの時期、ほぼ会社で暮らしていた。

X.comはいまや現実の顧客を持つ会社だったが、その実態はまだ混沌としたスタートアップだった。おそらくお金を預けた顧客が思っていたより、内情はずっとひどかったはずだ。ブランデン・スパイクスが朝出勤すると、ホームレスの人がオフィスのソファに寝ていたこともあったという。「すごくいい人だったよ」とスパイクス。「ただ寝場所を探してただけで」

X.comの成長痛
――システムの穴に大バッシングが巻き起こる

規模拡大に伴う「成長痛」のいくつかは、いきなり世間の目にさらされた。2000年1月28日の朝、X.comに大打撃を与える見出しがニューヨーク・タイムズ紙に躍った。「オンライン銀行でセキュリティ欠陥見つかる」

記事は、X.com の決済プロセスの重大な脆弱性を指摘していた。他人の銀行口座の支店コードと当座預金口座番号さえあれば――どちらも無効小切手や支払い済み小切手から簡単に入手できる――その口座から X.com に開設した口座に資金を移し、そして引き出すことができたのだ。

「この新しいオンライン銀行では、1か月近くの間、アメリカ銀行システムに加盟するどの金融機関のどの口座からでも資金を移すことができた。これは軽はずみな電子商取引化への警鐘になるだろう」とニューヨーク・タイムズ紙は書き立てた。

この記事が引き金となって、ワシントン・ポスト紙やアメリカン・バンカー紙に追跡記事が載り、X.com はたちまち報道の嵐に巻き込まれた。「X.com は廃業すべきだ」と、ある証券アナリストはワシントン・ポスト紙で息巻いた。「正直言って、事業としてどれくらい持つかわからない」と別の批判者はUSバンカー誌に語った。「X.com の名前は永遠に汚された。Y.com などの別の名前で出直したほうがいい」

上級幹部は火消しに奔走した。総額2万5000ドルに満たない少数の不正取引があっただけで、すでに抜け穴をふさぐ手立ては取っている、いまは無効小切手だけでなく、署名カードと運転免許証の写しがなければ、外部口座から資金を移すことはできない、などと説明した。

これは「セキュリティ上の欠陥」ではなく、ずさんな送金規制に関わる「政策上の問題」なのだとチームは反論し、それは厳密に言えば正しかった。

だが批判的な報道はオンライン銀行取引への世間の懸念を煽り、社内はパニック状態に陥った。当時広報を担当していたジュリー・アンダーソンは、クビを覚悟した。「あの報道のすべてが本当に悔しかった。会社に重大な悪影響をおよぼすおそれがあった」。彼女によれば、マスクは報道が「速乾性セメント」のような効果をおよぼすこと、つまり一時の悪評が人々の記憶に刻み込まれ、口座開設の勢いが瞬時に止まってしまうことを懸念していた。

結局、アンダーソンはクビにならずにすんだ。そして2月半ばになるとメディアの関心は顧客急増に向かい、X.com が一時的にデジタル銀行強盗の天国をつくったという不都合な事実は忘れられた。

セキュリティ危機の結果、X.com は規制違反や銀行の安全性についてとは異なる教訓を得た。ネガティブな報道だったにもかかわらず、大々的に取り上げられ続けたおかげで、あの衝撃的な見出しが出る前よりかえって顧客が増えたのだ。

コンフィニティの成長痛
――バグ、エラー、システムダウンが頻発する

同じユニバーシティ・アベニューの少し先にオフィスを構えるコンフィニティも成長痛に苦しんでいた。ペイパルは10月末に社員の友人と家族向けに提供開始された後、X.com よりもゆっくりしたペースで拡大していったが、それでも11月半ばにユーザー数は1000人を超えた。冬が終わるころにはさらに数千人増え、社員は仕事に追われていた。

「20時間労働、4時間睡眠だった」とコンフィニティのエンジニア、デイヴィッド・ガウスベックは言う。レヴチンはオフィスに寝袋を持ち込み、毎晩そこで眠った。生活上のその他の問題はすべて棚上げされた。ガウスベックはこの時期、車で路上の木片を踏んでタイヤを2本だめにし、ホイールを曲げた。「1本はスペアタイヤに交換したが、もう1本は空気が漏れていた」。修理に出す暇がなく、3日間そのまま走った。

ペイパルは、重要な問題が未解決のままでローンチされた。一例として、もし誰かがメールアドレスを誤入力して、たとえばMax@Confinity.com の代わりにMacks@Confinity.com 宛てに送金してしまったらどうするのか？　コンフィニティ側ではその資金をありもしない、間違った名前の口座に入れるのか？　または正しい口座が開設されるまで留保しておくのか？

チームはとりあえず、資金を送金人の口座から引き落として第三者に預託しておくという応急処置で対応したが、それが別の問題を生み出した。数年後、数十万ドルが請求されずに預託されたままになっていることが発覚したのだ。

サイトが拡大するにつれ、バグやエラー、システムダウンが頻発した。2000年初めには重大な事件が起こった。チームは日常のストレスを忘れて戦略を話し合うために、社外ミーティングを行っていた。「二十数人の社員が一人残らず出かけていた」とレヴチンは個人サイトに書いている。「そこは携帯の電波もポケベルの電波も届かない場所だった。その間にサイトがダウンし、1時間も落ちたままになってしまった」

ローンチ時には問題ないと思われていたアイデアが、とんでもない手間を生じさせたこともあった。たとえば、顧客は口座の資金を小切手で引き出すことができた。だが顧客が増えるにつれ、小切手の取扱量も爆発的に増えた。チームはダイヤルアップ・モデムでその日の取引をダウンロードし、CFOのデイヴィッド・ジャックスがオフィスの一つしかないプリンタに白紙小切手を入れてそれを印刷し、数百枚に手で署名して、社員と一緒に封筒に詰めていた。

カスタマーサービスを統括していたデイヴィッド・ウォレスは、この時期ずっと「恐怖感」にさいなまれていた。ユーザーからのクレームの電話で回線がふさがり、「机の電話で外線にかけられなくなった」。新規顧客のクレーム対応に忙しく、既存顧客は後回しになった。「待ち望んでいた新規顧客が殺到したのに、カスタマーサービスは対応の準備ができていなかった」

X.comのチームにとっても、コンフィニティにとっても、関心の爆発は大変な試練だったが、大きな励みにもなった。「毎日、出社するとみんなで小さなシマリスみたいに画面に群がって、顧客が何人増えたかをチェックしていた」とX.comのコリン・キャトランはほほえむ。

他方、コンフィニティは「世界制覇指数」（その日の利用者数）で成長を追跡した。この指数はチームのカンフル剤になっていたが、会社の乏しいサーバー容量までも「制覇」してしまっていることが判明した。世界制覇指数はしばらくの間、停止された。

コンフィニティは成長をケーキで祝った。ペイパルのユーザーが1万人を突破すると、数字の「1」の形のケーキ一つと「0」のケーキ四つでパーティーを開いた。10万人を突破したときは、「0」のケーキをもう一つ追加してまたパーティーをした。

なぜ突然、二社に注目が集中したのか？

それにしても、なぜ突然、注目が集まったのか？　オンライン銀行やメール送金は、X.comとコンフィニティが発明したわけではない。サイバーコインやクリックシェア、ミリセントなど、デジタル決済を提供する企業はほかにもたくさんあった。

電子財布なら、コンフィニティのモバイルウォレットのほかにも、1クリックチャージの「超薄」ウォレットや、Qパスの少額決済システム、トリンテックのネットウォレットがあったし、オンラインバンキングなら、セキュリティ・ファースト・ネットワーク銀行や、ネットバンク、ウィングスパン、コンピュバンクなどを利用できた。

決済業界外の企業も、この分野に妙味を感じていた。コンフィニティに二人目のデザイナーとして入社したライアン・ドナヒューは、その前は業績不振のデジタル招待サイト、マンボ・ドットコムで働いていた。マンボは99年末に方向転換すると突如決済分野に進出し、ペイパルなどと競争しようとした。会社に愛想を尽かしたドナヒューは、以前バーで知り合ったデイヴィッド・サックスに連絡を取った。「デイヴィッドに、『君たちと競争するより、一緒に働きたい』というメールを送ったんだ」とドナヒューは言う。

大口叩きのマスクでさえ、X.comとコンフィニティは、当時決済技術の革命ではなく、進化だったと認める。「僕らは送金を発明すらしなかった。使いやすくしただけだ。コンフィニティとX.comの前にも決済を提供しようとした企業はあったが、やり方が正しくなかった」。同様のサービスを提供していたサイトとして、マスクはアクセプト・ドットコムとビルポイントを挙げる。

X.comとコンフィニティが「正しくやった」ことの一つが、メールをサービスの根幹に据えて、メールの爆発的普及の波に乗ったことだ。アメリカでは99年にメール送信件数が郵便小包の取扱個数を上回った。

メールはハリウッドにまで進出した。98年に公開されたトム・ハンクスとメグ・ライアン主演のロマンティックコメディ映画「ユー・ガット・メール」(このタイトルは、プロバイダ大手AOLの、メール着信を知らせるメッセージ音にちなんでつけられた)は、メールのやりとりを通じて恋愛が育まれるという筋書きだ。コンフィニティはこれに便乗して、ペイパルの広告メールの件名を、「ユー・ガット・キャッシュ*」にしていた。

もちろん、どちらの会社も最初から世界初のメール送金システムの構築をめざしていたわけではない。X.comでもコンフィニティと同様、この機能はあとからの思いつきで生まれた。

99年秋、マスクとエンジニアのニック・キャロルは、ユーザー同士がメールでお金を送り合ったらどうだろうと話し合い、メールアドレスは当座預金の口座番号のような、固有の識別子(ID)になるという結論を出した。メール送金のプログラムを書くのにかかったのはせいぜい数日だったとキャロルは言う。マスクもこう言っている。「送金のプログラムなんて簡単だ。

ＳＱＬデータベースのある数字から1を引いて、別の行に移す程度のことだ。ほんとに、ばかみたいに簡単だ。うちの子でもつくれたよ。たったの12歳だぜ」

キャロルとマスクは、この機能が人気を博したことに驚いた。「まったくのおまけだったのに」とキャロルは言う。エイミー・ロウ・クレメントによると、X.comは個人間決済を「ユーザー獲得のたんなる一手段と考えていた。主軸はあくまでオンライン金融のスーパーマーケットだった」。

実際、マスクはX.comの他のプロダクトがメール送金ほど熱狂的に受け入れられないことに不満を募らせていた。「すべての金融サービスを統合する、という難しい部分を説明しても、誰も興味を示さなかった。そこで、メール決済という簡単な部分を説明すると、誰もが興味を持ってくれた」と、マスクは２０１２年のカリフォルニア工科大学の卒業式のスピーチで述べている。「まわりからフィードバックを得ることはとても大切だ。できる限り〔フィードバックを得ながら軌道修正していく〕クローズドループにする必要がある」

X.comのチームは苛立ちを感じながらも、市場の熱狂というフィードバックに応えて、新しいメール製品に磨きをかけていった。たとえばマスクは、X.comの登録完了メールを、見た目も雰囲気も本物の人間から送られたようにすべきだと主張した。「X.comという会社からじゃなく、人間から送られてきたメールだと思ってもらうことがとても重要だった」とマスクは言う。「企業のＤＭには重みがない。でも友人からのメールなら読んでもらえる」

初期の成功を見て、マスクはメール送金を大々的に宣伝しようとしたが、主要投資家のマイク・モリッツに止められた。「競合の注意をメール送金からそらすために、オンライン銀行の構想を語り続けろと言われたよ」

＊　その後ペイパルは「ユー・ガット・キャッシュ」と「ユー・ガット・マネー」の商標を出願し、AOLに法的な異議申し立てを提起された。

「メールのように手軽に！」と壁に貼りまくる

メール送金の戦いではコンフィニティがX.comをリードしていたが、それはデイヴィッド・サックスの采配が大きかった。当初コンフィニティでは、メール送金は主力のパームパイロット版の付属物という位置付けだった。だがティールの大学時代の友人でマッキンゼーの元コンサルタントのサックスは、そう考えなかった。「パーム版をぶっつぶしたかった」とサックスは言う。

サックスはメール版を強く推し、コンフィニティの最初期のウェブサイトの目立つ場所に載せるようレヴチンをせっついた。サックスはメール版の強力な推進者として、コンフィニティの組織図に欠けていた職務を担うことになる。事実上の初代プロダクト統括責任者である。

プロダクトマネジメントでは、たんに開発を進めるだけでなく、脇道にそれないことも重要だと、サックスはすぐに気がついた。「プロダクトを統括するようになると、僕は〝ドクター・ノー〟になった。ばかげたアイデアにノーと言う役回りだ。会社の長期戦略に無関係なアイデアで貴重なエンジニアリング資源を無駄にしないよう気をつけた」

サックスは社内では「効率化」の鬼だったが、社外に向けては「簡略化」の鬼になった。たとえばペイパルの当初の登録プロセスでは、新規ユーザーは七つものウェブページに行って、パームパイロットを二度も同期する必要があった。あきれたサックスは、ホワイトボードに一枚で完結する登録フォームの概要を書き、ティールとレヴチンの了解を得ると、「エンジニアを全員集めて、『これをつくってくれ』と言った」。

「シンプル第一」のサックスの姿勢は、プロダクトチームの心得になった。「ユーザーが入力するフィールドの数と文字数を数えて、ユーザーの動線をイメージした」とデニス・アプテカーは言う。「私のプロダクトに関する基本的な直感は、ほとんどがあの時期に培われた」

プロダクトチームのジャコモ・ディグリゴリによれば、あるときサックスは何かのデザインに苛立っていた。「デイヴィッドはこう言った、『なんでこんなに複雑にするんだ！　メールのように手軽にしてくれ！』」。しばらくすると、「メールのように手軽に！」の標語が入ったデイヴィッド・サックスの写真が、オフィス中の壁に貼られた。

サックスの妥協なき姿勢は、しばしばエンジニアリングチームの不評を買った。サックスはユーザーの役に立たない、彼の目から見て無駄な技術開発に断固反対した。エンジニアリングチームの重点は最先端プロダクトの開発にあったが、サックスは、それだけでは不十分だ、ユーザーに価値を提供できなくてはならないと強硬に主張した。

このせめぎ合いのおかげで、チームは生産的な方向に向かうことができた。とくに、ビームではなくメールでの送金に注力するという決定には、先見の明があった。「われわれはずっと前からキラーアプリを持っていた」と、サックスは数年後ウォール・ストリート・ジャーナル紙に語っている。「ただ、サイトに埋もれてしまっていた」

パームパイロット版のユーザー数は、ローンチから数週間後の99年末時点で約1万3000人を数え、1年後の2000年末に正式に打ち切られるまで、ほぼ横ばいに留まった。「パームパイロット版の打ち切りを聞いたとき、『残念だな──ごく一部の人には』と思ったのを覚えているよ」とウォレスは笑う。

「俺をばかにしてるのか?」
──お金をもらうべき相手にお金を配る

X.comもコンフィニティもメール普及の波に乗って急拡大を遂げたが、両社が一気に勢いを増したのは、ある戦術のおかげだった。新規登録したユーザーへの現金ボーナスである。

このボーナスは、のちに画期的なバイラル・マーケティング(ウイルス・マーケティング)の手法として絶賛されたが、最初はあさましいと思われていたという。ユーザーにお金を配るだなんて、そこまでしなければユーザーを得られないのか? お金をもらうべきユーザーにボーナスを与えてどうする?

このころマーケティング責任者を務めていたルーク・ノセックは、ほかのデジタル金融会社がどんな顧客獲得策を取っているかを調べた。ビーンズ、フルーズ、デジキャッシュは、新規ユーザーに少額の電子マネーを与えていた。コンフィニティは、ペイパルの口座を新規開設したユーザー全員に10ドルをボーナスとして口座に振り込むことにした。だがノセックは競合を出し抜きたかった。そこで無料のボーナスでユーザーを引きつけるだけでなく、お金を使って決済ネットワークを拡大させる方法を考え始めた。

このアイデアの種がまかれたのは、ノセックの学生時代のことだ。

96年、ホットメールは、メールの末尾の署名欄に「無料のウェブメールをゲットしよう」のコピーとともに、新規登録ページへのリンクを載せた。このリンクが、数十万人もの新規ユーザーを記録的な短時間で呼び込んだのである。ホットメールの投資家であるティム・ドレイパーとスティーヴ・ジャーヴェットソンは97年1月、当時のテクノロジー愛好家——大学生だったノセックもその一人——の間で人気を博していたニュースレターに、このアイデアに関する記事を投稿した。

「人間の注意力には限りがある。数千人が騒いでいる中で注目を集めようと思ったら、独創性が必要だ。ただ声を張り上げるだけでは独創的とはいえない。ただウェブの看板を掲げて訪問者を待つだけでは独創的とはいえない。新しい会社はウイルスのごとく急成長し、革新的な価格設定で既存の伝統的大企業を締め出し、既存の流通チャネル内の対立を逆手に取るような方法で、ビジネスを組み立てなくてはならない」

この記事から生まれた「バイラル・マーケティング」という造語は、ペイパルで働き始めてからもノセックの頭を離れなかった。ビーンズやフルーズなどの競合よりもうまく「ただでもらえるお金」を活用する方法があるはずだと、ノセックは考えた。

新規ユーザーに10ドルの登録ボーナスを与えるだけでなく、彼らの友人に配る用のお金をもう10ドル与えたらどうだろう？　そしてその友人が実際にペイパルに登録したとき、ユーザーにさらに10ドル与えるようにしたら？　そうすればコンフィニティは個人間送金を促し、業界の一般的なマーケティング戦略を、たんなる環境を通じた伝染から、人から人へと直接伝染する強力な戦略に変えることができる。

だが会社の財政面からは、このアイデアはとんでもないように映った。顧客に会社のお金を与えて人に配ってもらうだけでなく、配ったことへの報酬まで与えるだと？　どう考えても破産まっしぐらのアイデアだ。コンフィニティの財務を管理するＣＦＯのデイヴィッド・ジャックスは、提案に難色を示した。「俺をばかにしてるのか？」とすら思ったという。

だがチームは検討を重ねるうちに、その効果に気づき始めた。多くの紹介プログラムが失敗していたのは、「ただ与えるだけ」の一方通行のインセンティブだったからだ。この手法なら双方向戦略となって、ユーザーを強力な宣伝係に変えることができる。

「20ドルの損ではなく１８０ドルの得」と考える

ボーナスプログラムに飛びついたのは、10ドルを「大金」と感じる層だった。ジャックスはペイパルの登録ボーナスを知らせるメールを受け取ったときの、妻のつまらなそうな反応を覚えている。だが同じメールを受け取った大学生の姪は、「すごい！　うれしい！　最高！」と言ってきた。別の社員は、このボーナスプログラムは「ＶＣから学生への史上最大の富の移転」だったと冗談を飛ばした。

チームは念のため、従来型銀行の顧客獲得コストと比較してみた。銀行は顧客を一人獲得するのに推定１００ドルから２００ドルを費やしていた。一方、コンフィニティの無料ボーナスは、顧客一人当たりわずか20～30ドルだ。

「つまり、われわれはユーザーを一人得るごとに20ドル失ってるんじゃない、１８０ドル儲けてるんだ！　……これが、ドットコム・バブル崩壊前のＩＴ企業の考え方だった」とデイヴィッド・サックスは笑う。エリック・クラインは、ペイパルのネットワーク利用者数のグラフが右肩上がりに伸びていき、「紹介の輪」が広がるのを目の当たりにした。

X.comも独自の経路をたどって、コンフィニティと同じ結論に達した。

「イーロンは新規顧客にトースターを配る銀行の話をどこかで聞いてきた」とニック・キャロルは言う。「そして、『現金を配ったほうが早いだろう』と言った」。当初マスクは５ドルのボーナスを提案したが、結局20ドルで落ち着いた。だがチームはすぐに、一度きりのボーナスでは不十分だと気づいた。

「紹介した人にも、された人にもインセンティブを与えることが重要だった」とマスク。「片方だけじゃだめなんだ。紹介の輪を開始したことに見返りを与え、輪を完了させたことにも見返りを与える必要があった」。X.com は20ドルの登録ボーナスに加えて、新規ユーザーを紹介したすべての人に10ドルのボーナスを与えることに決めた。

〝お金配り〟に感銘を受けた社員もいた。「新しいものを生み出すために、自分のお金を配ろうとするイーロンには頭が下がったね。うまくいく保証なんてどこにもなかったのに」とコリン・キャトランは言う。「イーロンは有り金すべてを失う覚悟があった」

そのうえ、マスクは会社への財政協力をさらに増やした。自分の預金を全額、シュワブから X.com に移したのだ。X.com にとってマスクは初めての預金者というだけでなく、ダントツで最大の預金者だった。

「怪しげな会社」の台頭

X.com もコンフィニティも、メールへの新たな熱狂と、「ただで手に入るお金」への古くからの執着を活用して成長した。だが急成長の理由はそれだけではない。最後の要素はインターネット・オークションからやってきた。

フランス生まれのイラン系アメリカ人のエンジニア、ピエール・オミダイアは、イーベイの前身、オークション・ウェブのコードを書いて、彼個人のウェブサイト www.ebay.com に載せたとき、オンライン・オークションの巨大企業をつくろうとしていたわけではなかった。

この「イーベイ」というサイト名は、彼が当時経営していたウェブ・コンサルティング会社、エコー・ベイ・テクノロジー・グループから来ている。当初オークション・ウェブに掲載されていたのは主にオミダイアのガラクタで、たとえば壊れたレーザーポインターが1ドルで出品されていた。それを14ドル83セントで落札した人*が現れると、オミダイアは驚いた。そして、この副業には明るい未来があるのかもしれないと考えた。

4年後、オークション・ウェブは、ドットコムブームを代表する10億ドル規模の上場企業、イーベイになっていた。

コンフィニティとイーベイのつながりに関する最古の記録は、99年4月にさかのぼる。4月8日、ティールたちはコンフィニティの投資家ピーター・デイヴィソンとグレアム・リネットに会った。ティールは話し合いの要点をまとめたメールを、デイヴィソンとリネットに送った。「イーベイとの協力が可能かどうか（またどんなかたちで可能か）をさらに調べる——とくに、コンフィニティとイーベイには、仲介業者を排除するCtoC（消費者対消費者）型のビジネスモデルという共通点があるので」

だがチームは99年末まで、このアイデアを棚上げしていた。「イーベイはとても怪しげな会社だった」とティールはのちにスタンフォード大学の聴衆に語っている。「マルチ商法の人たちがネット上でガラクタを売っていた」。他方、コンフィニティは最先端のモバイル決済技術を開発する会社だ。両社は交わるはずがなかった。

またイーベイは99年5月に決済スタートアップのビルポイントを買収したので[†]、おそらく今後はビルポイントがイーベイのデフォルトの決済システムになるのだろうと、コンフィニティでは考えた。仕方ない、まあ別にイーベイで使ってもらわなくてもいい、とノセックは思ったという。

しかしイーベイの決済プロセスとビルポイントとの統合は遅々として進まず、年末になってもまだイーベイオークションの購入者と販売者は決済手段を自分たちで探す必要があった。彼らが使っていた決済手段は現金、小切手、郵便為替、そしてペイパルなどの新しいオンライン決済サービスだった。

＊　その人物はマーク・フレーザーという。彼はプレゼンテーションに使うレーザーポインターがほしかったが、新品を買うお金がなく、上司も買ってくれそうになかった。自称「電子機器オタク」の彼は、自分で一からつくろうとしたが、うまくいかなかった。「そんなとき誰かが新しいオークションサイトのことを教えてくれた。それがイーベイだった。壊れたレーザーポインターが出品されているのを見てびっくりしたね」と、フレーザーはイーベイの20周年記念イベントで上映されたビデオで証言している。「そして、『これなら直して使える』と思ったのさ」

†　イーベイのこの動きは、アクセプト・ドットコムを買収したアマゾンへの反撃でもあった。イーベイがアクセプト・ドットコムと買収交渉を進めている最中に、アマゾンのジェフ・ベゾスが高額オファーで買収を横取りしていった。そのためイーベイは、セコイア・キャピタルの主導でシリーズA資金調達を完了したばかりのビルポイントを、すかさず買収したのだった。ちなみにビルポイントの最初期の構想は、コンフィニティの構想と一部重なっていた。ビルポイントの技術責任者ジェイソン・メイは少額決済の論文を読みあさり、ミリセントやフルーズのような電子マネーの路線を模索していた。

「そうだったのか！」の瞬間
――なぜイーベイで利用者が急増しているのか？

サックスは、ペイパルがイーベイの決済に利用されていることをチームが初めて知ったときのことをはっきり覚えている。

ある日、イーベイのユーザーからコンフィニティのカスタマーサービスにメールが届いた。このユーザーは、自分のオークションのページに決済方法の紹介としてペイパルのボタンを載せ、クリックしてペイパルのサイトに飛べるようにしていいかと許可を求め、ロゴのサイズを変える方法を訊ねていた。カスタマーサービスを統括するデイヴィッド・ウォレスは、もっと緊急性の高い数千件の問い合わせに気を取られていたため、たいして考えもせずにメールをプロダクトチームに転送した。

チームは、この照会が単発的なものなのか、それともほかにも同じ疑問を持つイーベイユーザーがいるのだろうかと考えた サックスはルーク・ノセックとチャド・ハーリーと身を寄せ合ってコンピュータの画面をのぞきこみ、イーベイのサイトに「ペイパル」と入れて検索してみた。数千件ものオークションの出品がずらずらっと出てきた。「あれは『そうだったのか！』の瞬間だった」とサックスは言う。「ルークは大騒ぎし始めた」

いつの間にこんなことに？　誰も見当がつかなかった。ペイパルの報道を見たイーベイユーザーがオークションの決済にペイパルを使い、そこから広がっていったのだろうかと、デイヴィッド・サックスは考えた。

イーベイユーザーはネットの最新動向に敏感で、オークションプロセスを改善するソフトやサービスの情報を熱心に交換していた。「当時のイーベイの『パワーセラー』はオタクの中のオタクだったからね」とサックスは言う〔「パワーセラー」は、イーベイが安定した取引量のある出品者に与える称号〕。

さらに調べてみると、イーベイの掲示板はペイパルの話題でもちきりだった。この掲示板はイーベイコミュニティを支える柱であり、情報交換の場である。「イーベイはクチコミ社会だった。ユーザーはお互いの行動に注目していた」とサックス。「だから自然に広まっていったんだろう」

どのような経緯であれ、数千件ものイーベイオークションでペイパルが宣伝されていたのは、サックスにとってうれしい驚きだった。それはペイパルが現実の問題を解決している証だった。だがイーベイを嫌っていたチームは、違う受け止め方をした。たとえばレヴチンはずっとしたという。「イーベイが何なのかはぼんやりとしか知らなかった。ピエール・オミダイアとかいうやつが始めた『エコー・ベイ』とかいう怪しいサイトだっけ、と。ダサいアイデアだと思っていた」

レヴチンは、ロゴのことで問い合わせてきたイーベイユーザーを助けることさえ嫌がった。「僕がイーベイの邪魔をするような行動を取ったのは間違いない」。コンフィニティのサーバーからイーベイのURLをブロックすることまで検討したという。

レヴチンが気乗り薄だったのは、パームパイロット版に未練があったからでもある。パーム版を主力にすべきだとまだ思っていた。なのに、いまや取ってつけたようなメール版が急成長していて、彼が答えたくもない問題が生じていた。「あのデモ機能が使われているだって？あんなものがスケールするか？　サイトが落ちたらどうする？」などと思っていた。

誰も想像していなかった急展開

イーベイユーザーの間では、X.comの決済サービスも人気だった。X.comのチームもしばらくそのことを知らず、気づいたときには、やはり驚いた。

X.comもコンフィニティ同様、個人間オークションの少額のメール決済に乗り気ではなかった。X.comのエンジニア、ダグ・マクはこう言う。

「うちのサービスは、ウェスタンユニオン銀行の送金サービスと競合するだろうと予想していた。大学生の子どもへの仕送りとか、家賃支払いなんかに使われるだろうと。銀行の大げさで面倒な送金に取って代わるはずだった。ところが蓋を開けたら、ビーニーベイビーズ〔当時大流行していたぬいぐるみ〕の購入代金として10ドルや20ドルを送金するのに使われていたんだ」

X.comの経営陣は、イーベイの小口の買い手や売り手を取り込んでも、利ざやの大きい当座預金や証券口座に誘導できないのではないかと懸念した。

だがイーベイの牽引力は無視できなかった。イーベイの検索バーに「X.com」や「ペイパル」と入力すると、イーベイの出品者がペイパルやX.comのサービスを熱心に取り入れ、宣伝してくれているのがわかった。

それには当然の理由があった。イーベイの購入者が、出品者からの紹介リンクを経由してペイパルで購入代金を送金すると、出品者は10ドルのボーナスを得られたのだ。

おかげで安い品でも利益が出た――ビーニーベイビーズの儲けが2倍にも4倍にもなった。それに購入者も、ペイパルの10ドルのボーナスを得れば、代金を払ってもお釣りが来ることが多かった。

インターネットの片隅の、ぬいぐるみや壊れたレーザーポインターを売るオークションサイトが、意外にも会社の利益を生み出し得る豊かな土壌になっていた。「プロダクトの面では、ペイパルの方向性を決定したのはイーベイユーザーだった」とスカイ・リーは言う。「私たち自身が『そうだ、イーベイがいい！』と気づいたわけじゃないのよ」

テック界ではよく、「起業家は自分の切実な問題を解決するプロダクトを開発すべし」と言われるが、X.comとコンフィニティがイーベイに牽引されるようにして成功したことは、その強力な反証になる。自分だけでなく、他人の問題を解決することにも強力な価値があるのだ。「もしイーベイでペイパルのユーザーネットワークが広がっていなかったら、ペイパルはいまごろ存在していないと思う」とヴィヴィアン・ゴーは言う。

ホフマン、ティール、マスクの「選挙公約」

2000年初め、ピーター・ティールは最初期からのコンフィニティの取締役、リード・ホフマンをCOO（最高執行責任者）に迎えると発表した。ホフマンとティールはスタンフォード大学で出会い、10年来の友人だった。

二人は出会う前から、自分と共通点の多い――ただし政治観は対極的な――学生がキャンパスにいるという噂を聞いていた。86年の冬学期、二人は同じ哲学の講座を取った。月水金の午後1時15分から始まる、マイケル・ブラットマン博士の「哲学80――心、物質、意味」の授業だ。「本講座の狙いの一つは、近年の哲学研究で議論されている問題や論点について考えること」だと授業計画には書かれている。

ホフマンとティールはゲイリー・ワトソンの『自由意志』やジョン・ペリーの『パーソナル・アイデンティティ』などの本を叩き台に、決定論や自由、心身問題などについて激論を戦わせた。世界観はまるで違う二人だったが、固い友情を育んだ。「ピーターと僕は人類の未来について、いまもまったく違う展望を持っている」とホフマンは言う。「だが知識人としての価値観、たとえば真実を話し、真理を追求し、熱心に議論することの大切さを共有している。僕の場合、ピーターとの友情のおかげで思考が鋭くなった」

87年、二人はスタンフォードの学生自治会、スタンフォード大学学生連合（ASSU）の評議員選挙に立候補した。ホフマンとティールの公約には、二人の共通の価値観と、対照的なスタイルがよく表れている。

ホフマン：ＡＳＳＵは当大学に前向きな変化を起こす力を秘めた、約50万ドルの積立金を持つ、資金潤沢な組織です。ＡＳＳＵの評議会は先日、事務所の改修計画への8万ドルの支出を承認しました。改修は必要とはいえ、オールド・ファイアハウスなどの学生施設のほうが、資金をより切実に必要としているのではないでしょうか。ＡＳＳＵには、官僚組織につきものの自己中心主義が見られるように思います。学生よりも組織にとって必要なことを優先させがちです。私が評議員になったら、いま銀行に眠っている資金を使って、学生活動への財政支援を増やすことに努めます。

ティール：私はＡＳＳＵ評議員の経験はありません。ＡＳＳＵが学生から預かる8万6000ドルの資金を事務所の改修に浪費したり、友人たちの経歴に箔をつけるためにＡＳＳＵの要職に就けてやり、分不相応な報酬まで差し出したりした経験はありません。私は部外者の立場から、現在の学生自治会に幻滅しています。（「資金不足」という表向きの理由で）財政援助を拒否された複数の学生組織の会員として、われわれ学生の資金が浪費されていることに怒りを覚えます。私が選出された暁には、ＡＳＳＵの利益のためではなく、スタンフォードのコミュニティの利益のために運営することを誓います。

二人とも当選した。奇遇にも、二人の未来のライバルとなるイーロン・マスクもペンシルベニア大学時代、学生自治会に立候補している。彼の公約は、理想主義と人を食ったような態度とが入り混じっていた。

「もし私が選出されたら、以下を約束します。1、学生の必要に応える評議会になるよう全力を尽くします。2、問題に効果的に対応できる評議会をめざします。3、将来この経歴を履歴書に載せたら、公共の場で逆立ちしながらこの公約を50枚食べてみせます。私が立候補するのは、履歴書の見栄えをよくするためではなく、当組織に関与することに何らかのすばらしい価値があると信じているからです」

マスクは落選した。

リード・ホフマンを口説く
――コンフィニティに存在しなかった社交家

スタンフォード大学卒業後、ホフマンは教授と知識人になることをめざし、マーシャル奨学金を得てオックスフォード大学に留学した。だがその後方向転換して、ソフトウェア開発のキャリアを選んだ。カリフォルニアに戻り、富士通とアップルで働いたのち、ソーシャルネットというスタートアップを立ち上げた。

ＳＮＳの草分けのソーシャルネットはなかなか軌道に乗らなかった。ホフマンはティールと一緒にスタンフォード大学の裏手の小高い丘を散策しては、スタートアップ生活の苦労を語り合った。「僕は、あれからこんなことがわかったとか、何でもピーターに話していた」とホフマン。「スタートアップでの学習サイクルは、猛烈なんてものじゃない。人を雇う方法からプロダクトを組み立てる方法、資本の仕組み、市場開拓の戦略、イノベーションについての考え方までのあらゆることを、ごく短期間で一気に学習した」

ホフマンがティールにＣＯＯ就任を要請されたのは２０００年1月だが、彼はそれまでもコンフィニティの取締役会に籍を置き、会社の主力プロダクトがパームパイロット間のビーム送金から――彼はこれには半信半疑だった――急成長中のメール決済に変わるのを間近に見ていた。

他方、ソーシャルネットは苦戦していて、同社の取締役会は、ホフマンには賢明とは思えない戦略的方向に会社を向かわせようとしていた。「わかったつもりで何もわかっていないベンチャーキャピタリストが経営の実権を握ると、そういうことになる」とホフマンは辛辣に語る。

ホフマンが、ソーシャルネットを辞めて新しい会社を始めるつもりだとティールに打ち明けると、ティールは、それならコンフィニティに来てほしいと迫った。ホフマンはティールの言葉を覚えている。「うちの社内は混沌としている。ビジネスモデルというものがない。これを何とか形にしなくてはいけない」。ホフマンは「混沌」を何とかして形にしてほしいというティールの誘いに、すぐには乗らなかった。だがティールは短期の任務だからと――またいずれイグジットを成功させホフマンのテック企業での経歴に磨きをかけるからと——説き伏せた。

コンフィニティの投資家にとって、COOにホフマンという人選は予想外だった。「不思議だった。COOのタイプではなかった」とノキア・ベンチャーズのピート・ビュールは言う。「社交家で、気さくな人だった。厳しい上司になれるのか？　無理だろう、と私たちは思ったね」

だがティールは折れなかった。彼はコンフィニティには生まれながらの「外交官タイプ」が必要だと考えた。そしてホフマンが人間関係のさまざまな問題に楽しみながら対処しているのを、彼は知っていた。

ヴィヴィアン・ゴーはイーベイで夏のインターンを終えてから、99年冬にホフマンの面接を受けた際、経歴などを根掘り葉掘り聞かれないことに驚いたという。むしろゴーがどんな人物で、なぜコンフィニティで働きたがっているかを、ホフマンは知ろうとした。「彼は人をとても立体的に見るの」と彼女は言う。「人を型やラベルに当てはめようとする人もいるけれど、リード（ホフマン）はまったくそういうんじゃない。EQ（心の知能指数）がとても高いのよ」

会社が成長するにつれ、外部との接触も増えていた。ユーザー、他社や競合の幹部、そしてとくに重要なのが政府関係者とのやりとりだった。ティールの見るところ、ホフマンはこの種の仕事にうってつけだった。「政府を信じない者が、政府と協力するのは難しい」とノセックも言う。「そんなとき頼りになるのが、社会主義者のリードだった」

ホフマンは人当たりがよかったが、人の言いなりになることはなかった。彼は幼いころにRPGのルーンクエストやダンジョンズ&ドラゴンズ、アバロンヒル社の戦略的ボードゲーム、タクティクスIIに夢中になった。同僚たちは、ゲームで培われた彼の戦略的能力を目の当たりにした。

事業開発担当のダン・マッデンは、ホフマンと一緒に電話会議に参加したときのことを覚えている。「リードが座っていて、僕はその隣でメモを取っていた。リードは会議中、しょっちゅう電話を消音にして、こんなことを言ってくるんだ。『電話の相手はこう言うだろう。僕がこう返事すると、彼はこう言い返すはずだ。そこで僕はこう言うつもりだ』と」。そしてホフマンが消音を解除して話を再開すると、交渉は彼の言った通りに進んだという。

ほんの数か月のはずのホフマンの任務は、数年におよんだ。ホフマンはティールが見抜いたように、会社が切実に必要としていたメッセンジャーの役目を果たし、ペイパルをIPOまで導いたのである。

コンフィニティ、買収話が浮上する

99年12月、コンフィニティに初めての買収話が持ち上がった。コンフィニティは毎日ネット上で見知らぬ人たちに数千ドルをばらまいていた。「笑気ガス」の時代、そうした企業が次々と買収対象になっていた。だがコンフィニティには、現実の問題を解決しているという強みがあった――そしてそれは、買い手に名乗りを上げた会社を悩ませていた問題でもあった。

ビーフリーは、トムとサムのジェララーチェ兄弟が創業した、ボストンに本拠を置くアフィリエイト・マーケティングの会社だ。伝統的な小売業者をクライアントに持ち、ネットで商品を宣伝する手伝いをしていた。「約400社の広告主と40万人のアフィリエイターを持ち、アフィリエイトプログラムを利用できるプラットフォームを、広告主の小売業者に提供していた」とトム・ジェララーチェは教えてくれた。ビーフリーは99年11月に上場し、その後の5か月間で株価は7倍に急騰した。

しかし急成長に伴い、問題が発生した――アフィリエイターへの支払いだ。「報酬の小切手を郵送していたのだが、大量の小切手が戻ってきて、その戻り小切手の一枚一枚に手数料を支払っていたんだ」。サイトが拡大するにつれて手数料も膨大になり、それに伴う事務負担も頭痛のタネだった。トム・ジェララーチェと事業開発責任者のパット・ジョージは、ペイパルのことを知り、その大きなポテンシャルにすぐに気づいたという。

「クチコミ効果が本当にすごかった」とジョージは言う。「ただで10ドルもらえるとなれば、ログインして新規登録しない手はないからね」。そしてジョージは、ビーフリーの支払い問題への解決策をペイパルに見出した。アフィリエイターに小切手を送る代わりに、メールで送金すればいいのだ。

ビーフリーはレヴチンとティールに面会を求めた。この席で、ティールはコンフィニティの売り込みでいつも使っていた小道具、1ドルコインを財布から取り出し、これが史上最強の拡散燃料だと言った。コンフィニティはカネという拡散燃料を、成長著しいメールというプラットフォームに結びつけたのだと。「理に適っていた。なんでいままで思いつかなかったんだろうと思ったよ」とジョージは言う。

ジョージとジェラーチェはすっかり乗り気になったが、ビーフリーの取締役会を説得するという難題が残っていた。ビーフリーは上場したばかりで、これがIPO後の初めての買収になる。取締役会は慎重だった。「『投資界になんて思われる？　コンフィニティには何があるんだ？　何を売っているのか？　実際、収益も上げていないじゃないか』と言われてしまった」

最大のハードルは買収価格だった。ティールが提示した2億ドルという金額を、ビーフリーの取締役会は受け入れがたいほど高いと感じた。「ピーターの言い値を取締役会に呑ませるのは難しかった」とジェラーチェは言う。取締役会が承認した金額は、ティールが考えていた額の半分にも満たなかった。

ジョージとジェラーチェは期待外れのオファーを伝えるために、ティールとレヴチンを夕食に誘った。四人はボストン郊外のチェーンの中華料理店で会った。雨が窓に叩きつけていた。

ジョージとジェラーチェは、まずコンフィニティのようなすばらしい会社と協力できることをとても楽しみにしていると伝えてから、金額を提示した。「ピーターの表情から、買収はあり得ないとわかった」とジェラーチェ。「二人は私をじっと見ていた」とジョージは言う。「そして数字を言ったとたん、マックスが目を閉じてうなだれたことだけを覚えている」

トム・ジェラーチェは当時を振り返り、ペイパル買収の失敗を「人生最大の判断ミスの一つ」だと言う。パット・ジョージはその後、ペイパルの規模と価値が高まると、ビーフリーの元経営陣や同僚に、幻の買収について自虐的な冗談を飛ばした。

いまとなってみれば、ティールとレヴチンはたいして残念に思う必要はなかった。ビーフリーは多くの企業とともにインターネットバブル崩壊の餌食となった。ビーフリーの株価は暴落し、2002年に1億2800万ドルで競合に買収された。ペイパルが約10億ドルのIPOを実施した3週間少し後のことである。

「10点満点」のCEOを招聘する

この頓挫した買収を通して、ティールの心の内が明らかになった。ジョージによれば、ティールは交渉中ずっと、肩の荷を下ろしたがっているように見えたという。「あの責任から心底解放されたがっていたね」

ティールは官僚主義を忌み嫌っていた。しかしコンフィニティが成長するにつれて、法律事務所を辞めて捨て去ったはずの雑事――管理、事務処理、会議――にまたもやとらわれそうになっていた。「ピーターはくだらない仕事への耐性が僕よりもない」と、やはり雑事嫌いで有名なマスクは言う。「僕もクソどうでもいい仕事への耐性は低いけど、ピーターは耐性ゼロだ」

ティールはCEOの役割を手放そうとして失敗したが、マスクは成功した。99年12月第1週までに、イーロン・マスクはX.comのCEOから身を引いていた。「モリッツはうちの会社に投資したとき、『CEOを雇うべきだ』と言った。僕は『いいよ、CEOになんかなりたくないから』と返事した」とマスク。「CEOになることなんて望んでいなかった。雑用ばかりで……。CEOになるなんて最悪だ」（マスクは「テスラのCEOにならないように頑張った」とも言っていた）

マスクの承認を得て、X.comは新しい社長兼CEOに、インテュイットの元CEOビル・ハリスを迎えた。ボストンの裕福な一族出身のハリスは、タイム誌やUSニューズ&ワールド・リポート誌などの雑誌出版社で華々しいキャリアを歩んでいた。

だが彼は変化を求めた。ニューヨークに住んでいた90年、ハリスはサンディエゴに拠点を置くチップソフト（人気の確定申告ソフト「ターボタックス」のメーカー）の取締役に招聘され、その後CEOへの就任を要請された。彼が引き受けると、出版社の上司は首をひねった。『サンディエゴだって？　それはアメリカなのか？』と言われる始末だ」とハリスは語る。

93年、チップソフトは会計ソフト大手のインテュイットに買収された。ハリスは続く6年間を統合後の新会社で過ごし、最終的にCEOに昇格した。95年からは「事業のインターネット化を推進し」、同社のプロダクトのクイッケン、ターボタックス、クイックブックスをオンラインでも提供することを提案した。ハリスいわく、任期は波乱に満ち、大企業の経営では自分の強みを十分に発揮できなかったという。

「私は上場企業のお粗末なCEOだった。あれは私が興味を持てる仕事でもなかったし、なにより、得意な仕事でもなかった」。だがこの経験を通してインターネットに精通した。「波乱に満ち」ていたとはいえ、99年9月にインテュイットを辞めたハリスは引く手あまただった。「『この面接を受けられますか？』じゃない。『ぜひオファーを受けてください』という感じだった」とハリスは回想する。「当時はインターネットバブルの絶頂期で、起業ブームだった。VCは名前と信用のある人材をこぞって探していた」

この熱狂の中でも、ハリスはとくにX.comに惹かれた。「アイデアが気に入った。イーロンが気に入った。マイク・モリッツが気に入った。強力な組み合わせだと思ったね」。インターネットの総合金融サービスシステムというマスクの構想に、ハリスは魅了された。「イーロンの最大の魅力は大胆なところだ」とハリスは言う。X.comの社員がまだ10人にも満たなかったころのことだ。

マイク・モリッツは、ハリスをCEOに迎えるべきだとマスクに説いた。モリッツだけではない。X.comのエンジニア数人も、深夜にマスクにメールを送ってハリスを売り込んだ。「カフェインを摂りすぎた午前3時にやるようなことだね」とコリン・キャトランは笑う。

マスクは引っかかっていた――問題は何もなさそうなのに、どことなく不安を感じる。自宅のキッチンにいたとき、モリッツに聞いてみた。スタートアップのCEOの入れ替わりを見てきた経験から、ハリスに点数をつけるとしたら10点中何点か？

モリッツは「10点だ」と即答した。

マスクは驚いた。「僕は、『なるほど……不安はあるけど決めようか。CEOの採用にかけてはあなたが詳しいんだから』なんて言った」

X.comの新CEO発表は、プロダクトの正式なローンチと同じ週に行われた。X.comのメディア露出が一気に増えた。インテュイットの元CEOを迎えたことで、X.comが個人向け財務ソフトウェアとインターネットとを結ぶ理想的な人材を得たと、マスクは自信を持って言うことができた。

・

ビル・ハリスは時とともにペイパルの歴史から葬り去られようとしている。それは一つには、任期が短かったためでもある。また、CEO在任中の5か月間に起こった騒動のせいでもある。だがある意味、ペイパルの未来はその5か月間に、またおそらくハリス自身によって決定づけられた。なぜならビル・ハリスは、その短く波乱万丈の任期にもかかわらず、苦難の合併の中で両社をつなぎとめるかすがいとして、X.comとコンフィニティに不朽の足跡を残したからだ。

Chapter 9 シリコンバレーの世紀の激戦

——X.comとコンフィニティ、ぶつかる

1999年末、X.comとコンフィニティはユーザーの争奪戦を繰り広げていた。この死闘は2000年初めまで続き、社員や幹部をギリギリまで追い詰め、両社に深い傷痕を残した。こんな事態は誰も予想していなかった。なにしろ二つの会社は、ほんの数か月前まで仲のよい隣人同士だったのだから。

ユニバーシティ・アベニュー394番地のA号室とB号室に入居していたころ、両社のチームはつるんで過ごしていた。一緒にタバコ休憩を取り、同じ下階の店でコーヒーを買い、トイレまで共同だった。二つのチームは友好的で、お互いの会社が何をしているのかを漠然とは知っていたが、たいしたことはないと思っていた——お互いが相手の戦略は間違っていると確信

していた。

状況が変化したのは、両社がメール決済に力を入れ始めてからのことだ。99年晩夏、ルーク・ノセックが気がかりな情報を持ってコンフィニティの移転後のオフィスに飛び込んできた。X.comの社員が電話でメール決済の話をしているのを耳に挟んだという。

数週間後、疑念はさらに深まった。X.comも決済業界に進出し、しかもお金を配る紹介プログラムを開始すると発表したのだ。そのうえ困ったことに、X.comはユーザー一人当たり20ドルと、コンフィニティの2倍のボーナスを約束して、大きな話題を呼んでいた。ネット上の新しい動きを紹介するサイトが、コンフィニティとX.comを比較し、まずいことにボーナスの格差を指摘した。

コンフィニティの社内では陰謀論が飛び交い始めた——X.comはコンフィニティのバイラル・マーケティング手法を盗んだのか?

「被害妄想にとりつかれていた」とコンフィニティの取締役ジョン・マロイは言う。「ほかのことが考えられなくなっていた」。レヴチンは社員に警告した。「以前のオフィスの近くに行くときは、言葉に気をつけよう。壁に耳ありだからな」。X.comはのちに、コンフィニティ社員がX.comのゴミ箱を漁って、シュレッダーで裁断されたX.comの事業計画を探していたというデマを流した。

だが両社の被害妄想は、まったく根も葉もないわけではなかった。デイヴィッド・ウォレスはコンフィニティのカスタマーサービス責任者として、この競争を違う目で捉えていた。

彼は99年末に怪しい兆候に気づいたという。「X.comの社員が大勢うちに新規登録してきたんだ。何かおかしなことが起こっているぞ、と思ったね」とウォレスは回想する。不審に思った彼は、これらの怪しい登録を調べるようチームに指示した。

他方X.comでも、個人の登録を注視していたマスクが、不審な登録に目を留めた。「画面に小さなウィンドウを表示して、新規登録者の名前を見られるようにしていたんだ」とマスク。本物のユーザーと怪しいユーザーを見分けるための、マスクなりの「小さな不正の動的解析」手段だった。

X.comのローンチ直後に「ピーター・ティール」という新規顧客の名前が画面に現れた。「これは以前、隣のオフィスにいたビーム送金会社のトップだな」と、マスクは勘づいた。この登録は調べる価値がある。彼はすぐに受話器を取り上げ、ティールに電話をかけた。

バトル開始
――イーベイを戦場に死闘が始まる

同年12月、コンフィニティが処理するイーベイの決済の件数は増加の一途をたどっていた。「僕らは早い時期にX.comをリードした」とコンフィニティの共同創業者ケン・ハウリーは言う。コンフィニティは先にサービスを開始して優位を築き、当時の過熱するスタートアップ環境では「プロダクトをいかに早く市場に投入するか」がカギになるという、マスクの直感の正しさを証明した。決済会社にとってはなおさら速さが重要だった。

「ネットワーク効果がすべてに勝るからだ」とハウリーは言う。ネットワーク効果とは、1900年代初めの電話の普及を説明するために生まれた経済原理だ。電話網に電話が一台加わるごとに、ネットワーク上のほかのすべての電話の価値が上昇し、電話を持っていない人が電話を購入するインセンティブが高まる。

コンフィニティは99年末までに、アメリカン・ベル電話会社が20世紀初めに享受していた規模のネットワーク効果を実現していた。

イーベイのオークションでペイパルでの支払いを受け入れる出品者が一人増えるごとに、ペイパルに登録する購入者がますます増え、ペイパルで支払いをする購入者が一人増えるごとに、さらに多くの出品者がペイパルを受け入れた。

コンフィニティはイーベイという強力なネットワークを利用して自らのネットワークを拡大するために、戦略的に動いた。

イーベイのサイトから無断でデータを収集して、それをもとにオークションの購入者や出品者が自分のオークションのページにインストールして使える、便利な機能やパーツ（ウィジェット）をつくった。たとえばロゴのサイズ変更ツールや、イーベイの決済ページでのオートコンプリート機能（ペイパルが決済方法として事前選択される機能）などだ。

また、イーベイ出品者がペイパルを一度受け入れると、その後の決済方法が自動的にペイパルに指定される、「自動リンク」という機能もあった。「自動リンク」のおかげで、登録数がとんでもない勢いで増えていった」とユー・パンは言う。

パンはイーベイのツール開発担当となり、イーベイの動向を注視した。チームはパンの指揮のもと、イーベイの掲示板やその他のオークション関連掲示板に乗り込んでいって、イーベイの「パワーセラー」のコミュニティを知ろうとした。

デイヴィッド・サックスはプロダクトチームのメンバーにイーベイのサイトで実際に買い物をさせ、それからみんなで集まってイーベイの購入——とくに決済——プロセスの全ステップを調べ上げた。「イーベイのユーザーになってみる必要があった」とデニス・アプテカーは言う。彼女はイーベイで固定電話機を購入したが、残念ながら「タバコ臭がしみついていた」そうだ。

チームは出品者にもなった。「机の配線孔キャップを大量に買って、実際に出品してみた」とオクサナ・ウートンは言う。「ポツポツ売れたわ」。社員は注文を発送するために郵便局通いをした。

イーベイのユーザーはペイパルを重宝がっていたが、同社の経営陣はさにあらず。彼らにとってペイパルは、イーベイが買収したばかりの決済会社ビルポイントを邪魔する、目の上のこぶでしかなかった。

イーベイは早くからコンフィニティの取り組みを妨害する手段を講じた。たとえば、コンフィニティがイーベイのページを分析するのに使っていたスクリプトをブロックした。コンフィニティはブロックにスクランブルをかけて対抗した。「あいつら、喧嘩をふっかけてきたんだ」とコンフィニティのエンジニア、デイヴィッド・ガウスベックは息巻く。

イーベイ上ではやがて、ペイパルを発見した新しもの好きのユーザーたちが、X.com にも気づいた。しかも X.com はペイパルより多額のお金を配っていたので、購入者も販売者も熱狂的に X.com を受け入れ始めた。

マスクもレヴチンと同様、自分の会社をイーベイ上の決済サービス会社にしたいなどとはみじんも思っていなかった。だがイーベイ上で X.com の利用が爆発的に進んでいること、ましてや X.com がペイパルに水をあけられていることを見過ごすわけにはいかなかった。また、マスクはコンフィニティの戦略を調べるうちに、その独創性に一目置き始めた。「こいつら結構やるじゃないか、と思ったね」とマスクは言う。

X.com は何が何でもイーベイ上での競争に勝つ、とマスクは決断した。それはオンライン決済の未来をかけた戦いだった。イーベイ上でコンフィニティを倒せば、それ以外の領域でもコンフィニティを無力化できる可能性が高まる。「ライバルは彼らしかいなかった」とマスクは断言する。「伝統的な銀行は相手にならなかった」

「やつらを殺せ。死ね。死ね。死ね」

かくして、インターネット史上最も壮絶で異例な戦いの一つが始まった。X.com とコンフィニティは何週間にもわたり、イーベイ上で顧客獲得をめぐる死闘を繰り広げた。「どっちが早く資金を使い果たせるかを競っていたようなものだ」とマスクは苦笑する。

この数週間の極限状態と、後に引けない戦い、机の下の寝袋での短時間睡眠を、双方が覚えている。お互いが相手の動きを常時監視し、対抗策を取った。「連中より優れたウィジェットが必要だと言っていた」とマスクは言う。「くそっ、あいつらすごいウィジェットを出してきやがった！　とか言って。まるでウィジェット戦争だった」

ウィジェット戦争は過激さを増し、やがて人対人の戦いの様相を呈していった。コンフィニティではユー・パンの誕生日を、「X.COMに死を」と書かれたケーキで祝った。

マスクはこの時期、強烈な全社メールを送った。件名はあたりさわりのない「競合に関する友好的なメモ」。受け取った人たちによると、本文にはたった1行、「やつらを殺せ。死ね。死ね。死ね」のようなことが書かれていたという。「ただの冗談だってことはみんなわかっていた。だがイーロンはX.comができるだけ多くのユーザーを集めてリードすべく、寝ずに頑張っていた」とエンジニアのダグ・マクは言う。

レヴチンは、「メメント・モリ」の言葉とX.comのロゴが入ったバナーをオフィスに掲げた。「メメント・モリ」とは、「死を忘れることなかれ」という意味のラテン語の古い格言だ。本来は、人生で何が大切かを考えさせる言葉だが、レヴチンは死闘の相手を忘れるなという警句として、これを掲げた。だがバナーなど不要だったと考える人たちもいる。「そんなものはなくても、いつだってあいつらのことだけを考えていた」とノセックは言う。

ティールの思考法
――つねに「どうなったら失敗するか」を考える

マスクはレヴチンとティールの中に、めったに見かけないものを見出した――自分と同じくらい勝ちにこだわる姿勢だ。ペイパルのやつらは敵として不足がない、とマスクは思った。とくに、すばやくコードを配置《デプロイ》するレヴチンの手腕には目を見張った。「本当に感心した」とマスク。「僕も技術には自信があるほうだ。だから自分と張り合えるところを見て、これはリスペクトだなと」

レヴチンの手腕はさておき、マスクは最後に勝つのはX.comだと信じて疑わなかった。X.comはコンフィニティより資金が潤沢で、必要とあらばさらに多くの資金を調達できた。既存企業から引き抜いた一流の人材を含む優秀なチームがいた。世界最高峰のVCの後ろ盾があり、メディアの寵児で、そしてマスクの見るところ、ずっといい名前を持っていた。

マスクの自信はチームに安心感を与えた。「当時は私たちのほうが資金があったから、粘り勝てるんじゃないかと思っていた」とジュリー・アンダーソンは言う。そのため、X.comはコンフィニティほどには、アイデアや計画を盗まれたという被害妄想を持たなかった。「僕らは堂々としていた」とX.comのエンジニア、コリン・キャトランは言う。「イーロンは怖いもの知らずだしね」

他方、コンフィニティのチームは自信と不安の狭間《はざま》で揺れていた。「実にエキサイティングで、実に恐ろしい経験だった」とティールは語っている。「世界制覇のためなら、死も厭わないと思っていた」。ユー・パンによると、コンフィニティは当初、モバイル技術を持たないX.comを歯牙にもかけていなかった。「パーム版のプロダクトもないじゃないか！　なんて思っていた」

だが競争が激化するにつれ、レヴチンは神経をとがらせていった。レヴチンはイーロン・マスクをよく知らなかったが、彼について知っていたわずかな事実が不安を煽った。マスクはZｉｐ2を数億ドルで売却し、愛車はマクラーレンF1だった。片やレヴチンはといえば、いまだにワンルームマンション住まいで、「AAA（全米自動車協会）の年会費さえ払えていなかった。あいつはあんなに成功しているのに、自分はどうだ？」と落ち込んだ」とレヴチンは言う。

コンフィニティのチームにも、分が悪いという自覚があった。「イーロンはすでに大金を稼いでいた。X.comはバックにセコイアがついていた。うちのノキア・ベンチャーズとはわけが違う。ずっと懐が深くて、破壊力も大きい」とジャック・セルビーは言う。

ティールは、X.comがコンフィニティを脅かす存在になることをいち早く察知していた。「ピーターはつねに物事に正面から立ち向かおうとする。自分が間違っていないかどうかを確かめたいんだ」とノセックは言う。「何がどうなったらうまくいかなくなるか、失敗するかを、いつも積極的に考えようとする。僕が知るどの起業家よりもずっと、ずっと積極的に」

X.comはカネにものをいわせてコンフィニティをつぶすことができると、ティールは判断した。「ピーターは賢明にもX.comが本物の脅威だと気づいた」とマロイも言う。

そしてティールは強烈な負けず嫌いだった。「いい負け方なんかない。負けは負けだ」と、ティールは社員に言っていた。

ティールの競争本能はチェスで磨かれた。一時期ティールと同じシェアハウスに住んでいたデイヴィッド・ウォレスは、ティールにハンデをつけて二人でチェスをしていた——だがあるときを境にやめてしまった。「ピーターはクイーン落ちでも僕に勝った」とウォレスは言う。「クイーンとルーク一枚の二枚落ちで勝負して、それでもピーターが勝った」とウォレス。「その後クイーンと両方のルーク抜きで戦ったら、やっと僕が勝てた。それ以来、一度も対戦していないよ」

ティールと対戦した相手は、彼の攻撃的なスタイルをよく覚えている。「彼は無慈悲だったね」とチェス仲間のエド・ボーガスは言う。「チェスをするときは鬼畜モードだった」。ボーガスはカリフォルニアのトーナメントでティールと対戦し、彼の腕前に感心して、コンフィニティの最初期の資金調達ラウンドへの参加を決めた。

「勝者総取り」になるか、「共倒れ」になるか？

だがチェスとビジネスは違う。ビジネスでは、理性より競争本能を優先させることが報われ

ると は限らない。コンフィニティのユーザーは増えていたが、その成長を支えるボーナスのせいで現金燃焼率が高まり、人員拡大で人件費も膨れあがっていた。コンフィニティの支出は持続不可能で、おまけにその支出で得た優位といえば、X.comをわずかに上回るイーベイ上のシェアに過ぎず、たいした保険になりそうになかった。

もしイーベイの経営陣が、ある日突然他社の決済システムをイーベイから排除する決定を下したとしても、X.comにはまだ投資商品やバンキングサービスがあった。だがコンフィニティには、先行き怪しいパームパイロット版プロダクトしかなかった。

コンフィニティとX.comは、イーベイでの競争だけでなく、事業開発でも競り合い始めた。コンフィニティは他のウェブサイトに決済サービスを提供したり、PayPal.comに顧客を誘導した成果に応じて報酬を支払うなどの方法を模索した。だが売り込み先に行くと、X.comがすでにコンフィニティよりも好条件で売り込んだあと、ということが多かった。「いつも彼らとかち合っていた」とハウリーは言う。「そのせいでどんどん関係が悪化した」

12月末、X.comとコンフィニティの両方が、ヤフーと協議を開始した。もとは事業提携の話し合いだったが、その後ヤフーがどちらかの企業を買収したい意向を示したため、本格的な協議が始まった。

ここでもコンフィニティは危うい立場にあった。もしヤフーがX.comを買収すれば、数十億ドルの時価総額と影響力を利用して、コンフィニティの息の根を止めにくるかもしれない。X.comの主要投資家マイク・モリッツがヤフーの取締役を務めていたことも不安材料だった。

そのうえティールは、翌年の市場の先行きに懸念を持っていた。インターネットの熱狂は常軌を逸していた。一例として、新規上場したオンライン旅行代理店のプライスライン・ドットコムの時価総額は、航空業界全体を上回っていた。そしてコンフィニティ自身も、その最たる例だった。持続可能な収益モデルもなく、じゃんじゃんお金を配っていたのに、インターネットの成功物語とみなされていた。

「はっきり言っておくと、われわれがいま目撃しているものの実態は、史上最大の金融バブルである」と99年の市場のピーク時に、ある投資家が書いている。「行き過ぎた金融緩和と過剰債務、過剰投資、個人貯蓄の減少、経常収支赤字の拡大、中央銀行の資産規模の急拡大のすべてが、きわめて深刻な金融不均衡を物語っており、いかに統計を修正しようとも、いかにCNBCテレビが熱狂を煽ろうとも、それをかき消すことはできない」

コンフィニティはインターネットバブルの崩壊を生き延びられないのではないかと、ティールは危惧した。彼は過去の「耐えがたい」資金調達プロセスを思い返した。コンフィニティは100回以上投資家に断られた。市場が冷え込めば、資金調達はさらに耐えがたいものになるだろう。

不安定な市場と強硬な競合を前にして、ティールたちは新たな道を模索し始めた。「社員の多くが、これは勝者総取りの市場になると、そしてその勝者になるのはどちらか一社だという結論に達した」とコンフィニティ共同創業者ケン・ハウリーは言う。「あるいは、消耗戦で共倒れになって、どちらも忘れ去られるかだ」

コンフィニティの対X.com戦略は密かにシフトしていた。コンフィニティの広報責任者ヴィンス・ソリットは、切った張ったの政治の世界で鍛えられた強者《つわもの》だ。「僕はX.comのあら探しをして評判を落とす方法を、本能的に探そうとした」と彼は言う。

だがデイヴィッド・サックスは反対した。「デイヴィッドが僕を脇に呼んでこう言ったのを覚えている。『広報に関しては君の好きにしていい。だがX.comの中傷はしないでくれ』」。両社が合併交渉を進めていることを、このときソリットは知ったのだった。

波乱の休戦交渉
――マスクの異常なオファー

同じ通りの少し先のX.comで、CEOのビル・ハリスは手をこまねいていたわけではなかった。「どちらの会社も規模がほぼ同じで、成長速度もほぼ同じだった」とハリスは言う。「競争を続けていれば、どちらも自滅していただろう」。彼は迫り来る危難を察知していた。同じ市場で競争する二つの決済ネットワークが同時に拡大することはできない。「ネットワークは本来、独占的な事業なのだ」とハリスは説く。

機が熟したと感じたハリスは、コンフィニティとX.comの正式な会合を要請した。場所はパロアルトの高級店、エヴィア・エスティアトリオ。

ティールとレヴチンが、ハリスとマスクと向かい合って座った。空気はピリピリしていた。

「ビル(ハリス)はスーツとネクタイの正装で、イーロンはもちろん、3億ドルで会社を売却した男だ」とレヴチンは言う。「二人は僕らを怖じ気づかせようとしていた」。会話は挨拶と雑談で始まったが、腹の探り合いのようだった。『そちらのユーザーは何人?』という感じで」

そしてハリスが本題を切り出した。相互破壊への道を避けて、力を合わせてはどうだろう? ティールは、どんな条件を考えているのかと訊ねた。マスクが最初に提示した条件は、X.comがコンフィニティを買収し、コンフィニティは合併後の価値の8パーセントを受け取る、というものだった。

この貧弱なオファーに、レヴチンは絶句した。「その場で言っていいのかどうかわからなかったが、それは絶対に呑めないと思った」。コンフィニティの二人の共同創業者は礼儀正しくその場をあとにしたが、あまりにも一方的な条件に気分を害していた。

イタリアンレストランのイル・フォルナイオでの次の会合には、コンフィニティの投資家ピート・ビュールとジョン・マロイも同席し、低すぎるオファーに気色ばんだ。「『とんでもない』と言って席を立ったよ」とビュールは言う。

マロイはこの低いオファーを聞いて、コンフィニティは自力で突き進むべきだという確信を新たにした。「8パーセントとは。私は怒り心頭だった」とマロイは首を振りながら言う。「どちらかと言えばわれわれが向こうを買収すべきだったし、そもそも買収する気さえなかった」

マロイはコンフィニティが見くびられたと感じた。「コンフィニティは、すばらしいチームのおかげで非常に高い価値があったが、チームにはその自覚がなかった。自信がなかったんだ」とマロイは言う。「私は彼らを信じていた。彼らはまだ自分を信じていなかったのかもしれない。あれほど優秀なのに、皮肉な話だよ」

マロイは社員のX.comへの執着を、戦闘機パイロットの「目標執着」になぞらえる。パイロットが目標しか目に入らなくなり、かえって目標に衝突したり、近くの脅威を無視してしまったりする現象だ。「彼らの眼中にはX.comしかなかった。まだそこまでの状況になっていないのに、X.comと一緒になることしか考えていなかった。コンフィニティのすべての指標が、X.comを上回る成績を示していた。なのになぜいつもあいつらの話ばかりしていたのか?」とマロイは言う。「強迫観念のようだった」

マロイは猛反対し、もしX.comに買収されれば、ティールとレヴチンがかつて小馬鹿にしていた、銀行業務主体のビジネスモデルに甘んじることになると釘を刺した。「あの会社のことを高く買っているようだが、合併すれば君たちが『破綻している』と言っていた、彼らのビジネスモデルを受け入れることになるんだぞ、と私は言った。それを根拠に、なんとか合併をやめさせようと論陣を張った」

マロイはいぶかっていたが、その後の数週間で、合併しか道がないというティールに説得された。コンフィニティの資金は急速に枯渇しつつあり、潤沢な資金を持つX.comに負けそうだった。マロイは疑念を胸に収め、可能な限りよい条件を確保するために奔走した。

マロイは巧みに交渉を進めたと、何人もの社員が言っている。「マイク・モリッツは手強い交渉相手だ」とマロイは言う。だがマロイも負けてはいなかった。会合では話題をそらしたり無関心な素振りをしたりした。「彼らは合併を急いで押しつけようとしてきた。私は『その手は通用しない』と思っていた」とマロイ。「彼らはこちらを甘く見て、一気に寄り切ろうとしていた」

交渉を有利に進めるために、ティールはイーベイ上で新規ユーザーを「アクセル全開で獲得してくれ」と、ルーク・ノセックにハッパをかけた。日が経つにつれ、双方の資金はますます枯渇していき、合意実現へのプレッシャーは高まるばかりだった。しかしコンフィニティには希望が見えた。ペイパルのユーザー数が増えるにつれ、X.com の提示するパーセンテージも上がっていったのだ。

「シリコンバレー史上、最も重要な合併になる」

マスクはどんな種類の合併にも懐疑的だった。コンフィニティ社員の競争心には感心したが、X.com の事業はコンフィニティの事業とは本質的に違うし、はるかに優れていると確信していた。「あいつらは本当に優秀だ——それでも勝つのは自分たちだ、と思っていた」とマスクは言う。コンフィニティはイーベイ上では X.com をリードしていたが、イーベイ以外でのユーザー数では X.com が上回っていた。「リードしていたのはXだ。そりゃうちのほうが支出は多かったが、それでもリードしていた」

Zip2とシティサーチの合併失敗を経験していたマスクは、猜疑心《さいぎしん》を隠さなかった。「イーロンは合併に乗り気ではなかった。『こういった合併はほとんど成功しない。それに自分たちは勝てる』と突っぱねた」とビル・ハリスは言う。

しかしハリスは折れなかった。

両社の経営陣は一緒に過ごす時間が長くなった。レヴチンは、ハリスが友好的で洗練されていると感じた。マスクにも一目置くようになった。「このイーロンってやつが本当に気に入った。明らかにクレイジーだが、とてつもなく頭がいいと思った。僕は賢い人間が大好きだから」

双方は苦難の末に、暫定的な合意に達した。コンフィニティが下位《ジュニア》パートナーであるのは変わらないが、当初92対8だった合併比率は55対45になった。レヴチンは条件がまだコンフィニティ側に不利なのを気に病んだが、ティールはこれが正しい選択なのだと――ほぼ確実に死に至るよりましだと――レヴチンを説き伏せた。

他方、この合併の潜在的な可能性を見抜き、称賛した人たちもいた。「マイク・モリッツが、これは世紀の合併になると言いにきた」とレヴチンは言う。「シリコンバレー史上、最も重要な合併になると」。合併が成立すれば、統合会社の株式は一株たりとも売らないと、モリッツはレヴチンに請け合った。

しかし両社の中心メンバーに喜んでいない者が一人だけいた。イーロン・マスクだ。

彼にとってこの合併は、勝ち目のある戦争での降伏だった。コンフィニティをX.comと同等に扱うのは癪《しゃく》だった。イーベイ以外のユーザー数でX.comが上回っていたことを考えればなおさらだ。マスクはX.comの市場動向やユーザー増加率、現金燃焼率、競争環境についてはそう心配していなかった――X.comは意志力と能力で勝てると信じていた。

レヴチンによると、マスクは鬱積した不満をふと漏らしたという。レヴチンがX.comのオフィスに立ち寄ったとき、マスクはコンフィニティについて、「うまいことやりやがって」と口走ったのだ。

「頭にカッと血が上って、もうやめだ、と思った」とレヴチンは語る。「パートナーシップだというなら、パートナーでなくてはならない。僕らが『うまいことやった』と思っているなら、成功するはずがない」。レヴチンはティールに電話をかけ、合併は取りやめだと告げた。施しの対象と見られ、従属的な扱いを受けるのはごめんだった。

合併破談の急報を受けたビル・ハリスは、交渉役モードにすばやく切り替えた。レヴチンに電話をかけ、条件を話し合うために会おうと言った。「ビル、いまさら会っても仕方がないと思うよ」とレヴチンは答えた。ハリスはいまどこにいるのかと訊ね、レヴチンが家で洗濯していると答えると、そこから動くなと言った。「洗濯物畳みを手伝おう」

ハリスはレヴチンのグラント・アベニュー469番地のワンルームマンションに駆けつけた。洗濯室にいたレヴチンは、ティールに言ったことをそのままハリスに繰り返した。「僕らがうまいことやって君たちの株式を手に入れようとしていると思うのなら、合併は成功しない」とレヴチンは吐き捨てた。「長い目で見て、良好な協力関係を築けるはずがない」

「50対50ならどうだね?」とハリスはたたみかけた。「対等なパートナーだったら?」

「それなら、どちらかがうまくやったと言われることもなくなるだろうけど」とレヴチンは答えた。

「君がそれでいいのなら、私が手を打とう」とハリスは答えた。レヴチンは、自分は50対50の対等合併を支持するが、55対45でも不満なマスクはどう思うだろうとハリスに言った。ハリスは、ほころびは元に戻すから心配するなと請け合った。

ハリスが爆弾を落とす

ハリスはその後の展開についてはいまも言葉を濁している。マスクは違う。「僕は『冗談じゃない、ぶっつぶしてやる』と言った」。コンフィニティがジュニアパートナーの立場を受け入れないのなら、勝手にしろと思った。「ああそうかい、血みどろのアカウント争奪戦に戻ろうじゃないかと」

するとハリスが爆弾を落とした。両社が手を結ばないなら、X.comのCEOを辞任すると言い放ったのだ。マスクはうろたえた。「ビル、まだ資金調達が残っているぞ。僕の頭に銃を突きつける気か? 合併しないならCEOを辞めるだなんて。いまは資金調達の真っ最中じゃないか。とても難しい状況だぞ。会社がだめになってもいいのか?」

ハリスは譲ろうとせず、マスクが折れるしかなかった。「僕が50対50を呑んだのは、そうしなければビルが辞めると言ったからだ」とマスクは言う。「そうでなければ見送るつもりだった」

ハリスからすれば、他に道はなかった。「どちらかが勝者になっただろうか？　なっただろう。だがそこに到達するまでに、ずっと多くの時間と莫大なリソースが無駄になったはずだ。それに、どちらが勝者になるかは予断を許さなかった」

ハリスにとって、合併はたんなる守りの一手ではなかった。それは攻めの戦略の一環だった。ハリスは「メトカーフの法則」を例に引いて説明する。１９８０年代にイーサネット技術の開発者ロバート・メトカーフが提唱した、単純な法則だ。

ネットワークの価値は、ネットワークに接続された端末の2乗に比例して爆発的に高まっていく。コンピュータネットワークに5台の端末が接続されていれば、ネットワーク全体の価値は5の2乗の25となり、１０００台なら１０００の2乗の１００万となる。つまり、端末の数が２００倍になれば、ネットワークの価値は4万倍にもなるのだ。

電話やファックス、ワールドワイドウェブに当てはまるメトカーフの法則は、決済にも当てはまる。「規模がすべてだ」とハリスは説明する。「支払う相手がいない決済システムは誰も使わないし、支払う人がいないシステムでは誰もカネを受け取らない。規模を達成するかしないかが命運を分ける」。マスクは反対したが、ハリスは合併しか道はないと確信していた――たとえそのために脅しが必要だったとしても。

X.comとコンフィニティの合併を詳しく見た人は、誰もが破滅を予想しただろう。X.comの創業者イーロン・マスクは、合併に反対だった。コンフィニティの主要投資家ジョン・マロイは、猜疑心を持っていた。コンフィニティのCTOマックス・レヴチンは、合併をいったん白紙撤回した。X.comのCEOビル・ハリスは、合併を実現させるためにマスクと絶交した。

「不安定な休戦だった」とマロイは言う。

苦渋の合併後、コンフィニティの社内では、「合併しなかったらどうなっていたか?」を考える遊びが流行った——イーベイ戦争ではどっちが勝っただろう? コンフィニティは破産していただろうか?

だが、どちらの道がよかったかはあとにならなければわからない。

さしあたって双方の経営陣とチームには、二社のスタートアップを統合するという気の重い仕事があった。ハリスとレヴチンは生温かい洗濯物の上で握手はしたが、今後の具体的な詳細は何も詰めていなかった。

その後の展開を通して、合併に関する貴重な教訓を——合併の成否を握るカギを——双方が学んだ。「合併とは、二つの会社を一つに統合することじゃない」とルーク・ノセックは言う。「目をつぶって素性も知らない50人の社員を雇うことだ」

Chapter 10

狂気のクラッシュ

——捨てるより速くカネが消えていく

2000年初め、ティールとマスクはメンローパーク・サンドヒルロード2800番地のセコイア・キャピタルのオフィスで、マイク・モリッツと合併について話し合うことになった。

マスクは前年、マグネシウムシルバーのマクラーレンF1（車体番号67番）をドイツ人の製薬会社重役ゲルト・ペトリクから購入していた。ガルウィングドアと金箔貼りのエンジンルームを持つこの100万ドルのスポーツカーを、マスクは「芸術作品」「実に美しいエンジニアリングの逸品」と呼んだ。マクラーレンの中でも、67番は別格だった。当時アメリカで合法的に運転できた、たった7台のマクラーレンF1のうちの1台だった。

マクラーレンは世界最高の車をめざすという高い志を掲げ、F1レーシングカーの構造をもとにその車をつくり、発売するやいなや世界的称賛を得た。「F1は自動車史の大事件として記憶に刻まれるだろう」とある批評に書かれている。「おそらく史上最速のロードカーである」

軽量のボディには公称600馬力超のエンジンが搭載されていた。「マッダ・ロードスターと同等の重量で、その4倍の馬力を持つ車を想像してほしい」と、マクラーレン愛好家のエリック・レイノルズは言う。この低い重量出力比のおかげで、時速200マイル（322キロ）を超えるスピードで走ることができる。

だがこの高出力のせいで、経験の浅いドライバーには危険な車となった。オーナーの一人、イギリスの俳優ローワン・アトキンソンは、マクラーレンF1を二度も大破させたことで知られる。マスクがF1を購入したころも、スタートアップを売却したばかりの若いイギリス人起業家が、マクラーレンを運転中に木に激突して、同乗者二人とともに死亡した。

「マクラーレンを運転するには自制心が必要だ」とカー&ドライバー誌は、マクラーレンを絶賛する記事の中で警告している。「なぜならそれを正しく運転する方法はなく、そのパワーと速度の全貌を知る方法さえないのだから」

F1が納車される日、CNNが取材にやってきた。「ほんの3年前は、YMCAでシャワーを浴びてオフィスの床に寝ていた」とマスクはカメラに向かって照れくさそうに話した。「それがいまやこうして100万ドルの車を手にした。人生の一つの瞬間だね」

ブルネイ国王やミュージシャンのワイクリフ・ジョン、コメディアンのジェイ・レノなどの大富豪のオーナーとは違って、マスクはＦ１を購入したことで預金残高がガクンと減った。またマスクは他のオーナーとは違って、Ｆ１を会社にも乗っていった――おまけに保険もかけていなかった。

マスクとティールの激しいドライブ

マスクはティールをＦ１に乗せてサンドヒルロードを運転しながら、この車について語っていた。「ヒッチコックの映画のようだった」とティールは言う。「15分くらい車のことを話していた。これから出るミーティングの話をしなくてはいけないのに」

ドライブ中に、ティールはマスクのほうを見て言った。「で、この車は何ができるんだ？」「まあ見てくれ」とマスクは言うと、アクセルを一気に踏み込み、サンドヒルロードで車線を変更した。

いまにして思えば、Ｆ１は自分には背伸びだったとマスクは言う。「運転方法がよくわかっていなかった。あの車にはスタビリティシステムがない。トラクション制御もない。出力が大きすぎて、時速80キロでもタイヤが浮き上がるんだ」

ティールによれば、前の車がぐんぐん迫ってきて、マスクは追突を避けようと急ハンドルを切ったという。マクラーレンは道路の縁石に激突し、マスクによれば「円盤みたいに」宙を舞い、地面に激しく叩きつけられた。「見ていた人たちは、僕らは死んだと思ったらしい」とマスクは言う。

ティールはシートベルトを締めていなかったが、二人は奇跡的に無傷ですんだ。マスクの「芸術作品」は無傷とはいかず、ピカソ的作品に変貌した。九死に一生を得たティールは、道ばたで体の埃を払って、セコイアのオフィスにヒッチハイクで行き、しばらくしてマスクも合流した。

セコイアのオフィスで待っていたX.comのCEOビル・ハリスによると、ティールとマスクは遅れてやってきたが、理由は言わなかったという。「私には何も言わなかったね。普通にミーティングをした」

マスクはこの経験を茶化して言う。「ピーターはもう二度と僕とドライブしてくれないだろうな」。ティールも軽口を叩いている。「イーロンとは打ち上げを経験したよ――ロケットじゃなかったけどね*」

* マスクはマクラーレンを数年間保有した。この車はマスクの手を離れたあと、複雑な――最終的には報われる――生涯をたどった。マクラーレンF1オーナーズクラブ25周年ツアーの主催者はこう報告している。「三人目のオーナーは2007年にこの車を購入し、よく整備して2か月ほど運転していたが、2009年、アメリカのサンタローザで触媒の不具合で出火するという大きなトラブルに見舞われた。車両のダメージは大きく、フルレストアのためにMSO（マクラーレン・スペシャル・オペレーションズ）に送られた。マクラーレンはレストアを行い、幸いにも元のカーボンファイバーのシャシーを維持することができた。1年間の修復作業を経て、車はオーナーに戻され、現在も所有されている。ありがたいことにオーナーは、2017年に南仏で開催されたマクラーレンF1オーナーズクラブ25周年ツアーに車を持ってきてくれた」

最強の統一戦線
――ネットワーク効果で市場を支配せよ

一緒にドライブすることはなくなったが、ティールとマスクはさしあたり統合会社のX.comの同僚として一緒に働くことになった。

X.comは書類上でも報道でも、前途洋々として見えた。才能豊かな技術者のチームに、急拡大中の50万人のユーザーベース、インテュイット元CEOや、以前経営していたスタートアップを数億ドルで売却した起業家を含む、優秀な経営陣が揃っていた。

合併が決まったおかげで、双方が投資家に会社を強力に売り込むことができた。かつての最大の敵を無力化し、ユーザーベースを統合したいま、ネットワーク効果を活用することによって、合併会社はオンライン決済市場全体を支配できる、と。

合併の最終条件を詰める間に、ビル・ハリスはレヴチンに指示して、X.comとコンフィニティの両方がヤフーとの買収交渉を中止することをヤフーに伝えさせた。「合併の最大の成果は、統一戦線ができたことだった」とレヴチンは数年後にスタンフォードの聴衆に語っている。

合併の話が漏れ伝わると、ペイパルのとある新規顧客がX.comのジュリー・アンダーソンとコンフィニティの広報責任者ヴィンス・ソリット宛てに、「ウィン・ウィン」の合併に好印象を持ったというメールを送ってきた。

（私がイーベイでの出品者・購入者として）絶対に見たくなかったのは、ペイパルとX.comがベータ対VHSのような死闘を繰り広げることです。購入者から送られた商品代金をペイパルで瞬時に受け取れるのは、小切手が届くのを待ち、それから決済されるまで待つのとは比べものにならないほど便利です。……「標準規格がものをいう」ことは、コンピュータ業界の常識です。ペイパルが事実上の業界標準になれば、多くの人の生活が便利になるでしょう。その半面、ペイパルが標準になれば、貴社はほかに多くの選択肢がある場合よりもさらに大きな責任を負うことになりますね。

好意的な反応ばかりではなかった。イーベイのユーザーはX.comとコンフィニティの合併を喜んだかもしれないが、イーベイの経営陣は脅威に感じた。そして対抗策も用意していた。合併発表の直後、イーベイはウェルズファーゴ銀行と提携し、自社の決済システムであるビルポイントを両社の合弁事業として共同運営すると発表した。さらにはビザと提携を結び、ビザカードの決済手数料を3か月間無料にするとユーザーに約束した。

これは多くのイーベイユーザーにとって喜ばしいニュースだった。「イーベイの出品者がビルポイントの決済システムに反対していた主な理由は、手数料の高さだった」とオンラインオークション関連のニュースサイト、オークションウォッチのロドリゴ・セールスが書いている。「だからこそ、無料の決済サービスを提供するペイパルやX.comなどは、イーベイのコミュニティに歓迎されたのだ」。実際、イーベイがビザとウェルズファーゴ銀行と提携した狙いはただ一つ、X.comとコンフィニティに奪われた領土を奪還することだった。

X.comとコンフィニティのユーザー急拡大は、模倣サービスも生み出した。2000年3月、シカゴに本拠を置く大手銀行バンク・ワンが、決済サービスのイーマネーメールを立ち上げた。同月ヤフーは、個人間決済サービスのドットバンクを買収した。そしてコンフィニティに投資していたアイデアラボ・キャピタル・パートナーズまでもが、競合サービスのペイミー・ドットコムを立ち上げた。

屋上からカネをばらまいたほうがまし

さらに厄介なことに、X.comの強みである顧客の爆発的増加は、諸刃の剣だった。ユーザーが増えるにつれ、苦情も激増したのだ。イーベイ掲示板やその他のオークション関連掲示板には、X.comやペイパルのサイトがダウンした、ボーナスがもらえなかった、決済が失敗した、などの不満が殺到した。

やがて政府当局からも厳しい目を向けられるようになった。苦情の増加を受けて連邦取引委員会が調査に乗り出し、アメリカ・シークレットサービスはペイパルが違法取引に使われていることに懸念を深めた。その間も両社のユーザーは1時間当たり数百人の猛烈なペースで増え続け、このすさまじい成長率が、混乱に秩序をもたらそうとするあらゆる取り組みに支障をきたした。

合併そのものも、社内に落ち着きを取り戻すにはほど遠かった。インテュイットの元CEOビル・ハリスを除けば、どちらの経営陣もこうした状況に役立つマネジメントの経験がなく、ましてや合併を経験したこともなかった。X.comとコンフィニティは異質なユーザーベースと異質なウェブサイトを持ち、異質な開発プラットフォーム——X.comはウィンドウズ、コンフィニティはLinux——でプロダクトを構築していた。

おまけに、合併を早急に完了する必要もあった。X.comとコンフィニティがいったん合意を結ぶと、ティールもハリスも、ただでさえ脆弱な合意をさらに揺るがす危険を冒したくはなかった。これは資金調達のためでもあった。それぞれの会社が合併交渉前から資金調達に動いていたが、合併をすばやく完了すれば、その分早く協力して資金調達に当たることができる。

この時期にどちらかの会社から内定を得た求職者は、規模の大きくなった新会社に入社することを知らされた。ある求職者は、合併前に付与される株式を得るために、できるだけ早くコンフィニティの内定を受け入れるよう、レヴチンに勧められたという。

またこの時点では、重要な問題のいくつかにまだ答えが出ていなかった。その一つが、新会社の主力プロダクトの名称だ。「ロゴについて何時間も議論したのを覚えている」とエイミー・ロウ・クレメントは言う。「たとえば、二つのロゴをどう合体させるのかとか」

「X.com」が合併会社の正式名称になることと、「コンフィニティ」の名称が廃止されることは決まっていた。だが「ペイパル」についてはどうするのか？

一案として、「X‐ペイパル」の名称が検討された。頭の「X」は、X.comがすべての金融商品・サービスをまとめて提供する場になるという、マスクの構想を表していた。ビル・ハリスの2000年3月18日付のメールには、Xのすべてのブランドの候補名が列挙されている――X‐ファンド、X‐クリック、X‐カード、X‐小切手、X‐口座。だがコンフィニティ側にしてみれば、Xとペイパルを隔てるハイフンは、ジュニアパートナーの地位に追いやられる不安を再燃させるものだった。

合併の事前調査のプロセスでは、双方の問題が明らかになった。数人の経営陣の話によると、合併が完了したその日、X.comはコンフィニティに資金を注入する羽目になったという。コンフィニティは2000年初めに資金調達ラウンドを完了していたが、あまりの急成長で資金をおおかた使い果たしていたのだ。

X.com側にも問題があった。X.comはユーザーベースの拡大を図るため、すべての金融サービス商品を提供する構想の一環として、見込み顧客に与信枠を与えていた。だが会社が急拡大するにつれ、与信審査がおろそかになった。「実在しない人や、別人になりすました人にまで与信を与えていた」とケン・ミラーは言う。「実在していても基準を満たさない人の与信を通したり、与信枠を与えすぎたりもしていた」

最終的に、双方が重要な合併を実現させるための代償として、お互いの難点に目をつぶった。バラバラより一緒のほうが強くなれると考えてのことだ。

だが合併は根本問題の解決にはならなかった。合併後の会社は相変わらず現金燃焼率が高かった。この四半期だけで支出は2500万ドル近くになる見通しだった。給与、登録ボーナスの支払い、クレジットカード会社への手数料、そして不正利用がバランスシートをむしばんでいた。「会社の屋上から100ドル札の束をばらまいたほうが、カネの減り具合は少なかっただろうね」とリード・ホフマンは言う。

マスクによると、合併するなりあらゆる危機が勃発した。「不正利用の問題が解決しなければ会社は終わる。カスタマーサービスの問題が解決しなければ会社は終わる。収益モデルがなければ——支出するだけで収益が得られなければ——明らかに会社は終わるはずだった」

「水と油」を混ぜ合わせる作業

二つのチームはそれまで覇権をめぐって死闘を繰り広げていた。「死」と書かれたケーキ、不吉なバナー、毒々しいメール……。そのわずか数週間後、両チームは急成長中の「幸せな家族」として団結することを求められた。うまくいくはずがない、と思った社員が多かった。

2月末、経営陣から一般社員に合併が伝えられた。多くの社員にとっては寝耳に水だった。「当時、コンフィニティはうちと競り合っていた」とX.comのエンジニア、コリン・キャトランは言う。「だが俺たちのほうが先を行っているし、俺たちに近づく会社は全部つぶしてやる、と思っていた。だから、合併すると聞いてX.com社員はショックを受けた」

合併の物語は、語り手がコンフィニティ側なのか、X.com側なのかによって、内容が違ってくる。「内々の話として、コンフィニティのプロダクトのほうがずっと優れているという説明を受けた」とコンフィニティのエンジニア、デイヴィッド・ガウスベックは言う。「X.comは与信管理が甘く、貸倒率が高く、資金を垂れ流し、ありとあらゆる問題を抱えている。それに引き替え、コンフィニティはずっといい状態にある。だが決済市場を独占していないことが、投資家からすればわれわれの弱みなんだと、そう言われた」

コンフィニティのマーケティング担当エリック・ジャクソンは、上司のルーク・ノセックが統合に関する懸念を和らげようとしたと、回想録に書いている。

なあ、うちにとっては悪い話じゃない。たとえば、X.comにはユーザーが20万人ほどいる。うちとほぼ同数だ！　それに投資信託やインデックスファンド、デビットカードといった金融サービスを提供しているから、一件一件の口座はおそらくうちの口座より価値が高い。そしてうちの現金燃焼率はかなり高く、まもなく追加の資金調達が必要になるが、最大のライバルと合併すれば、いまよりずっと多額の資金を調達できる。

他方、X.com社員は正反対の物語を聞かされた。イーベイ上で急拡大したものの、そのせいで資金が枯渇してしまったコンフィニティを、X.comが「救済」する。そしてX.comの経験豊富な経営陣が、コンフィニティの未熟なチームに必要な専門知識と規制上のノウハウを提供するのだ、と。

3月の間、社員はユニバーシティ・アベニュー165番地のコンフィニティ本社と、394番地のX.com本社——コンフィニティの旧本社があった場所——を行ったり来たりしていた。「あれは楽しかったな。僕らは昔X.comからここを間借りしていたんだが、合併してまた戻ってくることになった」とコンフィニティのケン・ハウリーは言う。「数ブロック先の職場から、また家具を戻すことになったよ」

この時期については、「楽しかった」と記憶している社員ばかりではない。エンジニアのエリック・クラインは、パロアルトのクレオール風レストラン、ノーラでの寒々しいミーティングを覚えている。「最後には店の前で何時間も議論、いや口論して、怒鳴り合っていた」とクラインは言う。「僕らはまるで混ざり合わなかった。水と油だった」

だが安堵した社員もいる。「持ち株が半分に希薄化されて喜ぶ人はいない」とX.comのトッド・ピアソンは、合併後の社員の持株比率の減少について語る。「だが、少なくとも殺し合いをする必要はなくなった」。X.comのジュリー・アンダーソンは、合併は自然な流れだったと言う。「財政状況を考えれば、大きなショックじゃなかったわね」。どちらの会社もユーザーベースを拡大していたが、力を合わせれば両社のユーザーベースを活用して、採算性のある事業を構築できる可能性が高まる。「その段階に移れればいいなと、みんな思っていた」

その段階に移るには、さらに大きな新しい本社が必要だった。3月、新会社はパロアルトのエンバカデロ・ロード1840番地に新しいオフィスを構えた。ビル・ハリスがいたころのインテュイットが借りていた場所だ。面積は２０３２平米で、初年度の家賃は月10万２８０７ドル80セント。

ペンシルベニア大学を出てすぐX.comに入社したリー・ハウアーは、エンバカデロ・ロード１８４０番地への引っ越しは骨が折れたと言う。「何でもないことのように思うかもしれないが、二つの急成長中の組織が、採用やら何やらを慌ててやっていた中での引っ越しだ。大混乱だった」

エンバカデロ・ロードのまだ落ち着かないオフィスで、初の合同ミーティングが行われた。ハリス、マスク、ティールのそれぞれが、合併会社は正しい軌道に乗っていると言って、社員を安心させた。参加者によると、例のシスティーナ礼拝堂のTシャツと短パン姿のティールと、ジャケットと折り目のついたズボンのハリスが対照的だったという。また、ティールが壇上で、コンフィニティとX.comの株式交換比率を暗算で語ったのも印象的だった。

２０００年3月30日、X.comの人事責任者サル・ジャンバンコが、@paypal.comと@x.comの全アドレス宛てに、件名「正式発表」の全社メールを送った。

「本日をもってX.comとコンフィニティは一つになった。みんな、おめでとう!!!!!」

投資家が「莫大な資金」を浴びせかけてくる

X.comとコンフィニティには、祝うべきことがもう一つあった。メディアに合併を正式に伝えたのと同じ日、X.comとコンフィニティの経営陣は1億ドルのシリーズC資金調達を実施したことを発表した。「大きな反響がありました」とティールは会社のプレスリリースで述べている。「当社の資金調達ラウンドは、応募が大幅に超過し、指数関数的に拡大中のX.comのユニークな金融プラットフォームへの熱意が感じられました」。マスクも言い添えている。「1億ドルという規模は、オンライン決済におけるX.comの指導的地位の重要性を物語っています」

この資金調達のプロセスは狂騒めいていた。財務チームのジャック・セルビーは、資金調達ラウンドを完了するまで「文字通り、ノンストップ」で各地をめぐり、数週間、スーツケース一つで生活した。ティールは早く投資の確約を取りつけたい一心だった。アメリカ経済の崩壊がすぐそこに迫ってきていることを予期していたのだ。「僕らが生き延びたのはピーターのおかげだ」とセルビーは断言する。「ピーターが『早く完了しよう。終わりが近づいているぞ』と号令をかけたんだ」

経済不安が高まる中でも、チームは投資家の関心を難なく引くことができた。「あれは資金調達なんてものじゃなかった。うちのドアを蹴破ってでも資金をくれようとする投資家がたくさんいて、そのうちの誰を選ぶかという感じだった」とマスクは言う。「消火ホースでカネを浴びせられたんだ」。ティールはどこへ行っても人につかまった。あるときはホテルのロビーで、投資家があとをつけてきた。会う約束もしていないのに、ティールが別の投資家集団と話しているところに椅子を持ってきて、ティールのプレゼンを聞いていたという。

またティールは韓国への出張で、法人カードが拒否されて帰りのチケットを購入できなかったとき、投資家たちが喜んでその場でファーストクラスのチケットを買ってくれたという。「みんな信じられないくらい熱狂していた」とティールは回想している。「翌日うちの法律事務所に電話をかけてきて、資金はどの口座に送金すればいいのかと訊ねていた」

狂乱の熱気を目の当たりにして、ティールは市場への懸念が現実になろうとしていることをかえって確信した。「この状況は狂っている、こんなことはいつまでも続かない、だからできるだけ早く資金を確保しなければ、と思っていた」

1億ドルという最終金額にがっかりした社員もいた。コンフィニティとX.comはその2倍の金額の口約束を得ていたため、残りの資金が得られるまで待つべきだ、いや10億ドルの評価額をめざすべきだ、などの声もあった。

しかしティールは頑として譲らなかった。ただ握手するだけではだめだ、小切手を受け取り、投資契約書に署名をもらい、入金まで確認しろと、セルビーら資金調達チームをせき立てた。「ピーターは、資金調達ラウンドをとにかく早く完了させろと、全員に檄を飛ばした」とデイヴィッド・サックスは言う。ティールの猛烈ぶりを知る多くのコンフィニティ社員でさえ、これほど強硬な彼は見たことがなかった。ハウリーによると、ティールは「この資金を調達できなければ、会社が吹き飛ぶ」と警告していたという。

マスクも景気低迷が近いと感じていた。99年半ば、マスクはペンシルベニア大学卒業生の会報で、迫り来る暴落を警告した。「ここまで大きな変化が起こると、投機的な熱狂が必ず起こる。だからきちんと下調べをして、経営が危うい会社にむやみにカネを突っ込まないことが大切だ。ポチョムキン村〔帝政ロシアの張りぼてでつくられた村〕のような、基盤の危うい企業がたくさんある。その多くが破綻するだろう」

そのツケは必ずまわってくると、マスクは予言した。「いまは史上最長の景気拡大局面だ。歴史を学んだ人は反動が必ず来ることを知っているが、深刻な不況を経験したことのない若者にとって、今度の不況はつらい経験になるだろう」

この予言は、マスクのいつもの大言壮語の楽観論とは一線を画していた。マスクが警告を呼びかけるときは、それだけの意味があるのだ。

マスクには、X.comの5億ドルの評価額が「ばかげている」と気づくだけの良識もあった。彼の最初の会社、Zip2が3億ドルで売れたのは、優良顧客がいて、数百万ドルの収益を上げていたからだ。他方、評価額がほぼ2倍のX.comの主な業績といえば、投資家のカネと引き替えに、ユーザーのメールアドレスを手に入れたことだけだった。

すべてが白日の下にさらされる
――ついに死の天使が舞い降りた

チームは賢明にも、この資金調達ラウンドを主導する投資家に、ドットコムの熱狂から遠く離れた会社を選んだ。シカゴに本拠を置くプライベートエクイティ（未公開株式投資）会社、マディソン・ディアボーン・パートナーズ（ＭＤＰ）だ。ＭＤＰはベンチャー投資にまだ足を踏み入れたばかりで、テクノロジーとメディア、通信分野のスタートアップに少額の投資を行っていた。

コンフィニティ／X.com の資金調達ラウンドを導いたＭＤＰのパートナー、ティム・ハードは、インターネットビジネスの成長と拡大を見守ってきた。彼はコンフィニティ／X.com の説明資料が届くと、興味をそそられた。「決済分野のことは多少知っていたから、『ふむ、これはかなりおもしろそうだぞ』と思ったね」。コンフィニティとX.com はユーザーを急速に増やしていたが、決済の世界でそれをすることの難しさを、ハードはよく知っていた。「ネットワーク効果がいったん働き始めれば、他社が競争に入り込む余地はなくなる」とハードは言う。

ハードはコンフィニティともX.com ともつきあいはなく、これがこの会社への「初めての投資」だった。だが投資金額は多額とはいえ、ＭＤＰの運命を左右するほどではなかった——３０００万ドルはＭＤＰの運用資産のほんの一部分だった。「私としては、あの会社への投資は単発の投資のつもりだった」と言う。

ＭＤＰの大口投資を確保すると、コンフィニティの財務担当セルビーとティール、X.com の財務チームは、残る７０００万ドルを「有力投資家の集団」から調達した。シンガポールの投資会社が3社と、日本〔光通信〕と台湾から1社ずつが加わった。国内ではＪＰモルガンのインターネット金融部門ラボモルガンと、キャピタル・リサーチ＆マネジメント・カンパニー、デジタルセンチュリー・キャピタル、ベイビュー２０００などが名を連ねた。

このタイミングは僥倖《ぎょうこう》だった。ラウンドが完了したわずか数日後、アメリカの株式市場の暴落が始まった。最終的に2兆5000万ドルもの時価総額が消滅、ハイテク株への投資意欲は冷え切った。「史上最大の上げ相場を牽引してきた強欲が、市場心理の変化への恐怖に取って代わった。超人気のハイテク株が、あまりにも急激に、あまりにも高くなりすぎていたという声が上がっている」とCNNは2000年4月に報じた。年末までにナスダックの時価総額の半分が消失した。

2000年の大みそか、CNNがあるポートフォリオマネジャーに推奨銘柄を訊ねた。「私ならこの先半年は様子見ですね」と彼は答えた。「死の天使が死体を拾い集めるまで待ちますよ」

ティールはのちに、この地殻変動には現実を明らかにする効果があったと語った。「おそらくあの狂気のピークは、現実が白日の下にさらされた瞬間でもあった。ある意味、遠い未来の姿がはっきりと見えた。そして多くの計画が間違っていたことが明らかになった」

突如として、シリコンバレーの放漫は緊縮に転じた。「あの瞬間、何らかの理由でまだ資金調達ラウンドを完了していなかったシリコンバレーの企業は、資金が干上がった」とサックスは指をパチンと鳴らして言う。かつて活気のあったパロアルトの店先が、この時期は板でふさがれていたと、社員たちは証言する。

いったん株価が調整局面に入ると、有力VCの後ろ盾もたいした助けにはならなかった。セコイアのマイク・モリッツは、ドットコムブーム期の大人気企業、ペット用品販売のペッツ・ドットコムに投資していた。2000年1月、ペッツ・ドットコムはスーパーボウルの超高額の30秒CM枠を購入し、「いまボクを置いていくなら」というスポットCMを流した。CM放映からわずか282日後の2000年11月7日、ペッツ・ドットコムは閉鎖され、資産は清算された――そして「ペッツ・ドットコム」はドットコム投機の危うさを表す代名詞となった。

バブル崩壊期、テクノロジー誌のファスト・カンパニーをもじったサイト、破綻企業《ファックト・カンパニー》ドットコムがテック界で人気を博した。その名の通り、当時の多くの企業破綻を記録するサイトだ。X.com社員の数人もこのサイトを毎日読んでいた――他人の不幸を喜ぶためではなく、明日はわが身という恐怖感から。

コンフィニティとX.comがシリコンバレーの「ゴミ箱」行きにならなかった理由はいくつかあるが、この試練の一年を乗り切れるだけの資金を持っていたことが大きい。「あのころ、中小のオンライン決済サービス会社が5社から7社ほどあったが、すぐに酸素欠乏に陥り、秋までに死に絶えた」とヴィンス・ソリットは言う。

1億ドルの資金調達ラウンドのタイミングがペイパルの生死を分けたと、社員たちは指摘する。「あそこまで危うい状態だったということを、人は知らないと思う」とエイミー・ロウ・クレメントは言う。「もしあの1億ドルのラウンドを終えていなかったら、ペイパルは消えていた」。マーク・ウールウェイはさらに踏み込んで言う。「もしあの1億ドルを確保していなかったら、スペースXも、リンクトインも、テスラも存在していないだろう」

ティールが異次元的な提案をする

暗黒時代を予見していたティールは、異例な要請を行った。2000年夏の取締役会の前に、ティールは提案を発表してもいいかとマスクに訊ねた。マスクはいいよと言った。

「ええと、ピーターから話があるそうだ」とマスクは言い、ティールに場を任せた。

ティールは語り始めた。

市場はまだ危機を脱していない。会社にとっても世界にとっても、事態はさらに悪化するだろう。バブル崩壊をたんなる短期の調整と見る向きが多いが、そうした楽観論は間違っている。バブルは考えられているよりはるかに大きく、本格的な崩壊はまだ始まってすらいない。

これから起こる事態は、X.comに深刻な影響をおよぼすはずだ。現金燃焼率が高いX.comは、今後も資金調達を続けなくてはならない。だがもしバブルが本格的に崩壊すれば――いや、崩壊するとき――市場はさらに冷え込み、X.comでさえ資金調達は困難になる。資金が枯渇し、資金調達手段はなくなるだろう。

そして、ティールは解決策を提案した。X.comは3月に調達した1億ドルの資金を、ティールの運営するヘッジファンド、ティール・キャピタルに移管する。そしてティールはその資金を使って株を空売りする――。

「あれは論理としては、まったく理に適っていた」と、X.comの取締役でMDPのパートナーのティム・ハードは認める。「ペイパルのすごさの一つは、現実世界の常識にとらわれないことだ」

取締役会のメンバーは一様に驚愕した。モリッツ、マロイ、ハードはこぞって反対した。「ピーター、話はわかる」とハードは言った。「だが私たちは事業計画をもとに、投資家から資金を集めたんだ。投資家はその計画をファイルに保存している。計画には資金の使途として、『一般的な事業目的』と書かれている。それに事業拡大目的とも。だが投機なんて一言も書かれていない。歴史は君の正しさを証明するだろうし、巨額の利益が上がるかもしれないが、もし間違っていたらわれわれ全員が訴えられるぞ」

マイク・モリッツの反応がとくに印象的だったという人もいる。モリッツは「テンパってしまい」、芝居がかった口調でティールを怒鳴りつけたとある取締役は言う。「ピーター、はっきり言おう。もし取締役会が君の考えを承認するなら、私は辞任させてもらう」

「マイク・モリッツの大見得は、あの騒動のハイライトの一つだったな」と取締役のマロイは言う。ティールは取締役会に提案を却下されたことに抗議して、その後の数回の取締役会を欠席した。歴史的な市場崩壊が起ころうとしているのに取締役会は目先のことしか考えていない、適切に対応すれば莫大な利益が得られるのに、とティールは憤慨した。

「潮目が変わり始めていた。ピーターはつねに悲観的だが、変化を察知する目を持っている。そして彼は実際に正しかった」とマロイは言う。「おそらく、投資していればペイパルのどんな事業よりも大きな儲けが出たはずだ」

Chapter 11 ナットハウスのクーデター

――新CEOビル・ハリスの苦難

2000年6月のイーベイ掲示板より。

ペイパルは私には合っている。ビッドペイも試してみようかな。ビルポイントはやめた！

イーベイの出品者は結束してビルポイントをボイコットすべき！

ペイパルは売り手にも買い手にもすばらしいサービスだ！　どっちにも無料だしね！　ほんとにスゴイ！　イーベイでビルポイントを選ぶ理由なんて何もない！

ここ2か月ペイパルを使ってるけどほんとにいいよ。僕の品を買ってくれた人の半分くらいがペイパルを使ってる。決済は電光石火の速さだ。

初期の混乱の最中にも、ペイパルのチームはこうしたレビューに励まされた。「ペイパルはユーザーに愛されていた」とX.com のエンジニア、コリン・キャトランは言う。「人生が変わったというメールが毎日100通くらい届いていたよ」。自分で事業を運営することを長年夢見ていた起業家が、ペイパルを使ってイーベイで売買できるようになった。「僕らは現実の問題を解決するプロダクトを生み出したんだ」とレヴチンの高校時代の友人で品質保証エンジニアのジム・ケラスは胸を張る。

だが絶賛とともに、苦情も山のように寄せられた。X.com もコンフィニティも、初期には苦情処理を後回しにしていた。コンフィニティでは、ペイパルを初めてローンチした99年10月ごろは、社員が電話でユーザーの具体的な問題を直接解決できていた。その冬に会社が成長する間も、デイヴィッド・ウォレスがコンフィニティのカスタマーサービスを一手に引き受けていた。

だが2000年が明けるころから、この体制はうまくいかなくなった。X.com には2月の5日間だけで顧客から2万6405件もの問い合わせが殺到した。1分間に約7件の計算だ。コンフィニティにも同じ波が押し寄せた。「1日24時間、どの外線電話を取っても怒っている顧客と話す羽目になった」とリード・ホフマンは言う。

どちらの会社も対応策として、メールを無視したり、オフィスの電話線を引き抜いたり、社員の携帯電話を無効にしたり、番号を変更したりした。「あるとき、デイヴィッド（ウォレス）がひょいと顔を出して、未処理メールが10万件あるよと言ってきた」とデイヴィッド・サックスは言う。「僕らは『ちょっと待てよ、なんでもっと早く教えてくれなかったんだ？』と慌てたね」

苦情が爆発的に押し寄せる

コンフィニティとX.comに金融サービスを頼るユーザーに、システムの不具合は深刻な影響をおよぼした。たとえば初期のあるX.comユーザーは、週末旅行で恋人とカリフォルニア州サンディエゴに飛んだ。「空港を出る直前、太平洋標準時午後5時半ごろにX.comの当座預金残高を確認したら、７４６ドル14セントだった」と彼はX.com経営陣に宛てた詳細なメールに書いている。

到着後、レンタカーのカウンターでX.comのデビットカードを拒否され、近くのＡＴＭでも使えず、ホテルでもはねられた。ホテルからX.comのカスタマーサービスに電話をしたが延々と待たされ、あきらめて電話を切った。

「もし一人旅だったら、車もなく、ホテルもなく、お金もない状態で、空港のベンチで寝ることになっていただろう。そして貴社の『カスタマーサービス部門』は私たちを助けるどころか、電話さえ取ってくれなかった。……貴社との関係を継続することに大きな懸念を持っている」

X.comのメンバーも自社製品で苦労した。2000年4月、彼はスターバックスで59ドル22セントの支払いにX.comのデビットカードを使おうとしたがうまくいかなかった。「デビットカードを二度拒否され、カスタマーサービス担当者には『日次の終業処理のせい』だと言われた」と、彼は同僚宛ての辛辣なメールに書いている。「これはまったくひどい」。このスターバックスの客は、X.com会長・共同創業者のイーロン・マスクだった。

X.comに当座貸越手数料を課されたある顧客は、製品評価サイトのエピニオンズで不満をぶちまけ、「FDIC（連邦預金保険公社）と検事当局に通報する」と書いた。苛立った顧客は、メディアや商事改善協会、連邦取引委員会に苦情を訴えた。

ヴィヴィアン・ゴーは商事改善協会宛ての苦情に対処した。「裁判所命令が届いて、外国人の私は震え上がった。サンノゼ支部の女性担当者とやり合ったわ。めちゃめちゃ手強い相手で、『今日はあの人に会うのか』と思うだけで気が滅入った」

自ら手を下そうとした過激な顧客もいた。「自分のお金を人質に取られたと思い込んだのよ」とスカイ・リーは言う。「男性が銃を持ってオフィスに乗り込んできて、カネを返せと脅してきた。そんなことがあったから、当時は安全対策が急務だった」

品質保証責任者のディオンヌ・マックレイイは、ペイパルのロゴ入りTシャツを着て出かけたとき、「誰かがいきなり怒鳴ってきた」と言う。「ペイパルで何かトラブルがあったとか言って。

あれは現実とは思えないような経験だった。私が社員だというだけで、口座凍結を解除したり、問題を説明したりできると思ったのね」とマックレイ。その後もテック業界で働き続けたマックレイは、このとき生涯の教訓を胸に刻んだ。「いまも家の外では会社のロゴ入りの服は絶対着ない」

もちろん、X.comだけのせいとは言えない問題もあった。たとえばX.comのキャッシュカードをレンタカーのカウンターやスターバックスで使えるようにするには、一連の複雑な手順を踏む必要があり、一つひとつの手順が不具合の原因になり得た。X.comの責任者が例のサンディエゴでの不具合について調べたところ、他社のデビットカードの処理システムがサーバーメンテナンス中だったせいとわかった。

だがカスタマーサービスが機能していないせいで、ユーザーは不具合がX.comのせいなのか、他社のせいなのかを区別できなかった。そして何か不具合があれば、すべてX.comのせいにされた。カスタマーサービスを最優先する必要がある、と経営陣は決断した。

家族を「最強のCS部隊」に仕立てあげる

最初は一般的な方法を試し、電話応対と苦情処理を外部委託した。カリフォルニアの数社と契約して、バーバンクにコールセンターを設置した。だがこの方法は高くつくうえ、ユーザーの問題を解決できないことが多かった。「巨額の費用を請求された割に、サービスはお粗末だった」とマスクは言う。

X.comのジュリー・アンダーソンが問題解決に乗り出した。彼女はまず全米のカスタマーサービス会社を偵察し、アイダホ州ボイシの優秀な会社が提携候補に挙がった。そんな折、ふとアイデアが浮かんだ。「どこから、なぜ、あの発想が生まれたのかは覚えていない。でもこう思った。私が自分で家族や親戚を訓練して、自宅から顧客の問い合わせに答えてもらえばいいじゃないって。うちは親戚が多いのよ」

アンダーソンが白羽の矢を立てたのが、姉のジル・ハリマンだ。姉はネブラスカ州在住で、その忍耐強い中西部気質は、爆発寸前のユーザーの不満を和らげるのにうってつけに思われた。マスクも有望なアイデアと感じ、「思いきりやってくれ」とアンダーソンを後押しした。「まずはどこか拠点を探して、30日で100人集めるんだ」。アンダーソンはネブラスカ州セレスコに飛んで姉を訓練し、続いて姉が地元の親戚や友人14人を訓練した。

X.comはこれをもって、初めてオマハ大都市圏に進出し、その後も拠点を拡大していった。このカスタマーサービス部門は、カリフォルニアの業者よりはるかに有能だった。迅速で、コストが低く、飲み込みが早かった。「すばらしかった。最高の人材だった。信頼性、責任感、勤勉さと、三拍子揃っていた」とアンダーソンは目を細める。

すぐに成果が上がったのを見て、経営陣はネブラスカの拠点の拡大を急ピッチで進めた。4月17日に20数人だった人員は、5月12日には161人を数えた。わずか数週間でパロアルト本社を超える人員を抱えるようになったネブラスカ・コールセンターは、劇的な成果を挙げた。

ジル・ハリマン（左）とジュリー・アンダーソン（中央）の姉妹は、オマハのカスタマーサービス部門の設立に尽力した。この部門は山積するカスタマーサービスの問題を解決し、社内の重要部門となった。

2000年5月12日の全社メールには、「未処理メールはほぼ解消した」と誇らしげに書かれている。コストの高いバーバンクのカスタマーサービス部門は閉鎖された。

6月2日金曜日、マスクはオマハセンターの開設セレモニーに駆けつけた。その他の出席者はパロアルト本社の社員数人と、オマハ市長ハル・ドーブ、そしてオマハのチーム。オマハのカスタマーサービス担当アンドレ・ダナン3世は、開設を記念して頭をX.comのロゴの形に刈り上げて青く染め、地元の慈善団体チャイルド・セイビング・インスティテュートへの寄付を募った。

X.comはオマハを拠点に選んだことで、アンダーソン家の人脈だけでなく、図らずもこの地域へのアメリカ軍の重点投資の恩恵にもあずかることとなった。

北米大陸を囲む東西どちらの海からも等距離にあるネブラスカのオファット空軍基地には、かつてアメリカの核備蓄の大半を管理する戦略航空軍団が置かれていた。冷戦中、ソ連の核攻撃に対するアメリカの相互確証破壊

（ＭＡＤ）戦略を計画した部隊だ。軍がこの地域の通信システムに投資したおかげで、X.comをはじめとする民間企業は90年代初めに敷かれたアメリカ初の光ファイバーケーブル網を利用できた。

そんなわけでオマハは、西海岸の決済スタートアップが遠隔のコールセンターを置く拠点として最適だった。のちのペイパルの海外カスタマーサービス部門も、オマハから生まれた。オマハの担当者は海外の新しい担当者を訓練し、インド、ダブリン、上海に姉妹センターを開設した。

やがてオマハセンターの人員はパロアルト本社の数倍の数千人規模にまで拡大した。ペイパルはいまも、オマハ地域最大の雇用主の一つだ。

「おめでとう、一人で150万ドルの損害を与えたね」

アンダーソンは、カスタマーサービスの問題を解決するために、当時は場当たり的に対応していたという。「腰を落ち着けて、これはうまくいくだろうか、なんて考える暇は一切なく、『何ができるか、どれだけ早くできるか』とだけ考えていた」

スピードには代償が伴った――だがその代償を会社は進んで支払った。

デザイナーのライアン・ドナヒューは、決済が集中していたある金曜の午後、サイトの重要な機能を壊してしまった。ＣＴＯのレヴチンに報告すると、レヴチンはすぐに問題を調べにいった。「マックスは戻ってきて、『おめでとう、君はたった一人で送金機能を壊して、会社に150万ドルの損害を与えたね』と言うんだ」。ドナヒューはうろたえた。「そんなに大きなミスをしたことがなかったから。でも許された。マックスは笑い飛ばしていた。僕は、ここはほんとにいいところだなあと思ったよ」

マスクをはじめ経営陣は、失敗を、試行錯誤にはつきものとして受け入れた。「いつかイーロンが言っていた。『何かを成功させる前にしくじった方法を四つ挙げられない人は、おそらくそれに取り組んだ本人じゃない』」とジャコモ・ディグリゴリは言う。

マスクは2003年にスタンフォード大学での公開講演でも、同じことを言っている。「二つの道があって、一方が明らかに優れていると言えない場合、どっちの道がわずかに優れているかを考えて時間を無駄にするより、とりあえずどっちかを選んでやってみた。間違うこともあった。でも、いつまでも迷っているより、どっちかを選んでとにかくやってみるほうが、いい結果が出ることが多いんだ」

「特大のエゴ」を持つ四人の最高幹部

とはいえ合併後は、社員も経営陣も、道を選ぶより、迷うほうが多くなった。ときには基本的な問題さえ解決不能に思われた。会社のメールシステムの統合すら数か月かかった。プロダクトのリリースが激減し、コードの更新も滞った。「出社してタイムカードを押すものの、何をすべきか、誰に報告すべきなのかもわからなかった」とある社員は語る。

この遅れが、イーベイの決済戦略、新たな競合、巧妙な不正者などの新しい脅威に拍車をかけた。「あの会社で2、3か月も成果が挙がらないのは、永遠に感じられた」とサックスは言う。「それまでの2、3か月で、プロダクトをローンチし、競合たちをなぎ倒し、合併をやり遂げ、資金調達ラウンドまで完了していたからね」

とくにコンフィニティでは、経営陣や上層部は少人数のざっくばらんな会議に慣れていた。だが新生X.comでは、長い会議があたりまえになった。「重役会議に行くと、部屋に20人以上いるんだ！」とサックスはうんざりしたように言う。

こうした遅れの責めを負わされたのが、CEOのビル・ハリスだ。「彼は『倍増問題』を解決しようともしなかった」とある経営陣は批判する。つまり、合併後の人材重複の問題だ。たとえば、どちらの会社にも財務を統括する上級幹部がいた（おまけに二人とも名前がデイヴィッド——ジャックスとジョンソン——だった）。

ハリスは、統合後の新会社だけでなく、強烈な個性が集まる新チームを運営する困難も味わった。ハリスは四人の最高幹部——レヴチン、マスク、ティール、そして彼自身——について、笑いながらこう語る。「私たち四人のそれぞれが、体育館にも収まらないほどの特大のエゴを持っていた」

そしてハリスは明らかに技術系でないCEOだった。彼に言わせれば、技術志向のX.comではそれがネックになった。

悪夢のシナリオ
――ハリスの危うい決断

X.com経営陣の多くは、とくにハリスのある決断に憤慨した。X.comの紹介プログラムを廃止し、ペイパルの登録ボーナスも10ドルから5ドルに減額するという決定だ。ハリスは会社に指示して、全顧客に通知させた。3月15日をもって、元X.comのユーザーについてはプログラムを終了し、元ペイパルの顧客についてはボーナスを半額とする。

なぜ一方のプログラムが存続し、もう一方が廃止されるのかと顧客に聞かれた場合の公式回答はこうだった。「会社が合併すれば、紹介プログラムを一本化するのは当然です」

ハリスがボーナス削減を決定したのは、いっこうに減らないコストを懸念したからだった。「X.comは競争に勝った。だから次は赤字の垂れ流しを止めなくては」とハリスは考えた。

だが社内では、自信を持つのはまだ早いという声が大半だった。会社がまだ不安定な時期に、成長にブレーキをかけるのは無謀だと。X.comの顧客のほとんどをイーベイユーザーが占めており、X.comの命運は依然、イーベイの手に握られていた。イーベイのたった一つの決定が、X.comの事業に大打撃を与えかねなかった。

この悪夢のシナリオを、彼らは直接経験することになる。2000年春、イーベイはビルポイントのプロモーションの一環として、出品者が決済方法にビルポイントを含めればオークション出品料を無料にする、「出品無料デー」を実施したのだ。ビルポイントがイーベイのオークションに占めるシェアは、たった一日で1パーセントから10パーセントに跳ね上がった。ペイパルがこれだけの市場シェアを獲得するまでには「ひと月かかった」とエリック・ジャクソンはペイパル回想録に書いている。

だからこそボーナスはとても重要なのだと、チームの多くが痛感した。X.comがイーベイの顧客を引きつける手段は限られている。オークションの出品者は、少数の大ファンを除けば、決済方法のブランドにこだわりなどない。彼らにとって決済サービスはただの道具だった。出品者はX.comやペイパルを便利だと思ってはいたが、それらを宣伝してくれたのはボーナスがもらえたからだ。ボーナスを打ち切るのは、精力的でとてつもなく効率的なセールス部隊をクビにするようなものだと、多くの社員が考えた。

20年後のいまも、インセンティブ終了の決定に憤慨している人たちがいる。その一人、コンフィニティの紹介プログラムの考案者ルーク・ノセックは、「あれは間違いだった」と断定する。その後ペイパルは成功したが、もしボーナスを続けていればさらに早く成長できたはずだと、彼は信じている。

「収益化」の道が見えない

ある晩遅く、ビル・ハリスは早く帰ろうとしているエンジニアに気がついた。好きなテレビ番組を見たらまた会社に戻ってくるつもりだと、エンジニアは説明した。「ティーボ（当時出たばかりの人気の録画製品）があれば、帰らずにすむんだけど」とエンジニアは頭をかいた。数日後、エンジニアが出社すると机の上にビル・ハリスから贈られた新品のティーボが置かれていた。

　こうしたリーダーとしてのハリスの度量は、X.com の他の精力的な幹部たちと心地よい対照をなしていた。またこのころハリスは、暫定的な組織図の作成や未処理案件《バックログ》の管理に取り組んだ。そのほか、X.com のユーザーベース拡大を図るために事業開発を加速させ、オールアドバンテージ（ネットを見るだけでお金を稼げるサイト）との提携を取りつけた。

　だが社内には、そうした案件に注力するのは成功とは言えず、より大きな問題に目をつぶっているだけ、X.com に必要なのは「成長戦略」ではなく「収益化戦略」だという批判もあった。送金サービスは、ハリスが終わらせようとしていたボーナスプログラムのおかげでウイルスが増殖するように成長し、ユーザーは毎日数万人の爆発的な勢いで増えていた。ハリスの事業開発案件は助けにはなったが、より重要な問題である収益化への道筋は見えないままだった。

　X.com は当初、送金で取り込んだユーザーを、幅広い金融商品に誘導して収益を上げることを見込んでいた。他方コンフィニティは、ペイパルの口座に入金されてから決済されるまでの滞留資金《フロート》の運用益で稼ごうとした――「フロートで稼ぐ」と名づけられた戦略だ。だがどちらの計画も難航した。X.com のユーザーはほかの金融商品には目もくれなかったし、コンフィニティの「フロート」から上がる収益は微々たるものだった。
財務状況の悪化に拍車をかけていたのが、高額な手数料の支払いである。X.comの口座の大半がクレジットカードに紐付けされていたため、顧客が支払いを行うたび、X.comはビザやマスターカード、アメリカン・エキスプレスなどのクレジットカード会社に手数料を支払っていた。「決済が増えれば増えるほど、損失が膨らんだ」とエイミー・ロウ・クレメントは言う。

ハリスとて、コストの急増と増えない収益に気づいていないわけではなかった。対策として、郵便為替や銀行の電信送金の手数料に似た、一律の決済手数料を顧客に課すことを提案した。ティールはこれを破滅的なアイデアだと思った。

彼にしてみれば、ペイパルのサービスが軌道に乗ったのは、競合が課していた手数料を無料にしたからだ。とくにイーベイユーザーの多くが、競合のウェスタンユニオン銀行の送金サービスの手数料と手間を避けるために、ペイパルを選んでいた。決済手数料を課せば、せっかく築いてきたシェアをイーベイのビルポイントに奪われてしまう。とくにこの時期、イーベイはユーザー奪還に本腰を入れ始めていた。

手数料の導入は、顧客の怒りに油を注ぐおそれがあった。X.comとコンフィニティのメール送金サービスは、そもそも無料を打ち出してユーザーを取り込んだ。コンフィニティのウェブサイトは「永久無料」を謳っていたし、マスクはX.comが「あらゆる種類の不要な手数料と戦う」とぶちあげていた。十分な顧客が集まれば収益の問題は解決するはずだと、双方が信じていた。

こうした理由から、ユーザーに手数料を課す提案は却下された。経営陣の白熱した議論の中で、コストと収益化戦略に対するハリスとその他の経営陣の考え方の違いが浮き彫りになった。また、より根本的な問題として、この混乱した、動きの鈍い組織では、どんな解決策も実行に移せそうになかった。コストは膨らみ続け、緊張は高まった。破綻の危機が迫っていた。

ティール、我慢の限界を迎える

ピーター・ティールは人間の自由について考えることに人生の大半を費やしてきた。スタンフォード大学では哲学的探究を通してこの問題を思索し、のちには政治に関わることにもなる。だがX.com時代の彼にとって、この問題はきわめて個人的なものだった。

ティールは答えにたどり着き、2000年5月5日金曜日正午過ぎに「取締役副社長辞任」という件名の全社メールを送信した。

みんなへ
本日をもって、僕はX.comの取締役副社長を辞任する。この決定に至った主な理由は3つある。

1. 当社は（ペイパル側から見て）社員を4人から300人超に増やし、150万人の顧客基盤を築き、世界の主要な電子決済サイトに成長した。これは心躍る急成長だったが、僕はこの17か月間、昼夜働き詰めで、単純に疲れ果ててしまった。
2. その間、当社の事業は当初の計画段階から、世界制覇計画を実現しつつある事業にまで成長した。世界金融の基本システムを構築して、グローバルな商取引の基盤を提供することが、当社の基本的なビジョンだ。僕自身は経営者というより、ビジョナリーを自負している。当初のビジョンがこれほど多くのユーザーを引きつけたいま、X.com の業務を管理、拡大できる体制への転換がますます重要になっている。
3. 最近の1億ドルの資金調達ラウンド（調達前の企業価値5億ドル）の成功は、投資界がX.com の先行きに強力な支持を与えたことの証だ。これをもって、僕が日常業務への関与を終え、今後のＩＰＯを主導する人たちにバトンを渡す自然な区切りが来たように思う。

僕は戦略アドバイザーとして、今後もX.com に積極的に関わっていくつもりだ。質問や心配事があれば、いつでも気兼ねなく連絡してほしい。

個人的な話になるが、僕はこの会社で人生のどの一年間よりも（2歳から3歳までの一年間はおそらく別として）成長し、学ぶことができた。なにより、僕らがX.com に集めたすばらしい人たちと、かけがえのない関係と友情を育むことができた。この関係が末長く続くことを確信している。
いろいろありがとう。

ピーター・ティール

ティールがどんな理由を述べようと、親しい人たちにはその真意がわかっていた。彼はビル・ハリスに頭にきたのだ。ペイパルユーザーに手数料を課す、規制問題に対処するためにロビイストを雇う、などのハリスの提案に、ティールはいちいち反対してきた。二人の関係はいっこうに改善しなかった。

ティールがX.comでの仕事に持っていた不満は、CEOのほかにもあった。会社は数人から数百人規模にまで成長し、業務拡大に伴いティールの忌み嫌う雑事が増えた。合併後、ティールはX.com取締役副社長の肩書きを与えられ、ハリスとマスクの二人の直属に置かれた。彼自身の直属の部下は五人もいた——CFOのデイヴィッド・ジャックス、財務のマーク・ウールウェイとケン・ハウリー、ジャック・セルビー、そして今後採用される予定の法務顧問。ティールにとって、二人の上司と五人の部下は多すぎた。

2月末から3月末にかけて、ティールは資金調達ラウンドを完了した。そしてX.comが生き延びるのに必要な資金を手に入れたいま、もう自分はここにいる必要はないと思った。自分が業務に関わらなくても会社はやっていける。何より、経営の重荷から解放されたかった。

マスク、不信感を抱く

多くのコンフィニティ出身者が、ティールの辞任に大きな不安を抱いた。「ピーターが辞めたのは本当に残念だった」とサックスは言う。サックスはティールが周囲の反対を押し切って引き入れた人材だった。

マスクはティールの辞任を、CEOのハリスに対する警告信号として受け止めた。ハリスが会社の未来を人質にとって合併を強行したことを、マスクは根に持っていた。「頭に銃を突きつけるようなまねをされてとてもむかついた」とマスクは言う。「最悪なやり方だね」

マスクは会社の現状にも苛立ちを募らせていた。プロダクト開発の減速を苦々しく思い、ハリスによる技術戦略の見直しに腹を立てた。

ハリスがX.comの技術目標を説明した4月7日付の資料には、「証券」「クレジットカード」「投資信託」などの商品を差し置いて、「オークション決済」が筆頭に挙げられていた。オークション決済をたんなる呼び水と考えていたマスクは、ハリスが構想を見直すことによって、「無意味な戦略的方向に会社を向かわせようとしていた」と憤慨する。

ハリスが実業界や金融界の大物を迎えたがっていたことにもマスクは鼻白んだ。「業界のベテラン幹部を使って、僕らみたいな『生意気なガキ』を飼い慣らそうとしていた」とマスクは言う。「どうしたってうちに勝てない銀行の古参連中だ。呼ぶ意味がない」。イノベーションを成功させるのは——会社を去ってしまったティールのような——「生意気なガキ」なのだと、マスクは信じていた。

アントニオズ・ナットハウスの密談

マスクはこのころまでにデイヴィッド・サックスと親しくなっていた。二人とも南アフリカ出身で、お互いの熱心な仕事ぶりに一目置いていた。「デイヴィッドと僕はとても気が合った」とマスクは言う。

ティールが辞任した翌週、マスクとサックス、マーク・ウールウェイの三人は、近くのアントニオズ・ナットハウスというバーに行った。ピーナッツの無料食べ放題——と客の足下に散らばるピーナッツの殻——で知られる、パロアルトのたまり場だ。

マスクとサックスはプロダクトの構想を語り合った。「あれはとてもいいブレインストーミングだった」とマスクは言う。サックスはその場で思いついたアイデアを売り込んだ。たとえばイーベイに限らず、ネット上のすべての取引に決済を提供するのはどうだろう？　電子商取引が拡大するなか、ほかのウェブサイトもイーベイと同様、安価で便利な決済手段を必要としているはずだ。

話題はすぐにX.comのCEOへと移った。マスクはハリスに根深い不信感を持っていること、とくにハリスが合併を強行するために自らの辞任という切り札を切ったことを、いまも不快に思っていると打ち明けた。

サックスは驚いた。コンフィニティ出身者の多くは、ハリスとマスクが一枚岩だと信じていたのだ。

合併してから成長と開発が鈍化し、事業の未来がリスクにさらされているというマスクの指摘に、サックスもうなずいた。

サックスは、ハリスが会議や形式的な手続き、手順を押しつけるせいで、新機能のリリースが遅れていると不満をぶちまけた。登録ボーナスの減額も納得できるものではない。ボーナスの支出はハリスが言うほど持続困難には思えない。X.comがイーベイでの決済戦争に敗れることのほうが危険だ。登録ボーナスのコストを減らすより、収益を伸ばすことを優先すべきだ。マスクも同感だった。

ナットハウスでの会合で、サックスとマスクは対立すると思っていた点で意見が一致することを知った。思いがけなく結束した二人はすぐに行動を起こし、レヴチンを含む数人の幹部を電話で呼び出した。彼らは駆けつけ、事情を聞き、そして計画を立てることにした。

「あの夜、ナットハウスを出たときには、全員が同じ考えでいることがわかった」とある参加者は言う。「つまり、現状じゃだめだということだ」。その夜、集まった社員はCEOへのクーデターを画策し始めた。

クーデター
――ハリスに「最後通牒」を突きつける

計画は単純だった。そして、ハリスが合併交渉で取った方法を考えれば妥当とも言えた。取締役会で最後通牒を突きつける。すなわち、ハリスのCEO解任を迫り、それが受け入れられなければ、マスク、サックス、レヴチン、その他の賛同するメンバーは会社を辞める。

首謀者たちは成功を確信していた。レヴチンとマスクは取締役だ。同じく取締役のティールも明らかに同意見だし、ジョン・マロイもティールの側につくだろう。残るはマイク・モリッツとティム・ハードの二人だが、たとえ彼らの合意を得られなくても、必要な票は確保できる。

その夜、彼らは取締役のティム・ハードに電話をかけた。「彼はショックを受けていた」と首謀者の一人は言う。

反乱を起こせばハリスがすぐに辞任するだろうと、首謀者たちは高をくくっていた。だがハリスは大人しく辞めるつもりなどなかった。計画を耳にした彼は、反撃を準備した。会社の未来のための成功戦略を取締役会で発表することにした。

「緊急取締役会で、ハリスは僕らの考えが甘いということをわからせようとした」とマスクは言う。「また、会社に経験豊かな経営陣が必要だということも」

しかしハリスの目論見は外れた。票は予想通りに入り、取締役会は事業不振を理由にハリスに辞任を求めた。
票数を考えれば、ハリスにはなから勝ち目はなかった。取締役会はハリスの提案を検討せず、代わりに辞任を討議することに決め、そこからとんとん拍子に話が進んだ。ティールが辞任のメールを送信してから1週間と20分後、マスクは次の全社メールを送った。

やあ、みんな
Xは会社として最もエキサイティングな時期を迎えている。
・当社は訪問者数ナンバーワンの金融サイトだ。世界中のどの銀行や証券会社、その他の金融機関のサイトよりも、X.com のほうが利用者が多いというのはかなりすごいことだ。
・驚くべき速さでオマハに500人体制のカスタマーサービスセンターを立ち上げた。
・イーベイ上でいまや170万人超のユーザーを持ち、決済シェアは30パーセントを超えている。
・レッド・ヘリング誌の「世界の最重要未上場企業50社」と、フォーチュン誌の「アメリカの中小企業上位25社」に選ばれた。
・2回目の資金調達ラウンドでは5億ドルの評価額に対し、1億ドルの資金を調達した。

しかし、急成長を続けるためにはさらなる注視と集中、迅速な意思決定によって、インターネット経済の激変する市場環境に対応していかなくてはならない。周知の通り、ビル・ハリスと僕は、最高経営責任者の役割を分担してきた。僕たち二人は、Xが現在転換期にあり、一つの明確な指示とビジョン、目的を持つことが重要になったと考えている。取締役会もこの考えに同意している。

そこで、僕は本日をもってCEOの役割を一人で担うよう取締役会に要請された。ビルの過去6か月間のXへの献身と指導力に感謝し、今後の活躍を祈る。

これからの時期はXにとって、ビジネスモデルを構築し、インターネット金融の基本システムになるという目標に向かってプロダクト提供を拡大していく刺激的な時期になるだろう。君たち全員と一緒にこれを実現して、世界を変えるのを楽しみにしている。

質問があれば、僕を廊下で呼び止めるなり、メールを送るなりしてほしい。

ありがとう。

イーロン

シリコンバレーのダークサイド

ハリスの辞任に驚いた人たちもいた。サンディープ・ラルは「ショック」だったと言う。「シリコンバレーの暗部を見せつけられた。あれがよかったとはいまも思っていない」。ハリス降ろしの計画が水面下で進むなか、合併と1億ドルの資金調達ラウンド完了を祝うパーティーがハリスの主催で行われたことに、ラルは心を痛めた。

とはいえ、多くの社員にとって取締役会での駆け引きなどたいした問題ではなかった。「会社とビル・ハリス、ピーター、イーロンたちの間でどんな騒動が起こっていようと、私にとって大事だったのは、毎日出社して楽しく働けたってこと。私はあの騒動に何の影響も受けなかった。だってちゃんと仕事ができていたから」とデニス・アプテカーは言う。「何が起ころうと、私の耳に入るのはいつもすべてが終わってからだった。CEOが替わるのね、ふーん、さて仕事に戻るかって感じ」

ハリス肝煎りの事業開発チームは動転した。「ちくしょう。ナットハウスのクーデターを画策したのはおまえらだな！」と事業開発責任者はサックスたちに向かって怒鳴った。ハリスがいなくなればチームは縮小される――その苛立ちをぶつけてきたのだ。彼の罵声によって、この反乱は「ナットハウスのクーデター」として歴史に刻まれることになった。

「金融機関というより学生寮のようだった」

ハリスは社員の働きに感謝し、波風立てずに退任した。彼はこのような結果に終わったことに、苦々しさというより、「失望」を感じたという。ハリスの見るところ、CEOの彼と会長・共同創業者のマスクは、戦略の方向性が違っていた。「事業運営をめぐって、正当な意見の相違があったと思う」とハリスは言う。「もしそれが原因であれば、ああした決定が下されたのもやむを得まい」

任期は短かったが、ハリスは功績を残した。X.comブランドの知名度を上げた。人材の磁石になった。彼がいたから波乱の合併後も会社に残った、という社員もいる。

またハリスは会社にプロらしい品格をもたらそうとした。あるとき顧客関係書類の廃棄を怠っていたことが発覚して、規制当局の査察前に急いで処分する必要が生じ、ハリスはシュレッダーで裁断した書類をゴミ箱に運ぶのを手伝った。「金融機関というより、学生寮のようだったよ」とハリスは語る。また、ハリスが整えた重要な諸政府機関との連絡体制は、その後も会社の役に立った。

だがハリスの後世に残る貢献は、なんといってもX.comとコンフィニティを合併させたことである。もし彼がレヴチンとマスクを是が非でも同じテーブルに着かせなかったら、コンフィニティの資金が尽きていたか、X.comがイーベイでの競争に負けていたか、あるいはその両方が起こっていた可能性が十分ある。あの合併がなければ、ペイパルはいま存在していないかもしれない。

皮肉にも、この伝説的合併の立役者となったことで、CEOとしてのハリスの命運も決まった。マスクに最後通牒を突きつけた以上、たとえ二人が重要な事業上の問題でおおむね一致していたとしても、うまくやっていけるはずがなかった。

それにマスクは合併後も会長として幅を利かせ、取締役会のトップにしては異例なほど積極的に業務に関与した。「あの会社にはCEO経験者やCEO気取りがたくさんいたよ」とハリスはほほえむ。

慎重でコンセンサス志向のハリスの管理スタイルは、他の会社でならプラスに働いたかもしれないが、X.comでは悪評を買った。

「内部関係者によると」と2000年9月のフォーチュン誌は書いている、「ビル・ハリスは数々の決め事を導入し、延々と続く会議を開いたが、何の決議にも至らなかった。意思決定のスピードは大幅に低下した」。ハリスを批判する人たちは、合併後の士気低下を彼のせいにし、彼が会社を信用していないと感じた。

より穏健な批判者は、ハリスが混乱と急成長、高い現金燃焼率、強烈な個性、激しく競い合う二つのチームの統合に、「途方に暮れ」てしまったのだろうと言う。引き継いだのが誰であろうと、あれほどの統合の混乱を前にしたら途方に暮れる。そして混乱の責任はクーデター首謀者だけでなく、すべての当事者にあると言えた。「彼らはハリスに『子どもたち』の面倒を見させようとした。だが連中相手ではどうしようもなかった」とジョン・マロイは言う。

プロ経営者アレルギー
——創業者こそが創造の原動力

よかれ悪しかれ、この事件によってチームの「プロ経営者による管理」アレルギーが決定的なものになった。

　この感覚はのちにスタートアップ界隈で一般的になるが、当時としては異例だった。IT企業は足がかりを築いたあと、取締役会がベテランCEOを招聘して会社の舵取りを任せるのがつねだった。イーベイのメグ・ホイットマンや、ヤフーのティム・クーグル、それにグーグルのエリック・シュミットがその好例だ。

　ジェフ・ベゾスの強力な支配下にあったアマゾンでさえ、99年にはジョゼフ・ガリという名のCOOを短期間置いていた。ガリは「大人の監督者」を務めるはずだったが、たった13か月しかもたず、それ以降アマゾンはCOO職を置いていない。
　X.comの上級幹部は、ビル・ハリスの波乱に満ちた在任期間を、「大人の監督」は不要どころか有害だという証拠として受け止めた。エリック・シュミットのような成功例の裏には、ジョン・スカリーのような失敗例も同じ数だけあるのだろう。
　ペプシコの元CEOスカリーは、スティーヴ・ジョブズをアップルから追放してCEOの座についたが、必ずしもよい結果をもたらさなかった。「僕らはアップルがペプシコの幹部を招いたとき何が起こったかを見ていた」とデイヴィッド・サックスは言う。「ネットスケープがジム・バークスデールを招いたとき何が起こったかを見ていた。そして自分たちも同じ道をたどりつつあると思ったんだ」

　マスクも、若い会社を一人前にするために年配の大人の存在が必要だという考えを信じなかった。

「創業者は風変わりで突飛かもしれないが、創造の原動力だから、会社の運営は創業者に任せるべきだ。創業者は創造の原動力である以上、少なくともどの方向に向かうべきかは知っている。船を完璧に操縦することはできないかもしれない。不安定になったり、士気が落ちたりするかもしれない。うまく機能しない部分が出てくるかもしれない。それでも、正しい方向に向かっているのは確かなんだ。一方、すべてが型通りに運営された船は、帆をいっぱいに張って、士気は高く、やる気満々でも、暗礁にまっしぐらに向かっているのかもしれない」

スティーヴ・ジョブズに憧れていたマスクは、ジョブズが追放されてから復職するまでのアップルについて、「あの船はすごくうまく進んでいた……暗礁に向かって」と評する。

デイヴィッド・サックスは当時のことを「シリコンバレーが生え抜きの幹部を信用していなかった時期」だと言い、それが禍を招いたのだと指摘する。「あれはシリコンバレーの転換期だったのかもしれないな。『スカリー方式』から、起業家に会社経営を任せ、起業家自身も成長しながら会社を成長させていく『ザッカーバーグ方式』への転換だ」

この論理は、批判者の耳には自分勝手な空論に聞こえるかもしれない。そりゃ若い創業者は「大人の監督者」を批判するだろうさ、と。それに、大人の監督の有名な失敗例の陰には、未熟な創業者をとことんまで支援する手法が大惨事をもたらした例も多々ある。2000年の一年間だけでも、何人もの新卒の創業者CEOがIT企業を破綻させた。

だが当時、マスク、サックス、ティールと仲間たちは、他社の事情を研究していたわけではなかった。たんにCEOが会社とともに成長せず、すばやく動けず、信頼できないと結論したに過ぎない。「ビル・ハリスを信用できなくなったというだけだ」とマスクは片づける。

・

２０００年５月、イーロン・マスクは29歳の誕生日の少し前に、X.comのCEOに返り咲いた。「消去法でまた僕になった」とマスクは言う。「CEOになろうと思っていたわけじゃない。ただ、『僕がやらないなら誰がやる？　もうピーターはいない。それなら僕がやるか』という感じだった」

この説明は少し言葉が足りないかもしれないが、核心を突いている。マスクはCEOにたまたまなったわけでも、なるべくしてなったわけでもない。ティールが合併後に辞任したあとも、マスクは取締役会長としてX.comの問題に必死に取り組み続けた。そして、問題が適切に対処されていないと感じ、CEOを追放したまでのことだった。

いまや船はマスクの指揮下にあり、船を暗礁から遠ざける仕事もまた彼に託された。マスクを含む当事者の多くが、その後の数か月を、人生でいちばんつらい時期だったと語る。「中年の危機《ミッドライフ・クライシス》ってわけじゃないけど。僕たちは20代だったから」とコンフィニティ共同創業者のルーク・ノセックは言う。「でも、みんなかなり気が滅入っていた」

Chapter 12

1億ドルの賭け

――有料化の危険なミッション

CEOに復帰したマスクは、変革を速やかに実行した。「彼はいろんな意味で会社のフォーカスを定め直した」とマーク・ウールウェイは言う。

就任19日後の2000年6月1日、マスクは執行体制を刷新した。彼に直属するのは七人。CFOのデイヴィッド・ジャックス、財務担当副社長のデイヴィッド・ジョンソン、カスタマーサービスおよび業務担当副社長のサンディープ・ラル、プロダクト担当上級副社長のデイヴィッド・サックス、事業開発担当上級副社長のリード・ホフマン、元コンフィニティのエンジニアリング担当副社長でエンジニアリング責任者のジェイミー・テンプルトン、そしてCTOを継続して務めるマックス・レヴチン。レヴチンは直属の部下を持たない。新体制ではCOO

も、社長も置かれなかった。

そして1週間後、マスクはもう一人の人事を発表した。「うれしい知らせがある。ピーター・ティールがX.com取締役会会長に任命された」とマスクは全社メールに書いた。「ピーターは会社の戦略的アドバイザーとして、来《きた》るシリーズD資金調達ラウンドでジャック・セルビーとマーク・ウールウェイ、ケン・ハウリーを手伝うことになる」。ティールは突然の辞任後、休暇を取っていた。元コンフィニティ社員は、ティールの会長復帰を心強く感じた。

だが一般社員の大半は、こうした内部改革に無頓着だった。このときまでに、彼らは合併前の極度のカオスと、激動の合併、合併直後の大混乱を経験していた。コンフィニティ組にとってマスクは3か月で三人目のCEOだった。上層部の入れ替えはもはや日常茶飯事だったし、だいいちやるべき仕事が多すぎて人事にやきもきしている暇などなかった。

若手・中堅社員の数人は、上級幹部が経営陣の軋轢《あつれき》を社員の目に触れさせないよう気を配っていたと語る。「そういったいざこざからかなり守られていたように感じた」とコンフィニティの初期のエンジニア、ジェームズ・ホーガンは言う。「おかげで僕らは面倒なことを知らずにいられたよ」

小さなチームでスピーディに動く

だがデイヴィッド・サックスの直属の部下に、組織再編とサックスの昇進は大きな影響を与えた。

マスクによる再編には重要な変更が含まれていた。主力エンジニアは半独立的なチームとして、プロダクトマネジャーと一緒に働くことになった。それまでエンジニアは野球のフリーエージェントの選手のように、それぞれの能力や関心、会社のニーズに応じて与えられた課題に独自に取り組んでいた。だがこのやり方は混乱や無秩序を招くことがあった。

サックスとマスクが半独立的なチームへの再編で狙ったのは、迅速なイテレーション〔一連の開発工程を短期間で反復し、改善しながら開発を速める手法〕を促すことだ。

二人はスタートアップにつきものの厄介な問題が起こっていることに気づいていた。会社の規模が拡大するにつれ、実のある成果が生まれにくくなっていたのだ。

これははるか昔から多くの人が気づいていた問題だ。インターネットが商用化される20年ほど前の1975年、IBMの技術者で、のちにノースカロライナ大学チャペルヒル校コンピュータサイエンス学部を創設したフレデリック・P・ブルックス博士が、ソフトウェアエンジニアのバイブルとなった著書、『人月の神話』（丸善出版）でこの謎を考察している。

「スケジュールの遅れが判明した場合、自然な（かつ伝統的な）対応は、人員を増やすことである。この対応は、まるで火に油を注ぐように事態を大幅に悪化させる。火が大きくなれば油がさらに必要になるため、悪循環に陥り、結局は悲惨な結果に終わる」

プロジェクトを担当するプログラマーの数が増えれば、コミュニケーションの経路も増える。チームメンバーに情報を伝えたり、メンバーとの関係を築いたりするための会話に時間を費やせば、その分コーディングに費やす時間が減ってしまう。ひと言で言えば、「三人寄れば文殊の知恵」とは限らないのだ。

のちには、この問題へのさまざまな解決策が広まった。その一つ、いわゆる「アジャイル・ソフトウェア開発」は、小さなチームによって短い開発サイクルを迅速に繰り返す手法だ。だが2000年夏にはそうした文献やハウツー本はまだ出まわっていなかったし、その場その場で対策を講じるしかなかった。

サックスは独立した小さな班をつくった。たとえばプロデューサーのポール・マーティンとデザイナーのチャド・ハーリー、エンジニアのユー・パンを組ませ、一つの班としてオークションに関するすべてを担当させた。その狙いは、小さな班によって官僚主義の弊害を取り除き、イノベーションを起こしやすくすることにあった。

大人数の会議を禁止する

チーム構造の大変革と並行して、環境面での小さな変更も行われた。たとえばプロダクトの戦略、分析、運営を行う担当者を、一般的なプロダクトマネジャーの代わりに「プロデューサー」と呼ぶようにした。「マネジャーという言葉がどこかネガティブに感じられるようになっていた」とサックスは指摘する。「『プロダクトマネジャー』と呼ぶと、何かを『生み出す』より『管理する』仕事のような印象を与えてしまう」

また当事者意識を促すために、新入社員にも重要な仕事や難しい仕事を任せた。ジャネット・ヒーは大手金融機関を経て、X.com に定量的マーケティングアナリストとして入社した。その数日後にサックスから、イーベイオークションでのペイパルのシェアを求める課題を与えられた。彼女はサックスのざっくばらんな態度に驚いた。上級幹部のサックスが、まだ入社数日の彼女に、(彼女の上司にも相談せずに)分析をさせ、しかもパワーポイントにもまとめず、スプレッドシートのまま出せばいいと言うのだ。

「ペイパルに入社したときは、誰にも仕事のやり方を教わらなかった」とヒーは言う。「ただ問題を与えられただけだった。それも次から次へと。だからどうやって答えを出すかを自力で考えるしかなかった。会社全体がとても実際的だった」

その実際的な精神で、サックスとマスクは大人数の会議を禁止した。サックスはこれを、「銀行文化から抜け出し、元のスタートアップらしい文化をペイパルに取り戻すための意図的な戦術」だったと言っている。社員によると、会議室に大人数が集まっていると、サックスが窓越しににらみつけて、間違えようのないメッセージを送ってきたという。

真夜中の魅力
――トップダウンの徹夜カルチャー

X.com の幹部の見るところ、成長中の組織にありがちな重大な過ちの一つは、成果を出すことより社員満足を優先するようになることだった。

彼らはこの罠に陥ることを恐れ、それを避けるために、意図的に性急な社風を生み出した。スピードのために結束を犠牲にし、必要に応じて即断した。「誰もが平等にアイデアを提案し、話し合えるような雰囲気じゃなかったね」と、初期のX.comのエンジニアで、のちにイェルプを共同創業したジェレミー・ストップルマンは認める。

前に進むためには、積極的かつ持続的にコードをリリースし、プロダクトをローンチし続ける必要がある。これが勝利の方程式だと、経営陣は考えていた。だがそのせいで、社員はノンストップで働かざるを得なくなった。「採用面接で会社に来たとき、床に置かれた寝袋を見て、私は机の下でなんか絶対に寝ないと心に誓った」とキム＝エリシャ・プロクターは言う。「なのに初めての仕事で新しいクレジットカード処理機への移行を担当したとき、36時間ぶっ通しで働いて……結局、会議室で寝たわ」
X.comのカフェイン消費量はいまも語り草となっている。エンジニアのダグ・イーデは、仕事の腕前と、仕事場を占拠するダイエットコークの空缶の山で有名だった。レヴチンもコーヒーを浴びるように飲んだ。のちに、短命に終わったアメリカ公共テレビの番組「ナードTV」で、レヴチンは深夜労働のよさを力説した。インタビュアーのロバート・X・クリングリーが、朝10時前にレヴチンのオフィスにやってくると、レヴチンは徹夜明けだった。
「夜通し起きていたの？　なぜ？」とクリングリーは訊ねた。

「楽しいことをしてるからだよ。楽しいとやめたくなくなるだろう？」とレヴチンはこともなげに答えた。そして真夜中の魅力について得々と語った。

徹夜仕事にはとても特別な何かがあると思う。とくに、エンジニアの夜型生活には何かがある。創造性やコード書きのチャクラが開くんだ。ちょっとふざけたこともするが、創造性も高まる。疲れるけど、真夜中になるとやる気や仲間意識が芽生える。そして生産性が上がる。誰かが間違ったことをしているとき「やめろ」と迷いなく言えるし、やりとりがいつもよりおもしろくなる。

徹夜にはものすごい価値があると思うよ。7、8時間働いたところで何かが生まれそうになると、そこからさらに8時間働き続ける! 仕事を切り上げて眠ってアイデアを逃してしまう代わりに、それまでの数時間に発見したことに集中して、狂ったようにひたすら働き続けるんだ。

この風潮は、トップダウンで生まれた。エンジニアのウィリアム・ウーによると、マスクは金曜の深夜まで働いた社員も、土曜の朝には当然、会社に戻ってくるものと考えていた(ちなみにウーはこの経験があったから、のちにテスラ株をIPO直後に購入したという。「仕事漬けは、社員にとってはきつかったけど、イーロンがテスラでも同じように働くなら、テスラは何があっても成功すると思った。イーロンの下で社員として働くのはつらい。でも投資する側からすれば、あれだけ働いてくれるのはありがたいよね」)。

X.com社員は激務と激務の合間に睡眠を取っていた。あるエンジニアは睡眠不足がたたって、オフィスから運転して帰る途中、2台も車をぶつけてダメにした。

社員は真夜中のおかしな儀式で盛り上がった。たとえば、コードをプッシュ〔アップロード〕しながらソルト・ン・ペパーの「プッシュ・イット」を大音量で流したり、おもちゃの高速銃で外壁にジャガイモを撃ち込んだり。ただバスケットボールに座っていられる時間を競うような我慢くらべをしたりもした。

多くの社員が、あのカオスには磁力があったと言っている。「吸い込まれるのよ。会社を辞めない限り逃れられない」とオクサナ・ウートンは言う。「たとえば会議で新しい目標を立てるでしょ。すると全員がその目標を達成することに完全に没頭したわ」

「敵意むきだし」のメールの応酬

過酷きわまりない仕事は、夫婦や家族の関係にもしわ寄せをもたらした。ある社員は生後8か月の娘を土日連続で会社に連れてくる羽目になった。「娘を抱っこして会社の廊下を歩いていると、ありゃ何だ？　って感じの白い目で見られた。ほんとにストレスだった」。最高幹部のほとんどが子どもを持たず、週末平日かまわず会議の予定を入れた。少数派の子持ち社員は黙って耐えた。

悪い思い出の多くは時間とともに癒えていったが、多くの社員が職場のひりついた空気をいまもまざまざと覚えている。「力を合わせて戦う」や「外に目を向ける」などと謳いながら、社内には激しいライバル関係があった。メールでの非難の応酬はあたりまえで、技術的な議論であっても異様なほどの敵意がむきだしになった。

あるときは、会社のデビットカードの60日間の入会承認期間に関する堂々めぐりの議論で、チーム内で激しいメールの応酬があった。ある社員が60日間の要件は「不可欠」だと書くと、別の社員が反撃した。「60日間の要件が不可欠だというのは、君の感想だよね。説得力のある根拠を示してほしい」。すると別の社員がすぐに横槍を入れた。「会議にちゃんと出ていれば、説得力のある根拠がわかったはずだ」

これはほんの一例だ。こうしたいがみ合いで、組織は混乱した。舞台裏の政治工作や中傷もあった。X.comは優れた組織だった。だがその職場では、ACH送金や国際送金の限度額、カード発行などの何でもない話題が、「おまえ、違いがわかってるのかよ!?」のような捨て台詞で締めくくられることもあった。

クレジットカード戦争
――カード会社との微妙な関係

ペイパル製品は、2000年の春から夏にかけていまのようなかたちになった。この時期に導入された、いくつかの画期的イノベーションのおかげで、ペイパルはクチコミ頼みのプロダクトから、採算性のある事業へと変身を遂げることができたのだ。

組織再編発表の2週間後、X.comはリニューアルしたペイパルのサイトを公開した。その際サックスは全社メールを送り、「これを実現するために、かなり厳しいスケジュールで長時間働いてくれた多くの社員」を称賛した。このサイトで導入された新機能の一つに、ビザやマスターカード、アメリカン・エキスプレスなどの巨大クレジットカード会社を出し抜くための仕掛けがあった。

X.comは当初からクレジットカード会社とは、敵であり友でもあるような関係だった。

小規模な販売者がクレジットカード加盟業者になるには、当時は面倒で煩雑なプロセスを経る必要があり、審査に通るのは並大抵のことではなかった。

だがコンフィニティやX.comは、オークション出品者のためにクレジットカード精算機関の役割を担い、膨大な数の中小事業者を事実上、信頼できる事業者として認定した。おかげでこうした売り手は小切手や現金、郵便為替を通じて支払いを受け取る代わりに、ネット上でペイパルを通じてクレジットカードでの支払いを受けられるようになり、ビジネスを拡大していくことができた。

「ペイパルの本質は、高リスクの小規模販売者が、ネット上でクレジットカードでの支払いを受け取れるようにするためのシステムだった」とヴィンス・ソリットは説明する。

だがX.comがイーベイの主要決済代行業者の役割を実質的に果たすことによって、X.comの中核事業に別の弱点が生まれた。ビザとマスターカードに取引を処理してもらいつつ、決済業者として直接、競合もすることになったのだ。

「クレジットカード会社は、われわれをつぶせるときにつぶしておくべきだった。X.comは競争力をめきめきつけて、カード会社のシステムをいいように利用するようになったから」とX.comのクレジットカード関係業務を担当していたトッド・ピアソンは言う。「彼らは巨大独占企業だから、べつに同情は感じないけどね」

こうした依存関係と高い決済手数料が、クレジットカード会社との関係を不安定にしていた。カード会社やカード発行銀行との緊張をはらむ駆け引きに長年携わっていた社員もいる。トッド・ピアソンとアリッサ・カスライト率いるチームが、ビザとマスターカードの鉄槌から「会社を救った」と、複数のペイパル出身者は証言する。

クレジットカード問題に対処するために、X.comは戦略的に重要な課題に取り組む必要があった。ペイパルの口座に、クレジットカードの代わりに銀行口座を紐付けるよう、ユーザーを促さなくてはならない。この課題は取締役会を含む上層部でも議論された。「私はこれを

『クレジットカード戦争』と呼んでいた」と取締役のティム・ハードは言う。「そのことで頭がいっぱいだった」

システムに「最大量の資金」を集める

この課題への解決策の一つは、「金融サービス帝国を築く」というマスクの壮大なビジョンに見つかった。十分な数の顧客がX.comの口座に資金を置いてくれれば、X.comは顧客の口座間で資金をコストゼロで振り替えるだけでよくなる。「内部振替のコストはほんのわずかだ」とマスクは説明する。「ほぼゼロだ。だから預金残高を維持したかった」

マスクがメール決済に重点を移した後も、貯蓄口座や証券口座を含む、幅広い「X－ファイナンス」商品の提供を続けたのは、このためだった。そしてX.comの口座間の振替を促すために、貯蓄口座に5パーセントという、国内最高水準の金利を付与した。「(貯蓄口座の利益を)100パーセント還元したよ」とサックスは言う。「利益を上げようとしていなかった。口座に資金を置いておきたいとユーザーに思わせる必要があったんだ」

この戦略が、思いがけない発見につながった。たとえば、口座からお金を引き出しやすくなればなるほど、ユーザーはお金を引き出さなくなった。だからこそ、X.comはデビットカードや小切手を提供し続けるべきだとマスクは力説した。

「生活していくうえでカネが入り用になって、ペイパルからカネを引き出す必要に迫られたら、引き出せばいい。でも小切手が必要で、ペイパル口座から小切手を振り出せなかったら、顧客はカネを他社の口座に移すことになる」（そして、現在のペイパルではユーザーが小切手を振り出せないことに言及して、マスクは苛立ちを再燃させた。「だから小切手を発行しなくちゃいけないんだよ！　まったく、あいつらなんでそれがわからないんだ！」）

X.comのめざすべき目標は、ただ決済高を増やすだけではなく、ユーザーの資金をできるだけ多く集めることだと、マスクは考えた。「システム内に最大量の資金を置いておけるところが勝つんだ。資金をシステムに集めていけば、やがてペイパルにすべての資金が集まる。だってよそに移す必要なんてないだろう？」。マスクはもちろん有言実行し、何百万ドルもの個人資金をペイパルの口座に入れた。

だが一般ユーザーの口座残高はなかなか増えず、X.comを悩ませた。ユーザーはすでにオフライン銀行に口座を持っていた。ほとんどの人にとって、金利が数パーセント高いだけでは、わざわざX.comに預金を移す誘因にならなかった。

X.comにとっての次善策は、取引の基盤をクレジットカード決済から銀行口座決済へとシフトさせることだった。

X.comはクレジットカード会社に2パーセント以上の決済手数料を支払っていた。同じ決済がユーザーの銀行口座からの引き落としで行われれば、X.comの負担はほんの数セントですむ。ペイパルに銀行口座を紐付けるユーザーが増えれば、X.comはコストを数百万ドル削減し、ビザやマスターカード、その他の競合の優位に立つことができる。

X.comはこれを行うために、自動決済機関（ACH）と呼ばれる銀行のインフラを利用する必要があった。ACHとは、数十年前に構築された、給与振込や請求書の自動支払いといった反復的で定期的な送金を電子化するシステムだ。このシステムを利用した送金は、用紙代や切手代がかからないため、コストは小切手郵送の半分ですむ。1994年半ばには、アメリカ人の3人に1人がACH決済を通じて給料を受け取っていた。

ペイパルの決済にACHを利用することができれば、コストのかかるクレジットカードへの依存を減らすことができる。だが銀行口座の利用にはリスクが伴う――X.comはそうした問題をすでに経験していた。2000年1月にX.comがメディアの集中砲火を浴びたのは、銀行口座のセキュリティ対策がずさんだったせいである。

そしてACHをX.comの決済の安全な柱にするには、銀行口座の認証という面倒なプロセスが欠かせない。

「問題は、署名カードのようなものを使わずに、どうやって銀行口座を認証するかだった」とマスクは説明する。「対面での本人確認でそれをやるのは相当なコストがかかる。成長もカタツムリのようにのろくなってしまう。何かうまい認証方法がなければ終わりだった」

シティバンク出身の異端人材

X.comは斬新な認証プロセスを開発し、それによってデジタル金融機構に不朽の貢献をすることになる。開発のきっかけとなったのは一冊の本と、気晴らしの散歩、そしてX.com社員による「シグナルとノイズ」に関する画期的発見だった。

サンジェイ・バルガヴァはシティバンクの国際決済部門に10年以上勤めてから、X.comに転職した。シティバンクに入って間もないころ、彼はメールが海外送金の強力で簡単な手段に、つまりどこでも通用する金融のパスポートのようなものになると考えた。

シティバンクの上司に、メールを利用した国際決済というアイデアを売り込んだが、よい反応は得られなかった。「アイデアを気に入ってはくれた」と彼は言う。「だが次の瞬間、こう言われたよ。『うちがそれをやる必要がどこにある？　主力事業が食われてしまったらどうするんだ』と」。シティバンクは従来型の送金で莫大な利益を上げていた。メール送金は、その利益を脅かすことになる。

バルガヴァはシティバンクを辞めて、このアイデアを自分で追求することにした。99年初めにジップペイという会社を共同創業したが、その後会社を追い出されてしまう。当時42歳だったバルガヴァは、成功していた銀行のキャリアに戻ろうとした。

だがジップペイの売り込みを通じてバルガヴァと知り合ったベンチャーキャピタリストの一人、セコイアのマイク・モリッツは、彼に関して別の腹づもりがあった。X.comの経営陣が大量流出した直後の99年8月、人材採用を急いでいたマスクは、モリッツの勧めでバルガヴァに電話をかけ、会おうと誘った。「私が、『今度シリコンバレーに行ったときに会おう』と言うと、イーロンに『いやいや、チケットを買うからいますぐ来てほしい』と言われてね」とバルガヴァは言う。

ミーティングは10分間の予定で、会社の近くのタクシーズ・ハンバーガーズで夕食を取ることになった。「会ったのは夜8時ごろで、それから朝の4時ごろまで話しこんでしまった」とバルガヴァ。「するとイーロンは、オファーを出すから朝7時に会社に来てくれと言うんだ」

シグナルとノイズ——どうやって本人確認をするのか?

バルガヴァは初期のX.comのことを、計画よりスピードを優先する、週100時間労働の文化だったと回想する。「コリン・キャトランとイーロンと私で、いつも朝2時か3時まで構想を練っていた。あるときコリンに『これを紙に書き留めておこう』と言ったら、コリンは『いや、いま話し合ったことをそのままつくってみるよ。それがうちのやり方なんだ』と言っていたね」

バルガヴァは、巨大銀行とはまるで違うX.comの社風を気に入ったが、それなりに不満も感じた。X.comのユーザーアカウントと銀行口座との紐付けが始まると、バルガヴァはセキュリティと認証を強化すべきだと主張した。プロダクトをまずローンチしてから問題を修正する方法ではまずい。「そんなやり方ではだめだ。別人の口座情報を入力されたらどうする?」とバルガヴァは反対した。だがマスクは、セキュリティのプロセスが煩雑だと口座数が伸びないと言って押し切った。「イーロンは性善説に立っていた」とバルガヴァは言う。

マスクの決定に、いつもは穏やかなバルガヴァもキレた。「思わずカッとなった。でもそれから思い直したよ。まあいい、自分がそこまで言う必要もないかと」。もし自分が正しければ、X.com はすぐに不正被害に遭うだろうし、間違っていたら、そのまま前進できる。「そしてもちろん、10日もしないうちにあの報道が出たよ」。不審な口座取引を報じた最初の記事のことだ。

ずさんな口座管理に対する批判を受けて、X.com は従来型のローテクな認証手法を急遽導入した。銀行口座の本人確認のために、ユーザーに無効小切手を郵送するよう求めたのだ。その後ファックスでの送付も受け付けたが、これは得策とは言えなかった。「ファックスだと字がつぶれて読めないことがあった」とバルガヴァは言う。

この経験を機に、バルガヴァは複雑なシステムのセキュリティと本人確認の方法を考え始めた。2000年初め、彼はコンピュータセキュリティ・アナリストのブルース・シュナイアーが書いた『暗号の秘密とウソ』(翔泳社)という本を読んだ。暗号化技術やハッキング、そしてバルガヴァにヒントを与えたシグナルとノイズの概念をわかりやすく明快に説明した、技術書のベストセラーだ。

「シグナル」とは、ラジオから流れる歌のように、送信者が受信者に送ろうとする、意味のある情報の断片をいう。「ノイズ」とは、歌に混じる雑音のように、情報到着を妨害・干渉するあらゆるものをいう。本人確認のためには、無効小切手や読めないファックスよりもノイズの少ない、よりクリーンで、より速いシグナルが必要だと、バルガヴァは痛感した。

銀行はそうしたシグナルをすでに導入していた。ATMでデビットカードを利用する際の本人確認用の4桁の暗証番号だ。それと同等のもの、ATMの暗証番号と同じくらい簡単なものが、X.comには必要だった。

そこでバルガヴァは思いついた。X.com独自の1回限りのパスコードを生成したらどうだろう? X.comが1ドル未満の二つのランダムな金額をユーザーアカウントに紐付けされた銀行口座に入金すれば、4桁のパスコードを生成できる。たとえば、0・35ドルと0・07ドルを受け取ったユーザーは、それらの下2桁を取った「3507」を暗証番号としてペイパルのウェブサイトに入力する。入力が完了すれば、X.comは不鮮明なファックスや郵送小切手の代わりに、このワンタイムコードで銀行口座へのアクセスを確認できるというわけだ。

「ランダム入金」という革命的アイデア

バルガヴァはこのアイデアを胸に、眠りに就いた。翌朝、同僚のトッド・ピアソンと連れ立って、いつものようにコーヒーを飲みに外に出た。二人には共通点がたくさんあった。二人とも合併前のX.comに入社し、金融業界を経験した懐疑主義者で、X.comの若いチームには珍しく子持ちだった。

二人で歩きながら、バルガヴァはランダムな二つの金額の入金によって口座の所有権を認証するというアイデアを説明した。ピアソンはすぐに反応した。「すごい、君は天才だ!」。バルガヴァの提案はチームの心をつかみ、実現に向けた取り組みがただちに始まった。

ランダム入金と、銀行口座紐付けのためのその他の戦略のせいで、プロダクトチームには難題が要求された。当時はまだ電子商取引が始まったばかりで、クレジットカード番号の入力さえ面倒に感じていたユーザーに、さらに銀行の支店コードと当座預金口座番号の入力まで求めなくてはならない。

「小切手のデザインも銀行によってまちまちでしょう？」とスカイ・リーは言う。「だからユーザーに入力方法をわかりやすく説明するために、工夫が必要だった。『まだどの会社もやっていない複雑なことを説明するには、いったいどうすればいいのか』と頭をしぼった」

X.comのデザイナーは、ユーザーがパッと見てわかるように、いろいろな銀行の小切手の写真を撮り、入力すべき番号を丸で囲んだ画像をウェブサイトに載せた。この画期的な画像は、時の試練にも耐えた。デザイナーのライアン・ドナヒューによると、これらの画像は長い間ネット上を漂い、ダミー口座の番号すら変えずに、さまざまなサイトにそっくりそのまま掲載されていたという。

そして重要なことに、サンジェイ・バルガヴァ発案のランダム入金による本人確認は、登録ボーナスと抱き合わせで導入された。新規ユーザーが登録ボーナスを受け取るためには、銀行口座をペイパルアカウントに紐付け、ランダム入金の番号で本人確認をする必要があった。この戦略は、その他の取り組みと相まって劇的な効果を挙げた。2000年6月末時点で、新規ユーザーの三人に一人がX.comに銀行口座を登録するようになっていた。

その間、銀行口座の紐付けを促すほかの取り組みも行われた。たとえば7月の1万ドルの宝くじや、銀行口座を登録したユーザー専用の特別な機能の提供など。そして銀行口座の認証がある程度進んだところで、「デフォルト（初期設定）」の活用という、おなじみの戦略を導入した。クレジットカードと銀行口座の両方をペイパルアカウントに紐付けしていたユーザーを、銀行口座決済に自動的に誘導することにしたのだ。ユーザーの反感を買うおそれがあったが、コスト削減のために背に腹は代えられなかった。

X.comはこうした措置を通じて、ビザとマスターカードでの決済を減らし、決済手数料を大幅に削減し、事業上のリスクを軽減し、そして業界に不朽の貢献を果たしたのである。サンジェイ・バルガヴァのイノベーションはいまも使われている。ランダム入金は今日、銀行業界全体に広まっている。

マスクはランダム入金を手放しで絶賛した。「あれは画期的なブレイクスルーだった」。デイヴィッド・サックスはランダム入金の正式発表時の全社メールで、このアイデアの洗練された単純さを称え、「マジックテープのような、なぜいままで思いつかなかったのかと悔しくなるような発想」と呼んだ。

義理堅いユーザーたち

不正対策として考案されたこの新しい認証システムは、新しい発見にもつながった。ユーザーの驚くほどの義理堅さだ。システム導入後、多くのユーザーがX.comから入金されたランダムな金額を郵便で送り返してきたのだ。

ただ、小銭入りの手紙は大きな事務負担になった。「X.comはれっきとした金融機関だから、送られてきたお金をユーザーの口座に入金する必要があった」と封筒開封係に任命された若手社員のダニエル・チャンは言う。「僕は手作業で入金処理をして、それから車でシリコンバレー銀行に小銭を運んで、X.comの銀行口座に物理的に入金した」

チャンは余暇にマジシャンの修業をして、子ども向けのイベントや社内の催しでマジックを見せていた。「ペイパルで働くより、シリコンバレーの子どもの誕生会に出るほうが儲かったよ」と彼は認める。小銭をすべて入金すると、チャンは会社を辞め、プロのマジシャンになった。持ちネタにはもちろん、観衆の目の前でコインを消すトリックもあった。

「摩擦」を極限までなくせ
――「ボタン」に全精力を集中させる

ランダム入金での認証のおかげで、事業リスクはある程度軽減されたが、X.comに大きな影を落とす、重大リスクがまだもう一つあった。イーベイである。

X.comがイーベイ上で築いた優位は、ある意味では勝利だった。X.comは要するに、他人の店のレジを一部乗っ取ったようなものだった。だがそれはリスクでもあった。2000年6

月半ば時点で、ペイパルの決済の圧倒的多数がイーベイ上で行われていたため、X.com上層部は店にレジを取り上げられるリスクをつねに恐れていた。イーベイの影響力を弱めることが急務だった。

ペイパルがイーベイユーザーに愛されていることにコンフィニティが初めて気づいた99年、デザイナーのライアン・ドナヒューはデイヴィッド・サックスとともに、オークション決済機能の改善に取り組み始めた。

初期の決済プロセスは二段階に分かれていた。ユーザーはまず「ペイパル」のボタンをクリックし、それから支払い金額を入力して「支払う」のボタンをクリックした。ドナヒューは、この二つのステップを一つに統合した。ユーザーが金額を入力してボタンを押せば、次のページでは支払い金額が自動入力され、支払いが確定されるようにした。

この変更は一見地味であたりまえで、くだらないとさえ思えたが、決済にかかる貴重な数秒間を節約した。デイヴィッド・サックスの考えるところ、あらゆる「摩擦」、つまり顧客が決済時に感じる手間やストレスが、削減すべき無駄だった。小さな改善で時間を節約していければ、ユーザーを繰り返し引きつける、いわゆる「粘着性」の高いプロダクトにすることができる。こうした瞬時の満足が、せっかちなユーザーの獲得につながるはずだ。

そして決済のデザイン改善が、必然的なひらめきにつながった。決済ボタンそのものに開発努力を集中させたらどうだろう？　ボタンの利便性を高め、イーベイだけでなくインターネット全体に広く提供することによって、ペイパルはイーベイにとらわれない、ネット全体の標準的な決済システムになれるのではないか？　チームはユーザーが自分のウェブサイトに埋め込むことができる「ワンクリック決済ボタン」のブレインストーミングを始めた。

ボタンだって？　このアイデアは滑稽にも思えたが、X.comにとって重要な意味があった。戦略面では、X.comはボタンに注力することによって、競合が少ない競争空間に入ることができる。たしかに競合サイトはメール送金を開発できるだろうし、ボーナスの大盤振る舞いでユーザーを釣ることも、オークション市場で競争することもできるだろう。だがボタンの戦略的意義に気づくまでには、しばらく時間がかかるはずだ。

ボタンで競合をなぎ倒すこの戦略は、ネット販売者の現実的な問題も解決した。1990年代末から2000年初めにかけて電子商取引が急拡大し、膨大な数の新しい中小のネット販売者が、「A地点からB地点に迅速に資金を動かす」という、おなじみの問題に悩まされていた。

皮肉にも、イーベイ上での独立系ネット販売者の著しい成長ぶりに初めて気づいたのは、イーベイではなく、X.comのチームだった。イーベイの大手ユーザーであり、イーベイのオークション出品の大半を占める「パワーセラー」が、イーベイから独立し始めていたのだ。「イーベイの出品者はある程度オークションに詳しくなると、自分で通販サイトを立ち上げて、そこで販売し始めた」とサックスは指摘する。またチームは市場が発するシグナルにも気がついた。新しく独立した販売者たちはペイパルを頻繁に使っていた。

X.comはこの「反乱」を助長して、イーベイを歯噛みさせた。「イーベイがペイパルについて持っていたとくに大きな懸念が、ペイパルのせいで販売者が独立しやすくなったことだ」と

郵 便 は が き

料金受取人払郵便

渋谷局承認

6974

差出有効期間
2024年12月
31日まで
※切手を貼らずに
お出しください

150-8790

130

〈受取人〉
東京都渋谷区
神宮前 6-12-17
株式会社ダイヤモンド社
「愛読者係」行

フリガナ		生年月日	男・女
お名前		T S H 年 月 日生 年齢 歳	
ご勤務先 学校名		所属・役職 学部・学年	
ご住所 (自宅・勤務先)	〒 ●電話 ( ) ●FAX ( ) ●eメール・アドレス ( )		

◆本書をご購入いただきまして、誠にありがとうございます。

本ハガキで取得させていただきますお客様の個人情報は、以下のガイドラインに基づいて、厳重に取り扱います。

1, お客様より収集させていただいた個人情報は、より良い出版物、製品、サービスをつくるために編集の参考にさせていただきます。
2, お客様より収集させていただいた個人情報は、厳重に管理いたします。
3, お客様より収集させていただいた個人情報は、お客様の承諾を得た範囲を超えて使用いたしません。
4, お客様より収集させていただいた個人情報は、お客様の許可なく当社、当社関連会社以外の第三者に開示することはありません。
5, お客様から収集させていただいた情報を統計化した情報(購読者の平均年齢など)を第三者に開示することがあります。
6, お客様から収集させていただいた個人情報は、当社の新商品・サービス等のご案内に利用させていただきます。
7, メールによる情報、雑誌・書籍・サービスのご案内などは、お客様のご要請があればすみやかに中止いたします。

◆ダイヤモンド社より、弊社および関連会社・広告主からのご案内を送付することがあります。不要の場合は右の□に×をしてください。 不要 □

①本書をお買い上げいただいた理由は？
（新聞や雑誌で知って・タイトルにひかれて・著者や内容に興味がある　など）

②本書についての感想、ご意見などをお聞かせください
（よかったところ、悪かったところ・タイトル・著者・カバーデザイン・価格　など）

③本書のなかで一番よかったところ、心に残ったひと言など

④最近読んで、よかった本・雑誌・記事・HPなどを教えてください

⑤「こんな本があったら絶対に買う」というものがありましたら（解決したい悩みや、解消したい問題など）

⑥あなたのご意見・ご感想を、広告などの書籍のPRに使用してもよろしいですか？

1　実名で可　　2　匿名で可　　3　不可

※ご協力ありがとうございました。

【創始者たち】106792●3110

サックスは言う。X.comは独立した販売者のために、イーベイの重要な機能まで複製していた。たとえばイーベイの評価システムを模倣して、ペイパルに導入した。そしてボタンの開発によって、こうした独立気運をさらに煽ろうとした。

それにボタンはコンフィニティのルーツを思い起こさせた。コンフィニティがオークション決済にペイパルが使われていることを初めて知ったのは、イーベイユーザーがボタンのサイズ変更の方法を訊ねてきたときだった。

それ以来、ボタンはさまざまな突破口を開いていた――そしてサックスたちは、ボタン開発に注力すれば会社の成長をさらに後押しできると考えた。ドナヒューは、当時チームがボタン開発に対して抱いていたささやかな野心を覚えている。「TシャツやCDを売りたがっている人たちがたくさんいた。10ドルや20ドルの品を売る人たちを助けてあげられるのがとてもうれしかった。技術者じゃない人でも、ペイパルのボタンを使えば自分のウェブページに決済機能を取り入れることができた。僕にはそれが、すごくクールでパンクなことに思えたんだ」

未来を示したサックスの「メモ」

まだ合併する前の99年末、デイヴィッド・サックスは早くもボタン製品の構想をメモに書き留めていた。その後ボタンにはチームの数々のアイデアやコンセプトが組み込まれ、それらに助けられて、ペイパルはインターネットになくてはならない存在になった。サックスのメモはいろいろな意味で、現在のペイパルの原型といえる。

ボタンの諸機能は、当初マスクの「X」ブランドに敬意を表して「X－クリック」と呼ばれていたが、のちに「ウェブアクセプト」と改称された。

もともとペイパルには「マネーリクエスト」という機能があり、これを使えばメールにリンクを貼るだけで送金をリクエストできた。X－クリックは、この機能をメール以外のどこでも使えるようにしたものだ。「X－クリックによって、ペイパルユーザーはマネーリクエストのリンクを自分の通販サイトや個人ホームページ、オークション出品、その他のURLに貼ることができる。……この機能は、世界の全ウェブサイトのためのワンクリック決済システムだ」とサックスのメモには書かれている。

ペイパルへのリンクがあらゆるウェブサイトに載れば、ペイパルのバイラル性が飛躍的に高まり、ネットワーク効果がさらに強化される。「X－クリックと競合する他社の緊密に統合された決済機能、たとえばイーベイのビルポイントやヤフーのドットバンク、アマゾンのワンクリックとzショップなどは、今後も自社サイトでの決済に集中し、ペイパルがイーベイだけでなくウェブ全体に広がっていることを見過ごすだろう」とメモは述べている。

また、このメモでも「タイム・トゥ・マーケット（市場投入までの時間）」の重要性が強調されている。「スピードは、次の3つの理由から重要だ」とメモは指摘する。

1. この機能に内在するネットワーク効果を考えれば、先行者は莫大な優位を獲得できる。

市場を毎日独占するのは、乗り越えがたいリードを築くまたとないチャンスである。

2. IPOを果たすには、最低でも6か月前から収益実績を示す必要があるが、X－クリックは即座に収益向上に貢献できる。

3. ヤフー、イーベイ、アマゾンなどの競合は、個人間決済の基本機能でわれわれに追いつこうとしている。認知度と統合力に優れたこれらの競合に対抗するためには、X－クリックが欠かせない。

チームはサックスの主導で、6月1日のX－クリックのパイロット版公開をめざして開発を進めた。2000年初めのこの取り組みは、ペイパルがイーベイを離れて独立する未来を予示していた。そしてこの未来が、チームのめざす新たな地平になった。「あのメモは、ペイパルがネット全体に普及するためのビジョンを描いていた」とエイミー・ロウ・クレメントは言う。

間違えると自殺行為になる
――「永久無料」からどう抜け出すか？

X.comの再編、X－クリックの開発、ランダム入金による前進と並行して、もう一つの重要な進化が起こっていた。2000年夏、X.comは初めての手数料を導入した。

手数料がもはや避けられないことはわかっていた。社内ではどうすべきかについて侃々諤々《かんかんがくがく》の議論が行われた。資金を支払う側と受け取る側のどちらに手数料を課すべきか？「永久無料」を謳っていたのにどう転換するのか？　X.comが手数料を課したら、イーベイのビルポイントは手数料をそれより下げてくるのではないか？

「これが分水嶺になった」とラルは言う。「顧客がうちから離れないかどうかを判断するリトマス試験紙になった」。マスクはこの難題を次のように言い表す。「ユーザー拡大を邪魔しない収益手段を持つ必要があった」

そしてその手段は、ユーザー行動の分析と財務シミュレーションを通じて見つかった。チームがイーベイにおけるペイパルや、ビルポイントなどの競合決済システムでのユーザー行動を分析したところ、イーベイユーザーはビルポイントのような、「一律の手数料＋決済額の一定割合」の手数料体系に強い不満を持っていることがわかった。

この不満は、イーベイのルーツとも関係があった。「イーベイは出品者の寄り合い所帯のようなものからスタートした。決済手段も提供していなかったから、出品者は自力でそれを探す必要があった」とイーベイの社内弁護士ロバート・チェスナットは説明する。「だから、イーベイがビルポイントの決済手数料で儲けるというアイデアに、出品者は不満を感じていたんだ。彼らはすでにイーベイに出品手数料を払っていたから、さらに手数料を取るのかと腹を立てた」

かといって、支払う側に一律の手数料を課すのも自殺行為だと、X.comのチームは考えた。お金を払うために手数料を払いたい人はいない。そんなことをすれば、ユーザーは支払う側ではなく受け取る側に手数料を課す、より安価な選択肢に流れるだけだ。

だが、もっと慎重に考え抜かれた、的を絞った手数料体系なら――とくに手数料を支払う価値のあるものと抱き合わせにして適切な層をターゲットにすれば――うまくいくかもしれない。

チームはまず、一般の無料アカウントよりも多くの機能を提供する、「プレミアム版」という分類をつくって課金を始めることに決めた。これを企業ユーザー向けには「ビジネス」アカウント、個人ユーザー向けには「プレミア」アカウントと名づけた。そして重要なことに、プレミアム版の機能にお金を払うか、そのまま無料サービスを使い続けるかは、ユーザーに選ばせた。

有料アカウントを発表する際、X.comは三つのささやかな機能を宣伝した。1、法人は企業名またはグループ名でアカウント登録できる(「ビジネス」アカウントの場合)。2、専門の24時間カスタマーサービスダイヤルを利用できる。3、ペイパル口座の残高を銀行口座に毎日自動送金できる。

たいした機能ではなかったが、今後も新機能を導入していくと約束した。

ギャンブル
――「有料版」のサイコロの目は?

X.comは当初、お金を受け取る側に受取額の1・9パーセントの手数料を課し、一律の手数料は課さないことに決めた。これは主要な競合に比べればまだ格安だった。X.comは、この手数料が「ほかの決済サービスの半額以下」だと強調した（たとえばビルポイントの手数料は最低でも受取額の3・5パーセント+35セントだった）。X.comはユーザー層を熟知していた。ビルポイントより明らかに安い手数料は、金額に敏感なイーベイのパワーセラーの心をつかんだ。

ラルによると、マスクはこの時期の会議で、かつて無料だったプロダクトに課金することの危険に言及した。「あの会議でイーロンは言った。『課金する。カネをもらう。それがうまくいくかどうかは、サイコロを投げるようなものだ。要はギャンブルだよ。それは賭けなんだ』と。彼の言葉をはっきり覚えている。『1億ドルの賭けだ』と言っていた」

そしてX.comは、選択権がユーザーにあることを強調した。全ユーザーに送られたメールには太字で**「ビジネス／プレミアアカウントへのアップグレードは強制ではありません」**と書かれていた。つまり、無料のペイパルアカウントが気に入っていれば、そのまま使い続けることができる。

だが、無料アカウントをキープできるのに、メリットが少ないオプションにわざわざ登録する人がいるだろうか？　その答えは、発表当日の午後5時にははっきりした。一部のユーザー限定で発表したにもかかわらず、1300件もの有料アカウントが開設されたのだ。チームはこの成功を見て、有料版の全ユーザーへの公開に踏み切った。1週間後の6月19日、有料ユーザー数は9000人を数えた。有料ユーザーがもたらした手数料収益はこの日一日だけで1000ドル、翌日はその倍を超える2680ドルに上った。

「有料アカウントができたことで、とにもかくにも収益を得るための選択肢が、つまり誰かがカネを払ってくれる可能性が生まれた」とデイヴィッド・ウォレスは言う。「高度な機能に価値を認めてくれるユーザーがいた。そして何より、僕らがその後開発したすべての先進的な機能を、ユーザーを有料アカウントに引き込むために役立てることができた。X.comはこのときをもって、無料ユーザーだけに目を向けるのをやめ、有料ユーザーを引き込むことに力を入れるようになった」

この夏の社内の大混乱を考えれば、有料アカウントの発表は全社員に歓迎されたわけではないし、また世界の注目を浴びたわけでもない。だが有料アカウントが動きだしたおかげで、X.comは当時のデジタル企業の多くができなかったことを成し遂げた。X.comのウェブサイトはただお金を吐き出すだけでなく、実際にお金を稼ぎ始めたのだ。

アカウント数が爆増、200万件を突破する

マスクは2000年5月にCEOに返り咲いた際、同月に取締役会で発表した戦略転換を全社員にも伝えた。そのなかに、会社の喫緊の課題をまとめた、「重要な活動」と題するスライドがあった。「もしこれらが実現すれば」とマスクは全社員宛ての追記メールに書いている。

「X.comは無敵になると確信している」

マスクが自信を持つのも当然だった。2000年晩夏、X.comは「X－クリック」ボタン

の提供開始によって、それまで途絶えていた新機能の提供を再開した。デイヴィッド・サックスがあのメモを書いた6週間後、ジュリー・アンダーソンはX-クリックが正式に稼働したことと、イーベイ以外のサイトに初めてX.comのサービスが組み込まれたことを発表した。ブランドの統一も図られた。「ブラウザにwww.PayPal.comと入力すると、www.X.comにリダイレクトされます」と会社は発表した。

これらの重要な変更は広く注目を集めた。X.comはインターネット界のアカデミー賞と呼ばれるウェビー賞で「人々の声賞」を受賞し、テック誌レッド・ヘリングの「デジタル企業トップ100社」に選出された。PCデータ・オンライン社の調べで、4週連続で「最も訪問された金融サイト」になった。そして極めつきに、フォーチュン誌に「アメリカの最もホットな新興企業」の一つに選ばれた。

業界関係者もこの新参企業に注目し始めた。アメリカ銀行協会主催の地域金融機関円卓会議でもX.comの話題が出た。

アンドリュー・トレイナー：X.comは最近、オンラインメール送金サービスのペイパルと合併しました。合併後の会社は斬新なマーケティング手法を取り入れています。宣伝に大金をかける代わりに、口座を開設した顧客にそれぞれ20ドル支払うのです。そしてさらに、顧客に一定の上限までの紹介ボーナスを支払う。現在までに150万人の顧客を獲得しています。

なぜこんなことをするのでしょう？　カリフォルニア州パロアルトの27歳のCEO（イーロン・マスク）は、まず顧客を囲い込み、それから土地開発者のように、手数料収入や融資などを通じて顧客を開発していくのだと言います。

ヘンリー・ラディックス：私たち銀行が、すでにある程度やっていることですよ。銀行はもう顧客を囲い込んでいますから、これからは顧客との関係を深めていかなくてはなりません。私たちは顧客獲得に一人当たり20ドルも支払う必要はありませんでした。いや、それくらいかかっているのかもしれませんが、調べてみないとわからないですね。

デイヴィッド・ベイト：X.com方式は深刻な脅威ですよ。ペイパルサービスを使えば、メールアドレスを持つ誰にでも送金できるんですから。私のオンラインオークションに参加している友人たちも、みなペイパルに登録していますよ。

X.comは銀行から決済システムを取り上げようとしているんです。顧客を引きつけておいて、しばらくすると手数料を取り始める。では、決済に月6ドルの手数料を課すのは妥当か？　かつては銀行でも、残高不足時の当座貸越に25ドルの手数料を課すのは妥当かどうかを議論したものですが、どこの銀行も課しますから、顧客は支払うしかないわけです。

X.comのユーザーベースは急拡大を続け、毎日1万件を超える新規アカウントが開設された。「昨日、X.comのアカウント数が200万件を突破した」とエリック・ジャクソンが6月1日に社員向けの速報に書いている。「ペイパルの口座数が173万8989件、X-ファイナン

マスクは29歳になる少し前、合併会社X.comのCEOを引き継いだ。X.comは成長とともにメディアの注目を集めていく。会社のデビットカードとウェブサイトを誇らしげに見せるティール（左）とマスク。

スは26万7621件だ」

これまで通り、成長を牽引していたのはX.comのウイルス性の「バイラル」戦略だった。このウイルスはまずイーベイに「感染」し、その後も勢いは衰える兆しがなかった。

X.comの推計によると、4月時点でイーベイの全オークションのうち、決済方法一覧にX.comの決済サービスが含まれるオークションの割合は20パーセントだった。6月末、シェアは40パーセント、件数にして200万件になった。一方、イーベイ自前の決済サービスであるビルポイントのシェアは、9パーセントに留まった。

「オークション界でのX.comの急成長は、世界中の郵便配達員にとって凶報だ」とX.comの社内報ウィークリーエキスパートは書いている。「個人小切手は絶滅危惧種になりつつある」

そして何より、もはやユーザーが拡大してもカスタマーサービスの問題は起こらなかった。オマハのカスタマーサービスチームはたまっていた苦情案件をすべて処理し、世論調査サイトではPayPal.comとX.comがつねにカスタマーサービスの上位にランクされていた——ほんの2か月前とは雲泥の差だ。

アメリカ政府さえもが、X.comに一目置くようになった。X.comのアカウント審査部門は、シカゴの犯罪組織に対するFBIの数百万ドル規模の作戦に協力し、シークレットサービスや郵政省の調査員、地元警察とも定期的に連絡を取り合った。

「X－メン」貸し切りでジョブズに競り勝つ

社内でも、会社を一つにまとめるためのさまざまな施策が行われた。2000年6月、X.comはエンバカデロ・ロード1840番地の新しいオフィスに正式に移転した。「ユニバーシティ・アベニューの窮屈なパーティションや異臭、機嫌の悪いエアコンにさいなまれる雑然とした空間から、エンバカデロ・ロード1840番地の清潔で整頓された巨大な(無料の自販機とビデオゲーム完備の)空間への移転は、かなり衝撃的だった」と社内報に書かれている。

夏には楽しい催しも行われた。7月14日、マウンテンビューのセンチュリーシネマ16を貸し切って、「X－メン」の新作映画の上映会を行った。社員のタメカ・カーがこの催しを企画し、

「われわれが払った2倍の金額を提示して予約を奪い取ろうとしたスティーヴ・ジョブズの魔手をまんまと逃れた」と社内報に書かれている。映画館はX.comとすでに契約を結んでいたため、アップル共同創業者のジョブズを断り、ジョブズは珍しくも交渉で敗北を喫した。社員はX.comのTシャツを着て映画館に現れた。

映画上映会のほか、どんちゃん騒ぎの夏至祭もあった。「われらが会長ピーター・ティールはダンスフロアに引っ張り出されたが、マックス・レヴチンのヨガポーズには敵わなかった」と社内報はからかっている。

社員はCEOイーロン・マスクの29歳の誕生日にも、サプライズパーティーを開いた。「イーロンは奥さんのジャスティンから『友人とのディナー』と言われて、地元の店ファニー&アレグザンダーに連れられてきた。しかしイーロンが店の中庭に入ると、40人を超える社員が一緒に飲み明かそうと待っていた。イーロンはテキーラの一気飲みまでさせられた」。その数週間後には、レヴチンの25歳の誕生日を祝うバーベキューパーティーが開催され、バスケのシュート競争で盛り上がった。

以上の日常の数コマは、社内報「ウィークリーエキスパート」からの抜粋だ。この雑誌は社内のさまざまな瞬間を記録し、社員の誕生日を祝い、新入社員を紹介した。こうした記録が存在すること自体が、会社が成熟した証だった。

この時点でX.comの社員は数百人を数え、下階のパン屋での世間話では情報交換の用をなさなくなっていた。8月の全社会議でさえ2回に分けて行う必要があった――姓が「A」から

「Kn」の文字で始まる社員は午前10時から、「Ko」から「Z」までは午前11時から。
「その通り《イエス》」と社内報は強調する。「われわれはこんなに大きくなったのだ！」

・

マスクはこの数か月の状況を順風満帆と判断したが、社内には危険信号に神経をとがらせている者もいた。収益が拡大し、コストが減少する一方で、不正利用の横行と手数料の支払いで、会社は依然、損失を垂れ流していた。社内は一見まとまってきたように見えるが、経営陣はブランディングから技術アーキテクチャ、経営理念までのあらゆる問題で分裂していた。そしてマスクの集中戦略に対して、社内のとくにコンフィニティのベテラン勢からは、このままでは会社が暗礁に乗り上げると危惧する声も上がっていた。

水面下でくすぶっていた対立は、2000年晩夏の一連の出来事をきっかけに一気に噴出し、マスクの人生とX.comの未来を大きく変えることになる。

マスクは再編後の組織図に添えた社員宛てのメモで、この事態を無意識のうちに予見していた。「従業員400人超えの急成長中のスタートアップなのだから、組織図は時とともに状況に合わせて変化するだろう」

組織図はたしかに変化したが、マスクが、いや誰が予想したよりも急激に変化したのである。

Chapter

13

地獄のように働こう

——波乱の「ペイパル2・0」プロジェクト

そのリストは、目を上げれば必ず見える位置に貼られていた——X.comの未来のCFO、ロエロフ・ボサが狙った通りに。机の前の壁に貼られたそのリストには、若きボサの目標が並んでいた。宿題から目をそらそうとすると、リストが目標を思い出させ、集中を強いた。勉強部屋を出ようとすると、ドアに貼られたリストのコピーが座るよう彼を戒めた。

2枚のリストは効果てきめんだった。ボサは「南アフリカの全大学生の上位10位以内の成績を取る」という野心的な学業目標を軽々と達成した。しかも、ただ10位に入るだけでなく、1位の栄誉に輝き、南アで最も競争が激しいとされる保険数理（アクチュアリー）学で過去最高得点を叩き出した。

ロエロフ・ボサは南アの名門政治家一族の御曹司だ。だがその名前の威光で楽な人生を歩むより、自力で名をなしたかった。南アを離れ、MBA取得をめざしてスタンフォード・ビジネススクールに入学した。

1年目を終えて、ロンドンのゴールドマン・サックスでインターンとして働き、イギリスの金融サービスサイト、エッグ・ドットコムなどのネット企業のIPOに取り組んだ。これらのインターン経験を通して、彼は二つの結論に達した――投資銀行業はあまりおもしろくない、だが個人向けインターネット金融はおもしろい。

スタンフォード大学の学生寮で、廊下を隔てた向かいの部屋に住んでいたのが、ジェレミー・リューだ。リューは以前、シティサーチという会社で働いていたとき、ライバル会社のトップで南ア出身の起業家仲間のイーロン・マスクと知り合った。きっと話が合うだろうからと、リューはボサとマスクを引き合わせた。

99年秋に二人は出会い、マスクはすぐにボサの才能を見て取ると、X.comを熱く売り込み、一緒に働かないかと誘った。だがボサは断った。アメリカには就労許可のない学生ビザで滞在していたし、移民法をもてあそぶ気はなかった。だいいち、ビジネススクールを中退してまでスタートアップで働きたくはない。数か月後、マスクはもう一度声をかけた。ボサはやはり断ったが、マスクは強烈な印象を残した。「会ってから2週間もすればすっかり記憶から消えてしまう人もいるよね」とボサは言う。「だがイーロンの印象はいつまでも残る」

X.comのアイデアにも惹かれた。ボサはMBAの課題研究を利用して、X.comの事業や競合、個人向け金融サービスを調べてみた。「あらゆる機会を利用して、事業としてのX.comを分析した。決済事業とはどんなビジネスモデルなのか？　銀行的な側面、つまり預金受入や信用供与はどうなのか？」

ボサは、X.comの先行きは明るいとは言いがたいと結論づけた。「ネットワーク効果が見込めない。顧客獲得コストが高い。顧客一人当たりの利益が高いかどうかは不明」。それでもX.comのメール送金に、とくにネットの拡散力による規模拡大にはポテンシャルを感じた。

そうしてボサがX.comへの興味を高めていたとき、プライベートで重大な問題が起こった。1999年末から2000年初めにかけて南アは金融危機に見舞われ、そのせいでボサの預金が大きく目減りしてしまったのだ。どうにかして家賃を捻出する必要に迫られたが、いまさら家族には頼れない。困ったボサは、X.comでアルバイトをさせてほしいとマスクに頼んだ。

頭上に剣がぶらさがっている

ボサがマスクに連絡を取った2000年2月、X.comはコンフィニティとの合併を完了しようとしていた。ボサは統合後の新会社で働くことになるため、マスクはボサの面接をピーター・ティールに任せた。ティールは面接で例によって謎解き問題を出した。

完全な円のテーブルがあり、その円周を前もって知ることはできないとする。二人のプレイヤーが、25セント硬貨の入った無限の深さの袋を持っている。プレイヤーはコインを1枚ずつ、テーブルの上に重なり合わないように交互に置いていき、コインを最後にテーブルに置いてテーブルを埋め尽くした者が勝者となる。必勝戦略はあるか？　また勝つためには先手と後手のどちらを選ぶ必要があるか？*

ボサは正解し、X.comとコンフィニティが合併したその日に内定を得た。

ボサがX.comで働き始めて間もないころ、スタンフォードMBAの授業にゲスト講師が来た。イーベイCEOのメグ・ホイットマンだ。ボサが授業を聞いていると、学生がホイットマンに、イーベイ上でペイパルが幅を利かせていることについて質問した。「ペイパルというよその会社がイーベイのオークションシステム内に巣食っている状況をどう思われますか？」。ホイットマンの答えをボサは覚えている。「つぶすつもりです」

ボサは震え上がった。「そんなこと言うなよ！　って思ったね」と彼は言う。彼をはじめ多くの社員が、在職中に同じ不安にさいなまれていた。「デイヴィッド（サックス）は、ダモクレスの剣がいつも頭上にぶらさがっていると言っていたよ」とボサ。「僕がその剣に初めて触れたのが、あの授業だった」

＊　答え：ある。先手を選ぶ。先手はコインをテーブルの中央に置く。後手がコインをテーブルのどこかに置いたら、先手は後手のコインと同じ直径上の、テーブルの端からそのコインと同じ距離だけ離れた場所にコインを置く。このステップを繰り返していけば、後手は先手よりも早く置く場所がなくなる。

市場がなくなったから資金調達はもうできない

ボサはマスクの隣の机で、放課後の夕方や夜に働くようになった。初めて与えられた課題は、X.com の財務モデルを一から構築し直すことだった。

X.com は数百万ドルの資金を調達していたが、ボサは会社の財務モデリングが「あまりにも単純すぎる」と感じ、幅広い指標に基づく、より堅牢なモデルを構築することにした。既存アカウントに占めるアクティブアカウントの割合は？　X.com はクレジットカード会社に正確にいくらの手数料を支払っているのか？　不正率が上下するとどうなるのか？　紹介ボーナスを削ったらどうなるのか？

ボサのスプレッドシートを使って、チームは前提をさまざまに変えながら財務状況のシミュレーションを行い、会社の健全度をより総合的に予測できるようになった。

やがてボサのスプレッドシートは神託のようになった。重大な決定の前には必ずボサの「モデル」にお伺いが立てられた。この業績を認められ、ボサは卒業後、正社員として入社し、2000年6月には取締役会に出席を許された。

このときのことを彼はよく覚えている。「マイク・モリッツが6月の取締役会でこう言った。『いいか、君たちの滑走路はあと7か月しか残っていない。資金調達はもうできないぞ。市場がなくなってしまったんだからな！』と」。モリッツの言葉は衝撃的だったが、現状認識に役立った。「あの発言のおかげで助かった。もはや資金調達はできないということを前提に考えるよう叩き込まれた」とボサは言う。

取締役会が記憶に残った理由は、もう一つある。ボサは急ぐあまり、誤ったキャッシュフローを発表してしまったのだ。完璧なスプレッドシートだったが最終行だけが間違っていた。マイク・モリッツに誤りを指摘され、完璧主義者のボサはうろたえて真っ赤になった。会議が終わると机に戻って泣いた。同じく完璧主義者のレヴチンが慰めにきてくれた。

会社が終わりかねない「大問題」が発覚する

ボサはX.comの財務を精査し、事業損失に強い関心を持った。正確なモデルを構築するために、損失を種類ごとに調べ、その原因――手数料なのか、チャージバック(不正請求を主張する顧客への返金)なのか、不正利用なのか――を洗い出し、それらをすべて足し合わせた。この分析によって、気がかりな不一致が浮き彫りになった。X.comの経常損失は、ボサのモデルが予測した値よりも少なかったのだ。不審に思ったボサは、「問題の本質を探るためにどんどん深掘りしていった」。

そしてとうとう原因が明らかになった。X.comは係争中の不正なクレジットカード取引のタイムラグを考慮に入れていなかったのだ。

顧客がクレジットカードの請求に異議を申し立て、それが認められると、X.comは顧客に代金を返金しなくてはならない。だがこの返金請求のプロセスが開始するのは、顧客のもとにカード代金の請求書が届き、それを見た顧客が誤りに気づき、異議申し立てをしてからだ。それからクレジットカード会社が問題を調査し、結論を出す。このプロセスには1か月以上かかることもザラで、完了するのはX.comが販売者に支払いをしたずっとあとになる。「5月の返金請求は、2月から3月の取引のものだった」とボサは言う。

X.comの予測はこのタイムラグを考慮に入れておらず、迫り来る津波への備えがまったくできていなかった。「大問題が迫っていることに気がついたのは、6月ごろだった」とボサ。

ボサはこの種の問題に誰よりも詳しかった。保険数理の勉強で、保険会社が将来の支払いの引当金を算出するために用いる「チェーンラダー法」を学んでいた。この数理手法をもとに会社の帳簿を分析したところ、恐ろしい現実が発覚した。X.comの引当金は、必要な金額にまるで届いていなかったのだ。

これをなんとかしなければ会社はもう終わりだ、とボサは思った。さらに困ったことに、CEOのマスクはそれほど心配していなかった。彼の眼中には事業拡大しかないようだった。

「ペイパル2・0（V2）」始動
――マスク肝煎りのプロジェクト

ボサはレヴチンにチェーンラダー法の速習会を行い、引当金がまるで足りていないことを説明した。だがレヴチンはその前から先行きを懸念していた。彼なりに不正利用の状況を精査し、浮かび上がった事実に衝撃を受けていた。

その夏の深夜、ルーク・ノセックのポケベルが鳴った。レヴチンから、電話をくれというメッセージが入っていた。「ルーク、おそらく僕らは終わりだ」とレヴチンは切り出し、不正で数百万ドルもの損失が出ていると説明した。

そのうえ、レヴチンは権力闘争にも巻き込まれていた。レヴチンはCTOの肩書きを与えられたが、会社の技術開発を仕切っていたのは上司のマスクだった。この闘争は、会社のシステム設計の重大な岐路に起こった。

「サイトは1、2週間ごとに倍々という恐ろしいほどの勢いで拡大していた」とデータベースエンジニアのケン・ブラウンフィールドは言う。急拡大のせいでサイトは不安定になり、毎週のように何時間もダウンした。「その問題への対処が僕の生活のすべてを占めていた」とブラウンフィールドは言う。「暗黒時代だよ。ひたすら働いて、サイトをなんとか稼働させ、〔イーベイオークションの代金が決済される〕月曜日を乗り切ろうとした」

問題の一因は、ウェブサイトが構築された方法にあった。「資金のやりとりが行われるたび、まるで『世界を止める』かのようにほかのすべてを停止したうえで、受取人が資金を受け取り、資金の移転が記録され、送金人から資金が引き落とされたことまで確認する必要があった。だからデータベース内では深刻なデータの競合が起こった」。「世界を止める」ことはサーバー容量に負担をかけた。「予想もしない壁にぶち当たったね」とブラウンフィールドは言う。

公正を期して言うと、この種の問題に苦しんでいたのはX.comだけではない。クラウドコンピューティング以前のウェブサイトの多くが、容量不足とシステムダウンの問題に悩まされていた。イーベイも例外ではなく、99年6月の24時間近くにおよぶ、胃が痛くなるようなシステムダウンは語り草になっている。それでもイーベイはオンラインオークションを独占していたから、いったん危機を乗り越えれば、ユーザーは大挙して戻ってきた。だがX.comの場合、サービスがダウンすれば、ユーザーの忠誠心は当てにできなかった。決済の選択肢はほかにいくらでもあったからだ。

合併が技術的な問題に拍車をかけた。「当時はまだ二つのウェブサイトを別々に運営していた」とエンジニアのデイヴィッド・ガウスベックは言う。二つのウェブサイトを二つの技術チーム――レヴチン率いるコンフィニティのチームと、マスク率いるX.comのチーム――が運営していた。夏が進むにつれ、技術的障害と容量不足の問題は悪化の一途をたどった。

マスクは対策を提案した。ペイパルのサイトのコードベースを書き直そう。つまり、ペイパルの元のコードベース(コンフィニティのエンジニアが書いたLinux上のコードベース)をX.comのそれまでのサイトと同様、マイクロソフトのプラットフォーム上に構築し直すというのだ。そうすれば安定性と効率性が向上すると、マスクは主張した。彼はこの取り組みを「ペイパル2・0」と名づけ、社内では「V2」と呼ばれるようになった。

「Linux対マイクロソフト」の深刻な戦い

不可解に思えるかもしれないが、Linuxを取るか、ウィンドウズを取るかの問題は、たんなるX.com社内の技術的論争というだけではなかった。X.comは、これらの技術陣営間で戦われた大きな戦争の戦場の一つに過ぎなかった。

マイクロソフトは99年には世界最大手のソフトウェアメーカーになっていた。その成功の一因は、単純化にあった。ウィンドウズは、それまでの地味なインターフェース――黒い画面にカーソルが点滅し、写真を開いたりファイルを削除したりするのに「c:/photos」や「del *.*」のようなコマンドを入力する必要があるもの――を、単純で洗練されたアイコンやボタン、カーソルに置き換え、謎めいたコンピュータの操作を誰にでも楽しめる経験に変えた。

マイクロソフトの単純化された機能を毛嫌いする人たちもいた。とくに、独学で苦労しながらコンピュータを身につけてきた人たちだ。なかでもプログラマーは声高な批判者だった。マイクロソフトのソフトウェアは高価で、著作権もある。彼らの見るところ単純で、優雅さに欠け、コンピュータ版のワゴン車のように無骨だった。

こうした批判から生まれたのが、一連のオープンソースの無償のOSである。これらはUNIXと呼ばれるプラットフォームを土台につくられることが多かった。なかでも有名な

Linuxは、91年に大学生のリーナス・トーヴァルズによって開発された。

Linuxの支持者は、マイクロソフトとは正反対のLinuxの特徴――柔軟性、優れた応答性、無償提供――を気に入っていた。Linux OSはユーザーのニーズに合わせてカスタマイズすることができた。

だが柔軟な半面、使い勝手が犠牲になった。Linux機にモデムをインストールするという簡単な作業でさえ、いわゆる「ギーク疲れ」を引き起こした。ペイパルのサイトも当然この現象に悩まされた。

コンピュータをいじりまわして育ったレヴチンも、PayPal.comをLinux上で構築し、自分と同じLinux系のエンジニアを採用した。だがLinuxをベースとしていたために、ペイパルのコードベースは長く複雑になった。「過去10年のソフトウェアの発達が、なぜかペイパルだけをスルーしていったような感じだった」とあるエンジニアは当てこする。

マスクはレヴチンのLinuxの基盤を排除して、マイクロソフトに切り替えようとした。X.comの初期のプロダクトを開発したエンジニアのジェフ・ゲイツ、トッド・センプル、ニック・キャロルはマイクロソフトに慣れているから、切り替えれば、3人でペイパルのウェブサイト全体を再構築できるというのだ。もしそうなれば、ペイパルのウェブサイトを構築したコンフィニティのエンジニアは、窓際に押しやられることになる。

「マイクロソフト経営陣」との邂逅

UNIXからマイクロソフトへの移行は、資源配分の効率化のためだとマスクは説明した。マイクロソフトの市販のツールを使えば、より少ない人員でより多くの仕事ができる。「その証拠に、それまでコンフィニティの40人ものエンジニアでLinuxのシステムに取り組んでいたのが、X.comでは4人のエンジニアがマイクロソフトC++で、その機能のすべてを3か月で複製することもできた。4人対40人だよ」とマスクは言う。

自身も熱心なゲーマーで、かつてゲーム開発者でもあったマスクは、マイクロソフトの優位性の根拠として、最先端のゲームのコードがマイクロソフトで書かれていることを挙げた。「ビデオゲームで行われていたことは、他のどんな分野で行われていたことよりずっと進んでいた」とマスクは説明する。「最も優れたプログラマーがいるのは、ビデオゲーム業界なんだ」。機能豊富なビデオゲームには、ある意味では当時のウェブサイトよりもはるかに複雑な技術が用いられていた。

マスクによれば、マイクロソフトベースは人材が採用しやすいのも利点の一つだった。当時は「Linuxはとても複雑で難しかった」ため、開発環境をマイクロソフトに移行することで、より幅広い人材プールから採用できると考えた。「2000年当時のLinuxは、2019年のLinuxとはまったく違っていた。2000年のLinuxは、まだまだ粗削りだったし、サポートもほとんどなかった。なのになんでわざわざLinuxを使うのかって話だよ」

マスクの考えでは、V2はX.comが「あらゆる金融取引が行われる世界の中心地」になるための第一歩だった。「それを実現するには、ペイパルにあったよりもずっと多くのソフトウエアが必要だった。だから、世界最強の開発環境（マイクロソフト）を使うことが理に適っていた」

2000年7月、X.comチームはマイクロソフトのCEO、スティーヴ・バルマーを含む経営陣に会うために、ワシントン州レッドモンドに飛んだ。週刊社内報が、この会合のことを興奮気味に報告している。

当社のエンジニアリングチームは先日、マイクロソフトの最高幹部数名とミーティングを行った。ビル・ゲイツ直属クラスの大物たちだ！　マイクロソフトはわれわれに何を求めているのか？　アドバイスだ！　目下われわれはX.com／ペイパルサイトのバージョン2・0を、マイクロソフト2000のプラットフォーム上に統合している。マイクロソフトはそれを聞き、面会を求めてきたのだ――当社の開発に役立つようツールを改良し修正する方法を知るために。

マスクは、X.comが――マイクロソフトのような――時代を超越した会社になるとかねがね言っていた。そしてその目標を実現するには、アーキテクチャの全面的な刷新が必要だった。

「いまから数十年後も確実に存続する会社を築くには、数十年後も確実に存在する基盤の上に築かなくてはと、イーロンは言っていた」とルーク・ノセックは回想する。

「13秒ごと」に再起動が必要になる

マイクロソフトに切り替えるというマスクの決定は、当然チームのベテランエンジニア、とくにレヴチンの猛烈な不評を買った。

重要な問題として、ペイパルは一つのモノリシックな（一枚岩の）データベース上で稼働していた。そのためコンフィニティのエンジニアにとっては、サン・マイクロシステムズ製のサーバーを追加すれば、このデータベースを最も簡単かつ安価に拡張できた。

これに対し、マイクロソフトの技術はカネがかかるだけでなく、ペイパルの規模とニーズに応えるようにできていないと、彼らは考えた。「マイクロソフトのデータベース製品は、企業向け製品だった」とLinux派のブラウンフィールドは言う。「マイクロソフト製品は、1万人の記録を保存するような企業のためのものだった。オンライン処理性能の高い、何年も稼働するシステムではなかった」

別のエンジニアはマイクロソフトを、「既存の問題を解決するために書かれたもの」とこきおろす。「市販製品で解決できるような仕事しかしていないなら、新しくておもしろい、未知の問題に取り組んでいないことになる」。ペイパルが取り組んでいたのは、まさに新しい、未知の問題だった。だからマイクロソフトのサービスは合わなかったのだという。

Linuxとマイクロソフトには、運用面での違いもあった。たとえば処理要求への応答だ。マイクロソフトのシステムは要求が完了してからも処理を続けた。「問題は、有効な要求を処理し続けるプロセスがあると、速度がどんどん落ちてしまうことだ」とジョード・カリムは言う。「Linuxのサーバーにはその問題がなかった。要求が来るたびに新しいプロセスを開始するから」

その証拠に、初期のV2は解放漏れ《メモリリーク》に悩まされた。いつまでも終わらないプロセスがシステムに負荷をかけ、サーバーを頻繁に再起動する必要が生じた。「生粋の技術者にとって、機械を再起動するなんてのは恥ずべき解決策だ」とジョード・カリムは言う。「車で言うなら、高性能レーシングカーのエンジンを5分ごとにかけ直すようなものだよ」

この問題は、一部のエンジニアが予期した通り、日に日に悪化した。「サーバーの負荷を調べて、毎日のようにリセットしていた」とエンジニアのデイヴィッド・カンは言う。V2に取り組んでいたエンジニアの7月10日付のメールを見てみよう。

100万件のアカウントの新規開設がV2システムに与える影響について、エンジニアはこう書いている。「現状では、メモリリークのせいで、ビジネスロジックは100万件のアカウント開設を直接処理できる状態にない。現在の処理性能は最大負荷で毎秒2万件程度に落ちている。つまりビジネスロジックの再起動が必要になるまでの動作時間は2時間半、処理可能なアカウントは22万5000件ということになる」

別のエンジニアによると、その後サーバーは「13秒ごと」に再起動が必要になった。V2の開発を進めるにつれ、チームは懸念を強めていった。初期のV2をテストしたところ、サイトの最も重要な「支払う」のボタンが機能しなかった。「開発プロセスが進むなかで、これはだめだということが開発者にははっきりわかってきた」とあるエンジニアは言う。「これだけ頑張ったのに、完成にはほど遠かったし、どんどん完成に近づいているわけでもなかった」

「必要のないもの」を書いて書いて書き直した

X.com側にも、「マイクロソフトベースのアーキテクチャは最適ではなかったかもしれない」と考える人たちがいる。スグ・スグマラニは合併前にX.comの面接を受け、不採用になった。「帰宅すると採用担当者から『イーロンがあなたを落とした』というメールが来ていた。『メールしたいので、イーロンのアドレスを教えてほしい』と返信した」

スグマラニは熱烈なメールを送り、それを読んだマスクから電話をもらった。「僕はその電話で、『X.comはインターネットを変える』みたいなことを言った。そして、条件は問わない、床掃除でもいいから働かせてほしいと頼みこんだ」。マスクはスグマラニを採用し、彼のメールをX.comの全社員にシェアした。

スグマラニが入社したのは、ちょうどX.comとコンフィニティの統合が始まり、Linux対マイクロソフト戦争が勃発した時期だ。データベース開発ツールの構築にキャリアを捧げてきたスグマラニの見るところ、「Linuxベースのシステムは、マイクロソフトのSQLサーバーよりはるかに優れていた。マイクロソフトのSQLサーバーは拡張性も疑問だった」。

X.comに初期からいたエンジニアのダグ・マクは、それぞれによさがあると考えていた。UNIXベースのシステムは、エンジニアに扱いやすく、数人が同時に作業でき、常時大勢のユーザーが利用するサイトを提供できた。「UNIXは最初からつねにマルチユーザーに対応したOSだったから、UNIXの開発環境のほうがコードを書きやすい。ウィンドウズはデスクトップPCのOSとして開発されたから、マルチユーザーが同時に利用することが想定されていないんだ」とマクは説明する。

一方、マイクロソフトの市販ツールのほうがやりやすいタスクもあった。「ビジネスロジックはウィンドウズのほうが書きやすい」とマクは言う。「同じことをUNIXでやるのはかなり大変だ」。マイクロソフトは、単純なウェブサイトの作成といった基本的なタスクを簡単にしたとマクは言う。また、問題が起こったときは、電話でカスタマーサポートに問い合わせることができた。

だが、V2の取り組みは多少の改善につながったものの、結局は無駄骨だったと、ダグ・マクや多くの社員は結論づける。「書き直す必要のないものを書いて書いて書き直して、エンジニアリングの時間を無駄にした。これがなければ、6か月前にプロダクトをローンチできたし、ペイパルはいまよりさらに成功していただろう」とマクは言う。

失われた時間は莫大だった。その数か月間の不正利用による損失は数百万ドルに上った。「メモリリークの修正にあんなに時間を費やしていたら、3000万ドルの損失を生む問題に対処できるはずがない」と、ある品質保証アナリストは言う。

「あのクソV2がうまくいくわけがない」

一部のエンジニア、とくにレヴチンを慕い、PayPal.com の元のコードベースを好む数人は、マイクロソフトへの切り替えは「うまくやることもできたはずだ」と言う。十分な時間と労力をかけていれば、全体を構築し直し、エンジニアを訓練し直し、マイクロソフト版 PayPal.com 上でサイトを再編することは可能だった。だが、エンジニアたちの頭からは「なぜその必要があるのか？」という疑問が離れなかった——マスクが解決したがっている問題は、全面改修せずとも解決できるはずなのに。

あるIT関連のネット掲示板で起こった「Linux 対マイクロソフト」の議論は、この対立の宗教論争的性質を示している。IT専門家が「どちらの陣営も自分たちの宗教、いやOSこそが最も優秀かつ安全だと言って譲らない」と書き込んだ。すると別のエンジニアが「僕は Linux 方式のほうが好みだ」と反論し、「人生のほかのことと同じで、慣れるまでは大変だが、そこを乗り越えれば、長期的にはとてもメリットが大きい——忍耐と我慢が肝心だ」と主張した。

いまにして思えば、V2にあれだけ反発したのは、マイクロソフト製品全般への嫌悪が大きかったと、エンジニアたちは認める。コンフィニティのエンジニアにとっては、「Linux方式」こそが〝正しい〟方式だった。「当時、僕は生活のすべてをLinuxに捧げていた」と、多くのコンフィニティ出身者の気持ちを代弁してブラウンフィールドは言う。「ウィンドウズなんて、3メートルの棒を使っても触りたくなかったね」

オープンソースのコードベースを持つ、ハッカーが生み出したLinuxを選ぶ理由は、アーキテクチャの好みというだけでなく、個人的信条の問題でもあり、数十億ドル規模の巨大企業がつくったクローズドソース・システムへの移行は、受け入れがたかったという。

「みんなかなり苛立っていた」とカリムは言う。あるとき彼は駐車場で、かなり前倒しで早退しようとしているコンフィニティのエンジニアに出くわした。どこへ行くのかと訊くと、エンジニアは答えた。「セーリングにでも出かけるよ。あのクソV2がうまくいくわけないからな、ちくしょう！」

エンジニアのウィリアム・ウーは99年末にX.comに入社し、コンピュータサイエンスの修士課程に在籍しながら、サンフランシスコからパロアルトに通っていた。X.comとコンフィニティの合併後は、ただでさえ多忙な日々に、「二つのバージョンのコードを書く」仕事が加わった。

「ペイパルのデビットカードのコードは、実は二つのバージョンを書いたんだ。一つは、イーロンが我を通したときのためにウィンドウズ版。でもいつかペイパルが主導権を握るかもしれないから、UNIX版も書いておく必要があった。だからコード書きにあんなに時間を費やしたんだ。二種類のコードを書いて、二種類のプラットフォームでテストした」。それは保身のためだったと、ウーは認める。「どっちに転んでも生き延びられるようにね。あれは人生でいちばんしんどい時期だった」

V2のせいで、エンジニアリングチームの士気はがた落ちになった。「まったくおかしな時期だったよ。リスクが高くて成功するかどうかもわからない非常事態だったのに、開発者の僕はサボって昼の3時から映画を見に行ったりしていた」とエンジニアのデイヴィッド・カンは打ち明ける。

「ペイパル2・0」に全リソースを投入せよ

V2の決定が全員に歓迎されていないことは、マスクもわかっていた。だがマスクの見るところ、そうしなければ二つのウェブサイトが併存したまま、プロダクト開発が遅れ、システムがほぼ毎週ダウンし、事態がさらに悪化しかねなかった。

マスクはチームの努力をねぎらう(かつ加速させる)ために、8月に褒賞プログラムを発表した。「V2・0とV2・1のローンチを早めるために、ボーナスプログラムを実施する。V2・0を9月15日午前零時までにローンチできたら一人5000ドルを支給、そこから一日遅れるごとに500ドルずつ減額する。たとえばローンチが9月20日なら、全員に2500ドルずつ支給する。条件は、マックス・レヴチンの定義する拡張性要件を満たすことと、V2ローンチによって重大な（つまりメディアに知られるような）問題が生じないことだ」

「地獄のように働こう」とマスクはメールを結んだ。

だが開発が完了しないまま、期限は過ぎていった。エンジニアではない社員も心配し始めた。「あの作業が大問題になっているのは知っていた」とエンジニアではないトッド・ピアソンは言う。「再構築の完了は3週間遅れ、そして3か月遅れた」

マスクはペイパル2・0の開発ペースを上げるために、それ以外のすべての開発とコード配置の中断を命じた。だがペイパルのウェブサイトの利用者は非常に多かったため、この決定はチームの懸念を呼んだ。するとまた別の危険信号が灯った。マスクは〔変更により問題が生じた場合のための〕原状回復計画《ロールバック》も立てずに、ペイパル2・0を世界に公開するつもりだと宣言したのだ。

ホフマンによれば、マスクは「時間が非常に限られていて資金もあまりないから、早くこれをやってしまわないと」とチームを急かした。「ロールバック計画を立てている暇がない。新しいシステムをつくって、すべてをそこに移行してしまおう」と。

エンジニアのサントッシュ・ジャナーダンは、このやり方はそこまでリスキーではなかったと、マスクをかばう。「2000年代初めは、『修正は後回し』なんてフレーズが飛び交っていた。俺たちはやり抜く、徹夜してもやる、ロールバック計画に1週間かけるより、あとから徹夜で修正したほうがいい、という感じだった」

しかし、この動きは懸念を招いた。当時ペイパルサイトでは毎日数百万ドルの決済が行われていた。V2で不具合が起こったら大惨事になりかねなかった。

分断の火種
——「X」か、「ペイパル」か？

V2は社内の分断線だった。だが分断線はそれだけではなかった。合併時から「社名」という火種がくすぶっていた。

ユーザーがブラウザに「www.PayPal.com」のURLを入力すると自動的に「www.X.com」のサイトに飛ばすことを決めたのはマスクだったが、多くのコンフィニティ出身者が内心不満に思っていた。

数字を見れば、どちらが優位かは明らかだった。2000年7月時点でペイパルの総決済件数は数百万件、これに対しX.comは数十万件だった。ユーザーはペイパルのブランドに群がり、イーベイでの出品やメールの末尾にペイパルのリンクを貼っていた。自動誘導の決定は、苦労して得たペイパルの信用を損なうリスクがあると、彼らは案じた。

マスクはペイパルを単体で呼ぶことをやめ、「X－ペイパル」に改称し、X.comの全サービスの前に「X」をつける——「X－ペイパル」「X－ファイナンス」など——と宣言した。

「ニッチな決済システムで満足するなら、ペイパルはいい名前だ。でも世界の金融システムの支配をめざすなら、Xの名前でなければだめだ。ペイパルは機能の一つに過ぎず、会社そのものではないんだから」とマスクは言った。彼にとって社名をペイパルにするのは、「アップルが社名をマックにするようなもの」だった。

その夏、問題は山場を迎えた。グループインタビューを用いた市場調査で、「X.com」より「ペイパル」という名前のほうが好感度が高いことがはっきりしたのだ。調査を主導したヴィヴィアン・ゴーは、「『X』みたいな名前のサイトは信用できないとか、アダルトサイトみたいと言われ続けた」と言う。

ゴーはユーザー調査に限界があることも理解していた。「昔は『アップル』でさえおかしな名前だと思われていたわけだから」。だが彼女はユーザーの懸念を直接耳にした。「口を揃えて『この名前は信用できない。得体の知れない感じがする』とほぼ同じ言葉で言われ続けたら、そうかなと思わざるを得ない」

お堅い会計事務所のKPMGからX.comに転職したリーナ・フィッシャーは、怪しげな社名のせいで、自分やほかの社員が「気味の悪いメールをたくさん」受け取ったと言う。「うちのプロダクトといえば、ペイパルでしょう？　ペイパルこそ、会社の目的を説明するのにふさわしい名前だとずっと思っていた」

他方、エイミー・ロウ・クレメントがX.comに入社したのは、その壮大なビジョンに魅力を感じたからだ。「Xが核で、その名の下にすべてのプロダクトを束ねようとしていた」と彼女は言う。だが成長の突破口を開いたのは、メールを利用した単純な決済方法だった。「ペイパルのほうが成長が速かった。その一因は、X.comのアカウントは銀行口座で、運営にかかるコストも時間も膨大だったからよ。結局、銀行口座の顧客に収益性の高いほかの金融商品をすばやく売り込む見込みがないことがわかって、X.comのプラットフォームを運営する意味がなくなっていった」

マスクは名称変更は必要だと譲らず、市場調査をないがしろにして反感を買った。「ペイパル」派は、マスクがユーザーの好みより、私見をもとに意思決定を下そうとしていると感じた。

「グランプリ」をめざさないのか？

だが社名をめぐる衝突は、より根深い分裂の氷山の一角でしかなかった。「もし社名だけが問題だったら、もっと簡単に乗り越えられただろう」とリード・ホフマンは言う。マスクにとって「ペイパル」は、単独の決済システムにはいい名前だった。だが「X.com」は、(少なくとも構想上では)世界的な金融の中枢だった。「僕らは決断を迫られていた。グランプリをめざすのか、それともめざさないのかを」とマスクは言う。

マスクの同僚たちは、彼のビジョンの壮大さを理解し、称賛もした。「僕が考えるイーロンの最大の功績は、ペイパルとその展望に、誰よりも壮大で野心的なビジョンを持っていたことだ」とティールは言う。「ただの決済会社になろうとはしていなかった」

状況が状況なら、こうした大胆な考え方はマスクの武器になるはずだった。「イーロンはビジョンを持ち、ビジョンの実現を心から信じるタイプの起業家だ」とホフマンは指摘する。だが当時、上級幹部やティールとホフマンを含む取締役は納得しなかった。彼らにとって、これはビジョンの問題ではなく、数字の問題だった。ティールは言う。「9月時点で会社の資金残高は約6500万ドル。対して、現金燃焼率は月1200万ドルだった。これをなんとしてでもすばやく抑える必要があった」

ここには個人的な事情も影響をおよぼしていた。マスクが壮大な目標を立てたのは、Zip2をもしのぐほどの壮大な成功をめざしたからだ。「大学を出て4年で会社を3億ドルで売却した。だから、その程度の結果ならもう経験済みだと思っていた」とマスクは認める。だがレヴチン、サックス、ホフマン、ノセックを含む経営陣は「経験済み」ではなかった。彼らがめざしていたのは「グランプリ」ではなかったし、そのために会社を破綻させるリスクなど負いたくもなかった。

・

コードには、ときに驚くほど個性が表れることがある。たとえばPayPal.comの元のコードベースはレヴチンの人格そのもので、「マックスコード」とまで呼ばれていた。マスクのV2への変更が、マックスコードの完全廃止に、ひいてはレヴチン自身の追放につながるのではないかと、一部のエンジニアは心配した。

実際、レヴチンは会社を辞めることを考えていた。会社を始めたばかりの、まだ未来が見えなかった時期は、楽しかったたし、手応えもあった。だがいまやその他大勢の一人になってしまい、自分の仕事は上司によって葬り去られようとしていた。すべてを捨てて新しいことを始めようかと思っている、とまわりに漏らした。もう辞めてしまおう、とレヴチンは思った。V2のせいで生きる気力を失いそうだ。

マスクやティールと同様、レヴチンも社内政治を毛嫌いしていた。だが二人と同様、彼も強烈な負けず嫌いだった。マスクがマイクロソフト環境への移行に関しても、社名に関しても、もちろん戦略に関しても譲るつもりがないのを、レヴチンは知っていた。そして同僚たちと話し合ううちに持ち前の闘争心が頭をもたげ、絶対に譲るものかと心を決めた。

2000年の初夏から初秋にかけて、X.com の経営陣には、レヴチンの理解者が増えていった。彼ら全員が、元CEOのハリスへのクーデターに参加していた。一度うまくいったことは、次もうまくいくかもしれない、と彼らは考えた。かくして、X.com の共同創業者にして最大株主でもあるマスクを会社から追放するための秘密の動きが始まった。

Chapter

14

ハネムーンを狙え

――イーロン・マスク追放

マスクは2000年1月に、長年の恋人ジャスティン・ウィルソンと結婚していた。だが新婚旅行の計画は、マスクに言わせれば「会社のゴタゴタ」のせいでお預けになった。彼は9月半ばのシドニーオリンピックの観戦旅行でその埋め合わせをしようと考えた。新婚の二人はシンガポールとロンドンにも立ち寄るつもりだった。

仕事中毒のマスクは、資金調達のミーティングと、海外駐在の社員との打ち合わせも予定に入れていた。「遅ればせのハネムーンと資金調達の出張を兼ねていたんだ」とマスクは言う。

出発前、マスクは社内の微妙な雰囲気の変化を感じ取っていた。「おかしなやりとりが増えていた」。普通の電話が「いつもと違う」ように思えたという。「みんな極度に心配症で怒りっぽくなっていた。みんなが『そういうことはやりたくない』と言い、僕は『いや、しなくてはだめだ』とはね返した。あのあたりがターニングポイントだったんだろう」

マスクは反乱が起ころうとしていることにも、自分がその引き金を引いたことにも気づいていなかった。

経営陣はマスクにV2の中止を求め、X－ペイパルへの名称変更を断念させようとしたが、どちらもはねつけられた。そこで、「マスクを解任せよ、さもなければ集団辞職する」という最後通牒を取締役会に突きつける計画を立てた。「不信任案」の文書を作成して社内で密かに回覧し、賛同者の署名を集めていった。

署名した社員はいたが、首謀者たちほど深い信念を持ってのことではなかった。「知らぬが仏って言うけど」とプロダクトチームのジャコモ・ディグリゴリは言う。「デイヴィッド（サックス）が僕らを部屋に引っ張っていって、『僕は現状に我慢がならない。僕を信じるなら、そしてこの会社の未来を信じるなら、この紙に署名してくれ。僕らは取締役会に行って、こういうことをするつもりだ』なんて言うんだ。まだ23歳だった僕は、『へえ、これが会社ってものか。こういうことが起こるんだなあ』なんてのんきに構えていた。もちろん、細かいことは何も知らなかった」

クーデターの計画が水面下で進む間も、ある社員は「ありふれた火曜日だ」と思っていたという。

「みんな、僕を怖がっている」

計画が具体化したのは、マスクが出発する数週間前のことだ。ルーク・ノセック、ピーター・ティール、マックス・レヴチン、初期の取締役スコット・バニスターの4人は、8月に同じテクノロジー会議に出席し、そこで会社の方向性への不満をぶつけ合った。

その週末とその後も数回会って、マスクについても話し合った。CEOのマスクはX.comの成功を妨げている、だから解任する必要があると、彼らは考えた。

マスクの解任はナットハウスのクーデターより困難で、リスクも高い。前CEOのビル・ハリスは在任期間が短く、会社とのつながりも浅かった。だがマスクは共同創業者で、熱烈な支持者も多く、取締役会にもマイク・モリッツのような強力な支援者がいる。なにより、マスクは技術的才能と強烈な説得力の持ち主だ。彼をCEOの座から追放するには、戦略的に、かつ目立たずに行動する必要がある。

マスクの新婚旅行は、行動を起こす絶好の機会をもたらした。ある首謀者は、ハネムーンのタイミングを狙うのは残酷だが、背に腹は代えられなかったと言う。マスクのような創業者は、取締役会を強力なカリスマ性で魅了し、事実をねじ伏せる。公正な審理を求めるには、どうしてもマスクの不在を狙う必要があった。

マスクは、なぜ内密に進める必要があったのかを、いまなら理解できると言う。

「僕が戻ってきて、取締役会に元の戦略を呑ませて、首謀者たちをクビにするとでも思ったんだろう。みんな、僕を怖がっている。なぜだろう？ 取って食ったりしないのに」とマスクはおどける。

いまでは過去を笑い飛ばしてもいる。「卑劣な裏切り野郎たちめ」と冗談めかしてマスクは言う。「怖くて真っ向から来れないのか？ 僕を後ろから刺したいのか？ ほら、前から来いよ！ おまえらは12人もいるんだろう？」

マスクが機上の人になると同時に行動開始

取締役のジョン・マロイはレヴチンから電話を受けたとき、中国の大手投資会社のロビーにいた。この電話で、上級幹部がマスクに反旗を翻《ひるがえ》そうとしていることを知らされた。「なんてこった、さっさと仕事をすませて帰らなければ、と思ったね」

マスクを乗せた飛行機は、2000年9月19日に飛び立った。マスクが無事、機上の人になると、ティール、レヴチン、ボサ、ホフマン、サックスの5人はセコイアのオフィスに押しかけ、取締役のマイク・モリッツを説得にかかった。

モリッツの票がカギを握っていた。もしマスクの最強の支援者であるモリッツがマスクの側につき、ティム・ハードが追随すれば、取締役会はティール、レヴチン、マロイ対マスク、ハード、モリッツの3対3に割れて決着がつかなくなる。

5人はセコイアにマスク不信任の署名を持参した。署名者は全員、マスクがCEOに留任した場合は会社を辞めると誓っていた。モリッツは顔色一つ変えずに説明を聞き、状況を整理するために質問を浴びせた。緊急取締役会開催の同意を得るために、ティールからティム・ハードにも電話をかけた。

マスクは海外、ハードはシカゴに滞在中、マロイはアジアから急遽帰国中とあって、その後の数日間の討議は主に電話で行われた。首謀者たちはグラント・アベニュー469番地のレヴチンの部屋とノセックの部屋を行き来した。取締役のティールとレヴチンが一方の部屋で取締役会の電話会議に参加し、もう一方の部屋にいる仲間にその内容を報告した。

それぞれの側が主張を述べた。

ティールとレヴチンは、ウェブサイトの技術の切り替えを、論戦の中心に据えた。取締役会がこれを聞いたのは、このときが初めてだった。取締役たちは、これほど重大な変更が真っ先に取締役会に諮《はか》られなかったこと、そしてロールバック計画がないことに驚愕した。「こうした問題は、まず取締役会で検討されるべきだった」とある取締役は指摘する。「そうではなかったことに愕然としたね。そんな危険を冒そうとしていたとは」

ハードはこの状況を、ジャンボ機の操縦になぞらえる。「4基のエンジンを積んだ旅客機が、大嵐のなかヒマラヤ上空を飛んでいる最中に、2基のエンジンが停止した。整備士はいない。そんななかで飛びながらエンジンを交換しようとしていた」

取締役のハード、マロイ、モリッツは技術系ではなかったが、レヴチンの説明に説得された。

ティールとレヴチンは、この場でほかの問題も明らかにした。X.comは最初期の顧客に一定の融資枠を与えていた。だがローンチを急ぎ審査をおろそかにしたせいで不良債権が増え、それらはいずれ損失として計上する必要があった。2000年初め、マスクはこのプログラムの廃止を発表した。だが取締役会が驚いたことに、会社の帳簿にはこれらの不良債権が利子を生む資産として、つまり返済されるものとして、まだ計上されていたのだ。

一方、マスクがすでに無担保融資を終了していたことを根拠に、こうした決めつけに異議を唱える人たちもいた。彼らの見るところ、マスクはX.comのいくつかのプログラムを、一部の社員が望む以上に長く続けようとしているに過ぎない。

他方、マスクの反対者は、そのせいで会社が不要なリスクにさらされていると批判した。

「イーロンはたしかにX.comの幅広いプログラムを廃止する必要性に気づいていた。廃止し、損失を計上する必要があることは彼にもわかっていた」とサンディープ・ラルは言う。「ただ、彼は自分が事業を始めた以上、顧客に責任を負っていると感じていた。自分からはしごを外すようなまねはしたくなかったのだ。だから一部の社員が望む以上に長く続けていた」

「イーロン自身もやめたがっていた。問題は、いつやめるかだった」とラルは結論づける。停止の決定が遅れた一因は、X.comがファースト・ウェスタン・ナショナル銀行と結んだ契約にもあったと、ラルは指摘する。

そうした一つひとつの問題の根底に、X.comとコンフィニティの間の深い断層が横たわっていることを、取締役会はこのとき初めて知ったのである。

「あの二つの会社の間にはとても深刻な確執があった」とマロイは言う。「どれだけの不和があったかは、それまで取締役会に説明されたことはなかったと思う。それに、ほかにどんな大きな問題が隠れているかもわからなかった」

「マスク支持派」との軋轢

クーデターの主な切り札は、社員の集団辞職だった。署名者にはデイヴィッド・サックスとロエロフ・ボサの名もあった。

サックスを引き立て、ボサを採用したのはマスクだった。二人ともマスクと親しかったが、マスクがCEOに留まる限り、会社がいまの苦境から抜け出すことは難しいと判断した。とくにボサは、辞職をちらつかせた以上、マスクが勝てば仕事だけでなく、入国資格まで失うおそれがあった。軽々しく下した決断ではなかった。

「取締役会が行われた――僕抜きで」とマスクは言う。経営陣と取締役会の議論は数日間続いた。マスクが追放されれば、一年の間に二人目のCEO解任となり、メディアが騒ぎ立てるのは間違いない。それでも取締役会は、外部の雑音より、社内の活力が失われることを恐れた。

だがマスクはCEOでなくなったあとも、大株主として会社に留まることになる。取締役会は機能するのか？　ティールとレヴチンはマスクとどう協力を続けるのか？

社員からも取締役会に意見が寄せられた。ある社員はティム・ハードに熱のこもった長いメールを送り、マスクやクーデターを懸念する同僚たちにもCCで同報した。「現CEOイーロン・マスクに対する不信任案を説明する手紙を見せられたが、僕は署名しなかったし、その内容にも賛同しない」とメールは始まり、CEOとしてのマスクの強みをつづっている。

僕の見るところ、イーロンほど優秀なCEOはいない。彼は自分宛てのメールをすべて読んでいるから、社員とのコミュニケーションは万全だ。僕がイーロンと参加した他社（インテュイット、マイクロソフト等）との会議でも、彼はとても頼もしく、立派に会社を代表していた。巧みに交渉を運び、インテュイットとも、その他多くの取引先（ファースト・データやマスターカードなど）とも有利な契約を結んだ。近いうちにマイクロソフトと契約し、年末までにAOLと手を結ぶ見込みも十分ある。

「取締役会は決定を下す前に広く意見を聞いてほしい」という要請でメールは結ばれていた。マスクはハード以外の全員に返信を送った。「ありがとう。僕はこの出来事に、言葉にならないほど失望している。この会社に全身全霊打ち込み、Zip2売却で得た現金をほぼ全額つぎこみ、結婚生活まで危険にさらしたのに、弁明の機会もないまま一方的に糾弾された。何が悪かったのかさえわからない」

取締役会はその週の半ばから日曜夜まで検討を重ねたが、結局、マスクの留任に必要な票は集まらなかった。「僕が戻ってきたときには決着していた」とマスクは言う。「あれは既成事実だった」とラルも口を揃える。「あれが起こったとき、イーロンはいなかった。海外にいて、飛行機で帰ってくるところだった。期限内に反論する機会も与えられず、戻ってきたころには時すでに遅しだった」

ティールとマスク、それぞれの全社向けメール

9月24日日曜の夜、ピーター・ティールは全社向けにメールを送った。

みんなへ

周知の通り、イーロン・マスクは5月の前CEOが突然退任したあとの不安定な時期に、最高経営責任者の職務に戻ってくれた。彼は信じがたいほどの勤労意欲と起業家精神あふれるリーダーシップを発揮して、社内と投資家との関係にただちに安定を取り戻した。彼の尽力により、X.comはさまざまな領域で大きく前進することができた。X－ファイナンスとペイパルは400万人近いユーザーを持ち、決済額は年間20億ドルに近づき、X.comは一部の指標でインターネット最大の電子ファイナンス会社になることができた。X.comは組織の規模と範囲、戦略的提携の面で、さらなる飛躍を遂げる体制が整った。

こうして順調に成長を続けた結果、イーロンと取締役会は、会社を次の高みに引き上げる、新しい経験豊かなCEOを選出するために、選考委員会を設けることに決めた。イーロンは

取締役会の一員かつ主要株主として、今後も積極的に活動を続ける。僕は新CEOが任命されるまでの間、会長として経営責任を担うことになった。リード・ホフマン、デイヴィッド・ジョンソン、サンディープ・ラル、マックス・レヴチン、デイヴィッド・サックス、ジェイミー・テンプルトンが、僕の直属になる。

X.com 会長　ピーター・ティール

5時間後、マスクは「X.com を次の高みに引き上げる」と題したメールを送信した。

やあ、みんな

X.com は2年足らずで500人の社員を持つまでに急成長を遂げた。そして僕は熟考の末、X.com を次の高みに引き上げるために、大企業の経営経験のある熟練CEOを迎えるべきときが来たと判断した。起業家としての僕は、大きな（でも偉大な）会社の日常運営よりも、新しいものの創出や創造に関心がある。

今後、僕は X.com にふさわしい優秀なCEO探しと、必要な場合には広報活動に取り組むことになる。CEOが見つかったら3、4か月の長期有給休暇を取り、アイデアを練って、来年初めには新会社を立ち上げるつもりだ。

僕がCEO探しに専念できるように、当初からこの会社に関わり、会社の抱える問題に精通している、信じがたいほど優秀なピーター・ティールが暫定的に経営責任を引き受けてくれることになった。今後数か月間で膨大な成果を挙げ、厳しい競争に立ち向かうために、どうかピーターと会社を全力でサポートしてほしい。X.comがゆくゆくは莫大な価値を持つ会社になり、新しいグローバル決済システムの創出を通して、インターネットが可能にした最大の前進の一つになることを、僕は信じて疑わない。

（まだ会社を去ったわけではないけれど）みんなと仕事ができて本当によかった。君たちのことを家族だと思っている。

イーロン

わが子を攻撃することはできない
――周囲を驚かせたマスクの反応

マスクは実際にX.comのチームを家族のように思っていた――たとえその理由が、自宅で本当の家族と過ごす時間より職場でチームと過ごす時間のほうが長かったからだとしても。だが、彼が辞めたのは「熟考の末」にではなかった。それはメンツを保つための口実だった。

とはいえこの挨拶は、彼の批判者さえ認めるように、驚くほど寛容だった。自分を追放したティールを数時間後に公に称賛したのは、自制心のたまものだった。

実際、マスクは報復しようともしなかった。マスクが初期のX.comに採用したジェレミー・ストップルマンは、解任劇の直後にマスクに連絡を取り、同僚たちと集団辞職をちらつかせてマスクへの支持を示すつもりだと伝えた。

だがマスクはそれを制した。マスクの長年の仲間でさえ、マスクの穏健な姿勢には面食らった。「あんなに潔く受け止めているのがとても不思議だった」とブランデン・スパイクスは言う。「僕なら激怒していたよ」

マスクは現実を重視したのだった。「結論には賛成できなかったが、彼らがあんな行動に出た理由は理解できた」とマスクは何年もあとに語っている。きわめて実際的なものの見方をするマスクからすれば、取締役会が決定を下した以上、抗っても無駄だった。「徹底抗戦するという手もあったが、時期が時期だけに、僕が折れるのがいちばんだと思った。ピーター、マックス、デイヴィッドたちは優秀で、おおむねよい動機を持って、正しいと思うことをやった。ただ、僕にはそれが正当に思えなかったというだけだ」

「腹を立てて彼らを一生恨むのは簡単だ」と彼は続ける。「でもそれよりいいのは、抗わずに関係改善に努めることだ。僕はそのためにかなり努力をした」

CEOとしてのマスクに懸念を持った人の中にも、彼の努力を認め、自制を称賛する人たちがいる。「イーロンは会社の利益のために行動した」とマロイは言う。レヴチンもこう語る。「イーロンは恨んだりしなかった。ハネムーン中に追放されたというのに、驚くほど寛大だった」

なぜ譲歩したのかとマスクに訊ねると、彼は聖書の「ソロモンの裁き」の物語を引き合いに出した。ソロモン王は、赤ちゃんが自分の子どもだと訴える二人の女性に裁きを求められた。王が、子どもを二つに裂いて半分ずつ分けよと命じると、片方の女性は、子どもの命を救うために訴えを取り下げた。「子どもを生きたままその女に与えよ。殺してはならない」とソロモン王は裁きを下した。「その女が母親だ」

「僕にとってあの会社は、ある意味わが子も同然だった」と声を詰まらせながらマスクは言った。「会社や社員を攻撃するのは、わが子を攻撃するのと同じだ。そんなことはできなかった」

創業した会社から追い出されるのは二度目でもあり、マスクは苦しんだ。ジョード・カリムは、マスクの命運が決しようとしていたこの時期、深夜にカフェテリアにいたときのことを覚えている。マスクは店に入ってくるなり、無言でアーケードのゲーム機に向かった。

「とても思い詰めているように見えた。一人でストリートファイターをやっていた。僕が『やあイーロン、調子はどう?』と声をかけると、『まあ、大丈夫だ』と言っていた。その二日後、イーロンが取締役会にクビにされたという発表があった」

泣く者、歓喜する者、激怒する者
――大混乱に対応する

シェイクスピアの戯曲『ジュリアス・シーザー』で陰謀者たちが気づいたように、クーデターを成功させることと、〝王殺し〟を釈明することとは別問題だ。マルクス・ブルータスは、剣についたシーザーの血がまだ温かいうちに、うろたえ怒れるローマの群衆に言い渡す。「逃げるな、立ち止まれ。野心が当然の報いを受けたまでだ」。だが群衆は納得せず、陰謀家たちをローマから追放し、内戦が勃発した。

ティール、レヴチン、サックスらクーデター首謀者は、いまや革命派と忠誠派に分裂したチームを一つにまとめるという責務も負うことになった。内戦後は不満が噴出する、とエンジニアのエリック・クラインは思ったという。

職場の空気は張り詰めていた。社内の分裂を浮き彫りにする出来事もあった。Linux派の二人のエンジニアが、マイクロソフト開発環境用のプログラミングの参考書2冊をびりびりに引き裂いて、V2の中止を祝った。

マスク解任を支持した社員も、気まずい状況に陥った。財務チームのマーク・ウールウェイは、クーデター勃発時アジアにいたが、ことの詳細は首謀者らから事前に知らされていた。マスクから「クビになったよ」と電話で聞いたとき、驚いたふりをしなくてはならなかった。

だが社内の分裂は、気まずさや無頓着ではすまないほど深刻だった。不信任案に署名した社員もいたが、社内にはマスクの支持者も多かった。「泣いている人たちを見たよ。すすり泣きって言うのかな。V2に全力を注いでいたエンジニアもいたから無理もなかった」とカリムは言う。

エイミー・ロウ・クレメントは「あの事件は私にとってただごとではなかった」と言う。彼女はX.comに99年末の草創期に入社した社員だが、クーデターに反感を持ったのは、マスクへの忠誠からではなかった。後ろから刺すようなやり方が卑怯だと思った。「社員に請願書への署名まで求めるなんて。あのモラルや価値観に納得できなかった」

サンフランシスコに住んでいたクレメントは、渋滞を避けるためにいつも早朝に出勤し、徹夜明けでオフィスで寝ているマスクを見ていた。「全員が生活や労力を仕事に捧げてあんなに頑張っていたのに、なぜもっと建設的で成熟した方法で解決できなかったのか」と彼女は嘆く。

エンジニアのジェレミー・ストップルマンは憤っていた。「僕らはみんな、イーロンを愛していた。イーロンはエンジニアにとってカリスマなんだ」。彼はマスクの追放劇について言葉を濁すことなく語る。「僕は憤慨した。猛烈に腹が立った」。当時25歳だった彼は、ティールとレヴチンに怒りをぶつけた。「思いを率直に伝えた。本当にひどいやり方だと二人に言った」

ストップルマンがとくに反発したのは、マスクを解任したやり方だった。「事情は理解できなくもなかった。だがイーロンを飛行機に乗せて反論もさせないなんて、あまりにひどい」

ティールとレヴチンはストップルマンの言い分に耳を傾け、じっくり説明し、最後には納得させた。「二人は『おまえなんかどうでもいい、ただの若手エンジニアじゃないか』なんて言わなかった。気にかけてくれているのがわかった。だから僕は折れたんだ」

X.com出身の上級幹部サンディープ・ラルはマスク解任の問題点をずけずけと指摘し、そのために新CEOのティールとの関係が気まずくなるのではと恐れたが、杞憂だったという。解任が会社におよぼす影響をラルがティールに指摘した翌日、ティールは会議を開いて対策チームを立ち上げ、24時間以内に対応することを決めた。「私をそこまで知らなかったのに信頼してくれたことに、いまでも驚いている」とラルは言う。

クーデター首謀者の一人、リード・ホフマンは、マスク解任後は外交に徹し、不満を持つ社員にメッセージを送って不安を鎮め、今後の方針を簡潔に説明した。だが外交術にも限界があった。コンフィニティ出身者とX.com出身者は、いまだに別々のバーに通っていた。

分裂の主な原因は、社員の元の所属にあった。クーデター首謀者たちは、X.com出身者からは支持が得られないと決めつけて、彼らの多くに不信任案を送らず、陰謀を知らせもしなかった。ラルはこう言っている。「あのとき私はネブラスカにいて、リードから『クーデターを支持しますか？』というメールが来た。『クーデター？　何のクーデターだ？　私はシティバンクから移ってきたばかりなんだが！』と思ったよ」

だがレヴチンとティールは忠誠を強要せず、マスクに採用された多くの社員は彼の解任後も活躍した。なかでもジュリー・アンダーソン、サンディープ・ラル、ロエロフ・ボサ、ジェレミー・ストップルマン、リー・ハウアー、エイミー・ロウ・クレメントはその後も長く会社に留まり、昇進を重ねた。マスクは、彼らを採用したことをいまも誇りに思っている。

分断に耐えられなかった人もいた。マスク解任後、脇に追いやられたり、働き続けるのが苦痛な仕事につけられた人たちだ。

「首謀者たちは礼儀正しかった。だがイーロンのファンにとっては、もう楽しく働ける場所じゃなかった」とスパイクスは言う。

クーデター後、X.comの最初期の開発者でペイパル2・0の主要エンジニアだったハーヴィー・マッド大学出身の三人が、ほぼ同時期に次々と辞めた。それは連帯心からでもあり、マイクロソフト専門家として重用されなくなることを察したためでもあった。レヴチンが会社の技術を牽引する以上、ペイパル2・0は停止される。

ティールとレヴチンは、ハーヴィー・マッド組の辞職に動揺した。もし他のエンジニアも追随し、ペイパルのエンジニアリングチームが空洞化したらどうする？　だが実際には、ほとんどの社員が辞めなかった。それは、彼らが会社の未来を信じていたからでもある。

「あの会社では魔法のようなことが起こっていたから、頑張っていればいつかいい結果が出ると思った。すべてを捨てる気にはなれなかった」とストップルマンは言う。やがて、クーデターに反対した社員の多くも、戦略転換の必要性を理解するようになった。「会社が抱えていた問題が誰の目にも明らかになったんだ」とリー・ハウアーは言う。

20年後、首謀者たちそれぞれの思い

それから20年が経ち、クーデター首謀者たちは言葉を選びながらこのときのことを語った。首謀者の多くがいまもマスクと良好な関係にあり、折に触れて連絡を取り合い、彼を友人と見ている。マスクのこれまでの業績に敬意も持っている。マスクがX.comを離れたあとに立ち上げたベンチャーに投資した人もいる。他方、彼が追放された方法への異議から口をつぐんだ

ままの人もいれば、過去を蒸し返したがらない人もいる。

それでも首謀者たちは、自分たちの決定に疑問を持ってはいない。彼らの見るところ、X.comが間違った方向に進んでいたのは確かで、方向を修正するにはマスクを解任するしかなかった。

ある首謀者は、マスクがCEOのままでいたら、会社は6か月と持たなかっただろうと言う。同様に数人が、不正率の高さや、貸し倒れ問題、金融商品の廃止の遅れ、V2への移行の行き詰まりなどが相まって、会社が危険な状態に陥っていただろうと指摘する。あのままで行けば資金が枯渇し、技術チームが分裂し、ウェブサイトのサーバーが急成長に対応できなくなっていたかもしれない。

とはいえ首謀者たちは、一部メディアでのX.com時代のマスクのネガティブな描かれ方には、一様に眉をひそめる。それは事実に反していると彼らは言う。多大な個人的犠牲と財政支援、取締役としての責任遂行、創業時のビジョンなど、マスクの大きな貢献に疑いの余地はない。

マスクのCEO在任中、会社は収益を生むプロダクトを初めて開発し、銀行決済にシフトし始め、開発パイプラインを強化し、主要な人材を登用し、合併とビル・ハリスの解任を乗り越えた。マスクを追放した当の首謀者たちでさえ、一部メディアがマスクをペイパル最初期の成功物語から除外しているのは不当だと感じている。

マスクの悔い
——X.com 最大の失敗

20年経ったいま、マスクは渋々ながらも反乱に敬意を表する。「あれはうまく実行されたクーデターだったな」。マスクはニヤリと笑った。「僕の不在を狙わなければできなかったと思うと、まんざらでもないけど」

歳月を経たいま、マスクはこの経験から教訓も学んだ。第一に、あれほど複雑で物議を醸す移行期に、私的な旅行で会社を留守にすべきではなかった。「あの決断はまずかった。あんなに危険なことが起こっている最中に前線から離れるなんて。会社にいてみんなを落ち着かせることもできなかった」

もしあのときその場にいたら、批判者を説得することや、少なくとも脅して屈服させることはできたと彼は言う。「安心感と恐怖心を与えていれば、クーデターは食い止められた」

だがマスクは、自分のビジョンの正しさをいまも確信している。ペイパル2・0の批判者の懸念に理解を示しながらも（「バスが猛スピードで進んでいる最中にタイヤを交換したい人はいない」）、それが正しい判断だったと信じている。「新しいアーキテクチャへの移行は、システムの進化を早めたはずだ。それが僕の考えるメリットだった。だから、リスクを冒してでもやるべきだった」

マスクはこの闘争に、人間的な部分があったことも指摘する。「僕は感情的側面のことをよくわかっていなかった。『マックスコード』なんて呼ばれているものを排除するのは、かなり大変なことだ。マックスがムッとしたのも当然だ」。またマスクは自らのビジョンを、とくにマックスにもっとうまく伝えるべきだったと悔やんでいる。「マックスを説得するための努力が足りなかった」

いまのマスクは成功者の余裕からか、自分の解任を冷静に見つめ、「最終的にいい結果に転んだことは否定しがたい」と認める。また、自分を追放した人たちとはおおむね和解したか、「自分から和解を持ちかけた」と明かす。それでもマスクはいまだに執念深く、X.com最大の失敗を嘆いている──X.comが彼の構想した「1兆ドル規模」の金融界のアマゾンになり損ねたことだ。

追放劇があったから、スペースXとテスラが存在する

ペイパルの最初期の社員は、会社での山あり谷ありの過酷な日々についてこう語る──ITバブル崩壊のさなかに決済サービス会社を立ち上げることは、テック界の「希望の春」であり、「絶望の冬」でもあったと。

だが公私にわたる浮き沈みを、イーロン・マスクほど身にしみて感じた人もいないだろう。1999年から2002年までの短期間に、マスクは一つ目のスタートアップを売却して財を

なし、二つ目のスタートアップを上場させて再び財産を築き、三つ目のベンチャーを立ち上げた。また自分への反乱を退け、衝突事故で死にかけ、共同創業した会社のCEOの座を追われ、マラリアと髄膜炎で再び生きるか死ぬかの瀬戸際に立たされ、幼い息子をSIDS（乳幼児突然死症候群）で亡くした。

マスクの辞職直後、X.comの初期の社員センシュー・カヌリは彼に手紙を送った。「イーロン、社内でのあなたの地位に関する最近の出来事を残念に思っている。でもあなたががっかりすることはない。あなたは今後、テクノロジーでさらに大きなことを成し遂げる運命にあるのだから」。マスクからは感謝の返事が来たという。

一騒動あったが、X.comから追放されたおかげでマスクには創造的なゆとりができた。X.comの仕事から解放され、宇宙開発と電気エネルギーという、幼少期からの情熱に立ち返った。「スティーヴ・ジョブズがピクサーを成功させることができたのは、アップルを追放されたからだ」とX.comの初期のエンジニア、スコット・アレグザンダーは言う。「イーロンがスペースXを創業し、テスラを成功させたのは、X.comを追放されたからだ」

これらの新しいベンチャーは、時を置かずに開始された。マスクには、傷を癒やしたり恨みを募らせている暇などなかった。

クーデターのわずか数か月後、マーク・ウールウェイはマスクを飲みに連れ出した。「次は何をやるのかと聞いたら、『人類を火星に移住させる』なんて言うんだ。僕らはパロアルトのファニー&アレグザンダーって小さなバーの外の席に座っていた。イーロンは、『僕の人生の使命は、複数の惑星に人類の文明を築くことだ』と。僕は『おまえ、いかれてるな』と笑った」

それから2年と経たない2002年5月6日、マスクは新会社、スペース・エクスプロレーション・テクノロジーズ（スペースX）の設立書類を提出し、その7日後に www.spacex.com のURLを登録した。2008年8月4日、スペースXはピーター・ティール率いるファウンダーズ・ファンドから2000万ドルの資金調達を受け、同ファンドの執行パートナー、ルーク・ノセックがスペースXの取締役会に加わることを発表した。

X.com のCEOを解任されてから約8年後の2008年9月28日、イーロン・マスクはハワイ南西クェゼリン環礁のオメレク島で、上空に打ち上げられたスペースXのファルコン1ロケットを見上げていた。発射の9分30秒後、ファルコン1は「地球を周回した初の民間開発の液体燃料ロケット」になった。

第3部

強行突破

Doubled Rooks

Chapter 15

不正者イゴール、現る

――ペイパルは数人の不正で倒産する

取締役会がマスクを追放した際、マイク・モリッツは条件を出した――ティールが暫定CEOになるのはかまわないが、会社は正式なCEOを探さなくてはならない。

取締役会はそのために人材紹介会社ハイドリック&ストラグルズを雇い、ティールとレヴチンにCEOの職務内容と人物像を作成させた。

二人がまとめた人物像は夢物語のようだったと、ある取締役は苦笑する。ティールとレヴチンが求める人材は、「技術力と戦略的才覚に優れ、天才級のIQを持ち、会社を上場させた経験があり、Tシャツとジーンズの文化に抵抗がなく、社内の丁々発止の議論を楽しめる人」だった。

「あんなにばかげた、滑稽な話はなかったな」と別の取締役は言う。「完全無欠の人間を求めていたんだ。若くて世間知らずだった」

ヘッドハンターは12人の候補者を紹介したが、もちろん誰一人合格レベルに達しなかった。取締役ジョン・マロイによれば、経営陣に「知的厳密さに欠ける」という理由で落とされた人もいた。選考プロセスで自尊心を傷つけられた人もいた。マロイによると、ある候補者は面接後に電話をかけてきて、算数パズルが会社経営と何の関係があるのかと息巻いたという。

公正を期して言えば、ティールは新しいCEOを誰よりも欲していた。「ピーターは他人の下で働くのが好きじゃない」とリード・ホフマンは言う。その「他人」には、取締役会も含まれる。

だがティールがCEOに留まることを望む一部の取締役は、選考プロセスを形式的なものとみなしていた。「僕らはかたちだけの面接をしていた」とサックスは言う。「面接するふりをして、CEOの選任を先送りにしていた」。マーク・ウールウェイはこのプロセスを「茶番だった」と決めつける。

CEOとして成功できる唯一の人物

その「茶番」を突破した候補者が一人いた。デイヴィッド・ソロは30代半ばにして、すでに金融業界で一生分の経験を積んでいた。MITで電子工学とコンピュータサイエンスの学位を取得後、デリバティブ取引技術を開拓したフィンテック企業、オコナー&アソシエイツに入社。26歳でパートナーになり、30代初めにオコナーとスイス銀行の合併を指揮した。「数字に強く、超優秀で、万事に精通していて、求めるスペックに合致していた」とティールは認める。

ソロはCEO候補になる前にもX.comと接点があった。西海岸に引っ越した直後の99年、ベンチャーキャピタリストの友人にマスクを紹介された。X.comのオフィスに特大の「X」のロゴが掲げられていたのを、ソロは覚えている。マスクは大まかな構想をソロに説明し、二人でアイデアをやりとりした。ソロはマスクには感心したが、X.comの事業価値には確信が持てなかった。

1年後、ソロは広々としたペイパルのオフィスに座っていた。面接でレヴチンとティールに質問攻めにされた。ティールとソロは何年も前に偶然(逆の立場で)会っていた。ティールがオコナー&アソシエイツを受けたとき、面接官を務めたのがソロだった。

面接で、ソロはペイパルの実力重視の姿勢に感銘を受けた。彼自身、実力主義のオコナーで頭角を現していた。「30歳になる前に、オコナーの執行パートナーに、ゆくゆくは銀行の債券部門とデリバティブ部門のグローバル責任者を任せたいと指名された。『それは光栄ですが、ソロモン・ブラザーズから業務に精通した人材を引き抜いたほうがよいのでは』と訊ねると、『いや、経験者を雇わないことで9か月や1年の後れを取るかもしれないが、優れた才能と職業倫理を持つ気心の知れた人材に賭けることで、当社はいつも成功してきた』と諭された」

いまにして思えば、ペイパルも同じ考え方でやってきたのだろうと、ソロは言う。「家に帰ってから、このピーターという男にはすべてが揃っていると妻に話した。正直、ピーターは私よりいい仕事をするだろうと思った。彼はこの事業にゼロから取り組んできた。社員と気心が知れている。社員は見るからに彼をとても尊敬している――私の目から見ても、それは当然だった」。ソロはとても太刀打ちできないと判断し、マイク・モリッツに告げた。「私なら、ピーターに賭けますね」

取締役のティム・ハードも、独自に同じ結論に達した。「CEOとして成功できるのは、おそらくピーターだけだった。CEOは社員に尊敬されなくてはならない。あの天才マックスが一目置く相手でなくてはならない。リードやほかの重要メンバーが会社に留まったのは、ピーターがいたからだ」とハードは言う。「ピーターはよい管理職だったか？　それは絶対にない。ピーター自身もそれは認めるだろう。だが、彼以上の適任はいなかった」

ソロが面接を受けた時点で、すでに数々の候補者がペイパルの難関に挑み、散っていた。ティールのCEO就任は2000年9月だったが、翌年の春になってもまだ候補者の面接は続いていた。結局、取締役会はティールの肩書きから「暫定」を外し、面接はソロで打ち止めになった。ティールは、取締役会が自分を選んだのは、ソロという外部者の推薦が大きかったと言う。

だがCEO探しを強制されたことは、ティールに苦い後味を残した。ある人によれば、ティールは一部の取締役が自分をCEOの座から追い出そうとしたことに「憤慨」していたという。これを境に、ティールとセコイアのマイク・モリッツの関係にひびが入り、二度と修復されることはなかった。またこの出来事は、ペイパルの「プロ経営者」へのアレルギーをさらに強める結果にもなった。

ティールは才能ある新人に権限を与える方式の成功例であり、提唱者でもあった。初期に取締役会の反対を押し切ってリード・ホフマンをCOOに任命した。協調性を問題視されたデイヴィッド・サックスを戦略担当副社長につけた。ビジネススクールを出たてのロエロフ・ボサをCFOに登用し、若手弁護士のレベッカ・アイゼンバーグを初のIPO法務責任者に据えた。

のちにティールは逆張り戦略を、市場や政治の世界での意思決定にも生かすようになる。だがペイパル時代にティールが慣例に逆らったのは、数学や政治哲学とは関係なく、純粋に人間を見ての判断だった。

レベッカ・アイゼンバーグはハーバード大学出身の弁護士兼技術コラムニストで、ITバブルの崩壊で失業し、その数週間後に会社に加わった。「ピーターたちがすばらしかったのは、資質以外のことを一切不問にしたことよ。たとえば私が手厳しいコラムニストだということやずけずけものを言うこと、女性で、フェミニストで、バイセクシャルであること――ピーターはそういったことを一切気にしなかった。優秀で努力家かどうかだけを見ていた」

すべての危機が「自分たちのもの」となる

マスクの退任後、ティールはボサ、サックス、レヴチンを含む少人数の集団を招集した。ボサの恋人のマンションで、大きな木のテーブルを囲んで座った。レヴチンはその瞬間の重圧を覚えている。俺たちは要求を通した。マスクが去りしいま、会社は俺たちのものになった。だが危機もまた、俺たちの肩に掛かっている。ティールは会社を脅かす諸問題に対処する責任を、その場にいた一人ひとりに割り当てた。

別のグループが、カリフォルニア州グアララのリード・ホフマンの祖父母の家に集められた。会議は次の日程で行われた。1日目：事業上の問題を洗い出す。2日目：対策を討議。とくに、X－ファイナンスの廃止と、イーベイの主要決済代行業の地位を確立することが重点目標とされた（3日目は、会社が破綻した場合の対応をブレインストーミングした。のちにホフマンはこの場で提案したアイデアを実行に移し、ビジネス版SNS、リンクトインを創業した）。

2000年秋になると、ペイパルの全階層の社員が当事者意識と危機意識を持っていた。「あのころ、ペイパルでは一つひとつの小さなことが、一秒一秒が、非常に大きな意味を持っていた。たった一人の不注意が重大問題を招きかねないことを、全員が自覚していた」とオクサナ・ウートンは言う。「全員が切迫感に駆り立てられていた。食事やトイレの時間も惜しんで仕事に没頭した」

やるべきことは山ほどあった。イーベイ、ビザとマスターカード、その他の脅威が立ちはだかり、資金繰りがますます逼迫していた。2000年秋の時点で、ペイパルの手元資金は残すところ数か月分で、追加資金を調達できる見込みもほぼなかった。ここでペイパルの業績を好転させて事業の健全性を証明できない限り、ただでさえ弱気な投資家が、見込みのない事業にさらに資金をつぎこむはずがない。「倒産も覚悟していたね」とマーク・ウールウェイは言う。

マスク退任の1週間後に取締役会が招集され、9月28日にティールは全社メールで戦略転換を説明した。

みんなへ

今後1か月の当社の最優先課題を簡単に説明させてほしい。

(1)不正対策:マックス・レヴチンが指揮を執り、そのためのエンジニアリング、財務、業務各部門の取り組みをサラ・インバックが統括する。さいわい、優れた前方対策(不正者がシステムに侵入する前に阻止する方法)と後方対策(システムに侵入した不正者を検知する方法)がいくつかあるので、この危機への対処は難しくない。

(2)プロダクトサイクル/ペイパルプラットフォーム:プロダクトサイクルを最大限に加速させるため、すべてのエンジニアリング資源を元のペイパルのプラットフォームに集中させる。

(3)ブランディング:二本建てのブランディングに変更はない。製品は(消費者に親しまれている)「ペイパル」、会社は(投資家に親しまれている)「X.com」の名称で呼ばれる〔社名はその後2001年6月に「ペイパル」に改称された〕。

(4)X-ファイナンス:X-ファイナンス事業を廃止し、すべてをペイパルのサイトに統合する。現時点ではペイパル製品に総力を結集する必要があるため、X－ファイナンスの担当を全員ペイパル製品に移す。

ありがとう
ピーター

「不正」は歯止めが利かない

当初はレヴチンの言うように「不正に無頓着」だった金融会社が、いまや不正対策を前面に打ち出したのは大転換だった。ティールが全社メールを送る数日前、ロエロフ・ボサとレヴチンは、ティールと取締役会にペイパルの不正問題の深刻さを訴えた。

ボサの継続的な事業分析によって、重要な事実が明らかになった。さまざまな種類の不正がサイトを脅かしていた。第一が、購入者による詐欺。購入者が、届いた商品が破損していた、間違っていた、商品が届かない、などと偽って返金を求めた場合、決済代行業者のペイパルが返金に応じた。この種の詐欺は、規模を問わずあらゆる小売業者を悩ます問題、いわば必要経費であることをチームは学んだ。「購入者による詐欺は苛立たしかったが、事業を行うコストのようなものだった」とボサは言う。

より心配なのは、クレジットカードと海外の転売サイトやペーパーカンパニーが絡む種類の詐欺だった。

盗難クレジットカードを使ってペイパルアカウントを開設し、商品を購入し、それを海外に送って転売するハッカーがいた。また、架空会社を使って、無防備な購入者をだまして商品を購入させ、商品を送らずに代金をだまし取る輩もいた。こうした不正者は資金の流れを隠蔽するために、複雑な一連の追跡不能な海外の幽霊口座を経由させた。

この種のプロ犯罪者による常習的な犯罪が、会社に重大なリスクをおよぼしていた。「たった数人の巧妙な不正者に、継続的に数百万ドルをアカウントから吸い上げられるだけで、会社は倒産するおそれがあった」とボサは説明する。「不正は歯止めが利かないんだ」

プロの不正に対処する際のカギが、正規の利用と不正利用をすばやく大量に区別することだった。当初、会社は不正を大目に見ていた。成長に弾みをつけるために、決済プロセスに余分なステップを設けたくなかったのだ。

だがペイパルの認知度が高まったいま、寛容な方針は大きな重荷になっていた。戦いの相手は、飲み代稼ぎのために偽アカウントをつくる暇な大学生ではなく、数百万ドルをだまし取ろうとするプロ犯罪者だった。

不正はたんなる迷惑行為ではすまされない、とボサは主張した。放置すれば会社が傾いてしまう。取締役会はボサの説明を聞いて、状況の深刻さを理解した。「あの問題を解決しなかったら、ペイパルはいまごろ存在していない」と取締役のティム・ハードは断言する。

人には簡単でもコンピュータには難しいことは何か？

レヴチンが愛する映画「七人の侍」では、主人公の島田勘兵衛が仲間の侍に、決戦の場になるであろう村の北側に行ってくれと頼む。決戦の場所がわかっているのになぜ敵を防御するための柵を設けないのか、と仲間に問われると、「よい城にはきっと隙《すき》が一つある」と勘兵衛は説く。「その隙に敵を集めて勝負をする。守るだけでは城はもたん」

ペイパルは危険なほどの高成長を遂げるうちに、不正者につけ入られる大きな隙のある城を、図らずも築いてしまった。だが「七人の侍」のように、この防御の隙が重要なおとりになった。ペイパルはサイト上の多くの不正者を観察し、その情報をもとに開発した最先端技術でサイトを修正していったのだ。そうした手法には、業界標準の不正防止策になったものがある。「僕らは運よく、詐欺のおかげで救われたんだ」とルーク・ノセックは言う。「それに、不正対策はスーパーボウルのCM枠を買うより安い宣伝になった」

マスクがCEOを退任する前のこと、ペイパル2・0への移行が遅れていたせいで、レヴチンは珍しく手が空いた。彼はこの時間を利用して、不正者が集まるチャットルームやネット掲示板に入り浸り、彼らをじっくり観察した。

「マックスが不正問題を解決した手際はすばらしかった」とトッド・ピアソンは絶賛する。「独創的な発想だった。たとえばロシア人ハッカーのチャットルームに行って情報収集するんだ。マックスと競い合うハッカーには『もう終わりだな、気の毒に』なんて思ったね」。取締役のティム・ハードは、レヴチンが不正者に電話をかけてウクライナ語で喋っているのを聞いたという。

観察の結果、不正者の技術レベルはまちまちだとわかった。そこそこ巧妙な不正者の例として、「PayPai.com（ペイパイ・ドットコム）」というペイパルの偽サイトをつくって小金を稼ぐ者がいた。だがもっと高度で危険な手口もあった。たとえばペイパルは最初期からボットによる攻撃を受けていた。ペイパルの10ドルや20ドルの紹介ボーナスをせしめるために、大量の新規アカウントを開設する不正な自動プログラムだ。

ペイパルのエンジニアリングチームはボットによるアカウントの自動作成を阻止するために、数百年来の哲学的問題に取り組んだ。17世紀にフランスの哲学者ルネ・デカルトは、「人間にできて自動機械《オートマタ》にできないことは何か」と問いかけた。デカルトが『方法序説』を著したころは「自動機械」なるものは実在しなかったが、それらしきものが現れ始めた1950年代に、イギリスのコンピュータ科学者で数学者のアラン・チューリングが、この問題に取り組んだ。『機械は思考できるのか?』という問題を検討することを提案する」とチューリングは書いている。

チューリングは、コンピュータに「模倣《イミテーション》ゲーム」をさせることを考えた。別々の部屋に入れられた、人間のふりをするコンピュータと本物の人間が、第三の部屋にいる人間の質問者の出す質問にそれぞれ答える。質問者が機械の答えと人間の答えを区別できなければ、コンピユータは「チューリングテスト」に合格したとされる。

　ペイパルのエンジニアはチューリングの数十年後、ボットによる詐欺を防ぐという、より現実的な必要に駆られてこの議論に加わった。

「コンピュータにはできないが、人間にはごく簡単にできることは何だろう」と、レヴチンは集めたエンジニアに問いかけた。エンジニアのデイヴィッド・ガウスベックは、大学時代に研究したコンピュータの画像解析能力を思い返した。人間はゆがんだ文字や隠れた文字、形が崩れた文字さえも読めるが、コンピュータには判読できない。ガウスベックはレヴチンを見つめて、「OCR（光学式文字認識）だ」と答えた。

　レヴチンもこの概念を知っていた。彼がよく訪れていたユーズネットやその他の掲示板で、ハッカーは情報をのぞき見されないように文字を記号に置き換えていた。たとえば「SWEET」を「$VV££+」と表したり「HELLO」を「|-|3|_|_()」や「]-(3££0」と表すなど。人間はこうした暗号を読めるが、政府のコンピュータには読めないのだ。

「あの晩僕は、人間には簡単に解けるがコンピュータに難しい問題は何だろう？　と考えた」とガウスベックは言う。「そして、文字認識がその好例だと気づいた。『文字の画像を表示して、ユーザーにそれを読み取って入力してもらうのはどうか。自動では読み取れないだろう？』とマックスにメールした」。ガウスベックはこのメールを深夜に送り、翌日出勤すると、レヴチンが「それを半分つくり終えていた」と驚く。

レヴチンはその週末ノンストップで働いて、大まかな仕組みをつくった。完成させてコードをプッシュすると、レヴチンはワーグナーの「ワルキューレの騎行」を職場のスピーカーから大音量で流した。

「人間であること」を証明させる世界で唯一のサイト——チューリングテストを初めて大規模に使う

この仕組みに磨きをかけるために、チームは当時出まわっていた自動ツールを研究した。レヴチンは近くのパソコンショップに行って、両手で抱えられるだけのOCRソフトを買い込んできた。OCRソフトとは、画像や手書き文字から機械が判読可能な文字を抽出するための(当時まだ生まれたばかりの)プログラムだ。この研究をもとに、仕組みに改良を加えていった。たとえばステンシル書体を使用したり、文字の上に太い半透明の線を重ねたりしたとたん、市販のOCRソフトでは判読不能になった。

「ガウスベック゠レヴチン・テスト」と命名されたこの仕組みは、おそらく最初はうまくいっても、次第に効果が薄れていくだろうと、チームは踏んでいた。ペイパルのほかのプロダクトでやっていたように、何が失敗したかを調べて試行錯誤する繰り返しになるだろうと。どんなによくできた仕組みでも、不正者は時間をかければおそらく突破してくるはずだ。でもそうなったとしても対処できる、とガウスベックは自信を持っていた。

チームは機能をサイトに組み込み、それが破られるのを待った。だが驚いたことに、いっこうに破られることはなかった。「結局、最初のバージョンは何年も持ちこたえた」とガウスベックは言う。「たぶん、サイトを攻撃していたやつらには、それを破るスキルがなかったんだろう。ウェブページをハッキングするのとはまったく違うスキルだからね」

かくして「ガウスベック＝レヴチン・テスト」は、世界で初めて商用利用されたＣＡＰＴＣＨＡ《キャプチャ》（コンピュータと人間を区別するための完全自動化された公開チューリングテスト）となったのである。キャプチャテストは、いまではネット上で広く用いられている。ロボットによる不正アクセスを防ぐために、消火栓や自転車、ボートなどの画像を一覧から選択させるテストがその一例だ。だが当時ペイパルは、人間であることをユーザーに証明させる、世界で唯一のサイトだった。

ガウスベックとレヴチンはキャプチャを発明したわけではない。カーネギーメロン大学の研究者が類似のものを１９９９年に開発している。だがペイパル版キャプチャは、人間と機械を区別するという数世紀来の難問をいち早く解決し、初めてそれを大規模に提供した取り組みとなったのである。

安全性と使いやすさの「ダイヤル」を調節する

「世界はロボットに支配されている」と、コメディアンのジョン・ムレイニーが、のちにキャプチャテストを茶化している。「毎日何度も『私はロボットではありません』と証明させられる。ログインして自分の書類を見たいだけなのに！」

この問題を予見した者もいた――人間のユーザーにこのテストは煩《わずら》わしく思われないだろうか？　レヴチンは、太線で消した変形文字のテストを、デイヴィッド・サックスに初めて見せたときの反応を覚えている。「おいおい、冗談だろう？　こんなの誰が読めるっていうんだ。面倒で登録する気が失せる。本気で俺の登録ページにこれを入れるつもりか⁉」

サイトの利用を妨げないキャプチャテスト用の画像をつくるために、チーム内で長い堂々めぐりの議論が行われたと、スカイ・リーは言う。「画像の表示に時間がかかってはいけない。ただ機能するだけじゃだめ。速くなければ」

最後にはサックスが折れた。だが彼の抵抗には、ウェブサイトの安全性や使いやすさと、会社の財政との間でつねにバランスを取ろうとするチームの姿勢がよく表れている。「ピーターはそれを『ダイヤル』と呼んでいた」とサックス。「使いやすさを犠牲にすれば、不正は簡単に阻止できる。難しいのは、一定の使いやすさを保ちながら、不正が手に負えなくならないようにすることなんだ。マックスが不正のダイヤルを調整し、僕が使いやすさのダイヤルを調整する。そしてみんなで集まって落としどころを探った」

この時期、「プロダクトと財務間の緊密で反復的なフィードバックループ」とサックスが呼ぶものが生まれた。週末の会議は定例になり、さまざまな「ダイヤル」のあらゆる調整を注視した。たとえばアカウント増加の鈍化が収益に与える影響や、銀行決済の割合の増減がコストに与える影響はどうなのか。

　こうしたダイヤルの微調整が、ペイパルの競争力を少しずつ高めていった。「他社は不正で損失が出始めると、慌てて新規登録ページに本人確認の質問を山ほど並べていたね」とケン・ミラーは言う。X.comの不正損失は数百万ドルに上っていたが、そんな無茶な対策は取らなかった。代わりにプロダクト設計と詳細な分析、不正対策ツールによる微調整を重ねて、損失を逆手にとって突破口に変えたのだ。

「ボブインターン」と「インターンボブ」
――非凡なインターンの活躍

「ガウスベック＝レヴチン・テスト」と、サンジェイ・バルガヴァの「ランダム入金」手法には、不正者の侵入を防ぐ効果がたしかにあった。だが、すべての不正者を防げたわけではない。これらの安全装置を突破して、まんまとアカウントを開設した不正者も多くいた。彼らに対抗するには、「後方対策」として、すでに開設されたアカウントを継続的に監視する仕組みがどうしても必要だった。

　ペイパルはこの点でも、業界に先駆けた取り組みを行った。これにはインターンのエンジニアたちも大きく貢献した。ボブ・フレッザはひょんな縁で会社に加わった。父親のビル・フレッザは99年にケイトー研究所での会議に参加したとき、インターネット事業の可能性について講演したピーター・ティールとメールアドレスを交換した。その後、スタンフォード大学に通う息子にコンフィニティの夏季インターンに応募するよう勧め、息子の履歴書にひと言添えてティールにメールした。

ティールはすぐに返信した。「ご子息をご紹介いただき感謝します。コンフィニティにはすでに（私を含め）14人のスタンフォード大学出身者がいて、その数をできるだけ増やそうと思っているので、必ずご子息に連絡します」。フレッザはエンジニア希望だったから、ティールはメールをレヴチンに転送した。

「最初は、僕にインターンを寄越すとはどういうつもりだ？と戸惑った。コーヒーなら自分で入れるのに」とレヴチンは言う。コンフィニティには一般的な意味でのインターンはいなかった。レヴチンは小さなチームで自立したエンジニアと働くのを好んだ。大学生を指導する気はなかった。

それまでもインターン希望者が面接に来ると、レヴチンは正社員になるよう勧めた。初期の社員、ジョード・カリムも大学3年生のとき、夏のバイトのためにレヴチンの面接を受けた。「僕が夏季インターンがしたいと言うと、マックスは聞かなかったふりをして、正社員の内定をくれた」。カリムは内定を受け入れ、20歳で大学中退組の一人としてコンフィニティで働き始めた（ちなみにコンフィニティは一流大学から人材を引き抜いたことに気をよくして、スタンフォード・デイリー紙に、「大学を中退してコンフィニティで働こう」という広告を出した）。

フレッザはカリムとは違って、夏の仕事しかしたくないとはっきり言った。だがレヴチンはフレッザについて「パロアルトのユニバーシティカフェで一度話しただけで、特別な子だとわかった」と言う。

ボブ・フレッザは、ちょうどレヴチンが不正に注意を向け始めたころの6月20日にペイパルでインターンを開始した。フレッザが会社で親しくなった一人に、同じスタンフォード大学生のインターン、ボブ・マグルーがいた。二人はチーム内で「インターンのボブたち」と呼ばれた。「最初は彼が『ボブインターン』、僕が『インターンボブ』と呼ばれていたと思う」とマグルーは言う。「どっちがどっちなのか、誰も覚えられなかったみたいだけどね」

当時インターンの正式なプログラムはなく、初期のインターンはみな正社員と同じ仕事をして、それ相応の報酬を得ていた。フレッザは短期社員には異例なことに、少額の株式まで与えられた。また、２０００年夏にビジネスインターンとして働いたボラ・チャンは、その後もパートタイムで働きながらスタンフォード・ビジネススクールを終え、２００１年に正社員になる前にストックオプションを与えられた。コンサルタントや契約社員にも、働いた時間に応じてストックオプションが与えられることがあった。

フレッザやマグルーたち短期社員は、正社員に劣らず熱心に働き、正社員に劣らず重要な仕事を任された。たとえばマグルーは、ペイパルの管理パスワードの複雑度を高める方法を考案した。「マックスは、僕のアイデアをしばらく考えていた」とマグルー。「彼がつくった仕組みとは違っていたが、『いいアイデアだね、やろう』と言ってくれた。それで、パスワードを管理する方法をすべて書き換えた」

優秀な人材には大きな自由度が与えられた。フレッザもそうした一人だった。ある日、フレッザが上司のレヴチンとの会議をすっぽかして、午後2時に出社した。レヴチンがどうしたのかと聞くと、フレッザはゲームのハンドルコントローラーを買ったばかりで、深夜までプレイしてしまったと答えた。「そういうことが普通に起こる職場だったね」とマグルーは笑う。

「イゴール」という不正者

セキュリティ調査責任者のジョン・コサネクによれば、フレッザは不正問題に憤慨していた。フレッザ自身、二度も詐欺の被害に遭っていた。通販で商品が入っていない空箱が送られてきたのだ。「彼が『こんなことが他の人に起こってほしくない、だまされてほしくない、詐欺を阻止したい』と言うのを何度も聞いたね」とコサネクは言う。

２０００年夏、フレッザはレヴチンの「不正のパターン探し」に加わった。不正者は一貫した行動を取り、手がかりを残していた。レヴチンたちは早くからこうしたパターンをもとに、単純なルールを導き出していた。たとえば取引のタイミングや規模が、不正な行動を検知する手がかりになった。また不正アカウントにもそれとわかる特徴があった。アカウントのプロフィール名の最初の文字が、大文字になっていないことが多かった。このパターンが予防テストになった。たとえば Tom ではなく tom という名のアカウントにはフラグが立てられ、不正アナリストが重点的にチェックした。

だが単純な方針は、すぐに不正者に見破られた。「単純なルールを使っていると、ならず者たちは抜け穴を探そうとする」と、レヴチンは業界紙アメリカン・バンカーに語っている。マグルーもこう言う。「たとえば1万ドル以上の取引は社員が手動で確認する、というルールを決めると、彼らは代わりに1000ドルを10回送るようになる。そこで総額1万ドルというルールに変えると、彼らは『じゃあ、偽アカウントを10個つくって、999ドルずつ送金しよう』と考える。うまくいくルールをつくるのは相当難しい」

会社の規模拡大とともに、不正も巧妙化していった。不正問題が本格化したのは、国際的なハッカーに狙われるようになってからのことだ。

大胆不敵なハッカーたちと、レヴチン率いるエンジニアリングチームのいたちごっこが始まった。ハッカーが抜け穴を見つけると、エンジニアはそれをふさぎ、そしてハッカーが再びトライする。「軍拡競争になった。僕らが対策を打つと、同じくらい強烈にやり返してきた」とケン・ミラーは言う。

「イゴール」と名乗る、とくにしつこい不正者がいた。たとえばこんな手口を使ってきた。まずペイパルの審査をくぐり抜けて本物に見える2件のアカウントをつくる。疑いを招かないように少し時間をおいてから、一方のアカウントを使ってもう一方のアカウントから商品を購入し、盗難クレジットカードで代金を支払う。その資金をペイパルから引き出して、別の銀行の口座に移すのだ。

こうした取引は一見、ごく普通の取引に見えた。ペイパルが日々仲介する、購入者と販売者間の無数の決済と見分けがつかない。イゴールの手法は、ペイパルが疑いもしないような取引を模倣するという点で狡猾だった。

詐欺師ではなく「パターン」と戦う

2000年秋、ペイパルは金額も内容もまちまちな何万件もの取引を日々処理していた。不正を手作業で探すのは不可能だった。レヴチンとフレッザたちは、ペイパルの多様な不正に共通する、より複雑なパターンを探し始めた。怪しい郵便番号やIPアドレス、取引限度額に達したアカウント等々。

彼らはパターンを調べるうちに、ペイパルのシステム上で行われる活動を、数値で捉える代わりに視覚化できないだろうかと考え始めた。ためしに取引全体にエコー検査をかけるような感じで、資金の流れを視覚的に表してみた。

コンピュータの画面上に資金の流れを線で示し、決済額の大きさを線の太さで表した。それまで細い線（少額決済）が表示されていたアカウントに突如太い線が現れれば、怪しい動きが起こっている可能性がある。

詐欺を視覚化したことで、直感をより強力に働かせられるようになった。ペイパルの不正アナリストチームは、こうしたデジタルツールが、数字の迷宮の中で不正を探す手がかりになったと言う。コサネクによれば、ツールができる前のチームは紙の記録の山に埋もれていた。「書類を何箱分もプリントアウトして、ハイライトを入れて壁に貼り出していた。そういうシーンは映画では見たことがあるけど、現実世界ではペイパル以外で見たことがないな」

プロダクト担当者とエンジニアは元の設計に繰り返し手を加え、不正を大規模に可視化できるツールを開発した。「ボタンを一度クリックするだけで、同じ詐欺組織に関わっている4300件のアカウントのネットワークを可視化できた」とケン・ミラーは言う。「あれがなければ、同じ情報を得るのに何週間もかかっていたはずだ」

また、こうした視覚情報によって、不正を種類別に比較しやすくなった。フレッザは、グラフとグラフを突き合わせたらどうかとマグルーに提案した。これは理論計算機科学の「部分グラフ同型問題」という、複雑な化合物を比較するときなどに用いられる困難な計算タスクだ。

この手法を不正行為のパターンに適用することで、別の突破口が開いた。数字同士だけでなく、パターン同士の比較が可能になったのだ。フレッザたちは、過去の不正パターンと似たパターンが検知されると警告を発するルールを生成して、この機能を強化した。同じパターンが頻繁に検知されれば、チームはそのパターンをもとに包括的なルールを作成して再発を防ぐことができた。

「簡単に言うと、詐欺師と戦う代わりにパターンと戦い始めたんだ」とエンジニアのサントッシュ・ジャナーダンは説明する。「パターンとは数学だ。マックスが採用したスタンフォードの数学者たちが、パターンの変化や異常を検知するモデルをつくった。当時としてはとても高度な手法だった」

不正者はますます複雑な手法を用いなくてはならなくなり、嫌気がさしてしまうことが多かった。「僕らの取り組みは、レベルの低い不正者を廃業に追い込んだ」とマグルーは言う。また、不正者のミスも増えた。「不正対策が複雑になればなるほど、ハッカーは痕跡を残しがちになる」とマグルー。「彼らが過去の怪しい取引で使われたIPアドレスを再利用すると、フラグが立って、不正アナリストに通知が行く。アナリストがそのアカウントの新しいグラフを作成すると、突如パターンが可視化されて、不審な行動が見えてくるんだ」

フレッザとレヴチンの新しい不正検知システムは、ペイパルの悪名高い不正者にちなんで、「IGOR《イゴール》」と名づけられた。

人間のイゴールはペイパルのシステムを悪用するに飽き足らず、嫌がらせまでした。レヴチンをあざける挑発的なメールを送りつけてきた。だがIGORがプログラム名として定着した——投資家への売り込み資料や証券取引委員会（SEC）への提出書類にまで登場した——ことは皮肉な結果を生んだ。誰も「イゴール」の名に恐怖を感じなくなったのだ。

「機械学習」のアルゴリズムを応用する

ペイパルはIGORなどのツールのおかげで、不正をアカウントごとにリアルタイムで可視化できるようになった。怪しげなアカウントがあれば、不正対策チームが資金の流れを監視し、不正な行動をリアルタイムで調べた。また不正を事後的に追跡するための仕組みも開発された。

この取り組みでは、経験不足は応用数学で補われた。「担当者はこの分野の専門家じゃなかった」とエンジニアのサントッシュ・ジャナーダンは言う。「それが強みになった。先入観がないから新鮮な目で問題を捉え、不正を扱いやすい数学モデルに変えることができる」

そうした「新鮮な目」を持つ一人に、レヴチン直属の不正アナリスト、マイク・グリーンフィールドがいた。「僕が雇われたのは、利口な（だといいけど）22歳に問題に取り組ませて何ができるかを見るためだった」とグリーンフィールドは言う。「正直、最初の半年はあまり貢献できなかった」。不正を予測するためのディシジョンツリーを生成するソフトウェアをつくったが、「データを与えすぎたせいで」役に立たなかったという。だがこの仕組みは、購入者による詐欺を特定するのに使えることがわかった。

このソフトウェアのアルゴリズム的プロセスは、複数のディシジョンツリーを組み合わせて予測の精度を高める「ランダムフォレスト」と呼ばれるものだ。ペイパルはこの手法によって取引を精査することができた。「18の手順を経ると、『よし、この取引が不正である確率は20パーセントだ。こっちは0・01パーセントだ』みたいなことがわかった。こういったプロセスを100種類ほどつくった」

ペイパルは伝統的な金融機関とは異なるアプローチを取った。旧来の銀行が限られた変数の回帰モデルを使っていたのに対し、ペイパルのモデルは数百個の変数を一度に分析した。20

00年から2001年ごろといえば、機械学習やビッグデータを利用した産業が生まれるはるか前のことだが、ペイパルはそうした分野の基盤となる技術の多くを開拓した。ペイパルのランダムフォレストの活用も、機械学習のアルゴリズムを商用利用した世界初の例の一つだ。

こうした進化によって、ペイパルはビッグデータセキュリティ会社の先駆けとして生まれ変わったのである。「ペイパルは実のところ、どこにでもあるビジネスに過ぎない」とレヴチンは言う。「ネット上で資金を動かすといえば、とてもクールで革新的なことに聞こえる。でもクレジットカード決済の仕組み自体は20年も前からあった。僕たちがやったことは、見栄えのいいウェブページをあしらって、口座番号の代わりにメールアドレスを使えるようにしただけだ」

だがその水面下では、ペイパルの中核的なイノベーションが輝いていたとレヴチンは胸を張る。「ペイパルの目に見えない部分には、大規模で非常に数値的なリスク管理システムがあった。これを使えば、誰かが資金を動かしたときに、その資金が正当なものか、不正に得られたものかを、非常に高い確度で瞬時に判別できた。のちには当局の調査や資金回収を手伝うこともあった」

ペイパルが不正取引で被った数百万ドルの損失でさえ、それと引き替えに膨大なデータセットが得られたと考えれば、無駄ではなかったのかもしれない。「不正による莫大な損失は、問題を理解し予測モデルを構築するための必要悪だった」とグリーンフィールドは個人ブログに書いている。「不正分析チームは、数百万件の取引とその中の数万件の不正取引から隠れたパターンを発見し、不正をより正確に検知できるようになった」

こうした努力が実を結び、ペイパルは重大な脅威だった不正を、決定的な勝利に変えることができた。そのうえこの取り組みには、競争を減らすという思いがけない効果もあった。「ロシアマフィアはペイパルとの戦いで不正の技術を磨くうちに、ペイパルの競合を破壊する技術も高めていった」とティールは語る。犯罪者たちはペイパルの顧客をだましにくくなると、楽な獲物に矛先を変えた。「不正者たちは面倒を嫌った。できるだけ楽をしたがった。だから僕らはある意味、連中を他社のほうに押しやっていたんだ」とミラーは笑う。

フレッザとの早すぎる別れ

2000年12月19日、ロエロフ・ボサは経営陣に宛てたメモの中で、不正損失が10月から11月までのひと月で200万ドルも減少したと報告した。2001年末になると不正率は桁違いに減り、ペイパルの不正率は金融サービス業界で最低水準になった。

不正対策の進捗を象徴する出来事もあった。2000年末から2001年初め、レヴチンたちは不正者が出入りするチャットルームを覗いて、機能するペイパルアカウントがコレクターズアイテム化しているのを知った。ペイパルが不正者のアカウントをおおかた閉鎖したため、生き残った数少ない不正アカウントが希少品のように売買されていたのだ。

「ペイパルアカウントの価格がどんどん高騰していた。僕らにとってそれは朗報だった」とミラーは言う。２００1年には、不正を分析して敵をさらに研究するために、盗難アカウントを買い取ったこともある。

チームの不正対策が成功すると、メンバーの功績は広く認められた。２００２年、レヴチンはＭＩＴテクノロジー・レビュー誌が毎年主催する、栄えある「世界的影響力を持つ35歳未満のイノベーター」に選ばれた。過去の受賞者にはフェイスブック創業者のマーク・ザッカーバーグ、グーグル創業者のラリー・ペイジとセルゲイ・ブリン、Linux 開発者のリーナス・トーヴァルズなどが名を連ねる。レヴチンとフレッザのＩＧＯＲの取り組みには、米国特許ＵＳ７２４９０９４Ｂ２「オンライン取引を視覚化するシステムと手法」が付与された。

フレッザが特許を付与されたのは、他界したあとだった。大学の最終試験の3日後、21歳になる3週間前の２００1年12月18日に、ボブ・フレッザは心不全で亡くなった。スタンフォード・デイリー紙に掲載された彼の死亡記事は、彼のペイパルでの活躍とＩＧＯＲでの功績を大きく取り上げた。「今日ペイパルが破綻企業ではなくトップ企業でいられるのは、ＩＧＯＲのおかげでもある」と、マグルーは同紙に語った。

同僚たちはフレッザの死に大きな衝撃を受けた。「社内は悲しみに打ちひしがれた」とチームの採用責任者ティム・ウェンゼルは言う。「それだけみんなに愛されていたんだ」。職場では悲嘆《グリーフ》カウンセリングが行われ、レヴチンはペンシルベニア州ローレンスビルに飛んで、12月22

日の告別式に出席した。

サル・ジャンバンコはフレッザの両親と兄弟のために、彼のペイパルでの思い出を集めたメモリーブックをつくろうと呼びかけ、レヴチンは「ボブ（フレッザ）との仕事で楽しかったことや、個人的な思い出、おもしろかったこと、おかしかったことなどを、何でも教えてほしい」と全社メールを送った。

レヴチンは葬儀にメモリーブックを届け、家族は深く心を打たれた。

「ペイパルのみなさんがつくってくれたメモリーブックは、どんなメッセージや、言葉、行動、心遣いよりも、私たちの心にしみました」と父親のビル・フレッザはチームに宛てたメールにしたためている。「息子はペイパルでの日々を楽しみ、超優秀で一筋縄ではいかない厳しい同僚たちに認めてもらうという挑戦に、喜んで取り組んでいました」。また「ボブは能力全開で働くエンジニアだけが知る境地に達していました」とも書いている。「息子が短い生涯のうちにその深い喜びを経験できたことは、私の永遠の慰めになるでしょう」

数週間後、フレッザの家族はペイパルのオフィスを訪れた。それから数年経って、レヴチンはスタートアップ起業家の聴衆に、未経験の新人が世界を動かした例として、フレッザの名前を挙げた。

Chapter 16

強制アップグレード

——猛抗議に耐えきれるか？

マスク退任の直前、プロダクトチームは収益拡大に向けた第二の取り組みに着手した。「アップセル」と呼ばれるそのキャンペーンは、ユーザーにペイパルを事業目的で利用しているかどうかを丁重に、しかし断固として訊ね、イエスと答えたユーザーには「ビジネスアカウント」か「プレミアアカウント」へのアップグレードを促した。

この取り組みのエンジニアリング、デザイン、ビジネス面の作業を統括する責任は、ポール・マーティンとエリック・ジャクソンの二人のプロデューサーに任された。ティールが採用したスタンフォード大学出身者の一人であるジャクソンは、１９９９年末に入社した。最初はルーク・ノセックのマーケティングチームで働いていたが、その後、プロダクトチームの配属となりデイヴィッド・サックスに弟子入りした。

ポール・マーティンはスタンフォード大学の史学専攻の陸上選手で、ティールとはスタンフォード・レビュー紙を通じて知り合った。初めてコンフィニティのオフィスを訪れた際、「そこには世界で勝負するという果敢な精神を持つ、本当にクールな集団がいた」とマーティンは言っている。その後まもなくスタンフォードを中退して、年俸3万5000ドルのマーケティング社員としてコンフィニティに入社した。

ペイパルは5月にビジネス/プレミアアカウントを提供開始して「永久無料」の方針を廃止したが、アップグレードは強制ではなかったため、それほどの反発は招かなかった。

そしてこのやり方は収益を生むことがわかった。「われわれは他の多くの競合が失敗した分野で成功した。それは、当時のシリコンバレーの最難関課題だった、無料サービスの有料化だ」とマーティンは語る。

続いて行われたのが、アカウントのアップグレードをさらに加速させる、このアップセルキャンペーンである。プロダクトチームはキャンペーンに総力を結集した。また、ユーザーからの非難の殺到にも備えた。

ポール・マーティンは、オンラインオークションのユーザーのすさまじさを人一倍知っていた。彼はオークション決済担当としてオークション関連の掲示板に出没し、その界隈では目立つ存在になっていた。イーベイのフィードバック掲示板や、オークションウォッチ、OTWA(オンライン・トレーダーズ・ウェブ・アライアンス)などに、「ペイパル・ポール」の名で投稿していた。そして、ペイパルのサイトに障害が起こったり、起こったように見えたとき、顧客の非難を一手に引き受ける存在でもあった。

ユーザー対策に追われていたのは彼だけではなかった。イーベイの社員もまた、声高なユーザーに手を焼いていた。

イーベイの最初期の社員、メアリー・ルー・ソンは、オークションの新しいカテゴリをつくる際、「ボタン」の品目を何の気なしに「裁縫グッズ」のセクションに含めた。ごく当然に思われる分類だが、オークション掲示板は怒りの声であふれた。記者のアダム・コーエンが、イーベイの初期の歴史を描いた『ザ・パーフェクト・ストア』(未邦訳)の中で、ボタン事件を取り上げている。

このときまで彼女が存在を知りもしなかった「ボタンコレクター」なる集団が、彼女の無知を激しく糾弾した。「あなたはビンテージボタン、アンティークボタン、モダンボタンがあることを知らないのですか?」と苛立ったボタン出品者が講釈を垂れた。「ボタンが裁縫グッズになど分類されないことを知らないのですか? ボタンという独自の分類に属することを知らないのですか? プラスチックボタンや金属ボタンがあることを知らないのですか? ピンバックボタンや四つ穴ボタンのことを知らないのですか?」

ソンは敗北を認め、「ボタン」という新しいカテゴリをつくった。「マクドナルドが新しいハンバーガーを発売しても、顧客は買うか買わないかを決めるだけよ」とソンはこぼしている。「どうして私に聞いてくれなかったの、なんて言わないわよね?」

オンラインオークションのコミュニティが、オークションのプラットフォームやツールに奇妙な所有者意識を持っていることを、ソンやマーティンは身をもって学んだのだった。

「これは新しい方針ではない」という理屈

アップセルキャンペーンは、「永久無料」からの転換を加速させるための施策だった。これが難しい綱渡りだということは、チームも重々わかっていた。

会社はアップセルを「従来方針の微調整」だと説明し、ペイパルを事業目的で利用しているユーザーにビジネスアカウントへの切り換えを促そうと考えていた。「これは新しい方針ではない」とチームは社員に宛てたメモに書いている。「古い方針のリマインダーだ」

だが、ユーザーがそれを額面通りに受け止めるとはとうてい思えなかった。イーベイでペイパルを利用するユーザーのほとんどは、事業をしているという認識がなかった。ほとんどのユーザーは店舗も在庫も社員も持たず、新興の起業家というより、ネット上でフリーマーケットを開いているような感覚だった。

チームはペイパルのログインページを全面的につくり替えた。ユーザーに自分の分類を「再確認」するよう求め、「利用規約」を引用して、事業を営むユーザーにはビジネスアカウントへの登録を要請した。ユーザーには次の3つの選択肢が与えられた。

1. ビジネスアカウントへのアップグレード：オンライン販売を行う企業。
2. プレミアアカウントへのアップグレード：パートタイム／フルタイムでオンライン販売を行う人、またはペイパルの全機能を利用したい人。
3. 非販売者：ペイパルを事業以外の目的で利用し、個人アカウントを継続利用したい人。

このページは当初、イーベイの最もアクティブなユーザー限定で公開された。つまり決済額が多く、1か2の選択肢をすでに選んでいるべきユーザーだ。これらのユーザーの反応が、重要な手がかりになると考えられた。

アップセルの準備期間中の会社は、さながら包囲戦に備える都市だった。エンジニアリング、デザイン、プロダクト、カスタマーサービス部門が総出で準備を進めた。サックスが誘導ページの草案を練った。全社員が顧客の抗議に備えるように言われ、メディアからの問い合わせは広報責任者ヴィンス・ソリットに、顧客からの問い合わせはオマハ部門にまわすよう指示された。

開始前夜の2000年9月12日、ジャクソンは全社員にメールを送った。

「では、アップセルの開始だ。健闘を祈る」

「猛抗議」開始

そして衝撃が襲った。ユーザーは激怒し、オークション掲示板は非難の書き込みであふれた。「僕が新規登録したとき、ペイパルは永久に無料だと言っていた」とユーザー名kellyb1は書いている。「この仕打ちは汚いし、卑怯だ。彼らは全ユーザーをアカウント無料の約束で釣った――『みんな心配しないで、収益は滞留資金《フロート》で稼ぐから』とか言って」

オネスティ・ドットコム(オークション出品者向けサービスを提供するサイト。ユーザーはペイパルで支払いをしていた)でも、ユーザーが怒りをぶちまけた。「私が事業者かどうかを決めるのはペイパルなのか? それは私と政府の間の問題だと思うが?」

ペイパル社員のデイモン・ビリアンは、ユーザーの議論を追跡する仕事に明け暮れた。毎日、掲示板の全般的なムードと、肯定的・否定的な意見の抜粋をまとめて、全社員に送った。開始当日の報告には喜ばしい知らせは何ひとつなかった。ペイパルについて最も言及が多かった反応や感情は、次の5つ。

1. おとり商法
2. フロート
3. ウソつき(絶対にアップグレードを強要しないと言った)

4．中小の出品者は手数料を心配している
5．自分のサイトに「ノー・ペイパル」のロゴを載せるという人もいる

ビリアンは掲示板の質問への回答に追われた。開始当日はただただ圧倒された。「OTWAの掲示板だけでも500件、オークションウォッチではそれ以上の書き込みがあった」とビリアンはチームへのメールに書いている。「現時点での問い合わせのほとんどに答えるどころか、すべての書き込みに目を通すことさえできていない」。オマハの電話回線にも抗議が殺到した。

ビリアンは、ユーザーの不満が掲示板を超えて広がっているようだと指摘した。「今回の変更を受けて、ユーザーがメディアに情報を流したという報告が4件と、規制当局に相談するというコメントが数件あった」と全社宛てのメールに書いている。ユーザーは誘導ページの文章をコピーしてテクノロジー担当記者に送り、テクノロジー情報サイトCNETなどが飛びついて記事にした。

「最も楽観的な予測」をも上回る好結果

抗議の嵐とネガティブな報道で、社内は数日間は陰鬱なムードだった。だがやがてペイパルのネットワーク効果が働き始めた。「期待が持てそうな結果が出ている」とジャクソンは社内

のメモで報告している。

アップセルページを見た約3万人のうち、有料アカウントに切り替えた人の割合は、チームの最も楽観的な予測さえも上回る約20パーセントだった。そして何より、他社のサービスに乗り換えたユーザーは、ほんの一握りだった。「掲示板は大騒ぎしていたが、アカウントを実際に閉鎖したユーザーはたった158人(ユーザーベースのわずか0・004パーセント!)だった」と週刊社内報はアップセルキャンペーンの報告を結んでいる。

ペイパルはユーザーに向けて、数ある決済手段の中でペイパルのサービスが依然として最安だと強調した。顧客への一斉メールにはこう書かれている。

X.comは、今後もペイパルサービスの個人使用については無料提供に努めます。しかし、今後も強力で堅実な事業を維持するために、出品者のみなさまにクレジットカード決済コストの公正な負担をお願いしています。ビザとマスターカードは、当社が決済を1件処理するごとに手数料を請求してきます。採算を取るために、この手数料を出品者のみなさまにご負担いただきたいのです。

他社の手数料は当社の2倍以上です——たとえば50ドルの決済の手数料は、当社の1・20ドルに対し、ビルポイントは2・34ドル、ビッドペイは5・00ドルです。実績の乏しいサービスのキャンペーン特典に惑わされないでください。安全で不正対策が万全な即時決済を、当社ほど安い手数料で持続的に提供できるサービスはほかにありません。

ユーザーはペイパルの手数料をさまざまな場でぼやいた。「とうとうこのときが来たか。イーベイユーザーはペイパルを無料で使えなくなった」とユーザー名 wapstar は投稿した。だが彼は、方針転換には明らかに不満だが、ペイパルをやめるつもりはないと書いた。「それでもペイパルを使い続けるよ。他より安いからね」

2000年9月のアップセルからは有望なデータが得られた。「需要が価格に対して完全に非弾力的であることがわかった」とティールは語っている。「手数料を上げても、ユーザーはペイパルを離れなかった。『手数料を拒否する』と言って出て行ったユーザーもいたが、ほかにオンライン決済ができる場所がなく、戻ってきた」

このときの経験から、チームはユーザー行動と乗り換えコストについても重要な発見をした。プロダクトやサービスをユーザーの生活の一部にしてしまえば、ユーザーはなかなかやめられなくなる。「人間は惰性の生き物だから、デフォルトの行動や考え方、習慣などを変えるのは並大抵のことではないのよ」とエイミー・ロウ・クレメントは指摘する。

ペイパル史上最もリスクの高い動き
——アップグレードを強制する

アップセルキャンペーンは強制手段に出る代わりに、ユーザーに率直に訴えた。「現在、個人アカウントをお持ちの出品者のみなさまには、規約に従いプレミアアカウントまたはビジネスアカウントへの切り替えをお願いします」とチームは誘導ページに書いた。「アカウントの種類を正しくお選びいただけるものと考えています」

規約には罰則がなかったため、ユーザーは規約を無視して無料サービスを使い続けることもできた。社員に対しては、いまのところ強制の予定はないが、切り替えが進まない時は方針を見直すことになると伝えられていた。

その「時」は、2000年9月に来ていた。5月から9月にかけてプレミア/ビジネスアカウントに登録したペイパルユーザーは20万人を超えたが、それでも採算の問題は解決しなかった。

これだけのアカウントの手数料収入があっても、不正損失や間接費、クレジットカード手数料、返金請求――このコストもまだ会社を脅かしていた――を補填《ほてん》できなかった。銀行決済への切り替えを促す努力も続けられたが、2000年9月時点でペイパルの全取引の約70パーセントがまだクレジットカード決済だった。

「私たちは根本的欠陥のある元の事業構想を修正し続けていた」とクレメントは説明する。「ペイパルは、使い道のわからない、まったく新しいプロダクトとして始まった。その後使い道ができたけれど、ビジネスモデルがなかった。採算の取れる事業にすることを迫られていた」

この時点でX.comは、有料ユーザーがまだユーザーベース全体の10パーセントにも満たない、赤字続きの会社だった。ユーザーに有料アカウントへの切り替えをもっと強く促し、それと同時に、高くつくクレジットカード決済の比重を早急に下げなくてはならない。言い換えれば、ペイパルはもはやユーザーに「ルールを守ってほしい」と要請するだけですむような状況ではなかった。いまや「審判」として介入し、切り替えを強制する必要があった

そもそもペイパルが急成長を遂げたのは、寛容な方針のおかげだった。気前のよいボーナスを与え、不正利用に目をつぶり、クレジットカード手数料を負担して、少額の購入者と販売者を支援してきた。

だがとうとう「強制アップグレード」の必要が避けられなくなった。ペイパル史上、最もリスクの高い動きである。ビジネスユーザーには規約に従ってアカウントをアップグレードするよう促しつつ、全ユーザーにクレジットカード決済から銀行決済や内部振替への切り替えを促さなくてはならない。

一部の社員はこの「強制アップグレード（Forced Upgrade）」キャンペーンがユーザーとの関係における重大な方向転換であり、ユーザーの怒りを買うだろうことを意識して、これを「FU（ファック・ユーの略）」と冗談めかして呼んだ。

この動きは社内に新たな不安を招いた。「強制アップグレードは死ぬほど怖かった」とクレメントはしみじみ言う。「何が起こるかわからなかった」。毎日2万件にも上っていたペイパルの新規登録が突然なくなるだろうか？　もともと手数料を課していたビルポイントとイーベイが、ユーザー奪還のためにペイパルよりも手数料を下げてくるだろうか？

強制アップグレードによって事業の根本問題が解決するのか、それともペイパルユーザーが

有料を嫌って逃げ出すのかは、まだプロダクトチームにも経営陣にもわからなかった。

「お金を受け取りたいかどうか」に話を変える

のちのインターネット企業は、無料の基本サービスと、有料の高度な機能とを組み合わせた、「フリーミアム」課金モデルに関する研究や調査を参考にすることができた。「いつ」「どれだけ」「どうやって」料金を課すかという難問への答えは、豊富な事例研究や実例から導き出されるようになった。だが「フリーミアム」という用語は2006年になるまで存在すらせず、チームは他の問題と同様、この問題についても直感と即興、試行錯誤を通じて答えを出すしかなかった。

強制アップグレードが、それまでのどんな決定よりもユーザー離れを引き起こすリスクが高いことは、経営陣も強く意識していた。チームが仕様変更に取り組む間も、社内ではさまざまな議論が噴出した。そのなかで、重要なひらめきがあった――ユーザーにアップグレードという「やりたくないこと」をさせるには、「やらざるを得ないこと」と抱き合わせにするのがいちばんだ。

このひらめきをもとにチームが考案した手法が、強制アップグレードを支えるコンセプトになった。「アップグレード」と「入金」の抱き合わせである。

説明しよう。強制アップグレードキャンペーンと社内で銘打った期間中、ペイパルユーザーはクレジットカード経由の入金額を6か月間で最大500ドルに制限される。期間中にこの上限を超えるクレジットカード払いの代金をペイパル口座に入れることができるのは、プレミア／ビジネスアカウントにアップグレードしたユーザーだけである。

「顧客からの支払いを拒否したい人がいるはずがない。そこに目をつけた」とマーティンはポッドキャスト「ジ・インベスター・ショー」で語っている。「それがこの方法のすばらしいところだよ。『ビジネスアカウントにアップグレードするかどうか』ではなく、『お金を受け取りたいかどうか』をユーザーに選択させた」

回避策も用意した。資金の受取人がクレジットカード決済の500ドルの入金上限額に達し、それを超える支払いを受け取りたい場合は、送金人に銀行口座かペイパルの口座から資金を送り直してもらうようリクエストできる。つまり、銀行決済や内部振替への切り替えをユーザーに促す役割を、ペイパルの代わりに受取人に請け負ってもらうというわけだ。

受取人が有料アカウントにアップグレードするにせよ、送金人がペイパルにとってコストの低い決済方法に切り替えるにせよ、どちらに転んでも、ペイパルにはメリットしかない。

ペイパル社員、震え上がる
——「うんざり」「恥を知れ」の大合唱

そして2000年10月3日、最もアクティブな個人アカウントのユーザーに、次のお知らせが送られた。

X.comは2週間後の10月16日月曜日から、ペイパルの個人アカウントに新しい制限を設けます。クレジットカード決済のペイパル口座への入金上限額は、6か月ごとに500ドルとなります。2週間後にこの方針が導入されると、500ドルの受け取り上限額を超えた個人アカウントは、プレミアまたはビジネスアカウントにアップグレードしない限り、クレジットカード決済による支払いをペイパル口座に入金することができなくなります。上限を超えて個人アカウントに送られたクレジットカード決済は「ペンディング」として保留され、受取人はアカウントをアップグレードして支払いを受け取るか、支払いを拒否して送金人に返金するかを選択できます(後者の場合、送金人に銀行口座またはペイパル口座の残高から支払いを再送してもらうようリクエストすることができます)。

この時期にユーザーに送られたメールによると、会社は「率直な説明で不満を抑える」方針で、ユーザーの理解を促そうとした。

私たちは次の基準を満たす規約を定めることをユーザーのみなさまに約束しています。1、一般に公正で妥当であること。2、導入2週間前に発表すること。3、アップグレードを誰にも強制しないこと(ただし、クレジットカード決済の受け取り等の高コストの機能を、無料の個人アカウントから取り除くことはできる)。4、当社のコストの大半をもたらしている大口ユーザーに、クレジットカード処理(やカスタマーサービス、不正防止等)にかかるコストの応分の負担を求める必要を満たしていること。

それでも、ユーザーへのメッセージには巧妙な工夫が凝らされていた――会社は実質的に、ユーザーにアップグレードする以外の選択の余地を残さなかったのだ。「あれは実際、強制ではなかった。ユーザーには選択肢があった」と、デイヴィッド・サックスは公式見解をなぞって言う。「だがペイパルをそれまでと同じように使い続けるには、アップグレードするしかなかった」

オマハのカスタマーサービスセンターの電話回線と各種掲示板には、予想通り激しい不満がまたもや殺到した。「ペイパルは無料で私たちを釣ってから、手数料を徴収し始めた」とあるユーザーは書いた。「本当にがっかりした。あなたたちの売り込みや宣伝、成長を手伝ってあげたのにこの仕打ちとは。恥を知れ」と別のユーザー。

ユーザーは強制アップグレードのせいで商売の儲けが減ることや、ペイパルが「永久無料」の約束を臆面もなく破ったことへの不満をぶちまけた。「ペイパルにはうんざり。もうおしまいよ。勝手に規約を押しつけてきたけど、同意できないから使うのはやめた」とあるユーザーは書いた。ボイコットや妨害の呼びかけが掲示板を埋め尽くし、社員は震え上がった。

もっとほしがるとカネを取る
――フリーミアムは麻薬か?

その一方で、擁護者も現れた。「抗議したい人はすればいい。だがそんなことをするのは少数派だと思う」とあるユーザーは書いた。「この件について、最近いろんな人やイーベイの出品者たちと話したが、常識的な人たちは、ペイパルを存続させるために必要なことなら受け入れようと言っていた。もちろん、手数料がうれしい人はいない。抗議するならご自由に。でも自分で自分の首を絞めるようなものだよ」

ペイパルの視点を共有しているようなユーザーさえいた。「なぜペイパルはこんなに悪く言われているのか?」と別のユーザーは問いかけた。「ペイパルはすばらしい。決済と入金が簡単にできるおかげで、売上がかなり増えている。こんなサービスほかにある? 私には思いつかない」

また、ペイパルを使う人が多いから、ペイパル決済を受け入れると、出品した品に高い値がつきやすいと指摘する人もいた。「手数料はたしかにひどい。でもペイパル決済を受け入れると入札価格が高くなるから、手数料は十分相殺《そうさい》できる。僕はペイパルを使い続けるし、これからもオークション仲間に勧めていくつもりだよ」

強制アップグレードはモラルとしてどうなのかという問題もあった。ペイパルは明確な約束を破った。突然の方向転換はユーザーを困惑させた。また、とくにイーベイのパワーセラーは、これまで出品ページでペイパルのサービスを大いに宣伝し、ペイパルに貢献してきた。何よりこの上限のせいで、受取人はアップグレードしなければ実損を被るおそれがあった――なにしろ代金を受け取れない可能性があったのだから。

しかし、ペイパルは慈善事業ではなく営利企業だ。クレジットカード決済の割合を下げるための方針転換と、主力製品の収益化は、生き残りに欠かせなかった。

またペイパルは無料サービスを一気に廃止したわけでもない。任意アップグレードから、アップグレード推奨、そして今回の強制アップグレードまで、6か月かけて段階的に移行した。それに、もしペイパルがこれらの措置を取らなければ、決済を完全に停止せざるを得なくなるリスクがあった。これはすべての当事者、なかでもオークションの出品者と購入者にとって破滅的な事態だ。

こうしたプロダクト設計のジレンマは、その後もフリーミアムモデルの厳しい世界に参入した多くの企業を悩ませている。このモデルのおかげで画期的な新技術が広く普及する一方、ユーザーは徐々に起こる変化に気づかない「ゆでガエル」にされたように感じ、モヤモヤ感をぬぐえない。

あるブロガーの記事には、この揺れ動く気持ちがよく表れている。「フリーミアムモデルの開発者は、麻薬ディーラーと同じだ。基本サービスを無料で与えておいて、ユーザーがもっとほしがるとカネを取るのだ」。そう言いつつも、その数段落後に、手のひらを返してほめ称えている。「フリーミアムモデルの到来は、これまでにワールドワイドウェブに起こった最高の出来事だろう」

アップグレードキャンペーンを開始した10月半ばからの1か月間で、対象の個人アカウントの実に95パーセントが、ビジネス/プレミアアカウントにアップグレードされた。これはペイパルが本格的なビジネスへと飛躍するための重要な布石となった。そしてこれは、ペイパルを世界へ羽ばたかせた「永久無料」の約束を完全に終わらせることになったのである。

ナップスターに敗れながらも笑う

アップセルキャンペーンが一時的にメディアで騒がれたことを除けば、2000年秋のその他の取り組みはそれほどの注目を集めなかった。もちろん、会社にとってはIGORやペイパルの価格設定戦略の変更は、報道されないに越したことはなかった。

だが社内では、この秋の試行錯誤や改善策の重要性は、当然認識されていた。とくに大きな意味を持っていたのが、決済の構成比の改善だ。

これはペイパルのビジネスモデルにおける当初からの深刻な問題だった。10月末から11月初めにかけてエリック・ジャクソンが社内に配布した折れ線グラフには、青線(銀行決済と内部振替の合計比率)の上昇と赤線(クレジットカード決済の比率)の下落がはっきり表れていた。11月2日、ジャクソンは「ついに実現――線が交差!!!」という派手な件名をつけて、グラフを全社員に送信した。銀行決済と内部振替の合計がクレジットカード決済の比率と並んだのだ。

その後まもなく会社は、もう二つの節目を迎えた。「11月24日金曜日、ペイパルの累積決済額が10億ドルを超えた」とプロデューサーのジェニファー・クオが週刊社内報で報告している。「これは莫大な金額だが、これで目標達成というわけにはいかない。世界制覇の最終目標を達成するまではもちろん、手を緩めるものか！」。そして2000年12月8日には登録アカウント数が500万件を突破し、ペイパルは目標にさらににじり寄った。

1年にわたる混乱の最終盤に、しかも株式相場急落の最中に、こうした喜ばしい節目が訪れたことが、社員の自信につながった――多くのIT企業を破綻に追いやっている景気低迷を、ペイパルは乗り切れるかもしれない。サイトダウンなどの内部の危機も、それほど壊滅的ではなく、より乗り越えやすくなったように感じられた。11月にペイパルのサイトが長時間停止した際の社内向けメッセージにも、自信の高まりが表れている。


残念ながら、ペイパルのウェブサイトには今朝から本当にひどい障害が生じている。7時間ダウンしていると言える状態だ。

だがよい面に目を向けると、これは大成功しているウェブサイトだけが直面する、高級な問題だ。ネットワーク負荷分散装置が対処しきれないほどのユーザーがサイトを利用している証拠なのだから。

もちろんサイトがダウンすれば徹夜で対応に当たったが、初期の数か月に比べれば、ユーザーは寛容になっていた。ペイパルがユーザーを必要とするように、ユーザーもまたペイパルを必要としていた。

ペイパルは世間からも高く評価された。2000年11月にGQ誌の「月間最優秀ウェブサイト」に選ばれ、USニューズ＆ワールド・リポート誌の「最優秀ウェブサイト」に選出された。

2000年10月、ペイパル経営陣はサンフランシスコのリージェンシーセンターで開催された、ワイヤード誌の「絶賛賞《レイヴ》」の授賞式に出席した。レッドカーペットとスポットライトの表彰式には、サンフランシスコ市長のウィリー・ブラウンをはじめ著名なゲストプレゼンターが駆けつけ、ロックアーティストのベックがパフォーマンスを行った。

ペイパルはワイヤード誌の「最優秀ゲリラマーケティング・キャンペーン」にもノミネートされた。音楽サービスのナップスターに敗れはしたものの、ノミネートされたことに大きな意義があった。それに、最後に笑ったのもペイパルだった。「ナップスターはノミネートされた3部門すべてで賞をかっさらった」と週刊社内報は書いている。「最近の連邦裁判所の決定を受けて、年末までに倒産に追い込まれそうだという事情に、同情票が集まったというもっぱらの評判だ！」

ナップスターはレコード業界の団体から著作権侵害で訴訟を起こされ、実際に2001年7月にサービスを停止した。

ペイパルはいまやデジタル世界に定着し、創業者たちの慢性胃痛は和らいでいた。チームは祝杯を挙げた。デイヴィッド・サックスは、「線（決済の内訳を示す赤線と青線）が交差」したら行くと約束していた川下り旅行に、プロダクトチーム全員を連れて行った。かつて切り詰められていた贅沢な福利厚生が再開された。全社パーティーが開かれ、社内マッサージやスムージーが提供された。

2000年10月末のハロウィーンの日、社員はコスプレで出勤した。「われらがピーター・ティールは、オビ・ワン・ケノービの仮装をした」と週刊社内報は書いている。社内報は、ルーク・ノセックが約束通りルーク・スカイウォーカーのコスプレで来なかったことに不満気味だ。ノセックは、マフィアの一員に扮してパーティーに現れたと書かれている。

Chapter 17 ハッカーたちとのおかしな関係

——オタクのスパイ大作戦

ヴァシリー・ゴルシコフとアレクセイ・イワノフは、暗号名「クヴァキン」と「サブスタ」で知られるハッカーだ。ロシアのチェリャビンスクに暮らす二人は、アメリカの金融機関への攻撃を得意としていた。顧客のクレジットカードや銀行口座などの情報を盗み、それを使って商品を購入し、ロシアにほど近いカザフスタンやジョージアなどの旧ソ連衛星国の拠点に送る。商品は国境と時間帯を越えるうちに追跡不能になり、ゴルシコフとイワノフはそれらを転売して利益を得ていた。

二人の20代のハッカーは別の副業も持ち、いつかそれを足がかりにテック業界で合法的な職に就くことを夢見ていた。企業のコンピュータシステムに侵入してその証拠を送りつけ、「セキュリティコンサルティング・サービス」を売り込んでいた。この副業が評判を呼んだとみえて、2000年夏にアメリカのインヴィタ・セキュリティという会社から問い合わせがあり、ハッカー対策を依頼された。

インヴィタは直接会って打ち合わせをしたいと言って、ゴルシコフとイワノフをシアトルに招いた。悪意のハッカーが高給のホワイトカラーのセキュリティ専門家に転身した成功物語を聞いていた二人は、インヴィタの請負仕事に胸を膨らました。ロシア中西部から30時間の長旅を経て、2000年11月10日にシアトルに到着した。

空港で出迎えを受け、近くのオフィスパークにあるインヴィタ・セキュリティの本社まで車で移動した。車中でイワノフは、アメリカ人が交通規則を守っていることに驚いた。「なんでこんなにおとなしく運転できるんだ?」と彼は社員に言った。「ロシアじゃ信号が変わったとたんアクセル全開だ。歩道を走る車も多い」

本社に着くと、イワノフはロシアの自宅にあるコンピュータにリモートでログインし、アメリカ企業のシステムに侵入するテクニックを披露して、社員たちを感心させた。クレジットカード情報にアクセスした方法を聞かれると、ゴルシコフはさすがに警戒して、「それについてはロシアに帰ってから話し合おうか」と言葉を濁した。インヴィタの重役たちに、FBIは怖くないのかと聞かれると、ゴルシコフは一蹴した。「FBIなんて気にするか。ロシアにいる限り、捕まることはない」

実演が終わり、ゴルシコフとイワノフは宿泊先に向かうために会社のワゴン車に乗り込んだ。

ワゴン車がホテルの駐車場に入ると、運転手がいきなりブレーキを踏んだ。ワゴン車のドアがバンッと開き、声が響いた。「FBIだ！　両手を頭の後ろにまわして車から降りろ！」

ゴルシコフとイワノフは、FBIのロゴ入りジャンパーを着た武装捜査官に取り囲まれた。ワゴン車から降ろされ、手錠をかけられ、英語で容疑者の権利の告知を受け、ロシア語の翻訳が書かれた紙を手渡された。

天才的ハッカーの入念なスキーム

インヴィタ・セキュリティとは、ゴルシコフとイワノフを捕らえるためのFBIのおとり捜査――暗号名「釣り針作戦」――で使われたダミー会社である。同社の「重役」に扮したのは、FBIの覆面捜査官マイケル・シューラーとマーティー・プルウェット。ゴルシコフとイワノフがハッキングのワザを披露するのに使ったコンピュータには、キーボードで行われるすべての入力操作を記録する「スニッファー」というプログラムが仕込まれ、室内には二人の声と動きを逐一記録するAV機器が設置されていた。

ゴルシコフがロシアのコンピュータにログインすると、連邦捜査官は彼のハッキング技術が詰まった数ギガバイト分のお宝をまんまと手に入れたのだった。

スティーヴ・シュローダー著『ルアー』（未邦訳）に書かれているように、ゴルシコフとイワノフは活動的だった。40社近くのアメリカ企業を攻撃した。被害企業にはウェスタンユニオン銀行（ウェブサイトから約1万6000件のクレジットカード番号が盗まれた）や、CD販売サイトのCDユニバース（同35万件）などが名を連ねた。捜査を担当した検察官は、ゴルシコフの「ハッキング技術は一流」だと述べ、鑑識専門家は二人を「これまで見てきた中でもトップクラスのシステムインテグレーター」と評した。

そしてこのとき押収されたアーカイブに、ペイパルを欺《あざむ》くための「大規模スキーム」と検察官が名づけたものが含まれていた。二人はペイパルとイーベイで数百件の偽アカウントを作成した。それからイーベイでライブオークションを実施して偽アカウントで自ら落札し、盗難クレジットカードでその代金を支払い、実物商品は送らずに、資金だけをペイパルの口座間で動かした。ペイパル側には普通の取引に見えたものが、実は盗んだクレジットカード番号を現金化するための手の込んだ作戦だったのだ。

また彼らは盗難クレジットカード番号を使ってライブオークションに入札する際、ボットを使った。「イワノフとゴルシコフの計画は入念で見事だった。巧妙なフィッシング攻撃によって、ペイパルアカウント用のクレジットカード番号を盗み取った」と事件に携わったサイバーセキュリティ専門家のレイ・ポンポンが書いている。「ボットはそれらのクレジットカード番号を使って、イーベイのオークションで商品を購入した。購入された商品はロシアに送られ転売された」。ペイパルの被害総額は150万ドル近くに上った。

ゴルシコフとイワノフは、ペイパルが使えるイーベイ以外のサイトでも不正取引を行った。たとえばコンピュータ部品販売サイトで各種ハードウェアを注文して、ペイパルを通して盗難クレジットカードで支払いを行い、カザフスタンの住所に商品が届くと、税関職員を買収してロシアに運び込んだ。

「会社にロシア語ができる人はいないか？」

特別捜査官のプルウェットはペイパルに電話をかけて、FBIが逮捕したイワノフとゴルシコフから得た情報を伝えた。ペイパルで電話を受けたのは、セキュリティ責任者ジョン・コサネク。コサネクは元海兵隊の軍事諜報官という、テック企業には珍しい経歴の持ち主だ。

「湾岸戦争から戻ってコンピュータを買った。大枚をはたいて、インテル486DX機を手に入れたんだ。初めてそこにフロッピーディスクを差し込んだ瞬間、コンピュータにハマったね。これだ、と思った」と彼は言う。オタクの仲間入りをしたコサネクは、海兵隊員の間で笑いものにされた。「『なんだよ、コンピュータか。どうすんだこんなもん。くだらない』なんてね」

海兵隊を退役すると、メイシーズ百貨店で内部調査官として働いた。あるときイーベイで働く友人に、X.comとコンフィニティという会社が合併して、警察との橋渡しができる人材を探していると聞かされた。

ペイパルに入社後まもなく、言葉の壁にぶつかった。コサネクは全社メールを送って助けを求めた。「この会社にロシア語ができる人はいないか？ ロシア絡みの組織犯罪を調べている。メールアドレスに何か意味があるのかどうかを教えてくれる人を探している。急募!!」。すぐに返事が来た。『マックスがいるよ。知らないの⁉』と言ってきたから、マックスが誰なのかも知らないと返した。すると眼鏡の男がやってきたんだ」とコサネクは言う。

レヴチンとコサネクのちぐはぐコンビはタッグを組み、ロシアのハッカーたちとやりとりを始めた。コサネクが内容を考え、レヴチンが訳した。「僕が『こういう返事を書いてほしい。ちょっと蹴りを入れて怒らせてみよう』と言うと、マックスは『わかった』と言って、僕のアドレスからロシア語やウクライナ語で返信する。もちろん次の日、返事が来る」。こうしてコサネク、レヴチンとハッカーたちとの「おかしな関係」が始まった。

ハッカーからのメッセージ
――それで捕まえたつもりか？

イワノフとゴルシコフのことは、コサネクも知っていた――ただし別名で。二人はペイパルでは「グレッグ・スティヴンソン（イワノフ）」と「ムラート・ナサロフ（ゴルシコフ）」の名で通っていた。ペイパルでの二人組の不正利用をまとめたコサネクのスプレッドシートには、1万7796件もの取引が記載されている。

ＦＢＩから連絡を受けたコサネクは、捜査員に感謝のメールを送った。「二人が逮捕されたという昨日のご連絡はとてもありがたかったです。ここ10か月間、彼らの問題にかかりきりで、そのことで頭がいっぱいだったものですから」

「グレッグ・スティヴンソン」はイゴールと同様、ペイパルにとってとくに苛立たしい宿敵だった。初めて彼と対決したとき、コサネクと不正対策チームは「スティヴンソン」の姓の全アカウントを閉鎖し、それを知らせるメールを彼のアドレスに送った。スティヴンソンから返事が来た。「俺を捕まえたつもりか？　見てな」。その日のうちに、もう数千件の偽アカウントが開設された。

逮捕の少し前の10月半ば、コサネクは彼にメールを送って、不正の現場を押さえたことを知らせた。

コサネク：やあ、また僕だよ。君はイーベイのペイパルユーザーに「発送が遅い」と問い合わせているそうだね。なぜ商品が来ないかわかるか？　われわれが止めたからだ。次はせいぜい頑張ってくれ。

スティヴンソン：このアドレスでいいのか、それともこれは無効なアドレスなのか？　返事をくれ。ペイパルのセキュリティについて話がしたい。

コサネク：それより、うちのシステム上で君たちが行っている不正について話そうじゃないか。

このようなやりとりで、スティヴンソンは有料の「セキュリティサービス」を何度も売り込んできた。「俺はペイパルでの活動をやめることもできる。ペイパルのシステム全体を第三者に売ることもできる」。レヴチン宛ての長いロシア語のメッセージの中で、スティヴンソンは再びセキュリティサービスを売り込み、ノウハウを少々披露してみせてから、ペイパルの不正対策をあざ笑った。

こちらがペイパル経由で商品代金を支払う仕組みを理解していることは、もうおまえらにもわかっただろう。

不思議に思うかもしれないが、俺たちは人間の行動特性の分析と評価にかなりの時間を費やしている（そのおかげで俺はペイパルを利用して一儲けできる。人間の腐敗には誰も勝てないのだ）。会社を守ろうとするおまえらの対策は、俺たちのおかげで数歩前進したと言えるだろう。

だが俺たちは、ペイパルにどんな変更が加えられようとも、合法的なユーザーだとそちらのシステムに思わせるような方法で行動する。

ペイパルの最新の変更については、おそらく近いうちに他のサイトも追随して同様の変更をするだろう。しかしそんなものは小手先の時間稼ぎに過ぎない（せいぜい2か月といったところだろう）。

さて、おまえらのセキュリティの質問に関してだが、感謝されるだけでは質問に答えられない。「感謝」では飯が食えないからだ。誰もがやるべきことをやっている。おまえらはおまえらの仕事をし、こちらはこちらの仕事をする。悪く思うなよ。

じゃあな。

いたちごっこは続いた。ペイパルはスティヴンソンを阻止しようとし、スティヴンソンはペイパルの対策をすり抜けようとした。彼は挑発してくることもあった。「くそ食らえ、アメリカ人のろくでなしどもめ。また戻って来るぜ」

「彼らは大胆だった」とコサネクはCNNに語っている。「連中はロシアにいる限り、こちらからは手も足も出せないと思っていた」。レヴチンは、スティヴンソンのあざけりを個人的な侮辱と受け止めるようになったと、のちにサンフランシスコ・クロニクル紙に打ち明けている。「僕は鉄壁のロシア人だ。戦いのルールは一つ。彼らが攻める、僕は阻止する。それだけだ」

スティヴンソンを阻止できたこともあった。レヴチンとコサネクは、スティヴンソンにガウスベック＝レヴチン・テストを破ってみろとけしかけ、彼が失敗するのを見て誇らしく思った。

これが相手の住所、人相、全証拠だ！
――進まない捜査とペイパルの焦り

詐欺師は地球の裏側にいるだけではなかった。あるとき、オフィスから数キロのところに凄腕のハッカーが住んでいることがわかった。チームは不正の証拠を収集して捜査当局に持ち込んだが、捜査に時間が必要で、そのまま詐欺を続けさせることになった。

「刑事告発に必要な証拠をかき集めて、シークレットサービスとFBIに提出した。そしたら『どちらの管轄か調べる必要がありますね』なんて悠長なことを言うんだ」とマスクは息巻く。「だから『何言ってるんだ、いまカネが盗まれようとしてるんだぞ！　これがやつの住所、これが人相、そしてこれが全証拠だ！　いままさに事件が起きているんだ！』と訴えた。結局、2、3か月後にやっと逮捕された。とんでもない時間がかかったよ」

苛立たしい思いをし、時間がかかることも多かったが、不正対策を講じるには捜査当局の協力が欠かせなかった。「実際に逮捕者が出ることが重要だった」とマスク。「誰も逮捕されなかったら、連中は手を替え品を替え不正をしてくる。だが詐欺の世界では噂は瞬時に広まる。『ペイパルで逮捕者が出たから、ちょっと考えよう』ってことになる」

不正アナリストのメラニー・セルヴァンテスは、さまざまな州の警察に連絡を取り、そして困惑されたことを覚えている。「電話で『もしもし、ペイパルです。そちらの管轄の住民が金融詐欺を働いたせいで、損害を被りました』と話し始めると、いつも『ペイパル？　何ですか、それは？』と聞き返された」

まともに取り合ってもらえたときでも、当局はデジタル犯罪をどう分類したものか迷い、資金洗浄なのか、アクセス装置犯罪なのか、電信詐欺なのか、送金エラーなのか決めあぐねた。「連邦検事に『犯罪はたしかに起こったようだが、起訴するための法律が存在しない』と言われたわ」とセルヴァンテス。

だからこそ、ゴルシコフ－イワノフ事件をFBIが捜査してくれたことは、ペイパルにとって歓迎すべき変化だった。ＦＢＩから「釣り針作戦」の一報を受けた数日後、コサネク、レヴチン、エリック・クライン、サラ・インバック（カスタマーサービス業務および不正担当副社長）のペイパルの代表団が、シアトルでＦＢＩ捜査官と会議テーブルを囲んだ。捜査官はおとり捜査で明らかになった詳細を説明した。

そしてこれ以降、ペイパルはＦＢＩの捜査に協力するようになった。「犯人たちのコンピュータのＩＰアドレスと、彼らがペイパルシステムで使用したクレジットカード、彼らがアカウント開設のために使ったパール（Perl）のスクリプトとの関連性を確立することができた」とコサネクは語る。またペイパルとＦＢＩのチームは、ゴルシコフとイワノフがペイパルのなりすましサイト、ペイパイ・ドットコムの背後にいたことも突き止めた。

政府機関による捜査はありがたかったが、メディアの注目を集めたのは痛し痒しだった。検察当局が連邦裁判所に宣誓供述書を提出すると、シアトルの新聞が訴訟を報じた。そしてこの記事は、ゴルシコフとイワノフが侵入したクレジットカードのデータベースの一つがペイパルだったという誤情報を伝えた。

実際には、ゴルシコフらは盗難クレジットカードをペイパル上で使用しただけで、ペイパルから情報を盗んだわけではない。これはレヴチンにとって天と地ほどの違いだった。前者はペイパルにとって解決可能な問題なのに対し、後者はペイパルのセキュリティへの信頼を揺るがすしかねない。

検察官によると、レヴチンは「当然のごとく激怒」し、誤った記録を訂正するよう司法省に迫ったという。検察官は記者に電話をかけて誤りを説明し、翌日の新聞に訂正が掲載された。

「完全無欠のセキュリティ」という信条

新聞社との悶着には、レヴチンの基本的な信条が如実に表れている——イーベイとの闘争や、苛立たしいシステムダウン、顧客からのクレームの殺到等々、何が起ころうとも、ハッカーがシステムに侵入して個人情報を入手することだけは絶対に許さない。

「開発チームの全員がまったく同じ価値観を持っていた」とデイヴィッド・ガウスベックは言う。「とくにセキュリティと正確性の保証の基準に関しては、『もちろん完全無欠でなくてはならない』と全員が考えていた」

「鉄壁のロシア人」を自負するレヴチンは、金融業界は情報セキュリティに対する考え方が甘すぎる、と確信するようになった。レヴチンとチームは業界のサイバーセキュリティ基準を詳しく調べ、そして失望した。ペイパルのシステムを完全に安全にするためには、業界基準を満たすだけではまったく足りない。

「業界には、こうすれば安全になるはずだという基準があったが、敵に攻撃され得る方法の、おそらく十分の一ほどしか網羅していなかった」とボブ・マグルーは説明する。「ペイパルでの取り組みは構造化されてはいなかったが、非常に質が高かった。そしてそれに取り組んでいたのは、真に安全なシステムを実現することに情熱を注ぐ人たちだった。クレジットカードの安全性を確保するための標準的な手続きに従うだけの集団とはわけが違った」

ペイパルはより高い基準を掲げるべきだと、レヴチンは考えた。ペイパルにはATMも一般的な支店もない。「ペイパルブランド」は、ペイパルのウェブサイトそのものだ。そのサイトをハッキングされるのは、強盗にすべての実店舗を一斉に襲われるのにも等しい。

「たとえばウェルズファーゴ銀行は、ペイパルと競合する請求書支払いシステムを提供していた。だが、たとえそのシステムをハッキングされても、ウェルズファーゴ銀行はなくなりはしない」とマグルーは言う。「一方、ペイパルにとっては、あらゆるコンピュータセキュリティ問題が、存亡に関わる脅威だった」

チームは対外的手段に加えて、対内的にも予防手段を講じた。「不正アナリストによる不正を防止するための対策もあった」とマグルーは言う。

ガードの緩いやつは「さらし者」

ヒューイ・リンは、会社の「権限制御」ツールの作成に携わった。創業当初は「全社員とその親戚」までもが、重要情報にアクセスできたという。その後は管理が強化され、最高幹部レベルであっても、ペイパルユーザーのクレジットカード情報にアクセスできなくなった。管理パスワードは複雑な共有システムとなり、それにアクセスしたとたん、残りの幹部全員に自動で通知されるようになった。デジタルセキュリティの世界では誰も――会社の創業者や上級幹部でさえ――信用できないのだ。

コリン・コーベットは2001年にネットワーク技術者として入社し、ペイパルのデータセンターの刷新を担った。三層構造のネットワークを構築し、侵入者がシステムの中核に近づくにつれ、ますます侵入が難しくなっていく手の込んだ仕組みをつくりあげた。「あまりにも複雑すぎて、システム管理者でさえ仕組みを理解できないことがあったね」と彼は言う。

ネットワークには「論理的区画」に加え、「物理的区画」も導入された。ネットワークボックスを「物理的に鍵のかかった別々の保管棚に入れたんだ」とコーベット。「セキュリティエンジニアが基幹インフラにアクセスするには、5つの物理的な掌紋認証をパスする必要があった。そして掌紋が5回認証されても、さらに固有の8桁の数字コードを入力しないと、保管棚にたどり着けない」とコーベットは説明する。

こうした正規の保護手段の他に、仲間内での情報保護手段もあった。ラップトップを社内に放置するという大罪を犯した社員は、「さらし者」にされた。別の社員が放置されたそのラップトップから、所有者になりすまして全社員宛てに不面目なメールを送信するのだ。

やがて「さらし者」のならわしは社内中に広まり、社員はその機会を虎視眈々《こしたんたん》と狙うようになった。「本当に油断ならなかったわ」と、何度か餌食になったキム＝エリシャ・プロクターは肩をすくめる。「エンジニアは目の色を変えていた。いつも目を光らせて、メールを用意して待ち構えているの。誰かがラップトップをロックせずに机を離れたとたん、用意しておいたメールをそのコンピュータに送りつけてから机にダッシュで駆け寄り、届いたメールをコンピユータ内のリストの全員に送りつける。席に戻ってきた人は、ああ、やられた、って」

不正は愛である

不正が増えるにつれ、不正対策チームも拡大した。セルヴァンテスは以前、ビザの処理会社で不正利用を調べていたが、その仕事を味気なく感じていた。そんな折、不正報告にパロアルトの新しい会社の名がたびたび出てくることに気がついた。彼女は思い切った行動に出た。「不正調査の仕事をする者は、不正の現場に足を運べと言われる。だから私もペイパルに連絡を取って――どこからそんな勇気が出たのかわからないけど――自分を売り込んだ。『御社は不正利用が多いようですね。私はいつもおたくに返金請求をする側なんです。助けは必要ありませんか?』って」

ペイパルの不正対策担当者は、人間の忌まわしい行いも目の当たりにした。ジェレミー・ロイバルは人材派遣会社からコンフィニティに派遣され、カスタマーサービスを担当していたが、顧客部門がオマハに移転したため、新しい職務が必要になった。「コサネクが僕を残骸から拾い上げて、不正アナリストになれと勧めてくれたんだ」とロイバルは言う。

ロイバルはこの職務で、司法当局からの召喚状への応答として開示する情報をまとめたが、ペイパルユーザーの暗部を見て幻滅した。児童ポルノの購入品をスプレッドシートにまとめたこともある。「あれは苦痛だった。身の毛もよだつような品の売買取引が並んでいた」。法廷で証言したあと、ホテルの部屋に戻ってすすり泣いた。「心が折れそうだった」

ペイパル不正対策チームのセルヴァンテス、コサネク、ロイバルたちは、犯罪行為や腐敗に打ちのめされることもあったが、このときの経験が彼らのキャリアの頂点の一つだったと目を輝かせる。脆弱な人々を直接守り、巧妙な詐欺師と戦うために先取り思考をするようになった。先進的なツールや技術を駆使して、銀行やクレジットカード会社よりも早く不正行為を特定した。デジタル犯罪との戦いは「とても刺激的で充実感があった。現代のスーパーヒーロー気分だったよ」とロイバルは言う。

ロイバルたちは「スーパーヒーロー仲間」にも勇気づけられた。警察当局者は、オンライン世界のならず者を退治する同志になった。ロイバルはアーカンソーの当局者に電話をかけたときのことをよく覚えている。「僕が『すみません、そちらでいま誰かがお年寄りに詐欺を働いているようなんです』と言うと、びっくりするような答えが返ってきた。『何だって？　うちの郡でそんなことを許すものか！』。そしてそのまま現場に急行してくれたんだ」

ロイバルは8年間、セルヴァンテスは14年間、会社に留まった。「度量が大きくて、カリスマがあって、天才的な人たちに会うと、一緒にいたいと思うでしょう？」とセルヴァンテスは言う。「社員全員がお互いのことをそんなふうに思っていた」。現在は暗号資産取引所のコインベースでグローバル調査を統括するジョン・コサネクも、同じように感じていた。「本当に夢中だった。誰も僕をあの仕事から引き離すことはできなかっただろう」

レヴチンも当時を振り返って、会社の破綻を招きかけた数々の不正を、彼のペイパルでの経験をかたちづくった重要な要素だと言っている。彼はあるとき、「不正は愛である」という、内輪の自虐的なジョークを件名にしたメールをマスクに送った。「いま思えば、あれはただのジョークじゃなかった。本当に不正対策を好きになっていたんだ。実は僕はスパイ小説が大好きなんだが、あれはフィンテックオタクにとってのスパイ活動のようなものだった」

また不正対策チームは、アルゴリズムによる自動的な不正対策で大きな成果を挙げてはいたが、テック企業が不正から人間を守るためには、やはり生身の人間が必要だと痛感した。「不正対策は、人間と機械、学習、自動化ルールの組み合わせだと思う」とセルヴァンテスは言う。「不正には、ボットがけっして模倣できない人間的な要素がある」「人間はこの組み合わせに欠かせない。不正には、ボットがけっして模倣できない人間的な要素があるから」

ハッカーの異例なその後

ゴルシコフ=イワノフ事件を担当したFBI捜査官と検察官は、その後もペイパルを定期的に訪問して、「ペイパル不正」対策を連邦政府の優先事項にした。そしてFBIとの協力は、図らずもペイパルの歴史の転換点になった。コンフィニティは創業当初、政府の束縛を受けない、世界共通の電子マネーを提供することを使命に掲げていた。その同じチームが、いまでは政府の連邦捜査官とひざを突き合わせ、金融犯罪の摘発を手伝っているのだ。

コサネクは言う。「僕が大きな転換点だと思うのは、州のFBIやシークレットサービスの州支部に『事件が起こっています』と知らせると、話を聞いてもらえるようになったときだ」

ペイパル側も重要情報を提供した。ゴルシコフ－イワノフ事件のFBI捜査官は、コサネクとレヴチンに裁判での証言を要請し、コサネクが証言台に立った。彼は法廷で、ゴルシコフとイワノフによるペイパルを利用した詐欺の仕組み、たとえばペイパルのなりすましサイトや盗難クレジットカードを使った不正取引などを詳しく説明した。訴訟の主席弁護士は、イワノフから送られた、例の「飯が食えない」のメールを、判事に向かって長々と読み上げた。

最終的にイワノフとゴルシコフは、共謀、コンピュータ不正、ハッキング、恐喝を含む複数の罪で起訴された。イワノフは有罪を認めて約4年服役し、ゴルシコフは裁判にかけられて懲役3年の判決を受けた。これらの訴訟は、サイバーセキュリティ訴訟という新しい分野の画期的な判例となり、担当捜査官は権威あるFBI局長優秀賞を受賞した。

ロシアは報復のために、ゴルシコフとイワノフのコンピュータに不法にアクセスしたとしてFBIを提訴した。また2002年にはFBI特別捜査官シューラーに対して刑事訴訟を起こし、このニュースはモスクワタイムズの一面を飾った。

ヴァシリー・〝グヴァキン〟・ゴルシコフは刑期を務め上げ、ロシアに強制送還された。アメリカで服役中にロシアの恋人が出産し、送還後に家族との再会を果たした。一方、アレクセイ・〝サブスタ〟・イワノフは、ハッキングの腕を生かしてホワイトカラーの合法的な仕事に就くという夢を叶えた。アメリカでエンジニアの仕事に就き、異例なアメリカンドリームをつかんだのだ。

Chapter 18 巨人との死闘

——イーベイと果てしなく殴り合う

２０００年秋、イーベイは躍進を遂げていた。この年、次々と破綻するテック企業を尻目に、イーベイの時価総額は30億ドルを超えた。第３四半期には前四半期比で１０８パーセントの増収と、登録ユーザー数１４６パーセント増、そして12倍もの増益を実現した。

あるアナリストは、イーベイはこの四半期の業績をもって「最高のオフライン企業をもしのぐ財務体質をすでに持つ、数少ないインターネット企業」になったと評し、広告収入に依存しないイーベイの未来はＡＯＬやヤフーよりも明るい、と持ち上げた。イーベイのオークション方式はネット通販の常識を覆そうとしている、と言う批評家もいた。固定価格販売の時代は終わった、イーベイがそれを終わらせたのだと論じた。

こうした状況を鑑み、デイヴィッド・サックスはペイパルの経営陣と上級幹部の一部にメモを送って警告を促した。「周知の通り、イーベイは（ビザと共謀して）出品者のビザカード決済手数料を無料にし、われわれに宣戦布告してきた」

勝つためにあらゆる選択肢を検討する

ペイパル本社からほんの数キロ離れた場所で、イーベイが所有・運営する決済サービス、ビルポイントのチームが、ペイパルの方針変更――とくに手数料と強制アップグレードの導入――に目を光らせていた。そして2000年後半、ビルポイントはシェア奪還の好機と見て、反撃に打って出た。

ビルポイントはまず9月19日、オークション出品者宛てのメールの中で、ペイパルを名指しで批判した。そしてこのメールで、ビルポイントの手数料体系の見直しと、3日間の資金保留期間〔資金が口座に入金されてから出金できるようになるまでの期間〕の廃止を発表した。「何よりビルポイントはペイパルとは違って、資金を引き出すためにいちいち出金依頼をする必要がありません」とメールには書かれている。またビルポイントは、「イーベイが所有・推奨」し、「ウェルズファーゴ銀行とビザUSAの公認」を得たサービスであり、世界に先駆けて国際決済を提供すると謳った。

そのわずか数週間後、ビルポイントはペイパルを揺るがすもう一つの動きに出た。10月23日から11月末までの期間中、ビルポイントを利用するイーベイの出品者はビザカードの決済手数料が無料になり、ビルポイントでビザカードを利用する購入者は購入一件につき1ドルの割引が受けられるというのだ。「タネも仕掛けも、ごまかしもありません」とビルポイントは出品者に告げた。「イーベイ、ウェルズファーゴ銀行、ビザの信頼できるブランドが、信頼性と安全性を提供いたします」

ビザはイーベイのクレジットカード決済総額の半分以上を占めているとあって、ペイパル経営陣は慌てふためいた。サックスはイーベイによる「宣戦布告」を伝えたメールの中で、この攻撃がペイパルにとって不安定な時期にやってきたことを強調した。「残念ながら強制アップグレード開始を月曜に控えたいまは、われわれにとって最も脆弱な時期だ。来月の成功（生存？）確率を最大限に高めるために、来週はすばやく、臨機応変に対応することがきわめて重要になる」

心配なことに、ビルポイントの手数料がペイパルを下回るのは、これが初めてだった。「これは重要な試金石になるだろう」と、サックスは「イーベイ対策チーム」と名づけた集団にメールした。このチームには、社内各部門の最も優秀な人材が集められた。経営陣全員と、オークションサービスのプロデューサー、広報責任者、ビザ／マスターカードの渉外担当者、法律顧問、データ専門家、その他サックスが助けになりそうと考えた人材全員だ。

イーベイ対策チームは最初の反撃として、ビルポイントとペイパルを比較した、ビルポイントのメールに反論した。イーベイのパワーセラー宛てにメールを送り、ペイパルが優れたカスタマーサービスや不正防止策など、ビルポイントにないメリットを多々提供していることを強調した。同時に、ビルポイントがペイパルの新しい手数料体系を誤って伝えたと非難した。「ビルポイントは、ペイパルのプレミア／ビジネスアカウントと、ビルポイントの最も手数料の低いアカウントを比較する図を使って、誤解を与えています」

ペイパルはその後も次々と反撃を繰り出した。デイヴィッド・サックスの指示のもと、デイモン・ビリアンはイーベイの掲示板で「手数料体系の誤情報」を正し、リード・ホフマンはイーベイの知人にメッセージの訂正を求めた。

サックスはほかにもアイデアを出した。たとえば、法に則った「非難メール」をイーベイに送り、反競争的な手数料体系の仮差し止めを請求してはどうか？　広報責任者のヴィンス・ソリットが「弱腰と思われないような方法で世間を味方につける」施策を考案してはどうか？　カスタマーサービスチームがペイパルユーザーの愛称を考えるのはどうか？

「提案を歓迎する」とサックスは全社メールに書いた。「料金以外の要素でイーベイに勝つためには、多くの名案が必要だ」

決済問題を後回しにしてきたイーベイ

イーベイはペイパルとの戦いが始まるはるか以前から、決済の問題に悩まされていた。イーベイ創業者のピエール・オミダイアは、創業当初はオークションのユーザーを信頼し、オークション手数料を後払いで郵送させていた。最初期のイーベイ社員によると、会社に数千通の封書が届き、なかには厚紙に大量の小銭を貼り付けて送ってくる人もいたという。

成長しても、決済問題はつねに後回しだった。イーベイの古参社員リード・マルツマンがあるとき部屋に入ると、ファックス機がカタカタ音を立てながら用紙を大量に吐き出していた。クレジットカードの売上票を出品者から送らせていたのだ。床は売上票で埋め尽くされていた。

オークション決済がドル箱になり得ることは、オミダイアも認識していた。たとえばイーベイの競合、オークションユニバースは「ビッドセーフ」というプログラムで、出品者向けにクレジットカード処理サービスを年額19ドル95セントで提供していた。

だがイーベイは当時もそれ以降も、主力のオークション事業の成長と改善に注力し続け、その他の多くのサービスを二の次にした。イーベイが決済に関して驚くほど顧客任せの姿勢を取り続けたのも、そのためである。ユーザーに自力で決済サービスを探させ、また梱包や発送、商品撮影のサービスはおろか、本格的なカスタマーサービスさえ一切提供しなかった。この放任主義の姿勢には、オミダイアの自由至上主義的な価値観と性善説が表れている。

イーベイはその後、成長し成熟し続けるなかで、決済に関する姿勢を若干変更し、99年にビルポイントを買収することによって、オークションプロセスの最終工程を取り込んだ。だがビルポイントのイーベイへの統合は遅れ、その隙にコンフィニティやX.comなどの第三者決済サービスがイーベイの決済を牛耳るようになった。

「私たちはビルポイントを運営するために、銀行業界の幹部を引き抜いた」と、当時のイーべイCEOメグ・ホイットマンはのちに書いている。「彼らは銀行に一般的な、『玄関から入ってきた全員を審査してから口座を提供する』方針を、イーベイにも導入した。この煩雑なプロセスを敬遠した顧客を、ペイパルは諸手を挙げて迎え、たった数クリックで完了する決済システムを提供し、現金ボーナスまで与えたのだ」

2000年初めから半ばにかけて、ビルポイントは不運にも、大盤振る舞いのボーナスと手数料無料を約束するペイパルと競い合う羽目に陥った。ビルポイント共同創業者のジェイソン・メイは、イーベイ内でもボーナスの提供や手数料無料をめぐって激論が交わされたと証言する。

「ビルポイントは、ボーナスや手数料の競争についてはほとんど手を打つことができなかった。ビルポイントの手数料体系は、イーベイとウェルズファーゴ銀行が支配する同社の取締役会が決めていたからだ。それでも、半年間手数料無料などの対抗策を検討したことはあった。ペイパルの強みはとても思い切りがいいことだ。うちは『破産するような真似はできない』といつも尻込みしていた」

イーベイが大胆な一手を打つ
――「即決購入」の真の目論見

2000年末になると、イーベイユーザーはペイパルに全面的に依存しており、この依存がイーベイにとって経営上のジレンマになった。一方では、本来ならビルポイントの懐に入るはずの決済手数料がペイパルに流れていた。他方では、ペイパルはイーベイユーザーの決済を手助けしていた。「多くのイーベイユーザーが他社の決済サービスを利用し、その結果イーベイの取引量が増えれば、イーベイは儲かることになる」とペイパルのケン・ハウリーは指摘する。

イーベイにとっては、たとえ決済サービスに力を入れたとしても、主力のオークションサービスに比べれば端金《はしたがね》の収益しか得られない。イーベイの１９９９年から２０００年にかけての大幅な増収をもたらしたのは、ユーザー増加とオークションジャンルの拡大であり、「おまけ」のビルポイントのサービスではなかった。「イーベイはビルポイントの決済収益を見て、『なんだ、イーベイの売上のほんの数パーセントじゃないか』と思っただろう。だがペイパルには、決済サービスしかなかった」とハウリーは言う。

それでも、イーベイは決済市場でのシェア争いに挑もうとしているように見えた。そしてイーベイは次の動きとして、ビルポイントをオークションシステムにさらに統合する施策に出た。まず「ビルポイント」の名称を、「イーベイ・ペイメント」に変更した。この小さな変更には、イーベイの推奨する決済システムとしてユーザーを誘導する狙いがあった。続いてさらに重要な変更として、「即決購入《バイ・イット・ナウ》」と呼ばれる機能を何食わぬ顔で導入した。オークションで出品者があらかじめ「即決価格」を設定しておき、その価格で買いたい人が現れれば、オークションは即終了する、という仕組みだ。

ペイパルは当初、即決購入を脅威とは思っていなかった。決済にペイパルが使われる限り、価格が出品者によって決定されようがオークションで決定されようが関係ない、と。だがチームは、即決購入ボタンの仕組みを調べて青くなった。

イーベイの通常のオークションでは、購入者が商品に入札し、落札が決まると通知メールが届き、それから決済方法を選ぶようになっていた。つまり、購入者はオークションに入札したあと、いったんイーベイのサイトを離れるため、ペイパルはオークション終了時に〔出品者のリクエストを受けて〕落札者に通知メールを送ることによって決済プロセスに割り込み、落札者にペイパルでの決済を促すことができた。落札者はペイパルから届いたメールのリンクから直接ペイパルのサイトに飛び、そこで出品者に支払いをするので、イーベイのサイトに戻ることなくオークションのプロセスを完了した。

だが即決購入は、この仕組みを根本的に変えた。購入者が即決購入のボタンをクリックしたとたん、イーベイ・ペイメントの入力フォームが現れ、購入者はそのままイーベイのサイトで決済を完了することができた。つまり、ペイパルが通知メールを送る隙も、購入者がイーベイのサイトから離れる隙もなくなってしまったのだ。

もちろん、購入者はブラウザで新しいウィンドウを開けばペイパルのサイトに行けるが、イーベイ・ペイメントのページが自動的に現れるせいで、ペイパルを利用するための手間が大幅に増えてしまった。「即決購入はこの時点までにイーベイが取った施策の中で、飛び抜けて大胆だった」とエリック・ジャクソンはペイパル回想録に書いている。

バグ——大混乱のサービス開始

イーベイは即決購入を大々的に宣伝し、即決購入の決済手数料を無料にして利用を促した。イーベイから出品者宛てに送られたメールには、2万人のユーザー調査とグループインタビューの結果、「ユーザーはイーベイの幅広い品揃えに満足していますが、多くのユーザーが、アイテムをすばやく確実に買いたい、オークション終了を待たずに売りたいと考えていることがわかりました」と書かれている。

即決購入は開始され——そしてたちまち大混乱を巻き起こした。

開始直後の10月下旬、イーベイ掲示板にはイーベイ・ペイメントのバグへの不満が殺到した。ユーザーは支払い通知の遅れに激怒していた。

「バグが修正されて口座に代金が入金されるまで、1週間以上かかった。ひどすぎる。ビルポイントは見捨てて、ペイパルに戻ることにした」とあるユーザーは書いている。別のユーザーはこうだ。「ビルポイントからいま来たメールに、購入者の支払いが17日に完了したと書いてあった。はあ? 今日は21日なんですけど。いつも優先配送で送ってるのに、これで遅れは確定。サンキュー、役立たず《ポイントレス》のビルポイント!」

11月末になっても即決購入のバグはまだ直っていないようだった。「私は出品者で、支払いを待っている」とあるユーザーは書いている。「購入者が『即決購入』で支払いをしたのに、イーベイからはまだ支払い通知が送られてこない。ビルポイントの口座での受け取りを指定してみたが、それでもだめだった。即決購入の情報ページはわかりにくいことこのうえない。即決購入機能のせいで、史上最高にややこしい取引になってしまった。私のオークションからは、この選択肢を外すつもりだ」

イーベイのトラブルはメディアの知るところとなり、イーウイーク誌にも「『即決購入』機能の失敗」という記事が出た。それによると、出品者が即決価格を開始価格と同額に設定するとバグが生じ、購入者が即決購入をクリックすると「入札価格に問題があります」というメッセージが現れた。イーベイ経営陣は「現在問題の解決に努めており、来週初めにはバグを修正できる見込みです」という公式声明を出し、出品者に即決購入価格を開始価格より1セント以上高く設定するよう求めた。

そんなわけで即決購入は多難なスタートを切ったが、やがて効果が上がり始めた。CEOメグ・ホイットマンは決済シェア奪回をめざすイーベイの戦略について、「これはマラソンです。短距離走ではありません」と強調した。2000年11月末になると、ペイパルチームはイーベイの粘り強さに懸念を持ち始めた。「ビルポイントの決済シェアは、ここ1か月で約9パーセントから15パーセント弱にまで上昇した」と、エリック・ジャクソンはプロダクトチームに警告している。

絶対件数の伸びも気がかりだった。ペイパルの推定によると、決済方法にビルポイントが含まれるオークションは、9月時点の40万件から11月初めには80万件を超えた。この成長ぶりに、メディアなど世間も目を留め始めた。

そしてこのタイミングで、イーベイの予想を上回る第3四半期の業績が発表されたのである。ある記者は「イーベイ傘下のビルポイント・オンライン決済システムは、競合のペイパルが一部ユーザーへの課金を開始してから、ようやく勢いに乗り始めたようだ」と書いた。

ペイパルとイーベイの「裏の外交ルート」

イーベイが決済シェアを奪還する見込みが現実味を帯び始めると、ペイパル経営陣、とくにティールとサックスは、イーベイが新しい施策を導入するたびに怒りを爆発させた。「デイヴィッドとピーターは逆上して、『ふざけんな!』とか、『ありえない!』と叫んでいた」と経営陣の一人は言う。「僕らは『彼らのプラットフォームなんだから、そりゃ何でもできるだろう』なんて言っていたけど」

怒りや焦りはさておき、両社はこの戦いをきっかけに裏の外交ルートを築き始めた。リード・ホフマンはイーベイの社内弁護士ロブ・チェスナットと親しくなり、二人は2000年から2001年にかけて両社間の緊張緩和に努めた。

元連邦検察官のチェスナットは、99年初めに「信頼性と安全性」を統括するためにイーベイに加わった。ささいな不正請求から、「イーベイに自分の臓器を出品できるか?」といった問い合わせまで、あらゆることに判断を下した。そしてイーベイのプラットフォーム上で事業を行うペイパルなどの第三者企業にも対応した。

チェスナットの見るところ、ペイパルはまさにイーベイの「信頼性と安全性」を脅かす存在だった。イーベイ上の資金の流れを他社に握られると、イーベイはオークション市場をコントロールできなくなる。「資金をコントロールできれば、不正を食い止めやすくなる」と彼は言う。「第三者に市場を支配されると、信頼性も不正抑止も第三者任せになってしまう」

やがてチェスナットは、ペイパルの積極的な成長努力に一目置くようになった。「ほかの競合が帰宅する午後6時や7時に、ペイパルでは夕飯をかっこんでいたよ。彼らは革新的で非常にアグレッシブだった。そこは称賛しなくては」。イーベイCEOメグ・ホイットマンも、チェスナットと同じ意見を持っていた。「ペイパルはとてもフットワークの軽い、とても積極的な人たちが集まる会社だった」とビジネス回想録『多数の力』(未邦訳)に書いている。

ボストンマーケットの密談
——デジタル外交官たちの冷静な論争

チェスナットとホフマンはデジタル外交官として頻繁にやり合った。「実に多くの長く壮大な議論」をしたと、チェスナットは言う。とくに緊迫した争いは、「ペイパル認証済み」のロゴをきっかけに勃発した。このロゴは、ペイパルが銀行口座の本人確認を行ったイーベイの出品者に与えていたもので、イーベイの購入者にとっては信頼性の証だった。ペイパルにとってこのロゴは、ユーザーをクレジットカード決済から引き離す戦略の一環だった。だがイーベイにとっては、ペイパルがまたもや自社宣伝のために小癪《こしゃく》なロゴでイーベイのサイトを汚していると映った。

イーベイはロゴが大きすぎるという理由で、「ペイパル認証済み」ロゴの全面禁止を決めた。この措置は当然、ペイパルの激怒を招いたが、それだけでなく、苦労して認証を手に入れた出品者たちまで怒らせてしまった。ホフマンは、イーベイのチェスナットにロゴ禁止の撤回を働きかける任務を託された。公式な訪問では緊張が高まりがちだったため、二人は両社にほど近いチキンの店、ボストンマーケットで密会して話し合いを重ねた。

ホフマンはチェスナットに「ペイパル認証済み」ロゴの復活を呑ませるために、ペイパルの切り札を切った。すなわち、ロゴ禁止に対するイーベイユーザーの抗議を持ち出したのだ。だがそれ以外の問題では正式な話し合いを行い、お互いの譲歩点を紙面に残した。たとえばビルポイントの手数料体系をめぐる議論で、ホフマンは「合意」と題したメールに解決すべき事項を列挙している。以下は抜粋である。

3．当社は貴社の手数料体系を正確に反映させるよう、当社の手数料案内ページを修正します。これは次回の更新時に導入します（X.com による確約）。

4. 貴社は当社の返金請求やその他の状況を正確に反映させるよう、報道／対外発表を修正します（イーベイによる確約）。当社は本日決定した内容を貴社に送信するので、ビルポイントCEOジャネット・クレインなどに正確な情報を伝えてください（X.com による確約）。

5. 当社の修正とほぼ同時──遅くとも3～5日後まで──に、またはなるべく早い時期に、貴社は当社の料金と返金請求手続きに関して、貴社のウェブサイトとメールを正確に修正します（イーベイによる確約）。当社は本日メールにて、必要な変更を貴社に指示します（X.com による確約）。

ホフマンとチェスナットは2年にわたり、細部にまで踏み込んだ議論を重ね、一つひとつの細かい表現をめぐって論争し、それぞれの論拠を示すスクリーンショットを送り合った。こうしたきめ細かな取り組みが、ときに緊張を和らげた。

初めて正式な会合を持つ
──二社は手を結ぶことが「可能」か？

二人が築いた重要な裏の交渉ルートは、大きな進展も生んだ。「本日、当社はイーベイと初めて正式な会合を持った」と、ホフマンは２０００年11月10日の全社メールで報告している。

両社は正式な協力関係の可能性を模索し始めたのだ。適正な収益分配協定から、イーベイによるペイパルの完全買収までの、あらゆる選択肢が俎上《そじょう》に載った。

ただしホフマンは、たとえ何らかの取り決めが結ばれるとしても、それはまだ遠い先の話だと釘を刺した。ウェルズファーゴ銀行は、ビルポイントが今後もイーベイの推奨決済サービスであり続けることを条件に、イーベイ傘下のビルポイントに出資していた。「当社がイーベイとの間で決済に関するどんな取り決めを結ぼうと、そこには必ずビルポイントが絡むことになる。したがってまだしばらく時間がかかるだろうし、不確実なのは明らかだ」とホフマンは社内の数人に宛てたメールに書いている。

ペイパルとイーベイの最初期の協議の詳細は極秘にされた。第三者組織のファースト・アナポリス・コンサルティングが、両社の財務状況を精査した。イーベイの経営陣にとって、とくに気がかりな懸念があった——不正問題だ。イーベイにも不正出品者はいたが、不正発生率はほとんどの小売業者に比べて低かった。イーベイにとっては、不正が増えるおそれのある取り決めはどんなものであれ論外だった。

両社が協力関係を模索する間、ファースト・アナポリスの調査チームはペイパル本社で社員から聞き取りを行い、ペイパルのデータを精査して、不正の実態把握に努めた。

調査チームは最終的にペイパルの事業に太鼓判を押し、イーベイに次のように報告した。「ビルポイントがペイパルとの協議を開始するための条件が、ペイパルのリスク管理が適切に行われていることにあるのなら、ペイパルはその基準を満たしていると考えられます。ペイパルは最近、リスク管理能力に重点投資を行い、革新的なツールを開発しています」

だが調査チームは、不正問題以外のリスクを指摘した。ペイパルの戦略は新しく、裏付けに乏しく、成長はあまりにも急激で、審査プロセスはまったく十分とは言えない。調査チームは「事業の安定性」にも疑問を呈した。イーベイとペイパルが統合したら、ペイパルから人材が流出するのではないか？「こうした懸念もさることながら、最も重要な疑問は、ペイパルのビジネスモデルが、そのリスクに見合うだけの利益を挙げられるかどうかです」とファースト・アナポリスは結んでいる。

イーベイとビルポイントが当時出した答えは、「ノー」だった。イーベイの経営陣、とくにビルポイントCEOのジャネット・クレインは、ペイパルに不正の巣窟を見た。

「ペイパルと性急に取り決めを結ぶことはせず、当面はビルポイントを利用して決済シェアの奪還を図ることにする」とイーベイは結論した。2000年末のこの事前調査は、取り決めには至らなかったものの、話し合いへの扉を開き、両社はその後の2年間、ときには本格的に、ときには緩やかに議論を続けることになる。

ペイパル、「闇市場」を支援する

イーベイオークションに占めるビルポイントの決済シェアは、即決購入やビザカード決済手数料無料キャンペーン、その他の成長促進の施策にもかかわらず、2000年末から2001

年初めにかけて微増に留まった。キャンペーン終了とともにシェアは頭打ちになり、そして低下に転じた。ペイパルはさまざまな対抗策によってビルポイントの拡大を食い止めようとし、両社はその後もシェアをめぐってしのぎを削った。

その一環として、ペイパルはイーベイのパワーセラー向けに——ビルポイントにはない——デビットカードの提供を開始し、カードを利用する出品者を対象にキャッシュバックを実施した。

ペイパルチームはネットやメール、電話でも積極的にデビットカードを売り込んだ。「データベースを調べて、イーベイの上位15万人の出品者に、頼まれもしないのにデビットカードを送りつけた」とプロダクトチームのプレマル・シャーは言う。

２００１年には「ペイパルショップ」を開設した。これはイーベイ以外のネットショップを掲載した情報検索サービスで、イーベイ出品者のネットショップ開設支援を目的としていた。デイヴィッド・サックスの、「ペイパルはイーベイだけでなく、ネット全体に決済サービスを提供する」計画の一環として始まった取り組みだ。

イーベイの出品者にとって、ペイパルショップは節約につながった。イーベイで販売する代わりに、ネットショップを自前で運営し、ペイパルショップでそれを宣伝すれば、イーベイの出品手数料を支払わずにすむからだ。チームはペイパルショップの機能拡充に努め、さまざまなボタンや仮想ショッピングカートを提供した。社内には「決済代行サービス」部門が設けられ、オークション以外の分野の開拓を図った。

イーベイは、こうしたイーベイを通さない取引を社内で「闇市場」と呼び、それらにはビルポイントの決済を提供しようとしなかった。代わりに対抗策で応酬した。

２００１年6月、イーベイはオークションよりも固定価格での販売を好む出品者のために、「イーベイストア」を開設した。イーベイストアでの決済は、クレジットカードの正式な加盟店（マーチャント）アカウントを使うか、ビルポイントを使うかの二択だった。イーベイの出品者は加盟店アカウントを得る資格のない零細業者がほとんどだったため、イーベイはこの施策でビルポイントのシェアを拡大し、ペイパルの牙城に食い込むことを期待した。

イーベイストアにペイパル経営陣はまたしても苛立った。ホフマンはロブ・チェスナットに変更を求め、イーベイは方針を少々変更して、イーベイストアでペイパルを使えるようにした。ペイパルはこれを受けて、イーベイの出品者たちにイーベイストアでペイパルを使うための詳しい手順を説明し、さらには、ペイパルショップに自前のネットショップを掲載しないかと売り込んだ。

イーベイ、「一斉射撃」を浴びせかける

２０００年から２００１年にかけてのイーベイとペイパルの動きや争いは、メディアの注意をほとんど引かなかった――イーベイが一斉射撃を始めるまでは。

2001年前半、イーベイは出品者がオークションに出品する際の入力フォームに変更を加え、決済方法の欄にビルポイントを自動で表示させることにした。「イーベイのサイトで『出品する』のフォームを使ってオークションに出品すると、決済方法の欄にビルポイントのロゴが自動表示され、そして落札者にビルポイントでの決済を促すためのさまざまな仕掛けが発動した」とエリック・ジャクソンの本に書かれている。

この変更はほとんどのユーザーに気づかれなかったが、ペイパルには深刻な影響をおよぼした。イーベイでのビルポイントの決済シェアが、ほぼ一夜にして5パーセントも上昇したのだ。大口出品者は自動化ツールを使って一度に数百、数千点の品を出品していたため、「出品する」のページを見ることはほとんどなく、ビルポイントがデフォルトの決済方法になっていることに気づきもしなかった。

ペイパルはユーザーに一斉メールを送って警告した。「あなたが許可していないビルポイントのロゴに惑わされた購入者が、手数料が割高なビルポイントで支払いをすれば、あなたの収益が減るおそれがあります」とメールには書かれている。「今後未許可のビルポイントロゴから確実に身を守るには、ビルポイントのアカウントを閉鎖するしかありません」。そしてそれをする方法として、イーベイのカスタマーサービスセンターの電話番号まで記載した。

出品者が掲示板にこの変更のことを書き込んだのをきっかけに、両社の衝突は衆目を集めることとなった。メディアが噂を聞きつけて騒動を記事にし、両社は公に非難合戦を繰り広げた。

ペイパルが「イーベイのやり方はフェアではない」と非難すると、イーベイは「ペイパルが問題を誇張している」と反論し、ペイパルの対応は炎上必至であり、その動きは非常に誤解を生むと決めつけた。

オンラインオークションの情報提供サイト、ジ・オークション・ギルドの編集者で、オンラインオークション界のご意見番ロザリンダ・ボールドウィンは、ペイパルの肩を持った。「ビルポイントのモラルに反する戦術」と題した長い記事の中で、ボールドウィンはビルポイントへの失望をあらわにした。

イーベイは何の告知もなく、ビルポイントの選択肢をデフォルトの決済方法にした。出品者が出品時の決済方法一覧にビルポイントを入れていなくても、再出品する際にビルポイントのロゴが自動的に出品ページに表示されるようにした。イーベイは新規出品者をだましてビルポイントに登録させようとし、サイトの安全性のためではなく、出品者を有無を言わさずビルポイントの会員にするために、銀行情報を要求している。

記事は強烈なひと言で締めくくられている。「ビルポイントには、出品者に使いたいと思わせるほどのメリットはない。イーベイの姑息《こそく》な戦術を避けるためには、ビルポイントのアカウントを永久に閉鎖するしかない」。記事にはそれを行うためのリンクも記載されていた。

公平を期して言えば、ボールドウィンの非難の一部は、そのままペイパルにも当てはまった。

ペイパルは過去に何度か、イーベイの出品者に無断でペイパル決済の選択肢を有効にし、ユーザーを増やすためにデフォルトを変更したことがあった。ペイパルが最初期に取った戦略——ペイパルを利用したことのある出品者のオークションにペイパルのロゴを忍ばせる「自動リンク」機能——は、イーベイの「出品する」機能と瓜二つだった。

ボールドウィンの批判は、イーベイ出品者の強烈な独立精神も代弁していたと、イーベイのロブ・チェスナットは指摘する。「一部の出品者は、イーベイに指図されるのを嫌い、ペイパルを利用することで、イーベイから自立できると考えていた。『イーベイはわれわれにこれをさせようとしている。なら、違うことをしよう』というわけだ。そういう反骨心がたしかにあった」

結局のところ、イーベイの「出品する」機能は、決済シェアを奪い返すには不十分で、かつ遅きに失した。一般メディアやオークション関連メディア、そしてイーベイユーザーからの圧力を受けて、イーベイは方針を撤回し、「出品する」への変更を取り消した。ビルポイントがこの変更から得た決済シェアの増加は、その後の数週間で吹き飛んでしまった。

オーヴァーロード作戦
——ペイパル独自のネットワーク構想

サックスとティールをはじめとする経営陣は創業からの4年間、イーベイの一撃によってペイパルをつぶされる恐怖にずっとさいなまれていた。「僕は一度、『もし自分がイーベイ・ペイメントの運営者だったら、ペイパルをつぶすために何をするだろう？』と考えてみた。そりゃもういろんな方法を思いついたよ！」とサックスは言う。「彼らがいつそういう手段に出るだろうと、いつもびくびくしていた」

この恐れから、ペイパルは非常時対策も講じていた。たとえば、イーベイにペイパルの企業IPアドレスをブロックされたらどうするか？　それをされると、ペイパルのボタンが機能しなくなってしまう。この事態に備えて、ペイパルはプロバイダのAOLで数百件のダイヤルアップ（従量制）アカウントを作成し、イーベイにペイパルのIPアドレスをブロックされてロゴを表示できなくなった場合でも、AOL接続経由で機能を提供できるようにしていた。

緊張が高まると、ペイパルチームは「イーベイが我慢の限界に達してペイパルをイーベイから追放する」という忌まわしい事態を恐れ始めた。レヴチン、ホフマン、ティール、ノセックは、過激な解決策を考えた——ペイパル独自のオンラインオークション・ネットワークをつくったらどうだろう？

このアイデアは、第二次世界大戦中の連合軍のノルマンディー上陸作戦の暗号名をとって、社内では「オーヴァーロード作戦」と呼ばれた。これまでにペイパルが蓄積した、パワーセラーの膨大な情報を利用して、彼らをペイパルのオークション・ネットワークに誘い込むのだ。もちろん、このアイデアが実現する見込みはなかったが、そんなことが真剣に検討されていたということ一つとっても、ペイパルがイーベイの力をどれだけ恐れていたかがよくわかる。

「必要な機能」を聞いてはすぐにつくる

懸念が完全に解消することはなかったが、「出品する」騒動でイーベイの出品者がイーベイよりもペイパルを支持したことにも勇気づけられて、不安は少しずつ薄らいでいった。「イーベイがウェブサイトに変更を加えるたび、イーベイユーザーから反対の声が上がった。とても気難しいユーザーだった」とサックス。「そしてイーベイがユーザーの怒りを恐れるのは当然だった」

ビルポイントの共同創業者ジェイソン・メイは、イーベイ経営陣はペイパルを完全に締め出すことを実際に検討した結果、実行しないという結論に達したと強調する。「ペイパルを締め出す案は間違いなく検討されていた。だがイーベイの経営陣は、意地の悪いことはしないと、はっきり決めたんだ。ただなすすべもなく手をこまねいていたわけではなかった」

ボールドウィンの批判記事がジ・オークション・ギルドに掲載されたころには、ペイパルはすでにビルポイントをはるかに超えて普及しており、ボールドウィンの批判はイーベイのコミュニティ全体の心情を表していた。

「イーベイのコミュニティが望まないことはなるべくやりたくなかった」とイーベイのロブ・チェスナットは言う。「コミュニティはペイパルが気に入っていた。ペイパルとうまくやっていた。われわれは気に食わなかったが、コミュニティが求めていたのは、ペイパルだった」

忠実なユーザーベースの力を誰よりもよく理解していたのは、イーベイ創業者ピエール・オミダイアその人だろう。

彼はオークション事業に食い込もうとするアマゾンやヤフーを何度もかわしてきた。「私たちにはイーベイという大きな磁石があり、そこに小さな磁石が群がってユーザーを奪おうとした」とオミダイアは記者のアダム・コーエンに語っている。「だがイーベイの磁力はあまりにも強力だったから、競合がゼロからオークション事業を始めるのは難しかったんだ」

ペイパルも自らの磁力、とくにパワーセラーを引きつける磁力を強めようとした。「僕らはパワーセラーに、どんな機能をつくってほしいかを聞いた」とペイパルのポール・マーティンは言う。「そしていつも週明けにはそれをサイトに用意していた」

この時期、チームはオークション出品を支援するための機能を次々と導入した。たとえば落札者にペイパル決済の手順を自動送信する「落札通知」や、オークションが終了すると決済ボタンの色が変わる「スマートロゴ」という、人目を引くアップデートもあった。

「こういう機能は簡単に思えるかもしれないが、プログラミング的には非常に難しいということをわかってほしい。自社のサイト上につくるならまだしも、他社の、それもうちを嫌っている会社のサイト上につくっていたんだ。まるで不正プログラムをつくるようなものだよ」とマーティンは言う。

イーベイのサイト以外での取り組みも、実を結びつつあった。初期にはカスタマーサービスで苦労したが、オマハ部門の努力がイーベイ出品者の支持を勝ち取り、24時間営業のカスタマーサービスは、イーベイの掲示板でも絶賛されるようになった。

週刊社内報は、ペイパルがイーベイユーザーの支持を得たことを示す、強力でユニークな証拠を報じている。ペイパル社員のデイモン・ビリアン、通称「ペイパル・デイモン」は、イーベイ掲示板で「ロックスター並みの地位」を築き、彼の元にはイーベイの出品者たちからお見合い写真や結婚のプロポーズなど、ありとあらゆるものが寄せられたという。

「独占禁止法」を武器にする

98年5月、アメリカ司法省と20州の検事総長は、反競争的・独占的行為を理由にマイクロソフトを提訴した。数年間におよぶ法廷闘争の中で、マイクロソフトの行状、とくにその独占力を濫用《らんよう》して競合ウェブブラウザのネットスケープを「消滅」させようとしたことに非難が集まった。政府はマイクロソフトの分割を要求した。

この訴訟に、世界中のテック界の幹部が震え上がった。イーベイも例外ではない。そしてペイパルがその恐れをさらに煽った。ティールはペイパルチームに最近加わったキース・ラボイに命じて、イーベイの独占禁止法違反の証拠書類を作成させた。またペイパルは政治活動委員会を設立して、連邦議会議員に政治献金を行い、イーベイの独占力に懸念を示す書簡を連邦取引委員会に送るよう議員たちに求めた。

2001年晩春、ペイパルは社外弁護士に依頼して、イーベイへの批判が列挙された11枚の書簡をイーベイ本社に送らせた。CEOメグ・ホイットマン宛てにファックスとフェデックスで送られたこの書簡は、ペイパルの威嚇射撃だった。

「イーベイはオンライン市場での支配力を濫用して、オンライン決済サービスの競争を歪め、排除しようとしています。たとえばアメリカ合衆国対マイクロソフト社の訴訟（87 F. Supp. 2d 30［D.D.C. 2000］）をご参照ください。マイクロソフトと同様、イーベイは主力事業（オンラインオークション）での独占を強化し保護するために、二次市場（オンライン決済サービス）での競争を大幅に排除または制限しようとしています」と弁護士は書いている。「イーベイほどの市場支配力を持つ企業が、消費者にとって有益な競争――より優れた安価なサービス――を提供する、ペイパルのような下流の競合を排除して独占を拡大することは、独占禁止法により禁じられています」

ペイパルはことあるごとに「独占事業者イーベイの脅威」を吹聴し、日常的な連絡でもそれをほのめかした。ホフマンがイーベイのチェスナットに、「出品する」フォームの変更を要請した際のメールも、こんな具合だ。

「ロブへ。もし掲示板で言われているように、イーベイがビルポイントをデフォルトの決済サービスにしたのであれば、このメールは、製品の『抱き合わせ』――つまり貴社がオークションでの独占的地位を利用して貴社の決済機能を提供し、競争を阻害し独占禁止法に抵触する状況を生み出していること――に対する私の正式な懸念の表明だと考えてほしい」

ペイパルの広報責任者ヴィンス・ソリットは、ペイパルのこうした戦術を擁護する。「イーベイは、『おまえらを買収するぞ、さもなければつぶすぞ』という姿勢だった。ペイパルはイーベイに買収されない限り、つぶされるおそれがあった」と彼は言う。「だからわれわれは広報や対政府活動で焦土作戦を取った。あらゆる手を使ってイーベイを苦しめようとした。イーベイを邪悪な独占者呼ばわりしながら、連邦議会を駆けずりまわった」

ペイパル側が恐れていたのも当然だと、イーベイのチェスナットは言う。「公正に見て、ペイパルの生存はイーベイにかかっていた。彼らがあんな精神状態だったのも無理はない」

だがチェスナットを含むイーベイの経営陣は、ペイパル経営陣が煽ったほどには独占禁止法の脅威を恐れていなかった。「彼らはまわりくどい言い方はしなかったよ」とチェスナットはほほえむ。「単刀直入に脅してきた。だが僕は弁護士だ。前職の連邦検察官時代には『殺してやる』と脅されていたんだ。独占禁止法ごときで怯《おび》えることはない」

イーベイにとって、独占禁止法訴訟よりはるかに大きな脅威は、ペイパルがイーベイユーザーとの間に築いた強い信頼関係だった。「僕が本当に恐れていたのは、イーベイがペイパルを締め出した場合の、出品者たちの反応だった」

Chapter 19

世界制覇

──征服は戦略的に

ティールは2000年後半にCEOに就任した際、海外市場の開拓を戦略上の必須課題に挙げたが、このアイデアはそれ以前からずっと温めていた。

コンフィニティの初期の売り込み資料では、モバイルウォレットを「通貨を操作する政府と準備銀行から大衆を解放するための手段」と謳っていた。この理念は、いつしか「イーベイユーザーをビルポイントから解放する」という目の前の目標に道を譲ったが、チームはその後もペイパルの世界的拡大を模索していた。

ペイパルという製品名を選んだときも、海外で呼びやすいことが重要な決め手になった。「世界制覇指数」や「新世界通貨」などの日常的な社内用語にも、ペイパルを国境を超えた普遍的な決済システムにするという野望が表れていた。

X.comも同様に、世界制覇は当初からそのDNAに刻み込まれていた。X.comがいつの日かドルやドイツマルク（のちのユーロ）、円などの資金をまとめて保管する、「世界中のすべての資金が集まる中心地」になることをマスクは夢見た。

マスクにとってこの目標の実現は革命ではなく、至極当然のことだった。マスクは通貨について「情報理論の観点から考えた」という。情報理論とは、1948年にクロード・シャノン博士が発表した論文から生まれた、情報通信を数学的に論じる学問である。

「カネは情報システムの一種だ」とマスクは説明する。「ほとんどの人は、カネそのものに力があると思っている。だが実のところ、カネはただの情報システムだ。カネがあれば物々交換の必要がなくなるし、貸付や株式などのかたちで時間を超えて価値を交換できる」

もしマスクの言う通り、X.comの口座に保管された資金が情報の一形態に過ぎないのなら、国営通貨は煩わしい仕組みでしかない。情報をより簡単に、より急速に、より安価に国境を越えて移動させる、インターネットなどの世界的情報ネットワークは、通貨交換の手間と手数料を排除できるはずだ。

「Xがめざしていたのは、要するにすべてのカネが集まる場所になることだ」とマスク。「Xそのものが国際金融システムになるはずだった」

世界中から資金を吸い上げよ

２０００年末、ペイパルはもはや国際金融革命を起こそうとはしていなかったが、それでも海外進出の機会はうかがっていた。アメリカはインターネットユーザーの数が９５００万人と、国別ではまだ世界をリードしていたが、大陸別で見ると、アジアとヨーロッパのインターネット人口は北米にほぼ並び、かつて「ワールドワイドウェブ」に懐疑的だった外国の指導者たちも、インターネット利用を積極的に後押ししていた。

98年、フランス大統領ジャック・シラクは全国的な「インターネット祭」を主催し、エリゼ宮でオンライン討論会の司会を務めた。彼が96年当時、コンピュータの入力装置が「マウス」と呼ばれていることも知らなかったことを考えれば、大きな進歩だ。

海外でのインターネットの普及に、イーベイを含む多くのアメリカ企業が熱く注目していた。イーベイのユーザーベースは90か国にもおよんだ。99年半ば、イーベイはイーベイ・ドイツ設立を念頭に、創業3か月のドイツのオークションサイト、アランドを買収した。その後も同様に、フランスのイバザールと韓国のＩＡＣを買収した。

そしてこれらのサイトの協力の下、サービスや言語を現地の事情にきめ細かく合わせ、地域の法律に基づいて事業を展開した。一例として、ドイツのアランドでは、ドイツの出品者はワインを販売できたが、アメリカの出品者は販売を許されていなかった。*

イーベイの海外拡大は、ペイパルにも活路を開いた。海外のオークション出品者も決済サービスを必要としていたのだ。「コレクターなら、見るのはアメリカ国内だけじゃない。イギリスやドイツにだっていいものがないか目を向ける」とボラ・チャンは言う。

やがて海外のIPアドレス宛てに資金を送金する人々が現れた。「デイヴィッド（サックス）はいち早くそれを察知して、データを見ながら『うちのシステムをいじって、カナダやイギリスなどの英語圏に送金しようとしている人たちがいるようだな。これを正式に提供する方法を考えないと』と言っていた」とジャコモ・ディグリゴリは言う。

海外展開のメリットは、海外顧客の需要に応えるだけではなかった。資金調達もだ。ペイパルは2000年3月に1億ドルを調達したが、なおも資金を必要としていた。だが株式市場の低迷は続き、アメリカの投資家には赤字続きのIT企業に投資する余力はなかった。

しかし、海外投資家はまだテック企業の輝きに魅せられていた。「シリコンバレーは決済に関するあらゆるイノベーションの中心地だった」とマーク・ウールウェイは説明する。「パリはそうじゃなかった。このテクノロジーを手に入れるにはアメリカに投資するしかないと、海外投資家は考えた」

ペイパルのチームは、海外進出を利用して「成長」と「資金調達」の二つの重要な目標を達成しようと決めた。この取り組みもほかと同様、最小限の計画と迅速な行動、すばやい試行錯誤による改善によって成功できる、という自信があった。

＊　イーベイの海外買収には、海外の模倣サイトの台頭を阻止する狙いもあった。たとえばドイツのアランドの共同創業者はイーベイを模倣したことを臆面もなく認めている。「イーベイで何度も売買をしてみた」と同社の共同創業者マーク・サムワーは、ウォール・ストリート・ジャーナル紙に語った。「うまくいっているものを模倣して、さらに改良するためだ。なぜ一から発明し直す必要がある?」。アランドはこの模倣サイトを通じて、たった数週間で5万人のユーザーを獲得した。そしてその数か月後に、イーベイから4200万ドルで買収を持ちかけられた。

とりあえずヨーロッパに飛べ
――ぶっつけ本番の拠点づくり

初期の海外進出を担当した社員の一人に、スコット・ブラウンスティーンがいる。彼はスタンフォード大学でMBAとロースクールを修了後、イギリス人の婚約者と家庭を持つために、ロンドンに拠点を持つシリコンバレーの会社を探した。

偶然にも、ブラウンスティーンから採用について問い合わせが来たのは、ペイパルが海外進出を検討していたときだった。ブラウンスティーンは「自分史上最長の面接プロセス」の間、ペイパルの混乱を目の当たりにした。採用面接が開始したときのCEOはビル・ハリスだったが、内定をもらった時点ではマスクが会社を仕切っていた。そして入社数週間後にマスクに代わってティールがトップに就いた。この間、ナスダック市場の時価総額の3分の1が失われた。

ブラウンスティーンは入社後まもなく、詳しい指示は何も与えられずに、ただペイパルのヨーロッパ拠点をロンドンに開設するという任務を与えられた。「それまで僕はヨーロッパで会社を設立することはおろか、ヨーロッパのロビイングや規制を調べたことさえなかった」とブラウンスティーンは言う。現地到着後、任務の大変さをようやく理解した。「ヨーロッパの銀行法はアメリカの銀行法より後れていた」

のちにペイパルの海外展開を統括したサンディープ・ラルは、さらにこう言う。「アメリカの規制当局は、実はイノベーションに関して賢明な方針を取っていて、かなり自由にやらせてくれる。だがドイツやその他のヨーロッパ諸国ではそうはいかない」

問題は規制だけではなかった。ペイパルは通貨換算のための技術をまだ完成させていなかった。1999年末から2000年まで、ペイパルの取引は完全にドル建てだった。そしてヨーロッパという単一の巨大な国際市場も、ユーロ導入により自国通貨の〝バージョン2・0〟を開始したばかりだった。

マスク、ティールをはじめペイパル経営陣は、どんなことにも切迫感を持って取り組んだが、とくに海外展開は急ピッチで進められた。ブラウンスティーンがまだ着任したばかりのころ、マスクが講演のためにロンドンに立ち寄った。「会うなりすぐ、規制環境について質問攻めにされた。『イーロン、僕はまだ着任して1週間なんだけど』と言ったよ」

ペイパルは国際業務に関して、最初から出遅れている意識があった。ビザとマスターカードははるか昔から海外市場に進出していたし、他の決済スタートアップも海外の決済市場に食い込んでいた。たとえば2000年3月にシアトルのイーキャッシュ・テクノロジーズが、ドイツ進出と、ヨーロッパの数都市とオーストラリアでの試験的計画を発表した。2000年4月

25日にはペイパルの長年の競合テレバンクが、「全世界にサービスを提供する初のインターネット専用銀行」になると宣言した。

ペイパルは海外進出の進め方を迷っていた。国内でさえかなりオペレーションに苦戦していた。その混乱が、海外子会社の現地化を通してそのまま海外に波及し、会社のコードベースにまで新たな問題が噴出した。「どんな言語をローカライズするにも、たいていの企業がまず行うのは、ローカライズ可能な文字列をコードから分離することだ」とペイパルの日本進出に関わったUXデザイナーは説明する。

言語によって複数形や単位の表現が違うため、開発者は現地のコードベースのために現地語の慣例をつくる必要がある。ペイパルの場合、これがとても難しかった。「僕が現地に行って最初に気づいたのは、ローカライズ可能な文字列がすべてコードに埋め込まれていて、しかも難解な『マックスコード』で書かれていたことだ」とUXデザイナーは肩をすくめる。

言語の問題、規制の懸念、それに通貨記号の問題にさえ直面したチームは、ペイパルを海外にそのまま簡単に移植できないことを痛感した。ウェブサイトの大半を細かく複製する必要があり、それと並行して本国のサイトの差し迫った問題や障害にも対処しなくてはならなかった。

海外をつなぎ止めつつ、国内でしのぎを削る

チームは当初、最もシンプルな戦略を取ることにした。まずペイパルのプラットフォーム上

で、海外ユーザーがアメリカのユーザーと米ドル建てで資金のやりとりを行えるようにする。次に、ペイパルで海外のクレジットカードも使えるようにして、米ドル建て取引を行える地域を拡大する。最終的に、各国の提携企業の協力を得て、言語や通貨換算、規制の問題を乗り越え、現地通貨建てでサービスを提供する、という段取りだ。

ペイパルが提携を模索しているという噂が流れると、すぐに海外から関心が寄せられた。「決済の世界ではイノベーションはめったに起こらない。動きが遅い世界なんだ」とブラウンスティーン。「だからペイパルが登場すると誰もが興奮して、乗り遅れまいと必死になった」。ヨーロッパの金融機関はこのイノベーションを逃すことを恐れた。もしペイパルが「次の大ブーム」になるのなら、最初から参加して有利な立ち位置を確保しなくてはならない。

熱狂はヨーロッパにとどまらなかった。「台北に着くと、『ようこそ、ペイパルのマークさん！』という看板で歓迎を受けた」とウールウェイは言う。「僕らは海外の投資家に愛されていた。株式市場の暴落後もだ。シリコンバレーの人間がソウルや台北に来るというだけで喜んでもらえた」

海外の銀行や金融機関はペイパルと提携を結ぶことで、ペイパルとの共同ブランドのサイトを運営する権利と投資機会を得た。「僕らは実質的に、各国でペイパルと独占的業務提携を結ぶ権利を売っていた」とセルビーは説明する。

その後の数年間、セルビーと事業開発部門の同僚たちは巡業暮らしを強いられた。その苦労が実り、ペイパルはフランスのクレディ・アグリコルや、オランダのＩＮＧ、シンガポール開発銀行などの名だたる金融機関との国際的提携にこぎつけた。提携先の金融機関は、ペイパルの技術や顧客基盤、評判を活用してホワイトラベル方式で〔自社ブランドで〕サービスを提供するのと引き換えに、ペイパルの金庫に喜んで資金をつぎこんだ。

だがホワイトラベル版の実現には時間がかかり、なかには実現しなかったものもある。「クレディ・アグリコルとの提携がその好例だ」とウールウェイは説明する。「彼らはペイパルに2000万ドル投資して『ペイパル・フランス』を展開しようとした。だがうちの主な動機は、資金を得ることにあった」。セルビーもホワイトラベル版の遅れを認めるが、提携先の銀行は、たとえ自国版ペイパルを提供できなくても、投資からメリットを得ていたと強調する。「みんなで同じ方向に向かって船を漕いでいた。ペイパルが成功すれば、彼らもやがて成功した。タイミングが違っただけだ」

ラル、ブラウンスティーン、セルビーらは海外提携先をつなぎ止めておく必要に迫られた。国内の取り組みからチームの気をそらさないようにしつつも、海外版で十分な成果を挙げて、勢いを持続させなくてはならない。もし提携先がしびれを切らしたら、ペイパルは資金面で厳しい現実に直面する。そして海外展開には国内での成功が大前提だったが、ペイパルはまだイーベイ上でのシェア争いを続けていた。

「国内の勝利が最優先だということを、全員がはっきり自覚していた。国内で勝たなければ、海外でのどんな取り組みも持続できるはずがなかった」とラルは言う。

海外企業との業務提携は一筋縄ではいかなかったが、提携には海外での模倣を最小限に食い止める効果があったし、何よりこの重要な時期に資金源を確保できたのは大きかった。また提携のおかげで、海外版ペイパルのために人員をそれほど拡大することなく、国内版の開発に注力できた。

まだ実を結んでいなかったとはいえ、海外進出はビルポイントへの牽制にもなった。海外顧客に米ドル決済を提供する決定は、重要な布石だった。海外のイーベイオークションの出品者はアメリカ市場への参入を望んでいたが、海外送金には高い手数料がかかった。「それまでは、海外と資金をやりとりするには国際送金しかなかった。ウェスタンユニオン銀行の送金手数料は25ドルもした。銀行から送金すれば25ドル払ったうえに高額の為替手数料まで取られるから、少額の送金には使えなかった」とラル。

ペイパルが海外ユーザーに米ドル決済を提供し始めると、海外の出品者がアメリカ市場になだれこんできた。ラルによると、イーベイに出品していたタイジェムというタイのサイトが、一時期ペイパルの最大の海外加盟店になったという。

タイジェムはペイパルにとって、イーベイ以外のサイトでの格好の成功例になった。週刊社内報はこれを「電子商取引の成功物語」と称え、「タイジェムは当初、イーベイに5種類の商品を出品する中小業者だったが、いまや大手宝石業者に成長した」と書いている。ペイパルはタイジェムの決済から月約60万ドルの利益を上げるようになったが、最大の成果は宝石販売者の成長を手助けできたことだった。「彼らはいまでは事業の95パーセントを、アマゾンとイーベイから自社サイトに移している」

もっと「シンプル」にせよ

その後ペイパルは、海外でローカライズ版を提供する別の方法も見つけた。ブラウンスティーンとラルは早いうちから、電子マネー免許プログラムのあるEUに目を向けていた。「EU加盟国で免許を取得すれば、EU域内ならどこでも、規制当局に通知のうえ、営業することができた」とラルは言う。ペイパルは、ラルによれば「最も開明的な規制当局」を自負するイギリスで免許を取得し、それを利用してEU内の各国に活動の場を広げた。

通貨換算機能の開発を進めるうえで、チームは「シンプル第一」の鉄則に立ち戻った。海外プロダクトを担当していたジャコモ・ディグリゴリは、最初は「ユーザーの助けになりたいという一心で」、安心して利用してもらうために、できるだけ多くの為替レート情報をサイトに盛り込もうとした。「最初につくった決済ページはほんとにひどい代物だった。使いにくいインターフェースに、現地通貨の為替レート情報やその他の関連情報がてんこ盛りになっていた」

技術デザイナーのベンジャミン・リストンも、多通貨決済のページデザインをめぐってチームで何週間も激論を戦わせた。「どんなテック企業も、世界最大の問題に取り組みながら、些細で何でもない問題に頭を悩ませている」

ジャコモ・ディグリゴリは、デイヴィッド・サックスのにべもない反応をいまも忘れない。「デイヴィッドは画面を一瞥《いちべつ》するなり、『これじゃだめだ、シンプルでないと。誰かがイーベイでものを買って、80ユーロ送金する場合、80を入力する欄と、通貨を選ぶドロップダウンさえあればいい。ほかのごちゃごちゃは全部、その次の許可画面に移すんだ。頼むからシンプルにしてくれ』と言った」

ペイパルはアメリカでの提供開始からちょうど1年後の2000年10月31日、世界26か国で利用可能になった。当初は海外アカウントは機能が限られ、決済はドル建てのみで、送金先は自国内とアメリカに限定されていた。だがそれでもサービスは実現し、1件につき決済額の2・6パーセントプラス30セントの手数料を徴収して、会社に収益をもたらした。

2001年末時点で国際決済は総収益の約15パーセントを占め、海外のユーザー数と決済額は右肩上がりで増えていた。その後、ドル決済から多通貨決済に移行すると、海外展開はさらに加速し、現在では200以上の国と地域で利用できる。

「ポルノ」「カジノ」の魅惑的な市場

新しい市場への進出は必ずしも意図した通りには進まなかったし、ペイパルは利益が見込めるすべての市場に進出したわけでもなかった。リード・ホフマンによると、マリファナの取引にペイパルを利用したいという業者がいたという。ホフマンは「弁護士に相談します」と返事し、この取引は却下された。

ポルノも倫理的に厄介な問題だった。ポルノはインターネット上の全トラフィックに占める割合が群を抜いて高いコンテンツだが、関わりを持ってほしくないと願う社員も多かった。ティールは社員たちと話し合いの場を持った。キム＝エリシャ・プロクターは入社してまだ日が浅かったが、「CEOが私の懸念に耳を傾け、会社がどういう決定をなぜ下すのかを丁寧に説明してくれた」ことを喜んだ。

経営陣は譲歩した。「こちらからポルノ取引を積極的に追求することはしないと決めた」とサックスは言う。「とはいえ、調査をして巨大なユーザーベースからポルノを根絶するようなこともしなかったけどね」

新規市場の開拓が、規制上の問題に発展したこともあった。2001年7月6日、ニューヨーク・タイムズ紙の一面をペイパルのロゴが飾った。本来なら絶好のPRになるはずのその記事には、ペイパルのロゴが入った賭博サイトの写真が掲載され、「オンライン賭博の成長から利益を得るアメリカ企業」という見出しがついていた。

90年代末のインターネットの普及とともに、オンライン賭博市場の爆発的成長が始まった。オンライン賭博はアメリカの大半の州で違法だったが、アメリカ人は規制の緩いコスタリカやカリブ海などのオフショアサイトを利用した。

この市場が数十億ドル規模に膨らんでいくうちに、それを支えるアメリカ企業が現れた。賭博用のソフトウェアを設計する企業や、アメリカの高速道路にカジノの看板広告を出す企業、それに優良なインターネット企業までもが、この一団に加わった。グーグルとヤフーは酒とタバコの広告を拒否する一方で、オンライン賭博の広告は受け入れた。「われわれにとって、賭博はそれらと同列のものではない」とグーグルの経営陣が２００１年にニューヨーク・タイムズに語っている。「賭博に関して、法律ははっきりした答えを出していない」

法律は曖昧だったかもしれないが、オンライン賭博の成長はますます明白になった。「ただただクリックし続けてしまう。恍惚として、現実が存在しないような感じで」とオンライン賭博にハマった人が記者に語っている。彼女は１年分の手取り額をひと月で失い、絶望して太平洋に車で飛び込むことまで考えたという。

オンラインカジノは不透明な規制下で運営されていた。「オンライン賭博は、ただ数回のクリックで大金を失うというだけじゃない」とウールウェイは言う。「ネバダ州賭博委員会がスロットマシンを検査しているラスベガスのカジノとはわけが違う。問題は、規制が緩いオフショア企業のオンラインスロットマシンを相手にするということだ。実際にはどんなオッズで動いてるかもわからないよ」

オンライン賭博会社との資金のやりとり、とくに賞金の回収についても怪しい点があったと、一部の顧客は指摘する。顧客が負けると、口座から直ちにカネが引き落とされた。だが顧客が勝ったときは、カジノは支払いを何日も保留して、賭博を続けさせようとした。

そうした理由から、アメリカの既存金融機関の多くは、オフショアカジノに決済サービスを提供せず、その結果、顧客ベースを広げたいスタートアップが参入する隙間ができた。「カジノに決済サービスを提供する金融機関はまだなかった。だからわれわれが乗り込んでいって、その隙間を埋めた」とセルビーは言う。2001年を通じて、数人のペイパル社員がアメリカ沿岸沖のカジノ施設に足繁く通い、チームはその「隙間」の暗部を間近に観察した。

相手の机には「銃」が置かれていた

98年と99年に、オンライン賭博でお金を失った人々がクレジットカード会社を提訴した。たとえば7万ドルのクレジットカード債務を抱えたカリフォルニアの女性が、マスターカードとビザを地方裁判所に訴え、債務の帳消しを勝ち取った。

ビザ、マスターカード、アメリカン・エキスプレスの各社はこうした訴訟を受け、またメディアによる監視の高まりもあって、オフショアカジノサイトでのカード利用をさらに厳重に禁止した。

だがペイパルがイーベイで学んだように、ビザ、マスターカード、アメリカン・エキスプレスがそっぽを向いた市場は、ドル箱になり得る。

チームはオンライン賭博業界に決済を提供した場合のリスクとリターンを慎重に検討し、取締役会でも討議された。グーグルとヤフーの取締役会にも籍を置く、ペイパル取締役のマイク・モリッツは、カジノ業界の成長性を見込み、この業界への参入に賛成の立場を取った。収益に占める割合が低ければ、たいした関心を引くまいというのだ。

だいいち、ペイパルが賭博に関与するのはこれが初めてでもなかった。カジノに決済を提供するとあるウェブサイトが、支払い手続きを完了するためにペイパルを利用していた。「このサイトには取引先のカジノが列挙されていてね」と、事業開発チームで通称「ラスベガス作戦」の遂行を任されたダン・マッデンは言う。「それらのカジノに片っ端から電話をかけて、ペイパルを決済に直接使いませんかと売り込んでいた」

提携は、カジノにとってもペイパルにとってもメリットがあった。カジノは信頼性が高いと評判のペイパルに決済を任せることができ、ペイパルはカジノの決済から高い割増手数料が得られる。

かくしてマッデンと事業開発チームは、一風変わった顧客開拓作戦に乗り出し、オフショア賭博会社のあるドミニカ共和国やコスタリカ、アンティグア、キュラソーなどに通った。

オンライン賭博は二つの世界に分かれていた。マッデンによると、一方にはカリブ海への事業拡大をもくろむ、ヨーロッパの合法的な賭け業者《ブックメーカー》がいた。そして他方には、怪しい一団がいた――法的に複雑なアメリカでの事業をオフショアに移そうとする、ニューヨークやマイアミのブックメーカーだ。「あのときは緊張したね」とマッデンは、オフショアカジノの大物との印象深い会合について語る。「ミーティングで席に着くと、相手は机に銃を置いていたんだ」

賭博はペイパルの総収益の数パーセントに留まったが、利益率は通常のオークション決済をはるかに上回る、20から30パーセントにも上った。

会社にとっては、当初からこの事業のリスクは、イーベイというさらに大きなリスクに対する「保険」という位置付けだった。「僕らはつねにイーベイから離れる方法を探していた」とウールウェイは言う。「賭博は利益率が高く、急成長していた。そしてペイパルは賭博に決済手段を提供できる絶好の立場にいた」

だがオンライン賭博への関与によって、ペイパルに対する監視の目も強まった。ペイパルは不利な議会証言で引き合いに出されたこともある。業界アナリストとクレジットカード会社のロビイストが、ペイパルは決済代行業者として、クレジットカード会社の規約をかいくぐる隠れ蓑をカジノに提供していると指摘したのだ。

賭博市場への進出によって利益を得る一方で、ペイパルは賭博がらみのさまざまな不正にもさらされた。

「カジノがある地域では当然、多くの犯罪が起こる。同じことがネット上でも起こる。カジノのまわりにはあらゆる不正が集まってくる」と不正調査を担当したメラニー・セルヴァンテスは言う。

怪しい取引が行われているのは明らかだった。「カジノは資金移動の絶好の隠れ蓑になる。たとえば、もしウラジーミルという男がマルタのカジノに、毎月第3水曜日に5000ドルを定期的に送金していたら、それはおそらくレイヤリングだとわかる」とセルヴァンテスは指摘する。レイヤリングとは、不正に入手した資金とその行き先との間に「階層《レイヤー》」を加え、資金の出所を不明瞭にする手法だ。「マネーロンダリングは犯罪よ。その裏には、現実世界の悪質きわまりない犯罪が隠れている」とセルヴァンテスは言う。

チームは賭博のネットワークを調べ、それが麻薬密売人から殺し屋、銃の密輸業者までのあらゆる犯罪者とつながっていることを知った。ペイパルはいまやこの膨大なデジタルの裏社会を探索し、監視しなくてはならなかった。

ライバルの違反を「告げ口」する

それでもペイパルは一時期、買収を通じて賭博事業に本格的に進出することも検討した。シュアファイア・コマースはオンライン賭博決済シェアの60パーセントを占める、この分野の主要決済代行業者だった。

社内ではシュアファイアの調査は暗号名「プロジェクト・サファイア」で呼ばれ、数か月かけて事前調査とリスク評価を行った。会計事務所のプライスウォーターハウスクーパースにリスク分析を依頼して、シュアファイアとペイパルの経営陣はお互いのビジネスモデルを検討するために何度か集まった。

シュアファイアの事業を詳しく調べるうちに、危険信号が見つかった――シュアファイアはクレジットカード会社のオンライン賭博取引に関する規約をかいくぐっていた。

カード会社はオンライン賭博事業の監視を強めるために、この種の取引に特別な業種コード

「7995」を導入している。この番号がついた取引は特別に監視され、その多くが即座に拒否される。

だがシュアファイアは7995の代わりにほかのコード、たとえば「その他インターネット取引」の5999などをぬけぬけと使用し、クレジットカード会社の注意を引かずにそのまま賭博決済を続けていた。このようなやり方は違法ではないにせよ、クレジットカード会社の処理規約には間違いなく違反していた。

最終的に、ペイパルはシュアファイア・コマースとの交渉から手を引いた。だがこの調査で得た知識を、のちに何食わぬ顔で活用した。

2001年7月から8月にかけて、ビザとマスターカードはコード分類を偽っていた決済代行業者――それにはペイパルも含まれた――を対象に、規約のより厳格な遵守を要請した。ビザはオフショア賭博サイトのカジノ取引の不適切な分類に気づき、ペイパルを含む決済業者にいかめしい文言の照会状を送ってきたのだ。

ペイパルは指示通りに分類方法を変更した。それだけでなく、ビザとマスターカードに、シュアファイアの違反はさらに甚だしく、詳しい調査に値すると耳打ちしたのだ。

これは大胆な賭けだった。なにしろペイパルも、シュアファイアと同罪だったのだから。

だがペイパルチームはここに商機を見た。もしこれでシュアファイアの事業にダメージを与えることができれば、ペイパルはその隙にカジノ市場でのシェアを伸ばせる――しかも汚れ仕事を宿敵のビザに押しつけて。

アマゾンに進出しない理由
——ところかまわず降下しても世界制覇はできない

シュアファイア・コマースへの寄り道やイーベイとの闘争、海外展開には、ペイパルの最もアグレッシブな一面が表れている。もとは発明から始まったこの会社も、生き残りを図るためには、機を見て動く必要があった——実現しなかったホワイトラベル版ペイパル、怪しいオフショア企業へのサービス提供、イーベイ上での自動選択機能の構築、ユーザーの抗議を利用したイーベイへの揺さぶり等々。

それぞれの駆け引きには合理的な理由があった。決済事業は利幅が薄く、利益を上げるためには背に腹は代えられなかった。もちろん、あからさまに法を破るような行為には手を染めていない。「囚人服を着るようなことはしない」というティールの鉄則に従い、マリファナビジネスの決済といった、明らかに違法な行為は避けた。だがビザやマスターカードの利用規約のようなレベルの規則は、平気でかいくぐった。

多くの場合、彼らをそうした行動に駆り立てていたのは、来る年も来る年も経営陣に突きつけられる厳しいデータだった。決済収益の大半は、いまだにイーベイから上がっていた。会社の土台はつねに不安定で、他の市場への拡大が急務だった。

デイヴィッド・サックスは社内報のコラムで、新たな決済市場への進出方針を説明した。「現実問題として、ペイパルが追求できる市場の数はごく限られている。なぜなら決済プロダクトを、それぞれの顧客のニーズに合わせて調整するという手間がかかるからだ」

サックスの考えるところ、新しい市場を占有するためには、3か月の事前準備と、進出後も積極的な営業活動が必要だった。そのため、できる限り「(1)機能面でペイパルの既存分野に近く、かつ、(2)既存の決済手段に不満を持ち、ペイパルのサービスを切実に必要としている市場を調べる」とコラムには書かれている。

これらの基準をもとに、開拓すべき市場が選別された。

たとえばサックスは、ピザハットやアマゾンの決済代行という社員の提案を却下した。ピザハットのようなリアルの小売業者の決済代行は「現在のペイパルにとって（進化ではなく）革新的な一歩になるうえ、ペイパルが既存の決済方法を超えるサービスを提供できるかどうかは不明」だとサックスは書いている。

また、イーベイの決済プロセスに寄生することにかねてから苛立ちや煩わしさを感じていたサックスにとって、アマゾンのようなサイトへの進出は論外だった。それにすでに定評を得ているサイトは「〝レジ〟をペイパルに外注したがらない」とサックスは書いた。

つまり、征服する対象を戦略的に選ぶ、ということだ。サックスはこう結論づけている。「敵地にところかまわずパラシュートで降りても、世界制覇は達成できないのだ」

Chapter 20 すべてを吹き飛ばすテロ

――逆風の中の「逆張り思考」

「核融合級のIPOを果たすぞ」

2000年夏、マスクはそう宣言した。多くの社員がこの言葉を、最も忘れられないマスク節《ぶし》の一つに挙げている。

だがペイパル創業から1年が経過したいま、大暴落をようやく生き延びた株式市場は、テック企業のIPOへの関心を失っていた。アマゾンが出資していたペッツ・ドットコムが、その好例だ。この鳴り物入りのペット用品通販会社は2000年2月にIPOを行い、株価は11ドルの初値をつけたあとも上昇を続け、14ドルの最高値を記録した。ところが11月になると株価は19セントにまで暴落し、IPO後1年と経たずに清算に追い込まれた。ペッツ・ドットコムだけではない。2000年にはインターネット関連株の価値の4分の3、金額にして約2兆ドルもの時価総額が失われた。

この残骸の中で、ペイパルは上場の選択肢を検討したのである。ティールは「2001年8月までに黒字化する」という、新しい全社目標をぶちあげた。黒字化は、ナスダックやニューヨーク証券取引所への上場条件ではなかった。IPO前に収益化を実現した企業は、2000年にはたった14パーセントに過ぎない。だが、テック株への投資意欲が減退しているなか、黒字化すれば弱気な投資家も重い腰を上げるだろうと、ティールは考えた。

ティールとチームは、この目標をあらゆる角度から追求した。その一つが、社員に最も痛手となる、軽食の切り詰めだ。

2001年春、社内報は信じがたい決定を発表した——ジュースとスナックの自販機を有料にする。キッチンではピーナッツバターや牛乳といった基本食の無料提供は続けるが、社員割引のランチは週3回のサンドイッチに削られる。「でもいつか」と社内報の記者は空腹でお腹を鳴らしながら書いた。「こうした小さな犠牲が実を結ぶことだろう」

無料自販機の終了は、反逆的なイノベーションを生んだ。「『ふざけやがって。カネを取られるなら、少なくともほしいものを手に入れようじゃないか』と仲間で話し合った」とジム・ケラスは言う。「引き出しを用意してそこに好きなスナックを入れて、スキャナで社員証の裏のバーコードを読み取ると、ペイパル口座から代金が自動で引き落とされる仕組みをつくったんだ」。この大胆不敵な社内売店をつくった一人、ジョージ・イシイは、店を「イシイ商店《ショウテン》」と名づけた。

黒字化を促すために、ティールは賭けをした。「会社を成功に導くために、多くの社員が睡眠、自由時間、運動、日光等々の犠牲を強いられている」と2001年4月半ばの週刊社内報にジェニファー・クオが書いている。「そしていまやわれらがCEOのピーター・ティールも、チームのために究極の犠牲を払う約束をした。8月の収益が黒字になったら……髪を青に染めるそうだ！」

主幹事にモルガン・スタンレーを起用する

非公開会社が公的証券取引所に上場申請する理由はいくつかある。

第一が、財政的な理由だ。株式の一部を売却して、公開市場で機関投資家や一般投資家、その他の購入者から資金を調達する。

第二に、自社株を保有する創業者や古参社員にとって、会社の上場は紙切れの資産を本物の現金に換えるチャンスであり、また会社をゼロからつくりあげてきた過酷な日々から脱出する機会にもなる。

第三に、一般株主がＩＰＯで株式に支払う対価をもとに、事業の公正な市場価値を決定することができる。

そして最後に、ＩＰＯ関連の報道は、ブランドの認知を高め、会社名を覚えてもらう絶好の機会となる。

ペイパルにも、上場する理由はいろいろあったが、最大の理由は資金調達だった。2001年3月の資金調達ラウンドでは海外投資家からさらに9000万ドルを調達したし、事業は黒字化に近づいていた。だがイーベイへの依存体質や、高い不正率、クレジットカード会社との不安定な関係といったリスクに気が抜けない中で、IPOによる追加資金は大きな保険になる。

良好な市場環境であっても、IPOは煩雑で時間のかかるプロセスだ。最短でも3か月、ときには数年かかり、膨大な書類作成と多数の弁護士が必要となる。IPOを控えた会社は、投資銀行や監査法人、規制当局、メディア、一般投資家の厳しい目にさらされる。時間的コストがかかるだけでなく、煩わしい訴訟やメディアのありがたくない注目にさらされ、手ひどいダメージを受けることもある。

また、証券取引委員会（SEC）の厳しい報告義務や規制要件を満たさなくてはならない。そして数々の苦難を乗り越えてIPOを果たしたあとも、売却禁止期間が過ぎるまで社員は持株を売却できない。

2001年7月になると、マーク・ウールウェイの仕事は、海外での資金調達から、IPOの投資家説明会の準備に変わっていた。彼はその第一歩として、「主幹事の選定」という重大な決定に関わった。IPO手続きの危険を乗り越えられるよう会社を陰に陽にサポートし、株式の引受銀行（上場する企業とその株式を購入する投資家との仲介役）を主導する立場の投資銀行だ。また上場要件を確認し、会社情報を投資家に提供し、上場株式への需要を見極め、最も効果的な資金調達ができるように売り出し価格とタイミングを決定する役割も果たす。

チームは主幹事にモルガン・スタンレーを起用し、幸先のよいスタートを切った。花形アナリストのメアリー・ミーカー率いるモルガン・スタンレーのチームは、テック系IPOで高い評価を得ていた。とくに、チームが手がけた95年のネットスケープの伝説的IPOは、ドットコムブームに先鞭をつける役割を果たしたと見られている。同年、ミーカーはデジタル世界のトレンドを概説する、インターネット・トレンド・レポートの第1号を発表した。

2001年8月半ば、ペイパルはS－1《エスワン》を提出してIPO手続きを開始した。S－1とは、IPOを行うためにSECに提出する、会社の財務・業務状況や沿革、法的問題を説明した数百ページの書類のことだ。モルガン・スタンレーのチームは8月最終週にパロアルトのペイパルのチームと面会し、この席で2001年末のIPO実施が決定された。

8月29日、ティールはペイパルの全社員と株主に売却禁止契約書《ロックアップ》を送付し、IPO手続きの開始を発表した。このメモには厳重な警告が記されていた――これ以降、社員は会社について口外する内容に気をつけなくてはならない。週刊社内報は第二次世界大戦時の有名な金言「口が緩むと船が沈む！」を引用して、このメッセージを強調した。

「上場企業なんて経営したくない」

IPOは企業の価格を算定するうえでも役に立つ。企業価値の見極めは、ペイパルへの過去の買収提案でも明らかになったように、非常に難しいのだ。「なんとしても上場する必要があった」とジャック・セルビーは言う。「上場して、市場が会社の価値を決めてくれれば、交渉を進めやすくなる」

ＩＰＯ手続きが始まると、実際に他社からの買収提案が増えた。その一社、請求書電子化サービスのチェックフリーは、とくにペイパルの規模と決済額、そしてペイパルが第三者のプラットフォーム上で築いた信頼性に感銘を受けた。「消費者ブランドはいったん定着すると、そこへ新規参入するのは難しい」とチェックフリーの創業者ピート・カイトは語る。「ましてや、送金分野で信頼を築くのは並大抵のことじゃない」

ペイパルがイーベイの貧弱な決済システムに付け入って本格的なビジネスを構築したことにも、カイトは感心した。「つねにソリューションが問題を見つけるとは限らない。問題こそが画期的なソリューションを生むこともあるんだ」

またカイトによると、ティールはＩＰＯについて悩んでいたという。「彼は『上場企業なんか経営したくない、ほかのことがしたい。上場したくない』とずっと言っていた。とにかく、私は説得された。それ以上、複雑な話だとは思わなかったよ」

チェックフリーはペイパルの買収を二度試み、そのたびごとに、ペイパルの財務状況を精査した。チェックフリーのチームはペイパルに惚れ込んではいたが、イーベイへの依存体質に懸念を持った。それに、ペイパル経営陣の強烈な独立精神にもたじろいだ。「ペイパルに関心はあったが、政府を転覆させたいとは思わなかった」とカイトは笑う。ティールはカイトとの話し合いで、これらの懸念を和らげようとしたという。

だがチェックフリーにとって最大の懸念は、ペイパルのクレジットカード・ネットワークへの過度の依存だった。もしビザやマスターカードがペイパルを締め出すようなことがあれば、ペイパルのビジネスは破綻する。「そんなことになったら、自分たちは事業を行えない会社を買ったことになってしまう」

最終的にカイトは買収交渉を断念した。これについて、いまでは冗談のように語っている。「チェックフリーのことで『あんたは成功したな』と言われることがあるが、＊ そんなときは言ってやるんだ。『私はペイパルを買収する機会が二度もあったのに、二度とも断ったんだ。それはどう思う？』って」

＊ チェックフリーは2007年、金融情報処理サービスのファイサーブに220億ドルで買収された。

ユーザーが「1000万人」を突破する

2001年8月31日、ペイパルのユーザーはついに1000万人を突破した。エンバカデロ・ロード1840番地の本社で、IPOを前にしてすでに活気づいていたチームは、終業後にマルガリータで祝杯を挙げた。ティールはこの節目を振り返るメールを全社員に送った。

今週ペイパルは、ユーザー数1000万人を突破した。キリのいい数字にとらわれすぎていると思うかもしれないが、それでもいい機会だからこれまでの歩みを振り返ってみたい。

1. **1999年11月18日：**ユーザー数1000人。プロダクトが軌道に乗るのか、当初の興奮が冷めたあとユーザー数が頭打ちになるのかはまだ不明。

2. **1999年12月28日：**ユーザー数1万人。毎日約500人の新規登録があり、ユーザーのID番号を封筒で（手作業で）郵送するのが大変になってきた。だが成長率は日々高まっているようだ。

3. **2000年2月2日：**ユーザー数10万人。指数関数的に増えている。だがこんなに集まったユーザーをどうすべきかがまったくわからない。登録ボーナス（一人20ドル）について不安になり始め、永遠に続けられないこともわかっている。当然、支出も指数関数的に増えている。同様のボーナスを提供する近所の会社（X.com）との競争に負けて破産するのではないかと心配だ（合併後、彼らも同じ心配をしていたことが判明）。

4. **2000年4月15日：**ユーザー数100万人。ペイパルはX.comと合併し、高い成長率に助けられて1億ドルを調達できた。これだけの資本、社員、ユーザーベースを利用して何をするかは、われわれにかかっている。初期のペイパルの競合だったドットバンク（のちにヤフーに買収されてペイダイレクトになった）のCEOロバート・サイモンが、オンライン決済競争に勝つのは最初に500万人のユーザーを獲得した企業だと言っている。

みんな、お疲れさま。

「キリのいい数字」は、格好の報道ネタになった。広報責任者ヴィンス・ソリットは記事にするよう記者たちに売り込み、プレスリリースでも大々的に宣伝した。しかし、8月にティールが髪を青く染めることはなかった。黒字化は、多くが望んでいたタイミングでは実現しなかった。

モルガン・スタンレーと決裂する

上場企業のCEOになることへの迷いはあったが、ティールはIPOをとにかく早く進めたかった。彼と経営陣の見るところ、ペイパルの事業は依然として多くのリスクをはらんでいた。上場には、イーベイと対等な立場に立てるという利点もあった。ペイパルが、イーベイのたった一つのルール変更で排除できる、ただのうっとうしい添え物でないことを証明できるのだ。

しかし、この計画はある月曜の午後、ニューヨークで暗礁に乗り上げた。

チームはモルガン・スタンレーとミーティングを行い、憤慨して席を立った。ティールによれば、このとき会った二人のアナリストはペイパルの事業に疎《うと》く、ペイパルのサービスを利用したことさえなかった。彼らの質問は「通り一遍」に感じられた——「ペイパルの口座からお金を引き出すにはどうするんですか？」「手数料はいくらですか？」「送金人と受取人のどちらから手数料を取るんですか？」等々。

そしてこのミーティングで、モルガン・スタンレーのチームから凶報が告げられた。2001年末の迅速なIPOという選択肢はなくなったというのだ。「彼らが挙げた理由は」と、ティールは取締役ティム・ハード宛てのメールに書いている。「ペイパルの見通しにアナリストがまだ確信を持てない、ということだった。先へ進む前に少なくともまだ2四半期は収益動向を見る必要があると」

おそらくモルガン・スタンレーの投資銀行家と証券アナリストの社内闘争のとばっちりを受けたのだろうと、ティールは推測した。IPOを担当する投資銀行家は諸手を挙げてペイパルを迎えたが、株価を追跡し、調査に基づく投資情報を提供するアナリストはより慎重だった。「アナリストは自分たちの〝独立〟性を主張するために、投資銀行家に逆らう必要があった」とティールはハード宛てのメールに書いている。「つまり皮肉なことに、ペイパルに関して〝独立〟的な評価を下すためには、ペイパルが上場に適さないという根拠のない結論を出すしかなかった（それ以外のどんな結果も、〝独立〟性に欠けるように思われたのだろう）。モルガン・スタンレーが、社内闘争のせいでわれわれのような会社に害を与えるほど腐った組織だったのは遺憾だ」

「われわれ全員が、この決定に不意打ちを食らった」とティールは続けた。モルガン・スタンレーのアナリストがペイパルのIPOを支持していると聞かされ、「その言葉を信じた」自分がばかだったと書いている。そして「自分がこの会社のCEOである限り、どんな仕事にも金輪際モルガン・スタンレーは使わない」と結んだ。チームは実際に新しい主幹事を探し、そのためにIPO手続きに遅れが生じた。

チームはIPOプロセスの間、金融業界全体にずっと不満を感じていた。「ピーターは投資銀行家に頭に来ていたと思う」とIPOを担当した上級法務顧問レベッカ・アイゼンバーグは言う。「彼らはまったく誠実さに欠けていた。SECに対してペイパルを説明する立場にありながら、ペイパルのことを何も理解していなかった。ピーターが彼らをお払い箱にしたのは正解だった。ペイパルの成功に水をさしていたんだから」

その日のモルガン・スタンレーとのミーティングで、ティールは反論しながら銀行家たちを一瞥して、こう言い放ったという。「うちの会社について、重大な意見の相違がないふりをするのはやめにしましょう」

残念な結論を噛みしめながら、ティール、ロエロフ・ボサ、ジェイソン・ポートノイの三人は空港に向かったが、大渋滞のせいで道中はさらに陰鬱なものになった。「あの街から出たくてたまらなかった」とティールは言う。

だが街から出るのは言うほど簡単ではなかった。空港には着いたが、ニューヨークはその夜、ひどい雷雨に見舞われた。飛行機は滑走路で何時間も待たされ、ポートノイとボサは映画を一本見終わったほどだ。ようやく飛行機は離陸し、一同はホッと胸をなで下ろした。

チームは西海岸に戻った――2001年9月10日月曜日の夜のことだ。

「9・11同時多発テロ事件」の勃発

翌朝、太平洋標準時午前5時46分、アメリカン航空11便が世界貿易センタービルの北棟に激突した。

社員たちが目覚めたとき、国中が大混乱のまっただ中にあった。エンジニアのジェームズ・ホーガンは、ペイパルサイトの利用者数の急減に目をとめた。「休憩室の壁にモニターがあって、サイトの利用状況をリアルタイムで表示していた。いつも同じ形のグラフで、日中は上がって夜下がるパターンだったが、その日は下がる一方だった。僕はこのグラフで、世界がいつもとまったく違う動き方をしていることを直感的に理解した」

マーク・ウールウェイのIPOの準備作業は中断された。テロ攻撃で多くの金融機関ががれきと化し、金融市場は何日も閉鎖された。

社員はオフィスで恐れおののきながらニュースを見ていた。ショックのあまり仕事を続けられない人が続出し、経営陣は希望者に帰宅を呼びかけた。一方、仕事のおかげで気が紛れたという人もいた。「僕は独身で一人暮らしで、仕事が生活のすべてだった」とホーガンは言う。「同僚との交流が社会生活のほぼすべてだった。会社の仲間と一緒に、目の前の惨劇を消化できたのはありがたかった」

ニューヨーク出身のジャコモ・ディグリゴリは、大学の友人二人と高校の友人一人がテロ攻撃で命を落としたことをあとで知り、自分が銃撃されたかのような衝撃を受けた。

社内弁護士のレベッカ・アイゼンバーグは夫と東海岸を旅行していて、9月11日に西海岸に戻るつもりだったが、予定を変更して前日に戻っていた。もともと予約していたのは、ニューアーク国際空港発サンフランシスコ国際空港行きのユナイテッド航空93便――乗客がハイジャック犯に抵抗してペンシルベニア州の野原に墜落させた、運命のフライトだった。

海外駐在のペイパル社員は、この瞬間をまた違ったかたちで経験した。ロンドン駐在のジャック・セルビーとスコット・ブラウンスティーンは、携帯電話をオフィスに置いたまま近くのイタリア料理店で昼食を取っていた。

オフィスへの帰り道で、取り乱している人を見た。「女性が道を渡りながら、『飛んでいる飛行機が乗っ取られた！ 5機もハイジャックされた！』なんて叫んでいた」とブラウンスティーンは語る。セルビーとブラウンスティーンはオフィスビルの一階の小部屋でテレビのニュースを見た。「ただただ信じられなかった」とブラウンスティーンは言う。

オフィスに戻った二人を、数十件の電話とメッセージが待ち受けていた。「『お気の毒です』なんてみんなに言われて、僕らはまるでアメリカの代表のようだった」とブラウンスティーン。「仕事仲間や友人から、一緒に乗り越えようとか、ほんとにひどいことだとか、心のこもったメッセージをいくつももらった」

「これはペイパルへの攻撃でもある」
——ティールの覚悟

9月14日号の週刊社内報には、社員のショックや悲しみ、怒りがつづられている。「ハイジャック機に乗っていた知人（友人の親友）が亡くなり、とても怖くなった」とアカウント責任者が書いている。「自分を踏みにじられたような気持ちになり、無力感に打ちのめされた」と別の社員。「被害妄想にとりつかれた。同じくらい恐ろしいことが自分の身にも起こるような気がした」

14日金曜日、ピーター・ティールは全社員宛てに、この出来事を振り返るメールを送った。

今週は信じられないほど過酷な一週間になった。全米の人々と同様、ペイパルのチームは南北戦争以来最悪の本土攻撃に感情をすり減らした。僕らは平静を装おうとしている。これからもいままでと同じように頑張ろうと言いながら。それでも、僕らは知っている。世界がすっかり——いまはまだよくわからない方法で——変わってしまったことを。

僕がこのことを痛感したのは、木曜の朝にサンフランシスコの街中で会議をしたときのことだ。ビルのガレージに車を駐められなかった（ビルで働く人以外は入れなかった）。やっとのことで駐車スペースを見つけてビルに入ろうとしたら、人がぞろぞろと出てきた。爆破予告があったという。だがすぐあとに、そんな予告はなく、パニックが起きて、人々が出口に殺到しただけだとわかった。

ここパロアルト本社でも、このところ不安に感じている人は多いと思う。これからの数週間、この危機をみんなで乗り越える間、いつもよりお互いを気遣おう。

解放への道は狂気と殺人あるのみだと信じるテロリストについては、どう考えるべきだろう? 彼らを「イスラム勢力」と呼ぶのは、おそらく誤りなのだろう。彼らには前向きなビジョンは何もない。彼らはむしろ、冷めた目で敵を否定することをアイデンティティの拠り所にしている。その敵とは、グローバリゼーション、資本主義、現代世界、そして西洋全体、とくにアメリカだ。

僕は個人的に、この狂気から脱する方法は、現代西洋の資本主義が与えてくれる最高のものを肯定することにあると信じている。すなわち、(経歴や属性にかかわらず)あらゆる人間の命の尊厳と価値の尊重、そしてそれと関連する、「アイデア、サービス、財の自由な交換」のまわりに平和な世界共同体が築かれるという希望だ。

なぜなら、僕はテロリストがただ邪悪で狂っているというだけでなく、本当に愚かだと思っているからだ。巨大なビルを爆破したからといって、世界貿易は停止しない。たとえそのビルが世界貿易センターと呼ばれていたとしても。

現代西洋の資本主義を止めるには、それよりずっと多くのものを破壊する必要がある。世界の通信ネットワークと世界貿易のインフラ全体を破壊し、インターネットを停止し、そしてペイパルとそれがつくろうとしているすべてを壊す必要がある。その意味で、世界貿易センタービルの破壊は——たとえテロリストがペイパルのことを聞いたことがなかったとしても——まさにわれわれへの攻撃でもある。

前向きな話をすると、社員と近親者は全員安全で無事なようだ。ペイパルはささやかながらも、傷ついた人たちを助けるために力を尽くしている。現在までに、2万2238人のペイパルユーザーから、赤十字社の災害救援基金に計82万9423ドルの寄付が集まった。

ニューヨークとワシントン、そして世界中の理不尽な暴力の犠牲者に、僕たちの思いと祈りを捧げる。

最速で「支援体制」を築き上げる

ペイパルもほかの多くの企業と同様、テロ事件後に支援活動を行った。「出勤するとみんなが、どうしたら助けになれるだろう、と考えていた」とヴィヴィアン・ゴーは言う。

ティールは支援活動をすばやく開始することが重要だと強調した。「ピーターはさすがに賢かった」とゴーは言う。「人々の気持ちが寄付に向かうのは、最初にショックを受けたときだけだと気づいていた。何週間か経つうちに印象が薄れてきて、支援や寄付の依頼にうんざりしてくる。だから、できるだけ早く行動を起こす必要があると」。デニス・アプテカーは、同僚のノラ・グラシャムが事件当日の午前中に寄付を募り始めたのを覚えている。

9月11日の夜には、支援活動の基本機能が稼働した。受付先relief@paypal.comをすばやく設けてメールでの寄付を募り、集まったお金を赤十字社に送った。ペイパルサイトにも募金ボタンを設置したほか、ユーザーが自分のサイトやオークションページに埋め込める募金ボタンを配布した。翌日までに2400人のユーザーから11万ドルもの寄付が集まった。

ヤフーやアマゾンも同様の寄付活動を行い、それぞれがメディアに取り上げられた。ヴィンス・ソリットはペイパルの対応を「当然のこと」として、必要とされる限り続けていくと、メディアに語った。9月15日、ペイパル経由の赤十字社への寄付は100万ドルを超えた。同年11月13日、ティールは赤十字社ベイエリア支部を訪れ、235万ドルの巨大な小切手を、支部CEOのハロルド・ブルックスに手渡した。

善い行いをしたいというチームの本能に、競争本能が拍車をかけた。あるエンジニアは、アマゾンが寄付の方法をわかりやすく説明する誘導ページをつくったことを知り、ペイパルも似たものをつくろうと提案した。犠牲者への寄付集めでもライバルに負けじと、チームは急いでサイトを修正、更新した。

イーベイ、囂々たる非難にさらされる

チームは宿敵イーベイの動きも注意深く見守った。イーベイは対応に苦慮していた。オークションにはオサマ・ビン・ラディンや世界貿易センター関連の悪趣味なTシャツ、絵はがき、新聞などが出品された。ビルの焦げたコンクリートの塊と称するものや、タワーが焼け落ちる瞬間の動画を売ろうとする人もいた。9月12日、イーベイはそうした物品のオークションを禁止すると発表した。

そしてイーベイも独自の支援活動を開始したが、それが困った問題を引き起こした。イーベイはニューヨーク州知事ジョージ・パタキとニューヨーク市長ルドルフ・ジュリアーニから直々に要請を受け、「オークション・フォー・アメリカ」をイーベイサイト上で開催すると発表した。イーベイのコミュニティから100日間で1億ドルの寄付金を集めようという野心的な催しだ。出品者がさまざまなものを出品して落札金額を寄付し、イーベイがそれを七つの慈善団体に均等に分配する。

発表は反響を呼び、著名人が支援や寄付の名乗りを上げた。「スター・ウォーズ」の生みの親ジョージ・ルーカスは映画の小道具を、深夜番組の司会者ジェイ・レノはハーレーダビッドソンの貴重なオートバイを提供した。現職議員全員からは署名入りの旗が寄せられ、ウェストバージニア州知事がキルトやハワイ州知事がハワイ1週間旅行を提供するなど、全米38州の知

事が協力した。

イーベイは善意でオークション・フォー・アメリカを立ち上げたのだが、イーベイコミュニティからは抗議の声が湧き上がった。出品者は、イーベイが一般のオークションよりも慈善オークションを優先するせいで、売上が落ちてしまったと腹を立てた。

もう一つの批判の的は、イーベイが慈善オークションの送料を購入者ではなく、物品を寄付した出品者の負担としたことだ。「こんなことで文句を言うなんて、感謝が足りないだとか、嫌々参加しているだとか思う人もいるかもしれない」とある販売者はITニュースサイトのCNETに嘆いた。「でも、そういうことじゃない。ただ、イーベイに裏切られたような気持ちなんだ」

しかも、オークション・フォー・アメリカの決済はビルポイントに限定され、ペイパルは選択肢から外された。イーベイは、この方針は寄付金の適正な会計処理と正確な送金を保証するためだと説明した。だが出品者は、イーベイが慈善活動にかこつけてビルポイントの登録者を増やそうとしていると批判した。

「ペイパルの担当者は、もしイーベイのオークションに参加できるなら決済手数料を無料にしたいと、月曜日に当サイトに語った」とCNETは報じている。

ペイパルは舞台裏で攻勢に出た。リード・ホフマンはイーベイの社内弁護士ロブ・チェスナットに長文メールを送った。「イーベイが最近の痛ましい出来事を利用して、イーベイ・ペイメント（別名ビルポイント）の競争力を高めようとしていることに対し、私の失望を正式に表明する」とホフマンは書いている。「貴社はオークション・フォー・アメリカへの参加を希望するすべての出品者に、イーベイ・ペイメントのアカウント登録を強制することによって、本来ならテロ攻撃の被害者の手に渡るべき貴重な支援金を奪っている」

ホフマンは、イーベイ出品者の大半がビルポイントの使用を拒んでいると指摘し、イーベイの「反競争的な意図」が支援金を減らしていると主張した。「もし貴社の目標が、本当にこの悲劇への寄付を募ることにあるのなら、ペイパルに積極的な参加を呼びかけ、取り組みを成功させるためにどのようなかたちで協力してほしいかをペイパルに指示していたはずだ。しかし貴社は市場支配力を利用して、虚偽広告と強制によって、出品者にむりやりビルポイントを使わせているように見受けられる」

ペイパルは、イーベイが国難を利用して決済市場でのシェア拡大を図ろうとしていると非難したわけだが、ペイパルもちゃっかりこの機会を利用して、イーベイの独占禁止法違反を攻撃したと言えるだろう。

誰もが反対だからこそやるべきだ

9・11テロ事件は会社の業務にも打撃を与えた。ペイパルにソフトウェア開発担当副社長として迎えられたニック・デニコラスは、ロサンゼルスからベイエリアに遠距離通勤していたが、

9・11事件後、通勤の負担と家族から離れて過ごす時間を減らしたいという理由で、会社を辞めた。

ジョン・コサネクによれば、ペイパルの仕事が、突如アルファベット3文字のさまざまな政府機関の関心を集めるようになった。「9・11事件後に政府——ただ政府とだけ言っておくよ——の関係者がやってきて、世界中に資金を電子的に移動させる方法を教えてほしいと言うんだ。彼らはアナログの人たちだから……。『助けてほしい』と言ってきた」

そして、上場の問題があった。公開証券取引所は9月11日から9月17日まで、1933年以来最も長く閉鎖された。再開当日、市場は7パーセント以上下落し、その後の5日間で1兆ドル以上の時価総額が蒸発した。2001年9月に上場した企業は1社もなかった。1か月間上場が行われなかったのは、1970年代末以降初めてのことだ。

9・11事件の前でさえ、ドットコム倒産の波が押し寄せるなか、ペイパルのIPOは先行きを危ぶまれていた。そのうえ、著名企業の不正会計事件も暗い影を落とした。

2000年、ゼロックスは150億ドルの売上の架空計上を認めた。2001年10月にはアメリカの巨大エネルギー関連会社エンロンによる、外国政府への贈賄と複数の州のエネルギー市場の操作を含む、甚だしい不正が明るみに出た。同年12月にはカリスマ主婦のマーサ・スチュワートがインサイダー取引に巻き込まれた。数十億ドル規模の不正が毎週のように発覚していた。

ペイパルはこの大混乱に足を踏み入れ、厳しい環境の中で上場に向かってそろそろと歩を進めた。モルガン・スタンレーとの取引を打ち切ったあと、ペイパル経営陣はソロモン・スミス・バーニー（SSB）をIPOの主幹事に指名した。SSBはIPOを2002年に延期するよう助言したが、ティールはそれでは遅いと譲らなかった。「上場に時間がかかればかかるほど、会社には不利になった」とジャック・セルビーは説明する。

SSBは難色を示したが、ティールにはIPOを急ぐ理由があった。一つには、IPO手続きに時間がかかることを知っていたからだ。「3か月後に世界がどうなっているかなんて、誰にわかる？　だからいますぐ手続きを始めなくては」とティールは考えた。

ティールは大学時代、「模倣的欲望」の概念で知られるフランスの文学理論家・社会哲学者、ルネ・ジラールの思想に傾倒した。「人間は何を欲してよいかを知らない生き物であり、自分の心を決めるために他者に頼る」とジラールは書いている。「われわれが他者の欲するものを欲するのは、他者の欲望を模倣しているからである」。ジラールはそうした模倣が対立や紛争を生むと指摘し、警戒せよと説いた。

ジラールの思想に感化されたティールは、人と違う考え方をすることが多かった。この逆張り思考が、ティールにIPO申請を急がせた。「誰も上場しない時期こそが、逆説的に上場すべき時期なのかもしれない。なぜならそこにこそ、カオスのポジティブな対極があるからだ」とティールは説明する。

ペイパルIPOのタイミングの決め手になったのは、ジラールの思想だけではなかった。競争心や対立、感情にも強烈に駆られたとティールは認める。「僕の中の競争心が頭をもたげて、銀行家にＩＰＯが時期尚早だと言われるほど、ＩＰＯを早く行うことが重要に感じられた。僕の目にはウォール街対シリコンバレーの構図に見えた。ウォール街の銀行はペイパルに縄張りを荒らされていたせいで、とくにペイパルにネガティブな印象を持っているんだろうと、僕の思考の感情的な部分は思っていた」

ＩＰＯの何年もあとにそう語ったティールは、いまだから言えることだと認める。いまや合理主義者として名を馳せるティールは、当時の自分の感情を笑い飛ばしている。「あまり競争心を燃やさないようにしようと思っているが、そうなってしまうこともある。競争的になりすぎるのは精神の健康によくないのはわかっているが、あのタイミングでのＩＰＯには正直、感情的な側面があった」

「凍てついた市場」に立ち向かう

２００１年９月28日、金融紙が第一報を伝えた。ペイパルがＩＰＯの申請書Ｓ‐１を提出し、銘柄コードＰＹＰＬで上場する——。「ペイパル社は最大８０５０万ドルの調達をめざして、ＳＥＣに書類を提出した」とＣＮＮは書いている。「ＩＰＯ不在の市場にとって、久しぶりの新規株式公開となる」

注目を集めはしたが、肯定的な評価は少なかった。ペイパルはユーザーのほとんどを得ているイーベイと何の契約関係にもなく、イーベイはいつでも「ペイパルの広告を制限したり、出品者にイーベイ・ペイメントの利用を強制したりすることができる」とCNNは指摘した。さらに、「ペイパルはまだ収益化を実現していない」と記事は続く。

ロイターは、ペイパルを「人気はあるが赤字続きのインターネット決済サービス」と評した。AP通信は、2001年に上場したテック企業はほかに3社しかなく、最近の事例として、ラウドクラウドが1株当たり6ドルの初値をつけたが、現時点で株価はわずか1ドル12セントだと指摘した。ウォール・ストリート・ジャーナル紙はIPO市場を「凍てついている」と表現した。インターネット関連の総合ニュースサイト、スクリプティング・ニュースは、ジョン・ロブという記者が書いたペイパルIPO解説記事の、「IPO申請に適した時期ではない」という一行のみを引用して、記事へのリンクを掲載した。

肯定的な評も散見されたが、ペイパル寄りの評者でさえ、状況が厳しいことは認めざるを得なかった。ファイナンシャルDNA・ドットコムの記者ゲイリー・クラフトは次のように書いている。

ほとんどの傍観者（つまりメディア）は、ペイパルについて明らかに否定的な見方をしている。実際、当サイトは今週アメリカの主要誌のインタビューを受けたが、ペイパルへの強力な需要が生み出したスケールメリットや、ペイパルだけが提供できる価値について話す機会は与えられなかった。代わりにペイパルのGAAP（米国会計基準）ベースの損失や、ペイパルがアダルト市場や賭博市場に関与している可能性について意見を聞かれた。要約すると、ペイパルはメディアや一般大衆が悪口を言いたくなる会社なのかもしれない。

この記事は、ペイパルへの批判的な報道は、「ペイパル経営陣が金融業界以外の出身であること」に原因があるとしている。

ティールをとりわけ苛立たせたのは、「裏事情——地球からパロアルトへ」と題された記事だった。「年間を通して黒字だったことが一度もなく、累積赤字が2億5万ドル近くに上り、SECに最近提出された書類によって、サービスが資金洗浄や金融詐欺に悪用される可能性が明るみに出た創業3年目の企業を、あなたならどうするだろう?」と問いかけ、「もしあなたがパロアルトのペイパルの経営者か、ペイパルを支援するベンチャーキャピタリストなら、上場させるだろう」と書いている。

この記事は、ペイパルのような会社がIPOを実施するのは「大人の監督」が不十分なせいだと決めつけ、ペイパルのIPOは「炭疽菌の蔓延」と同じくらい世界に不要なものだと皮肉った。

ティールはこの報道への怒りを社内でぶちまけた。「あの記事は完全にピーターを怒らせた」とエンジニアのラッセル・シモンズは言う。「ピーターは全社員の前で演説して、あいつらはばかだ、連中が間違っていることを絶対に証明すると息巻いた。あれは彼の感情が最大限に高ぶった瞬間だった」

Chapter

21

5時まで粘れ

——IPOか強制終了か?

ティールは9月もぎりぎりのところで青い髪で過ごさずにすんだ。しかし2001年末、ついに黒字化の取り組みが実を結んだ。第4四半期は——社員への株式分配のコストと、コンフィニティとX.com の合併による「のれんの償却」*を除けば——毎月黒字だった。これらのコストを会社の収益性に反映させるべきかどうかについては、会計の世界で活発に議論が行われていたが、少なくともある面から見れば、ペイパルは黒字化したことになる。

ティールは2001年9月にチーム全体にメモを送って、会社の基本的な財務状況を説明した。「固定費が高く、変動費が低く、収益変動性が高い現状では、ペイパルのネットワークを介する資金が増えれば増えるほど、会社の収益性は高まる。プロダクト、マーケティング、営業、事業開発部門の全員にとっての課題は、決済額を増やす方向にペイパルを向けることだ――この成長率をあと2四半期維持できれば、ペイパルは最高の状態になる」

イーベイでの決済シェアも、2001年末には心強い反転を見せた。また数千社の中小事業者のサイトがペイパルを導入し、イーベイ以外のサイトがペイパルの取引に占める割合はいまや3分の1を占めるようになった。この成長はイーベイ関連のリスクを大いに軽減し、今後も収益構造のバランスを改善することが見込まれた。

一部の評者や傍観者が疑問視したIPOのタイミングさえ、有利に働いた。ペイパルが証券取引委員会(SEC)にS-1申請書を提出したのはテロ事件のわずか17日後、株式市場が3年ぶりの最安値を連日更新していた最中だった。だがIPOの直前になると、株価は9月の底値から30パーセント近く戻していた。ティールがテロ事件直後の申請を強行したおかげで、ペイパルは2002年初めに上場準備ができた数少ない1社として、メディアと投資家の関心を異例なほど集めることができた。

2004年にティールは当時を振り返り、注目は諸刃の剣だったと語っている。「誰もしないときにIPOするのがクールだと思っていたが、残念ながらマイナス面もあった。普通よりずっと厳しい目にさらされることになった」。実際、この厳しい目によってペイパルは一時、IPOを断念する寸前まで追い込まれたのである。

* 会計で言う「のれん」とは、無形資産(ブランド価値、人材育成、忠誠心の高い社員等)の価値を金額に換算したものを言い、とくにコンフィニティとX.comの合併のような金融取引で、会計処理上、無形資産の価値を決定しなく

てはならない場合に重要である。2001年当時、企業はこの費用を一定期間にわたって償却する必要があり、それが利益を圧迫していた。

極度のプレッシャーが充満する

ＩＰＯの日付は暫定的に2002年2月6日と定められ、チームは速やかに準備を進めた。金融不祥事が見出しを賑わすなか、ペイパルのＩＰＯはひときわ厳しい検証にさらされた。会計事務所プライスウォーターハウスクーパースの担当者がペイパルの会議室に陣取り、帳簿をくまなく徹底的に精査した。

業務面にも細心の注意が求められた。たとえば会社は2001年末、社員の友人や家族が株式購入の申し込みができると発表した。このこと自体はＩＰＯ前の企業にとって珍しいことではない。だがチームはメディアの注目を引くためにひと工夫加えて、家族や友人との受け渡し代金の決済にペイパルを利用することに決めた。

しかし2002年1月初め、会社は方針変更を余儀なくされた。「割当株式の代金を支払うためだけにペイパルに資金を移した人は、早急にペイパルから資金を出すように」と全社メールは伝えている。

ＩＰＯが近づくにつれ、社内の空気は張りつめていった。「あのストレスとプレッシャーはいまも忘れられない。サイトをダウンさせるな、新しすぎるコードやサイトを破壊するようなコードは追加するなって」とキム＝エリシャ・プロクターは言う。

しばらく前から社内のスクリーンには、総ユーザー数やアクティブユーザー数、成長率、決済額などさまざまなデータが表示されていたが、この時期はユーザー関連の統計情報だけになった。同様に、それまでロエロフ・ボサのチームが自由に配布していた日別と週別の報告も、経営陣限定の回覧になった。

IR（投資家向け広報活動）担当副社長の肩書きを与えられたマーク・サリヴァンは、会社に関する情報を家族や親しい友人にも口外しないよう、社員に再三注意した。「たとえ悪気がなくても、まだ公になっていない情報を口外すれば、会社に重大な影響をおよぼすおそれがある」とサリヴァンは全社メールに書いた。不注意による情報漏洩からも、インサイダー取引の疑いからも、会社を守る必要があった。

さまざまな備えが新たに講じられたが、廃れない習慣もあった。IPO直前にペイパルから内定通知を受け取ったジャネット・ヒーは、採用担当者のティム・ウェンゼルに、当時の勤務先への2週間前の退職通知義務を破ってでも、早く内定を受け入れてペイパルに入社するよう促された。「『来週月曜から働き始めたほうがいい。いまの仕事と掛け持ちでもかまわないから』って」。ヒーがストックオプションをIPO前の価格で購入できるようにという、ウェンゼルの心遣いだった。「知らせてくれて本当に親切だった」とヒーはほほえむ。

破綻寸前の会社「サートコ」に訴えられる

ＩＰＯに先立ち、引受銀行は機関投資家の関心を高めるために、「ロードショー」と呼ばれる会社説明会を各地で開催する手はずを整える。ペイパルのＩＰＯではジャック・セルビーが全米の機関投資家をまわって、ペイパルの物語を売り込んだ。

セルビーはすぐに前年のＩＴバブル崩壊の爪痕を感じた。「テーブルの向こうの相手は、『前にもこういう会社があったぞ。あのときは痛い目に遭わされた。ばかげた売り込みをもう信じるものか』とでも言いたげだった」とセルビーは言う。ペイパルの事業は、投資家のよく知る範疇《はんちゅう》に収まらなかった。「彼らはペイパルのような事業を見たことがなかった。フィンテックなのか？　テック系なのか？　業界をまたぐペイパルは分類が難しく、投資家たちは本当に頭が固かった」

もう一つの懸念が、チームの若さだった。ＩＰＯの申請書には、経営陣の氏名と年齢を記載することになっている。ペイパル経営陣の平均年齢は20代後半だった。「引受銀行に『もっと経験を積んだ経営陣が必要だ、これではうちの顧客には勧められない』と言われたよ」とウールウェイは言う。「だから『いや、これが当社のチームです』と押し返した」

とはいえ、ウールウェイは銀行側の事情も理解していた。「引受銀行の存在意義は、疑問点をすべてクリアにしておくことにある。彼らの仕事は株式を売り出すことだから、販売を円滑に行うために必要なことをやっていただけだ」

ＩＰＯを数か月後に控える企業は、脆弱な立場にある。上場前の企業は訴訟を起こされた場合、ＳＥＣに申請書を再提出しなくてはならない。だが再提出はコストのかかる煩雑なプロセスなうえ、メディアの無用の詮索を招くおそれもある。こうした時期を狙って、競合やその他の企業が訴訟を起こすことも多い。「ＩＰＯ前は訴えを起こすのに絶好の時期だ」とティールは説明する。「会社にとって一刻を争う時期だから、あっさり小切手を切ってお引き取り願うことが多くなる」

２００２年2月4日月曜日、ペイパルは初めての訴訟に見舞われた。訴えを起こしたのはサートコという、ニューヨークの破綻寸前の暗号化技術開発会社だ。サートコはペイパルの「電子送金・決済システム」が、同社の所有する米国特許ＵＳ６０２９１５０に抵触するとして、陪審裁判と「金額を特定しない損害賠償」を要求した。

ペイパルでは誰一人、サートコなど聞いたこともなかった。サートコを競合とみなしてもいなかったし、彼らの知る限り、サートコのプロダクトからアイデアを盗用したりコードを盗んだことも当然なかった。それでもレヴチンは技術顧問のダン・ボネに相談し、二人で夜を徹して訴えを詳しく調べた。

サートコが特許を出願したのは96年、つまりペイパルの前身のモバイルセキュリティ会社、フィールドリンクが創業する2年前だ。２０００年2月に付与されたこの特許は、顧客が「エージェント」という機能を介して加盟店に送金する決済システムを概説するものだ。顧客と加盟店がそれぞれエージェントとの通信経路を持ち、顧客・エージェント間と、エージェント・加盟店間の情報の流れを保護するためにキーを使用する方法が説明されている。

この特許は百歩譲れば、当時のペイパルの技術と大まかに似ていると言えなくもなかった。だがここで説明されていたのは、ペイパルよりも前に創業した数社を含む、ほかの多くのオンライン決済システムに似たプロセスだった。つまり表向きは、ビザ、マスターカード、ほとんどの銀行、ほとんどのオンライン決済/電子マネーのスタートアップが、サートコの特許を侵害していることになる。

サートコの訴訟は、より大きな問題の象徴だった。アメリカ特許商標庁は、発明というよりはアイデアを保護する、「広すぎる」特許を与える傾向にあった。この慣行は、とくにテック界から猛烈な批判を浴びていた。90年代末の有名な例に、アマゾンの「ワンクリック」注文の特許がある。アマゾンはこの特許の侵害を理由に、競合の大手書店バーンズ&ノーブルを訴え、2002年に和解するまで数年争った。

アマゾンの訴訟とワンクリック特許は多方面から批判を浴びた。テック界の先駆者で「オープンソース」や「ウェブ2・0」などの造語を広めたティム・オライリーも批判者の一人だ。オライリーはジェフ・ベゾスへの公開書簡にこう書いている。

「このような特許は、インターネットの価値を損なうことになる。なぜなら競合に対してだけでなく、あなたたちの事業にも使える優れたアイデアを考案する革新的な技術者に対しても、参入障害を引き上げてしまうからだ」。特許商標庁がこのような決定を下すのは、デジタル技術に関する知識が不足しているからだと、オライリーは断定した。

「人質を殺してから身代金を要求するのか」

サートコがペイパルを訴えたのも、そもそも認可されるべきでなかった広すぎる特許のせいだと、多くの人が考えた。サートコが訴訟を起こしたタイミングも、そのよこしまな動機を物語っていた。サートコは98年末から2001年まで、ペイパルやその前身企業に対して何ら法的措置を取っていなかった。

「特許侵害訴訟というのは、要はゆすりだよ」とレヴチンは語る。「彼らはこういうことを言ってきたわけだ。『俺たちには特許がある。おまえらにはプロダクトがあり、数百万ドルがある。俺たちにはカネがない。だからカネをよこせ、さもないと裁判でふんだくるぞ』」。取締役のティム・ハードはさらに手厳しい。「あれはまったくのでっち上げだった」

ペイパルの経営陣は怒り心頭で、サートコとの和解を拒否した。「ピーターは『ふざけるな、1セントも払うものか!』と吐き捨てた」とハードは言う。なぜかといえば、サートコは訴訟をちらつかせて和解金をせしめようとするのではなく、すでに訴訟を起こしていたからだ。訴訟が提起された以上、ペイパルに和解すべき理由はない。ペイパルの社内弁護士クリス・フェーロは、ティールの辛辣な一言を覚えている。「人質を殺してから身代金を要求するのか」

しかしサチームは訴訟を戦うために法律事務所を雇い、2月11日月曜日に応答を提出した。

ートコはこの時点で、すでにペイパルのIPOにダメージを与えていた――会社は訴訟のせいでSECに書類の再提出を求められ、IPOはまる一週間遅れてしまった。

ティールは激高した。「あれは僕がこれまで経験した中でもとくに感情的なミーティングだった」とフェーロは言う。「IPOの遅れが決まったころのサートコとの電話会議で、ピーターは怒りに我を忘れて爆発寸前だった。僕も頭に来ていたが、そのときふと気づいたんだ。僕にとってIPOがどんな意味があろうと、4年間それをめざして死ぬほど働いてきたピーターにとっては、僕なんかよりはるかに大きな意味があるんだと」

SECに提出する申請書には、事業リスクを列挙する。ペイパルはリスクとして、オークションに偏った決済と、毎日のように現れる新たな競合、創業から2001年末までに累積した2億ドルの損失を挙げていた。いまやここに、サートコの訴訟を加えなくてはならなかった。

サートコの訴訟とそれによるIPOの遅れは、メディアに広く取り上げられた。「現在のようにテクノロジー株が低迷する市場では、上場の遅れはひどい汚点になる」とあるアナリストはフォーブスに語った。「大きなマイナス要因だ」

「午後5時」までタンブルウィードを足止めしろ――訴訟が次々と降ってくる

2月7日、ペイパルは別の訴訟の的になっていることを知った。今度の原告、ルー・ペイン・パブリッシング・インク(LPPI)は、アダルトサイトにオンライン決済を提供する会社だった。LPPIはペイパルを契約違反と、営業秘密の不正利用、故意の不実表示で訴えた。訴状によると、LPPIは自社の自動料金請求サービスをペイパルの決済処理と結びつけるために、ペイパルに提携を持ちかけた。ところがその後、ペイパルが契約を反故にして単独でポルノ市場に参入したため、LPPIはペイパルを収益損失と損害で訴えることにしたという。

だがこの訴訟でもやはり、タイミングが怪しい動機を物語っていた。LPPIが訴訟を提起したのは、ペイパルがIPOを発表した直後の2001年9月だが、ペイパルIPOの直前の2002年2月7日まで訴状を送達しなかった。

そして三つ目の厄介な訴訟沙汰がその直後にやってきた。タンブルウィード・コミュニケーションズはペイパルが特許を侵害したとして非難した。ペイパルがユーザーへのメールに記載するリンクが、電子メッセージ内のリンクに関するタンブルウィードの既存特許に抵触するというのだ。言うまでもなく、ペイパルはメールにリンクを張る何千、何万という会社のうちの一社に過ぎなかった。これも、特許制度の欠陥を示す一例である。

だが他の2件とは違い、タンブルウィードの訴訟には逃げ道が見つかった。タンブルウィードはペイパルを提訴する準備を進めていると伝えてきただけで、まだ正式に訴訟を起こしていなかった。裁判所に訴訟が提起されない限り、SECへの提出書類を修正する必要はない。そこでチームは、IPOまでタンブルウィードを足止めする作戦に出た。

ティールはこの危機に対処する任務をハードに託した。タンブルウィードが雇った法律事務所はボストンにあり、ハードはちょうど葬儀のためにボストンに飛ぶ予定があった。もしタンブルウィードがその日の終わりまでに提訴しなければ、ペイパルのIPOの日付は確定する。法律事務所の担当者を午後5時まで拘束することが、ハードに課せられた任務だった。

「私の仕事はそれだけだった」とハードは言う。「そこに行って交渉しているふりをする。あらゆる手を使って、相手を部屋に4時間閉じ込めておこうとした」

ハードがオフィスを出たとき、時刻は5時15分だった——任務は完了した。

「貧乏クジ」を引く
——8回の目論見書再提出

SECは、和解金目当ての訴訟をもくろむ原告とは違う意図を持って、ペイパルのIPO申請書類を——ペイパルに言わせれば過度に——精査した。「運が悪かった。貧乏クジを引いてしまった」と、ティールはのちにスタンフォード大学の聴衆に語っている。「ペイパルを担当したSECの調査官は、企業というものに思想的に反対していた。アメリカのすべての企業はペテン師が経営していると信じていて、企業の上場を阻止することが当局者の務めだと考えていた」。ウールウェイは社内弁護士の反応を覚えている。「調査官が決まったとたん、社内弁護士が『まずい。ひどいのに当たってしまった』とつぶやいた」
困難とはいえ、ITバブルの崩壊と9・11テロ、金融スキャンダルの直後に上場することを決めたのは、ペイパルだった。SECの監視が厳しかったのはペイパルの問題というより、当時の状況のせいだとも言える。この時期、累積損失が2億ドルを超えるIT企業に当局が注意を払うのは当然だった。

あるときペイパルはIPOの「沈黙期間」を守っていないとして、SECにとがめられた。引受銀行が会社のIPO申請書を提出してから上場するまでの数週間、会社はメディアと話すことや、申請書に含まれていない新たな情報を発信することを禁じられる。インサイダー取引の防止が狙いだが、この期間は通常業務も煩瑣になる。

SECの注意を引いたのは、ペイパルが調査依頼者として、調査会社のガートナーに調査料金を支払ったという事実だった。ガートナーは2月4日に発表したレポートに、ペイパルが最も信頼されるオンライン個人間決済サービスになったと書いた。「調査によると、オンラインショッピング利用者の33パーセントが、ペイパルを非常に信頼できる決済サービス会社だと考えていた」とレポートには書かれている。「信頼できるサービスの第2位にランクされたビルポイントについては、『非常に信頼できる』と答えた回答者はわずか21パーセントだった」

SECは、この調査が一般公開される前にペイパルが結果を知らされていたことを問題視した。ただ、SECはこれを違反だとは言わず、違反になり得ると指摘するに留まった。それでもペイパルは、S－1申請書の「リスク」の項目に次の一行を追加することになった。「もし第三者が最近公開したレポートの執筆者に当社の従業員が接触したことが、1933年証券法違反と判断された場合、当社は本IPOで売却される株式の買い戻しを要求される可能性がある」

IPO申請日からIPOが実際に行われるまでの間、ペイパルはSECに提出した書類を8回も修正して再提出した――イーベイが上場前に行った修正回数の2倍である。当時は時代を反映してとくに審査が厳格だったのだが、IPOを初めて経験するペイパル経営陣は、そういうものかと受け止めた。「IPOのプロセスは厄介で長い時間がかかった。だがその経験がない自分には、それがあたりまえなのかどうかもわからなかった」とウールウェイは言う。

イーベイを沈黙させる巧妙な手

ペイパルIPOの行方を注視していたのは、当局だけではなかった。イーベイもだ。ペイパルが上場企業になれば、イーベイの地位は脅かされる。証券取引所の銘柄コードはペイパルに信頼性を与え、より多くの資金を調達する道を開くだろう。それに、ペイパルを「信用ならない邪魔者」に仕立て上げることがますます難しくなる。イーベイの裏庭の決済スタートアップは、上場後はイーベイと同じく、SECの監督下に置かれるからだ。

一方、ペイパルもイーベイの動向を危惧していた。「ペイパルのIPOが発表されると、イーベイに取材が殺到した」とホフマン。「そしてイーベイは、ペイパルは砂上の楼閣だ、自分たちのプラットフォームからできるだけ早く追い出すつもりだ、なんて言っていた」。一般投資家はリスクを嫌う。もしイーベイが投資家の不安をいたずらに煽るような言動に出たら、ペイパルの上場は失敗する。

しかし、2002年前半の沈黙期間のせいで、ペイパルは公に反論することができなかった。ホフマンと経営陣はイーベイを黙らせるための施策を考えた。

もしイーベイがペイパルと買収交渉を始めれば、イーベイがペイパルに関する情報を市場に公開することは受託者義務違反になる、とホフマンは思いついた。ペイパルの経営陣と取締役会は、イーベイと再び買収交渉に入ることを決定した――ただイーベイを黙らせるだけのために。

とはいえホフマンは、ペイパルが将来的にイーベイに買収される可能性をひしひしと認識していた。イーベイとの関係を完全にだめにしてしまうようなことはできない。「僕はいつか必ずイーベイに買収されるはずだと、強く確信していた」とホフマン。「だから、たとえこのとき買収に至らなくても、不当に扱われたとイーベイに思われないように、また三度目の交渉に戻ってこられるように、正攻法を取る必要があった」

2002年1月、ホフマンとティールはペイパルの取締役会と協議して、売却提案価格を決めた。その価格は、ペイパルにとって健全な利益が得られるほどには高く、それでいてイーベイ経営陣が即座に却下するほど高すぎてはいけない。取締役会と経営陣は、10億ドルの価格を提案することで合意した。ＩＰＯでは7億ドルから9億ドルの時価総額がつくはずだ。10億ドルは、これに買収プレミアムを上乗せした金額である。

ホフマンはこの金額でイーベイに売却を打診した。イーベイ経営陣は値切ってきたが、ホフマンは譲らなかった。「私は会社を10億ドルで売る権限を与えられています」とホフマンは言った。「交渉するつもりはありません」。そしてもちろん、ＩＰＯが近づくなか、「交渉しない」日が一日過ぎるごとに、イーベイがペイパルについて何も語れない期間が延びていった。

イーベイはＩＰＯを待たないほうが安く買収できると考え、8億5000万ドルの最終オファーを出した。「貴社の最終オファーが8億5000万ドルだというのなら、取締役会に諮りましょう。でもはっきり言っておきますが、私は会社を10億ドルで売る権限を与えられています。10億ドルのオファーを出していただければ、ペイパルが手に入りますよ」とホフマンは言った。

イーベイCEOのメグ・ホイットマンは、いっこうに譲歩しないペイパルに苛立ちを募らせ、ホフマンを責めた。イーベイは前回より買収額を増額して誠意を見せているのに、それに対してペイパルは何も応えていないと。「おそらく彼女は、われわれが8億5000万ドルを呑むと思ったんだろう」とホフマンは言う。「われわれの主な狙いが彼らを黙らせることにあって、会社を売ることではないことに気づいていなかった」

ホフマンによれば、もしホイットマンがこのとき10億ドルの買収オファーを提示していれば、取締役会はそれを受け入れた可能性が高いという。「僕はペイパル取締役会から『前言撤回はしない』という言質を取った。僕が10億ドルの提案を持って戻ってきたら、もう受け入れるしかないのだと。そうしなければ、イーベイに完全に嫌われてしまうからね」

ホフマンは交渉を可能な限り引き延ばし、イーベイの最終オファーへの返事をIPOの数日前まで待った。それからホイットマンに電話をかけて、ペイパル取締役会は10億ドルの売却提案から一歩も譲るつもりはないと告げた。ホイットマンは、もしイーベイが10億ドルを受け入れたら、ペイパルはどうするつもりかと訊ねた。IPOが目前に迫っていたため、「その場合は上場後に再び話し合いましょう」とホフマンはかわした。

2002年初め、間近に迫ったペイパルのIPOは連日メディアを賑わしていた。自社のプラットフォームに「上場間近の決済スタートアップが巣食っている」も珍しさから、イーベイはそうした記事の中で必ず取り上げられた。しかしそれでもイーベイ経営陣は、ペイパルに関して沈黙を守り続けたのである。

突然の「サービス停止」勧告
――逆境を立て直すティールの一撃

2002年2月7日、新たな重大危機が勃発した。ペイパルはルイジアナ州から、州内でのサービス提供を即刻停止するよう勧告を受けたのだ。

ペイパルはルイジアナやその他の州で、送金ライセンス——銀行が州内で送金を行うことを許可する免許——を取得せずにサービスを行っていた。その主な理由は、「ペイパルは銀行ではない」と一貫して主張してきたからだ。「『銀行とは何か』という問題がつねにある」とティールは説明する。「本来、銀行とは、連邦準備制度に裏付けられた、部分準備金貸付を行う事業体を指す」。部分準備金貸付とは、銀行が預金者から受け入れた預金の一部を準備金として中央銀行に預託し、残りを貸付にまわす信用創造の仕組みをいう。

ティールに言わせれば銀行規制は、銀行が部分準備金貸付によって破綻するリスクから消費者を守るためにある。そしてペイパルは部分準備金貸付を行わないから銀行ではなく、したがって銀行規制も受けない、ということになる。

彼がこんな理屈を展開したのはもちろん、ペイパルの利益のためだった。ペイパルが銀行とみなされれば、銀行としての規制を受けることになる。ペイパルの批判者たち、とくに既存の大手銀行は、この解釈に異を唱えた。彼らの見るところ、ペイパルは預金を受け入れ、デビットカードを発行し、資金を保有し、利子を支払っている。だから法律はペイパルを事実上の銀行として扱い、送金ライセンスを義務づけるべきだというのだ。

送金ライセンスの施行状況は州ごとに大きく異なるため、ペイパルは規制をかいくぐることができていた。ペイパルがＩＰＯでメディアに注目されるまで、ルイジアナ州はペイパルのライセンスを調べようともしなかった。

騒動の発端は、ビジネスウィーク誌の記者ロバート・バーカーが、カリフォルニア、ニューヨーク、アイダホ、ルイジアナの各州の金融当局にコメントを求めたことにある。ティールによれば、これを聞きつけたSECが、ルイジアナ州に事情を照会した。「顧客の資金を預かるすべての事業体に目を光らせている」とルイジアナ州金融機関局の顧問弁護士ゲイリー・ニューポートは記者に語った。「ペイパルには、われわれの懸念が解消されるまで営業を行わないよう指示した」

カリフォルニア州とニューヨーク州の当局も、ペイパルの送金ライセンスが照会の対象になると通知してきた。ペイパルはまたしてもS-1申請書の再提出を求められた。

ルイジアナ州民がペイパルの全ユーザーに占める割合は、数百万人中のわずか10万人だったが、ペイパル経営陣は一つの小さな綻《ほころ》びが引き金となってほかの規制にも影響を与えることを恐れた。「こうしたネガティブなニュースが、現在のような神経質な市場に望ましくないのは明らかだ」とIPOドットコムのアナリストは書いている。「今後の展開は予断を許さない。どうなるかは、ペイパルがIPOのために確保した投資家たちの度量の大きさにかかっている」

ペイパルは公には、「適切な行政手続きを通じてルイジアナ州の命令に異議を申し立てる権利を留保」すると言った。その裏では、話のわかる州当局者を探しまわった。だが折しもルイジアナはマルディグラ祭の準備で忙しく、なかなか見つけることができなかった。やっとのことで州銀行局長を探し当てて、事情を訴えた。

ティールは指摘した――ルイジアナの10万人の住民がペイパルを頼りにしている中で、州がサービスを停止すれば、当局が批判の矢面に立たされるだろう。「ルイジアナの有権者を敵にまわすつもりですか？」とティールは迫った。ほどなくしてペイパルはルイジアナ州での営業を再開した。

この一言がIPOを救ったと、社員たちは指摘する。「あれがなかったら、上場を遅らせざるを得なかったはずだ」とセルビーは言う。「本当に勇ましい、乾坤一擲《けんこんいってき》だった」。チームはルイジアナ州の問題に対処する間にも、この問題が他州に波及してIPO手続きが複雑化するのを防ぐために、ティールの指示でカリフォルニア、ニューヨーク、アイダホの各州の当局者に働きかけた。

あと一回食らったら、持ちこたえられない

ペイパルは1月半ばから2月初めまでに、2件の訴訟と、3件目の訴訟の脅威、ルイジアナ州での営業停止、カリフォルニアとニューヨークの州当局からの免許に関する照会、ガートナー調査会社のレポートをめぐる混乱、そして投資家の不信感に立ち向かった。

これらの強い逆風のせいで、IPOは2月6日から2月15日にずれこみ、社員からはIPOの実施を危ぶむ声も上がった。ティールも、もう一つショックが起こればおしまいだろうと思っていた。「こんな不意打ちをもう一回食らったら、持ちこたえられない気がする。何もかもがだめになる」と同僚たちに打ち明けた。

ティールはすばやくIPOを実現せよと、社員や引受銀行にハッパをかけた。そのためなら公募価格の引き下げもいとわなかった。当初銀行家たちは、ペイパルが放出する540万株の公募価格を1株当たり12ドルから15ドルの間、資金調達額を最大8100万ドルと見込んでいた。だがいまになってティールは、IPOを早く完了できるなら公募価格を下げてもいいと言い出した。

社内に懸念が広がり、別の訴訟やIPO中止の噂が飛び交った。友人や家族に株式購入を勧めた社員は、彼らの不安を和らげようと奔走した。ニューヨークではケン・ハウリー、ロエロフ・ボサ、ジャック・セルビーらが投資銀行と協力して書類を更新し、機関投資家たちをなだめた。パロアルト本社は特許訴訟への対応やIPO書類の仕上げに追われ、連日深夜まで残業する社員もいた。

不安なバレンタインデー――IPO前夜

2002年2月14日木曜日、AP通信がペイパルIPOの第一報を伝えた。公募価格は1株13ドル、明日ナスダックに上場――。

それまでのIPO関連報道と同様、上場前夜の報道も、華々しいデビューを伝えるものではなかった。「ペイパルに投資するのは墓穴を掘るようなものだ」と調査サイト、IPOファイナンシャル・ドットコムのデイヴィッド・メンローは辛辣だ。「ペイパルのサービスが停止されるおそれが日々あるというのに、このような株を進んで買おうという人の気が知れない」。この記者は、かつてペイパルをこの四半期の最も有望なIPO株に挙げていたが、最近のネガティブな報道を受けて、見通しを「リスクあり」に引き下げた。

別のIPOアナリストはペイパルの上場決定に「当惑」し、「誰もが不安視している中で、なぜペイパルはIPOを強行するのだろう?」と問いかけた。

第一報が出てからIPOが完了するまでの16時間、社内には期待と不安が渦巻いていた。恋人のいるペイパル社員にとって、2月14日の夜はとくに落ち着かないバレンタインとなった。前々から計画していた恋人とのディナーに行くか、職場に残ってIPOの最終調整をする同僚を手伝うかで迷う社員も多かった。

スポットライト

2002年2月15日の朝、ナスダック市場が開くと同時に、ペイパルの540万株が一般投資家に売りに出された。前日夜に13ドルだった株価は、ものの数分で18ドルに急騰した。PYPLは22ドル44セントの高値をつけ、20ドル9セントで初日の取引を終えた——初値上昇率55パーセントは、2002年のこれまでのIPOの中で最高の出だしである。

「悪材料続きの1週間に打ちのめされ、傷つきはしたが、オンライン決済会社ペイパル(ナスダック銘柄コード：PYPL）は、よろめきながらもとうとうウォール街のスポットライトを浴び、インターネット関連株としてほぼ1年ぶりのIPOを果たした」とeコマース・タイムズは書いている。

待ちに待った好意的な報道が続き、ペイパルの広報責任者ヴィンス・ソリットは安堵を隠そうともしなかった。「戦車にでもなったような気分だった」とその日の正午にクレジットカード業界紙に語った。「ありとあらゆるものを投げつけられたからね」

社員たちは嬉々として家族に電話した。彼らがその朝早く出社したとき、社内は熱狂に満ちていた。「IPOは当時、会社員として経験できる最上のことだった。それも、ペイパルのような小さな会社があれだけの事件に負けず上場を果たしたんだから、ある意味、頂点まで登り切ったと言えた」とエンジニアのサントッシュ・ジャナーダンは顔を輝かせる。

イーベイやアマゾンの社員はIPO時、株価に一喜一憂しないようにと注意を受けたという。だがペイパルでは、経営陣はそんな小芝居はやめて、それまでユーザーデータを映していたスクリーンにリアルタイムの株価を流した。「みんな3分、いや3秒ごとに株価をチェックしていたね」とスコット・ブラウンスティーンは笑う。

夕方になると、ベアネイキッド・レディースの歌う「100万ドルあったら」が社内に流れ出した。そろそろパーティーを始めようという合図だ。「もう働かなくていいの？　ほんとに？って思った。まるで頭の中でサウンドトラックが鳴り出したみたいな感じだった」とエイミー・ロウ・クレメントは言う。

数人から始まったペイパルは、わずか3年後の2002年2月15日にナスダック上場を果たした。かつての小さなスタートアップが上場企業の仲間入りをしたことで、古株の社員たちは激務が報われたと感じた。

最古参の創業者や社員にとって、かつての小さなスタートアップの上場は、大きな節目だった。

「何千時間も働いてきて、世間では成功者だと思われている」とエリック・クラインは言う。「なのに給料を見ると、長年の仕事が何の具体的な結果にもつながっていないことがわかる。それが、ある日突然、すべての結果がいちどきに出たんだ」

一日中喜びと安堵の涙を流していた社員も数人いた。

コンフィニティの古参エンジニア、ジェームズ・ホーガンは、IPO当日のことをこう語る。『やった!』というよりも深い気持ち、ともに何かを成し遂げたというよりもずっと深い気持ちだった。たんに小人が巨人に勝ったというだけじゃない。あのIPOは、僕らが拠り所にしてきた文化や価値観が認められた証だった」。長い間を置いて、ホーガンは続けた。「全員で『うまくいきそうかどうか』を基準に、お互いのアイデアを進んで評価し合ったことが、信頼感につながった。共通の価値観があったから、大変なことも乗り越えられた。あの価値観があったからこそ、世界によいものを送り出すことができたし、ただストレスがたまって憂鬱になる代わりに、毎日やる気と生きがいを感じながら協力し合うことができた」

ジョン・コサネクはIPO後のパーティーで駐車場に集まった社員を眺めながら、一人ひとりの貢献があってこその成功だったと実感した。「当時もまだそこまで大きな会社じゃなくて、集まったのはせいぜい200人かな。その一人ひとりを見て、『彼があれをやったからこの瞬間を迎えることができた、彼、彼女、彼らがあれをやったからここに到達できた』と、みんなのことが誇らしくてたまらなかった」

ティール、チェスで勝ちまくる

マックス・レヴチンはのちにこの日のことを「人生最高の日」と呼んだ。いつもはストイックなCTOのレヴチンが、この日は感情をあらわにしていたのを社員たちは覚えている。レヴチンは一日中浮かれ騒ぎ、彼がドル記号を模した緑のくす玉をおもちゃの剣で突き刺している写真にも、そのはしゃぎぶりが表れている。「シャンパン一本を飲み干したあとにしてはうまく刺せたほうだ」と個人サイトに掲載した写真のキャプションに書いている。

1990年代末のテック企業のやりたい放題のパーティーに比べれば、ペイパルのIPOの宴会は慎ましいものだった。会場はエンバカデロ・ロード1840番地の駐車場で、著名なミュージシャンの生演奏も、手の込んだ氷像も、贅沢なオードブルもなかった。

代わりにチームはプラスチックの折りたたみテーブルを広げ、音楽用のスピーカーを数台設置した。ビア樽と安売りのシャンパン、山盛りの軽食が運び込まれた。数人はパーティーを抜け出して、パロアルト・クリーマリーのいちばん高いメニュー、「バブリーバーガー」を注文した——冷えたドン・ペリニヨンのボトルとハンバーガー、しめて150ドル也。

CEOピーター・ティールと顧問弁護士ジョン・ミューラーがケッグスタンド〔ビア樽に逆立ちしてするビールの一気飲み競争〕をするのを見てみな驚いた。「絶対やるはずのない二人がケッグスタンドをしていた」とジョン・ロイバルは言う。

午後に株式市場が引けると、ティールとレヴチンは紙の冠をかぶった。金曜だったが、徹夜で働く社員は久しぶりに数えるほどしかいなかった。「あのときだけは、仕事のことは心配しなくていいと言われたよ」とエリック・クラインは言う。

ペイパルらしく、お祭り騒ぎも競争心むきだしだった。社員がこの日の最も印象的な思い出として挙げるのは、ピーター・ティールが駐車場で10人相手にチェスの早指しをしたことだ。各対戦に現金が賭けられ、チェス盤の下に紙幣が重ねられていた。大勢が見守るなか、ティー

多くの社員がIPO当日の最大の思い出として挙げるのが、ティール（右）の10面早指しチェスだ。ティールの腕前に社員は目を見張った。彼が唯一負けた相手は、COOデイヴィッド・サックス（左）だった。

ルはチェス盤をまわって次々と差し手を進めていった。

ティールは強敵の10人の対戦相手のうち、9人を負かした。「ピーターはふだんあまり飲まない。だからあの日はケッグスタンドをやらせたんだ」とジャナーダンは言う。「半分酔わせたのに、10人中9人に勝った！　信じられないよ」

デイヴィッド・サックスは、この同時対戦でただ1人ティールに勝って、一生の自慢のタネを得た（「ピーターは負けてキレていたね」とある社員は言う。「しかめっ面というか、青筋立てて席を立つのを見たよ」）。

一日の締めくくりに、ティールはペイパルの成功を振り返るスピーチをした。ブラウンスティーンによれば、「ピーターはペイパルの時価総額が、ユナイテッド、アメリカン、デルタ航空の合計より大きいと言った」。社員にはペイパルのロゴ入りウィンドブレーカーが配られた。のちに「IPOジャケット」と呼ばれ、古参社員のお宝になった品だ。

宴は深夜まで続いた。「IPOパーティーのことはぼんやりとしか覚えていない」とレヴチンは言っている。オクサナ・ウートンは「喜びとお祝いと涙とで、ニューイヤーみたいな騒ぎだった」と言う。

それはさておき、ペイパルのリーダーたちは、IPOが終わりではなく始まりであることを認識していた。99年9月に数名の社員の一人としてX.comに加わったエイミー・ロウ・クレメントは、いまや上場企業になったペイパルに「信じられない気持ち」を抱いたという。「努力がとうとうかたちになった。そのことが現実に思えなかった」。だが期待感もあった。「本当の仕事はこれからだという思いがあった。あれはいろんな意味で、新しい章の始まりでしかなかった。成熟した会社になったことで、ユーザーと投資家に対する責任も大きくなった」

マスク、ダントツの巨額を手にする

ペイパルの時価総額は、公開市場で10億ドル弱と評価された。ティール、マスクをはじめ経営陣が取締役会に働きかけたおかげで、社員は定期的に株式を付与されていたから、多くの社員がIPOでかなりの臨時収入を得た。「イーロンを除く僕らにとっては、あれが初めての大きな持株現金化の機会だった」とウールウェイは言う。とくに初期に入社し、長年の混乱を乗り越えてきたメンバーにとって、IPOはついに手にした手応えのある評価となり、ペイパルのユーザー成長率や決済額よりも具体的な成功の証となった。

このIPOにより、ティールやレヴチンなどの経営陣は、少なくとも書面上は数百万ドルの個人資産を手に入れ、セコイア・キャピタルやノキア・ベンチャーズ、マディソン・ディアボーン・パートナーズをはじめ、すべての投資家が巨額の利益を得た。

個人でダントツの利益を得たのは、イーロン・マスクだ。公開文書によれば、マスクは当初から同社の最大の個人株主であり、その後も株式を買い増していた。ペイパルの銘柄コードがナスダックの電光掲示板に表示されたその瞬間、ノキア・ベンチャーズやセコイア・キャピタルなどの機関投資家よりも多くの株式を保有していたマスクは、1億ドルを超える個人資産を手にした。

マスクはわずか4年間で数千万ドルから数億ドルに資産を増やし、未来の事業の基盤をつくった。「ペイパルが上場したおかげで、スペースXを立ち上げる元手が手に入った。いまやペイパルの株式を売ることも、それを担保に借り入れすることもできた」とマスクは言う。「それまで意味のあるような現金は持っていなかったんだ」

Chapter

22

Tシャツ戦争
──「最後の戦い」の勝者は？

ＩＰＯ後、ペイパル社員の間で新しい儀式が広まった。ＰＹＰＬの株価チェックだ。売却禁止期間のせいで、ほとんどの社員は数か月間持株を売れなかった。また、新規社員の株式はまだ権利が確定していなかった──つまり、割り当てられてはいたが、正式に付与されていなかった。

株価を眺めて自分の純資産を皮算用することには、癒やし効果もあったようだ。ところがペイパルＩＰＯの1週間後、イーベイはウェルズファーゴ銀行が保有する、ビルポイントの35パーセントの株式を４３５０万ドルで買い戻すと発表した。

これはペイパルに重大問題を呈した。第一に、４３５０万ドルという買い戻し金額のせいで、

10億ドル近いペイパルの時価総額が過大評価に見えた。「ペイパルはイーベイの決済に依存する存在なのに、なぜイーベイの自前の決済プラットフォームの価値がペイパルの8分の1でしかないのか?」とウォール街のアナリストは問いかけた。株式買い戻しが発表された日、ペイパルの株価は15パーセントも下落した。

さらに問題だったのは、イーベイが傘下の決済部門を完全所有したことだ。これにより、イーベイはもはやリスクを嫌う銀行の意向に縛られずに、決済機能を拡充することも、他社と提携することも、必要とあればビルポイントを独立事業として分社化することもできる。メディアは、この買い戻しがペイパルの脅威になると書き立てた。ビルポイントCEOジャネット・クレインは、「株式買い戻しによってビルポイントとイーベイの統合がますます進むでしょう」と発言して、その懸念をさらに煽った。

そしてイーベイはこの機に乗じて、ペイパルとの交渉を有利に進めようとした。メディアのあずかり知らぬところで、ペイパルとイーベイは統合の可能性をめぐる協議を再開していた。ウェルズファーゴ銀行の株式買い戻しを、ペイパルは脅威と受け止めた——この協議で合意に達しなければ、イーベイはさらに積極的に決済シェアの拡大を図ろうとするだろう。

戦い継続か、終止符を打てるのか?

2002年3月末、ペイパルの社内チームはイーベイのために、ペイパルの事業の詳細な報告書を作成し始めた。3月21日、イーベイはペイパルに13億3000万ドルでの買収を持ちかけた。この買収提案書の中で、両社は暗号名で呼ばれた。ペイパルは「シャチ」、イーベイは「アーニー」だ（ちなみに前回の提案書では、ペイパルは暗号名に、同じ海洋生物でもずっと小さい「ネズミイルカ」を選んでいた）。

3月22日朝のペイパル取締役会で、買収が議論された。取締役会の議事録によれば、ティールは「イーベイ経営陣が、両社の統合展望に関するすべての臆測に終止符を打ちたい意向を（ティールに）示した」と述べた。ティールは続けて、「これはイーベイにとっての転換点であり、彼らは自力で前進してペイパルと戦うか、ペイパルを買収するかの戦略的決定を下そうとしている」と発言した。

ペイパル取締役会が下した結論は、「両社はよくも悪くも運命共同体であり、戦いを長引かせるよりは、イーベイに買収されるほうが好ましい」というものだった。取締役会は「当取締役会の回答をイーベイに提示し、買収の可能性についてイーベイと協議を続ける権限を、モリッツ氏とティール氏に委任した」。

ペイパル取締役会は交渉期間中、頻繁に開催された。しかし4月10日、「ティール氏は、前回の取締役会以降、買収が実現する可能性は遠のいていると報告した」。

イーベイの買収提案から4月10日までの間に、ペイパルは上場企業として初の正式な四半期財務諸表を――そして四半期ベースで初の黒字を――発表する準備を始めた。その間、イーベイの株価はほぼ横ばいで推移した。またイーベイ経営陣は「買収における株式交換価格に下限および変動幅の制限を設けることに断固として反対」した。

4月11日には、買収の目はなくなった。「ペイパル取締役会は、来《きた》る初めての黒字の四半期決算発表などを踏まえ、現在の条件下で合併を進める用意はないと判断した」。代替条件、たとえば「株式交換比率の引き上げ」や「ペイパルが買収によって受け取るイーベイ株式の下限価格または変動幅の制限」をイーベイに提示する権限は、ティールに与えられた。おそらくどちらの条件もイーベイは受け入れないだろうと、ペイパル側は思っていた。

買収交渉のニュースが漏れ、またペイパルの黒字決算が発表されると、ペイパルの株価は26ドルを超え、買収の可能性はさらに遠のいた。ペイパル側からは、交渉がリークされたのは買収話を反故にするためではないかと疑う声も上がった。

とはいえ、大事なのは原因ではなく、結果だった。

いまや買収交渉は(またもや)中止になり、両社は再び敵対し始めた。IPO直前にペイパルに入社したキャサリン・ウーは、2002年のイーベイに関する全社会議のことをこう語る。

「社員全員が会議室に呼ばれて、ものすごく激しい演説を聞かされた。イーベイがペイパルをつぶそうとしているだの、イーベイの数百人のエンジニアがペイパルをつぶすためにビルポイントの開発に取り組んでいるだの。それを聞いて、あーあ、この夏は仕事漬けか、と思ったわ」

「Tシャツ戦争」を仕掛ける

2002年初め、イーベイはイーベイのお祭り「イーベイ・ライブ」を、6月21日からカリフォルニア州アナハイムで開催すると発表した。イーベイの出品者、購入者、その他の業者、ファンを一堂に集め、CEOメグ・ホイットマンが基調演説に登壇する。

ペイパルのヴィンス・ソリットの妻は、新聞でこのイベントのことを知った。「妻が記事に丸をつけて切り抜いてくれた」とソリットは言う。「あなたたち、これに行かなきゃだめよと言って。切り抜きを渡すと、デイヴィッド（サックス）は『たしかに行かなきゃな』と言った」

ペイパルはもともと参加を予定していて、イーベイの出品者やその他の業者と同様、社員が常駐する小さなブースを構える計画だった。だがサックスは、この機会にはもっとドラマチックな演出がふさわしいと考えた。

サックスたちはブレインストーミングを行い、イーベイを揺さぶるためのアイデアを二つ考えついた。一つ目として、ペイパルはイーベイ・ライブ開催前夜に大々的なイベントを行う。ペイパルから招待状を受け取った投資情報サイトのモトリーフールは、「ペイパルがまたもやイーベイのパーティーを破壊か？」と報じた。

話題をさらったところで、二つ目のアイデアを実行する。マーケティングチームは、前面にペイパルのロゴ、裏面に「新世界通貨」の文字の入ったTシャツを数千枚調達した。これをペイパルのイベントで特典付きで配布する──そのTシャツを翌日のイーベイ・ライブに着てきた人に、もれなく250ドルの現金ボーナスを与えるというのだ。その狙いは、ペイパルがイーベイ出品者のコミュニティと一心同体であることを、イーベイ経営陣に見せつけることにあった。

いざイーベイ・ライブが始まると、会場はペイパルのロゴで埋め尽くされた。みんなボーナスほしさにTシャツを着ていた。イーベイもイベントTシャツを用意していたが、有料で販売する予定だった。だがペイパルTシャツの氾濫を見て、方針を急遽変更した。「イーベイはペイパルのTシャツと引き換えに、イーベイのTシャツを配ったんだ」とサックスは言う。「だからみんな、もう一枚ペイパルTシャツをもらって、イーベイのと交換していたよ」

基調演説に登壇したCEOメグ・ホイットマンを迎えたのは、数千人のイーベイユーザー……そしておびただしい数のペイパルTシャツだった。極めつきは、2002年7月1日付USAトゥデイ紙の金融面に載った、イーベイ・ライブの記事だ。写真の中で、ホイットマンはほほえみながらサインをしている。その左でサインを求める男性の胸に躍っていたのは、ペイパルのロゴだった。

本当にペイパルを撃っていいのか?

イーベイの北米部門責任者ジェフ・ジョーダンは、会場でこのすべてを目の当たりにした。

言うまでもなく、ペイパルとの確執は何年も前から彼の生活の一部になっていた。そしてイーベイ・ライブでのペイパルの戦術を見て、ペイパルとの競争にますます辟易《へきえき》したのだった。

ジョーダンは99年にイーベイに加わった。ビジネススクールを卒業後、経営コンサルティングの仕事を経て、メグ・ホイットマンが経営幹部を務めていたディズニーに入社し、最終的にディズニーストアのCFOになった。消費者向け小売業界でインターネットの波の到来を感じたジョーダンは、オンラインビデオレンタルと動画配信のサイト、リール・ドットコムのCFOに転身した。だがリール・ドットコムは「アイデアが10年早すぎて」経営難に陥ったため、ジョーダンは次の冒険を探し始めた。*

99年、ジョーダンはイーベイに移っていたメグ・ホイットマンに引き抜かれ、6か月後の2000年初めに北米部門責任者に昇格した。この職務には決済サービス――と腹立たしいペイパル問題――の監督が含まれていた。イーベイがビルポイントを買収してペイパルとシェアを争うようになると、ビルポイントも彼の監督下に置かれたが、ビルポイントCEOのジャネット・クレインがホイットマンに頼みこんで、自ら運営を続けることになった。「あれは、僕のキャリアに起こった最もすばらしいことだったね」とジョーダンは笑う。

ビルポイントがペイパルに市場シェアを奪われていく間も、ジョーダンはペイパルにほかの決済サービスにない強みを見ていた。「ペイパルは積極果敢にリスクを取った」。ペイパルは、イーベイの購入者と出品者間の決済を引き受けることによって、イーベイの決済収益を少しずつ削り取り、ネットワーク効果が高まるにつれどんどん収益を伸ばした。またリスクモデルの改良を進めて不正利用を減らし、規模を利益につなげていった。

ジョーダンは北米部門責任者として、ペイパルをのさばらせたことの責任を、経営陣に追及された。だが彼はどうすることもできないと感じていた。ビルポイントを運営しているのは彼ではなかった(クレインの管轄だった)し、ペイパルを締め出して、ビルポイントをイーベイのデフォルトの決済システムにするわけにもいかなかった。

ジョーダンもほかの業界関係者と同様、独占禁止法問題に健全な恐れを持っていた。「社内では検閲めいたことが行われていた。たとえば、どんな書類にも支配的という言葉を使ってはいけないとか」。そしてペイパルは、この恐怖を故意に煽ってきたと、ジョーダンは指摘する。「あれはすごい揺さぶりだった。リード・ホフマンが僕に会いに来て、『もしビルポイントをイーベイに統合したら、独占禁止法に触れるおそれがありますよね?』なんて圧をかけてくるんだ」

ジョーダンとチームは、イーベイのコミュニティの意向をとても気にしていた。その理由は、イーベイユーザーのペイパル利用率が物語っていた。数百万人のイーベイユーザーが、決済でペイパルを進んで選択していた。イーベイがペイパルをつぶせば、イーベイも自滅することになるのではないかと、ジョーダンは懸念した。「ペイパルを撃ち殺すべきなのかどうか、心を決められなかった。イーベイのビジネスは、ペイパルのおかげで成り立っていたから」

イーベイでは、ペイパルについて堂々めぐりの会議が繰り返された。イーベイもペイパルと同じく、相手の取り組みを阻み、封じ込め、妨げるために知恵を絞った。だが2002年の時点で、もはや勝ち目がないのは明らかだった。ペイパルは忠実なユーザーを持つ上場企業となり、イーベイはペイパルの圧倒的な存在感への屈辱に甘んじるしかなかった。

＊　ジェフ・ジョーダンはこのときの求職活動で、記憶に残る面接を受けた。ピクサーのCFOを探していたスティーヴ・ジョブズから連絡を受けて、パロアルトのイタリアンレストラン、イル・フォルナイオで朝食を取ることになったのだ。「僕はジャケットを着ていった」とジョーダン。「スティーヴは20分遅れて、破れた服にサンダル履きで現れた」。ジョブズがジョーダンにした質問は二つだけ。第一問「1980年代末のスタンフォードビジネススクールという史上最高に刺激的な時期の起業界の中心にいた君が、なぜ退屈きわまりない経営コンサルタントなんかになったのか?」。第二問「いったいどうしたらディズニーで8年も働けるんだ?　あのとんでもなく強欲な連中と」。ジョーダンは質問の真意を読み取った――ジョブズ流の圧迫面接だ。第一問については、「おっしゃる通りです。ここに戻ってくるまで10年かかりましたが、こうやって戻ってきたし、これからもここにいるつもりです」と答えた。ディズニーの質問には強く反論した。「ディズニーを誤解しないでください」と言って、ディズニーストアは、ディズニーのテーマパークよりも消費者に高く評価されていると指摘した。「もちろん、商品も売っていますよ!」。ジョブズは満足して、ジョーダンにピクサーのよさを売り込んだが、ジョーダンは固辞した。当時別の会社でCFOを務めていた彼は、次は違うことがやりたかった。するとジョブズは、それならアップルで新しい部門を運営しないかと誘い、「アップルの店舗について構想を持っている」と言って、これまでにない買い物体験について説明した。ジョーダンはジョブズが「妄想的」だと感じて丁重に断った。「もちろん」とジョーダンはのちのアップルストアを指して言った。「彼はやってのけたけどね!」

5発よけても、6発目が当たるかもしれない

この「存在感」は、そのころには相互依存に変わっていた。それが最もはっきり表れたのが、

イーベイ・ライブだった。「あのゲリラ戦法は大成功だったね」とジョーダンはニヤリと笑った。

ペイパルのTシャツ戦略を見て、ジョーダンは痛感した。両社は争うのではなく、手を結ぶべきなのだと。Tシャツのシェア争いは虚しさの極みだった。ユーザーはイーベイとペイパルを両方愛しているのに、両社はいがみ合っているのだ。

イベント会場で、ジョーダンはデイヴィッド・サックスに手を振った。「僕らはいかにばかげた競争になってしまったかを語り合った」とサックスは言う。「いまやTシャツの次元で張り合っているとはね」。サックスも彼のチームも、はるか以前にそうした結論に達していた。「ペイパルの決済の大半はイーベイで行われていた」とエイミー・ロウ・クレメントも強調する。「私たちは敵に完全に依存していた」。両社の統合なくしてリスクが解消しないことは、ペイパルチームのほとんどが認識していた。キース・ラボイがのちにQ&Aサイトのクオーラに書いている。「リード(ホフマン)がうまいこと言っていた。『5発よけたからといって、6発目が当たらないとは限らない』」

イーベイはもちろん、6発目を用意していた。ビルポイントの株式をウェルズファーゴ銀行から買い戻しただけでなく、シティバンクとも密かに交渉を進めていた。ビルポイントをシティバンクに売却して、決済手数料を完全無料にする計画だ。イーベイはこの提携を通じて決済の問題を解決し、ペイパルより手数料で優位に立つことができるし、シティバンクは新しいタイプの顧客を獲得できる。「イーベイがシティバンクと提携していたら、ペイパルは終わっていたね」とジョーダンは言い切る。

それでもジョーダンは、ビルポイントをシティバンクに売却するより、ペイパルを買収してイーベイに統合するほうがメリットが大きいと考えた。なにしろイーベイはウェルズファーゴ銀行との多難な関係を抜け出したばかりだし、ウェルズファーゴ銀行が失敗した分野でシティバンクが成功する保証もない。そしてジョーダンはペイパルを、いずれイーベイを超えるであろう、独立した急成長中の事業だと見抜いていた。

イーベイとシティバンクの提携の噂が流れると、ペイパルチームは再びパニックに襲われた。サックスとレヴチンはホフマンに、イーベイの独占禁止法違反の証拠書類を利用してこの取り組みを阻止するよう指示した。

だがそれはせいぜいこけおどしに過ぎなかったと、ホフマンは打ち明ける。イーベイとシティバンクの取引には、独禁法当局の予防措置を招くような点は何もなかった。だいいち、イーベイ上でサービスを提供していたペイパルにとって、独禁法違反の脅しはおもちゃのピストルだった。「僕らのピストルは、見た目は本物そっくりだった。イーベイに振りまわすことも、かざすことも、向けることもできた」とホフマンは言う。「だが引き金を引いて出てくるのは、『バン！』と書かれた旗だ。すべては心理戦だった」

イーベイとシティバンクの交渉は当局の規制措置は招かなかったが、別の効果があった。これを機に、デイヴィッド・サックスはイーベイとペイパルの交渉再開を働きかけたのだ。

何度も壊れた交渉をどう進めるか?

IPO前にペイパルがイーベイとの交渉を打ち切った際、その決定をイーベイ側に伝える役目はティールが担った。そして交渉が破綻した責任はホフマンがかぶった。ティールは、ホフマンが独断で突っ走ってしまったのだと、イーベイ経営陣に伝えた。それを聞いたメグ・ホイットマンは激怒して立ち上がり、ティールをはじめその場にいたペイパル経営陣に言い放った。

「あなた方が戦争を望むなら、受けて立とうじゃありませんか!」

この交渉は、苦い後味を残した。イーベイ経営陣が苛立つのも無理はなかった。ペイパルとイーベイは四度も買収交渉を行った。イーベイの提案金額は3億ドルから始まり、5億ドル、8億ドルと増え、いまや10億ドルを超えていた。そしてその都度、金額または条件が折り合わずに見送られた。

今回のまとめ役となったサックスとジョーダンは、この交渉が社内外の厳しい目にさらされているのをひしひしと感じていた。メディアにかぎつけられたら、4月のように交渉が頓挫しかねない。

ペイパル経営陣は過去の確執を踏まえ、ティールとホフマンを話し合いから外すことにした。偶然にも、南カリフォルニアへの私的な旅行を予定していたメグ・ホイットマンも、直接の交渉から外れた。「買収を成立させるためには、メグとピーターを完全に外すしかなかった」とジョーダンは認める。

7月3日から7日にかけて、イーベイ経営陣はペイパルのデイヴィッド・サックス、ジョン・マロイ、ロエロフ・ボサとともに条件を詰めた。「僕らは土曜日にペイパルに押しかけて、財務調査を始めた」とジョーダンは言う。週末が終わるころには、イーベイ取締役会にプレゼンを行う準備ができていた。「たった4、5日で基本合意書から最終的な買収契約書までのすべてを作成した」とサックス。

ペイパルがIPOを果たしたことで、今回の協議は円滑に進んだ。「IPOは買収に大いに役立った。価値基準ができたんだ。イーベイにとって、これが五度目の買収提案になる。過去の四度は価格が折り合わなかった。だが市場でペイパルの株に値がつき、そしてしばらく取引されるうちに、ペイパルの市場価値は14億ドルになった」とジョーダンは言う。

サックスとジョーダンはそれぞれの取締役会に明確な根拠を示すことができた。ペイパル取締役会議事録によれば、イーベイは主要な買収条件を軟化させ、たとえば「イーベイ株式の交換価格に下限や変動幅の制限を設けない」という過去の条件を撤回した。

魔神を壺に戻すのは難しい

2002年7月6日のペイパル取締役会では徹底した議論が行われ、「現在提案されている買収提案のほか、買収に代わる案や、ペイパルが買収された場合と独立事業体として存続した場合のリスクについても詳しく」話し合われた。

前回よりも有利な条件と、14億ドルのオファーを得たにもかかわらず、数人の取締役は、ペイパルの躍進はまだまだこれからだと信じていた。たとえばマスクは、ペイパルの価値はこんなものではないと考えた。「こんな額を受け入れようとは、イカれてると思った」とマスクは憤慨する。ペイパル取締役のティム・ハードとジョン・マロイも疑問を呈した。「受け入れがたかった。私が信じていた価値よりはるかに低い価格で売ろうとしていた」とマロイは言う。

この日のペイパル取締役会議事録には、ペイパルの事業リスクと、それらがイーベイとの統合によってどのように軽減されるかが列挙されている。

- 統合はペイパルの戦略的成長計画のリスクを軽減する。
- ペイパルが2001年に実施した市場精査プロセスによれば、ペイパルを現実的に買収できる企業は、イーベイ以外にない。
- ペイパルに買収、合併、その他の魅力的な取引を提案した企業は、イーベイ以外にない。
- 買収によって、オンラインオークションサイト上の決済処理へのアクセスを失うリスクが最小化される。
- クレジットカード会社の規約変更リスク、不正リスク、金融サービスおよびオンライン賭博の規制にまつわる不確実性を軽減できる可能性がある。
- 現在検討されている条件は、イーベイと交渉し得る1株当たり最高額である。

・株式交換比率には、IPO価格と普通株式の売出価格、2002年7月5日の終値をもとに算出される価値に、買収プレミアムが上乗せされている。
・統合が実行されなかった場合、さまざまな悪影響と、主要社員が流出するリスクがある。

マロイ、ハード、マスクにとって最後の決め手となったのは、ペイパル経営陣と部下たちの忍耐が尽きたことだった。「イーベイに買収されたいか、されたくないかと聞かれたわ」とスカイ・リー。「私は疲れ果てていたから、『覚悟はできている。これ以上は無理』と答えた」。マロイは、マックス・レヴチンが超人的な激務に耐えられることを知っていた。「その彼が『もう潮時だ』と言ってきたとき、売らなくてはならないと知った」とマロイは言う。「限界に達した人たちを働かせ続けることはできない」

多くのペイパル社員にとって、会社での仕事は生産ではなく、忍耐になっていた。「何度も死にかけるなんて、人間が耐えられることじゃない」とルーク・ノセックは言う。「消耗戦から抜け出したかった。次の手を思いつかないほど疲弊するくらいなら、会社を売って利益を得たほうがいいと思った」

イーベイへの売却とその金銭的見返りが現実的になり始めると後戻りは難しくなったと、マロイは指摘する。「魔神は壺に戻せない」。ただ、ティールはイグジットがもたらすカネにはあまり関心がないようだった。「ピーターはもっと哲学的だ。普通の次元では考えない。彼はむしろ、売却によってリスクを先送りにできると考えていたね」とマロイは言う。

2002年7月7日日曜日、ペイパル取締役会はイーベイの買収提案を最終検討するために再び招集された。ティールが採決を求め、マロイはその要求を支持した。「取締役は一人ひとり意向を聞かれた」と議事録にある。「取締役全員が賛成票を投じた」

ペイパルのイーベイへの売却が決定した。

ハワード・シュルツが反対する

イーベイでは、ジェフ・ジョーダンが取締役会の説得にかかり、これまでと同じ主張を繰り返した。「われわれはカートを持たないアマゾンだ。カートを買うべきだ」

イーベイ経営陣はおおむね賛成したが、取締役の一人、スターバックスCEOのハワード・シュルツはチームに再考を促した。ペイパルはつい最近、それもかろうじて黒字化を果たした会社に過ぎない。14億ドルにはもっといい使い道があるのではないか?

他方、買収は決済問題を短期的に解決するだけでなく、会社に長期的利益をもたらすという意見もあった。イーベイ取締役でインテュイット創業者・元CEOのスコット・クックは、ペイパルがイーベイの事業価値を高め、長期的に大きな見返りを生むだろうと予言した。

これはジョーダンの考えに近かった。「僕は取締役会に、ペイパルがやがてイーベイをしのぐ存在になると説明した。失笑していた人もいたけどね」とジョーダンは言う。「ペイパルはイーベイの助けになるだけじゃない、イーベイを踏み台にして巨大な事業に成長すると言った」

最終的に、イーベイ取締役の大多数がペイパルの買収を支持したが、数人が反対を貫いた。「決議が全会一致でなかったのは、これが初めてだった」とジョーダンは言う。

「北極圏」での休戦の知らせ

2002年7月8日月曜日の朝、第一報が流れた。イーベイはペイパルを買収する。両社は今後も独立して運営され、「株主、政府、規制当局の承認」を待って手続きを完了する。これに伴い、ビルポイントが提供するイーベイ・ペイメントは段階的に廃止される——。

同日午前4時30分、サル・ジャンバンコはティールからのメールを全社員に送信して、買収発表を知らせた。その数分後、ジャンバンコは続けてマウンテンビュー本社の社員に全社会議の開催（会議は昼前に、人数の関係で2回に分けて行われる）を知らせた。月曜の朝、職場は噂とざわめきと混乱に満ちていた。ある社員は、まるで休戦を知らされた戦闘中の兵士たちのような雰囲気だったと言う。

メグ・ホイットマンが正午にペイパルに来てスピーチを行うという噂が出まわり、それを裏づけるように、イーベイのロゴの色で「メグ・ホイットマン」と印刷された演壇が設置された。社員は社内最大の会議室「北極圏」（温度調節機がイカれた旧オフィスの会議室にちなんで名づけられた）に集まり、ティールが「メグ・ホイットマン」の演壇に上がると、くすくすと笑いが起こった。「ちょっとしたことで笑いものになる」とティールはおどけて言った。「だから会社を売ることにしたんだ」

エリック・ジャクソンの『ペイパル戦争』（未邦訳）に描かれているように、ティールは社員に売却をわかってもらおうとした。「非常にいいオファーをもらった。いまのペイパルの株価より18パーセント高い価格になる。もちろん、こうした取引が妥当かどうかについてはつねに議論の余地があるが、会社が高く評価されたことと、大きなリスクが取り除かれることを考えれば、意味があると思っている」

誰も職を失わないし、どの職務も廃止されない、とティールは約束した──「ただしビルポイントを除いては」。部屋中に拍手と歓声が起こった。「取引が成立して、買収手続きが正式に完了するまで、おそらく6か月ほどかかる。それまでの間は何も変わらない。両社は今後も別々に運営される。売却完了後も、ペイパルは現行の経営体制を維持し、イーベイ内の独立部門として存続する」

ティールの簡単な説明が終わると、社員は会議室からぞろぞろ出ていった。「私たちは戦いに勝ったのよね？　買収されたのに、買収された側のような気がしない」とある社員は別の社員に話しかけた。

不正アナリストのマイク・グリーンフィールドは、買収のニュースをラジオで聞いたのか、会社のメールで知ったのかは覚えていない。だが会社に向かいながらこう考えていたのは覚えている。「自転車を漕ぎながら、大学院を受けようかな？　もうここにいる必要はないんだと思った」

ペイパルの野球帽をかぶったホイットマン

社員は驚きと安堵、不安が等しく入り交じった気持ちを抱いた。ペイパルは長年戦い、攻撃してきた相手に買われた。ピーターはああ言ったが、自分の仕事やペイパルの未来にどういう影響が出るのだろう……。

デイヴィッド・サックスはプロダクトチームの部下に、両社が最後まで戦い抜いていたら、どちらが「勝者」になったかはわからないと言った。「こういう場合、勝敗がはっきりしていれば、一般に買収は成立しない」とサックスが説明したと、エリック・ジャクソンの本に書かれている。「勝者は買収されることを拒むし、敗者を買いたがる者もいない」

またサックスは、ボサとともにイーベイから最高の条件——ペイパル幹部の見るところ、イーベイに支払える最高額——を引き出したと請け合った。

ペイパルのユーザーも、社員と同じ不安を持っていた。一方では、買収によって、イーベイで決済方法が乱立するややこしい状態に終止符が打たれる。だが他方では、ペイパルの強みである「わかりやすく使いやすい新機能をすばやくリリースする」能力が、イーベイの新しい経営体制下で脅かされるのではという意見が掲示板で聞かれた。

売却をいぶかる声は、メディアからも上がった。ウォール街のアナリストは、ペイパルへの期待の高さを考えると、果たして正しい選択だったのか疑問が残るとし、「イーベイへの身売りは安易な逃げ道だったのかもしれない」と抜け目なく指摘した。私利私欲に満ちた取引だという批判もあった。「富を得たのは初期投資家、経営陣、投資銀行家など、一握りの人々だ」と金融情報サイトCBSマーケット・ウォッチのコラムニストは書いている。

正午になると、騒然としたオフィスにペイパルの野球帽をかぶったメグ・ホイットマンが現れた。会議室の演壇に上がって温かい挨拶を送り、イーベイを使ったことがありますかと、ペイパル社員に訊ねた。数人が手を挙げた。ホイットマンがその朝、イーベイ社員にペイパルを使ったことがあるかと訊ねると、ほぼ全員が手を挙げたという。

ホイットマンはイーベイの事業について説明し、その規模と成長のデータを示した。「みなさんが——私たちのときおりの抵抗にも負けずに——築き上げた会社を、誇りに思って当然です」。ホイットマンは最後に、この取引を推進したサックスとジョーダンをねぎらった。質疑応答が終わると、ペイパル社員は「北極圏」をぞろぞろと出ていき、この瞬間を記念したイーベイのTシャツを手渡された。

ホイットマンは努めて礼儀正しくあろうとしていたが、聴衆は手強く、容易には受け入れられなかった。ある社員は、ホイットマンのスピーチが「流行語《バズワード》の羅列」だったとけなした。「ふた言目には『シナジー』だ。部屋を見まわすと、最初の5分でみんなしらけていた。『いままでのペイパルとは全然違う。いかにも会社みたいだ』って」

ホイットマンにしてみれば、あの場で何を言っても、ペイパル社員の心はつかめなかっただろう。彼女が前にしていたのは、ビルポイントとの激戦中に「メグ・ホイットマンのくす玉人形」をつくって叩き壊すような連中だったのだから。

ボブ・マグルーは買収を知らないまま、その日遅くに出社した。誰かにイーベイTシャツを渡され、理由を聞くと、「イーベイに買収されたんだ」と言われた。

「いったい何が起こってるんだ？　と思ったよ」とマグルー。「それから少しずつ実感が湧いてきた」

売却は「リスク回避策」の一つだった

イーベイによる買収は、ペイパルのIPO後に行われたため盛り上がりに欠け、そして物議を醸した。ペイパル出身者たちは長年にわたって、この買収の是非を議論している。

買収は必要不可欠で必然だった、燃え尽きてしまうより身売りするほうがましだ、という意見がある。「万策尽きたんじゃない。やる気が尽きたのよ」とヴィヴィアン・ゴーは言う。「膨大な努力とエネルギーとリソースを、価値創造にではなく、イーベイとの闘争につぎこんでいた。もう終わりにしたいと多くの人が思っていた――お互いを破壊するのに費やしているリソースを、ほかのことに、事業の成長に使えるように」

イーベイ以外の業者の決済代行サービスを担当していたキャサリン・ウーは、買収はペイパルがイーベイ以外のサイトで成長するための重要な踏み台になったと考えている。「ペイパルがいまの姿になるまでには、いくつかの踏み台が必要だった。そのなかでもイーベイはとくに重要な踏み台だった。イーベイとの障壁と戦いをなくすために買収され、完全に統合されるこのプロセスはどうしても必要だった。イーベイ以外の世界でまともに相手にされるには、この段階を避けては通れなかった」

ペイパルはイーベイのデフォルトの決済業者になったからこそ、急拡大を遂げ、不正防止モデルの精度をすばやく高め、イーベイ以外のサイトに導入を促すことができたのだと、彼女は指摘する。

その一方で、ペイパルの真価はまだ計り知れず、イーベイへの売却によって成長が阻まれたという意見や、売却によって「金融システムの変革」という、ペイパルの不変の使命が汚されたという意見もある。「革命をカネで売ってもいいのか?」とルーク・ノセックは首をひねる。

結局のところ、ペイパルにとってイーベイへの売却は、それまでペイパルが取ってきた、合併や登録ボーナス廃止、不正対策、上場などと並ぶ、リスク回避戦術の一つだった。ある面から見れば、ペイパルの成功要因は、イノベーションと同じくらい、リスク回避策にあり、イーベイへの売却は最新のリスクヘッジというだけだった。

「当時の状況をみんなわかっていない。イーベイとの競争やイーベイのロビー活動のプレッシャーをわかっていない。あれは人が思うよりずっと厄介な状況だった」とジャック・セルビーは言う。

「オフショア賭博」の時限爆弾

それを思い知らせるかのように、買収発表の翌日、ある脅威が現実化した。7月9日、ペイパルはニューヨーク州検事総長エリオット・スピッツァーから召喚状を受け取った。スピッツァーは、ペイパルとオフショア賭博とのつながりを捜査していると発表した。

ペイパル経営陣は2001年末には賭博事業に懸念を抱き始めていた。オンライン賭博は、ただでさえ危ういビザとマスターカードとの関係にひびを入れかねなかった。それに、ペイパルが世界大手の賭博決済業者になれば、中東の投資家がペイパルへの投資に二の足を踏むおそれもあった。

だがおそらく最大のリスクは、政界の反応だった。議会がオフショア賭博に厳しい目を向け始め、アメリカの金融機関がオンライン賭博の決済を行うことを禁じる法案が、下院議員ジム・リーチによって議会に提出された。各州の検察当局が取り締まりを強化し、そして身から出たさびでペイパルのもとにもスピッツァーの召喚状が届いた。

この時点で、イーベイとペイパルの買収はすでに発表されていたが、株主と規制当局の承認をまだ得ていなかった。スピッツァーの召喚状は、この微妙な時期にやってきた。だがペイパルは、捜査の一風変わった一面に間一髪救われた。「おかしなことに、召喚状は郵便で届いたんだ」とホフマンは言う。「もしフェデックスで送られていたら、イーベイと契約を結ぶ前に届いていただろう」

ペイパルの社内弁護士クリス・フェーロは、召喚状は命取りになるリスクだと思った。「われわれが恐れたのは、イーベイが、スピッツァーの召喚状を買収契約上の『重大な悪影響』とみなして、取引から手を引いてしまうことだった。だからピーターは、これを『重大な悪影響』にするな、買収を確実に完了させてくれ、と指示してきた」

ペイパルが賭博決済から数百万ドルの収益を得ていたことは、イーベイも当然知っており、それは買収交渉の争点にもなった。サックスは賭博事業の継続を望んだが、イーベイ側は即刻中止を要求した。結局、イーベイの主張が通って、ペイパルは賭博事業からの撤退に同意し、買収発表の文書にもその旨が明記された。

「イーベイにとっては、ペイパルの賭博事業からの撤退を、買収発表時に表明することがとにかく重要だった」とホフマンは言う。「そしてそれは、われわれにとってはもっけの幸いだった」(ただし買収発表と同時にキュラソーに到着したダン・マッデンにとっては「もっけの幸い」どころではなかった。取引先のカジノに、ペイパルの賭博決済は今後どうなるのかと厳しく問い詰められた。「あれは過酷な1週間だった」とマッデンは回想する)

ペイパルが賭博事業からの撤退をすでに宣言していたおかげで、スピッツァーの捜査はおおかた意味を失った。とはいえ、召喚状には対応する必要があった。ペイパルの行状がまったくのシロと言い切れないことは、ホフマンも承知していた。なにしろペイパルは、過去にオフシヨア賭博の決済を処理していたし、またペイパル自体は法を犯していなかったにせよ、他の決済処理業者が関わる部分には線引きが曖昧なグレーゾーンがあったのだから。

ホフマンとペイパルの社内弁護士は奇策に出た。「広報部門に行って、ペイパルが賭博事業からすでに撤退したことを取り上げた記事を全部集めて、小冊子にしてほしいと頼んだ。重要な全国メディアからニューヨークのメディア、その他のメディアまで、とにかくすべて集めてほしいと。その小冊子で『残念、もう撤退してしまいました。私たちを吊るし上げても無駄ですよ』と示そうとしたんだ」とホフマンは言う。

ホフマンたちはペイパルがもう賭博に関わっていないという証拠を揃えてから、ニューヨーク州検察当局に会合を申し入れた。

「できるだけ早く会いたいと伝えた。『日にちを決めていただければ、経営幹部の私と法務顧問がご指定の時間に参上します』と言ってね。『私たちは誠実な大人で協力的です。逃げも隠れもしません』という低姿勢で行くことにした」

ホフマンと弁護士は、検察当局にペイパルの過ちを一つずつ説明し、最も甚だしいと思われる違反さえ認めた——ビザがコード分類を変更後、ペイパルは2週間にわたりコードを偽って決済を処理していた。「すると彼らの態度がみるみる変わった。急に偉そうにふんぞり返ってファイルを開き、『いま、何月何日とおっしゃいました?』って」とホフマンは笑う。

ペイパルは協力的な姿勢によって、検察当局の捜査を乗り切った。ほかの悪質な業者を探すための協力を申し出たこともあって、20万ドルの罰金で放免された。

パロアルトから地球へ――ティールの呼びかけ

7月末、ペイパルチームは独立企業として最後の宴会を行った。会場はシリコンバレーを見下ろすサンタクルーズ山脈の小高い丘の店。ティールが会社の歴史を振り返るスピーチをした。その内容は、エリック・ジャクソンの『ペイパル戦争』に記されている。

「全世界が敵だと感じたこともあった。……いや、実際にそうだった!」とティールは始めた。「最初世間は、ペイパルは銀行につぶされると言った。だがそうならなかった。すると今度は、ペイパルはユーザーに見放されると言った。そうならないと、次はペイパルに敵対せよと全世界に呼びかけた」

そしてティールは二つの記事を引用した。一つは「ペイパル、信頼を失う」と題された記事。そしてもう一つが、例の「地球からパロアルトへ」の記事だ。

ティールは後者の挑発的な文句を読み上げた。「年間を通して黒字だったことが一度もなく、累積赤字が2億5千万ドル近くに上り、SECに最近提出された書類によって、サービスが資金洗浄や金融詐欺に利用される可能性が明るみに出た創業3年目の企業を、あなたならどうするだろう?」

聴衆が笑うのを少し待ってから、ティールは話題を変えた。

「21世紀には二つの大きなトレンドがある。一つが、経済のグローバル化。経済が国境を超えて拡大し、世界中の人々がつながり始めている。いまや出身国以外で暮らす人々は10億人を数える。二つ目が、安全性の追求だ。グローバル化し分散化したこの世界では、暴力とテロリズムが蔓延し、抑制が難しくなっている。テロリズムはあらゆる国を汚し、それを阻止するのは並大抵のことではない。このオープンなグローバル経済を維持しながら、暴力と戦う方法を探さなくてはならない」

そしてティールは、政府を訪れるうちに、右派にも左派にも幻滅したと語った。どちらの陣営も、世界の問題と解決策を正しく理解していないように思えた。

「右派も左派も、世界の急務について正しい問いを立てていない。ある意味、ペイパルはそんな世界の問題に取り組み続けてきた。これまで僕らは、万人がグローバルな商取引を行える仕組みをつくってきた。また、ペイパルやユーザーにとって有害な人々と戦ってきた。これは段階的かつ反復的なプロセスで、道中いろんな間違いもしたが、これまでおろそかにされてきた重要な問題に取り組むために、僕らはつねに正しい方向に向かって進んできた。

そんなわけで、僕はパロアルトから地球にメッセージを送り返したい。ここパロアルトでの生活はとてもいい。僕らは物事の進め方を改善している。だからいつかパロアルトに来て、何かを学んでほしい。地球よりずっと住み心地がいいと思うはずだ」

ティールがIPOを祝うスピーチに政治的見解を差し挟んだことに、モヤモヤした気持ちを感じた人たちもいた。

だがその一方では、この瞬間をあとから振り返り、ペイパルの根底にあった政治的意図が、個人の能力を信じる会社の精神に表れていたことに気づいた人たちもいる。

ヴィヴィアン・ゴーはペイパルでの日々を通じて「本当のアメリカ人になることができた」と言う。「初期のペイパルのモットーの一つは『決済の民主化』だった。それまで決済手段を持たなかった、世界のどこかの小さな販売者がビジネスを行い、よりよい生活を送れるようになってほしいという願いだった」

少なくとも彼女にとってこのモットーは、すべての社員に権限を与えるペイパル経営陣の姿勢と重なっていた。「彼らは本気で世界を変えようとしていた。人間の最善の精神を称えた。だから、一人ひとりの貢献を称えた。平社員でも、言いたいことがあれば聞いてもらえた。彼らが本当に信じていたのは組織ではなく、個人の力だった」

・

買収の2日前、チームはエンバカデロ・ロード1840番地の駐車場でもう一度パーティーを開いた――イーベイ社員になる前の最後の打ち上げだ。経営陣は空気で膨らました力士のコスチュームを着て、大きな土俵で相撲を取った。まもなくライバル会社の完全子会社になるペイパルの創業者たちは激しくぶつかり合い、その脇で社員が上司に声援を送った。独立企業としての最後の日にも、切磋琢磨の精神がみなぎっていた。

独立企業として最後の日、経営陣は相撲で競い合った。

終章

ペイパルディアスポラ

——ペイパルとは何だったのか?

ペイパルが買収されたあとの数か月間に、全社的な移行計画の実行を指揮したのは、ピーター・ティールではなかった。ティールは買収発表後、デイヴィッド・サックスにすべてを任せて海外に旅に出た。COOのサックスが、買収後のペイパルでCEOに昇格するのではという声もあった。

買収がまだ完了してもいないうちから、離散が始まった。ティールは次の行動を計画し始めた。グローバルマクロ投資ファンドの経営に戻ることだ。ジャック・セルビーやケン・ハウリーなどがこの計画に加わり、準備を手伝った。「10月にはもう取引を再開していたね」とセルビーは言う。

買収発表から約3か月後の2002年10月3日、ティールは全社員に簡単な辞任の挨拶を送った。

みんなへ

本日の市場終了時をもって、イーベイはペイパルの買収を完了した。ここ数週間熟考した結果、僕自身が新しい挑戦に向けて足を踏み出すのはいましかない、という結論に至った。今日が僕にとって、この会社での最後の日になる。

この数年間は、ペイパルチーム全員にとって、信じがたく忘れがたい時期だった。あらゆる企業の最も価値ある部分は人材だと、僕はかねがね考えてきた。そしていま、そのことをいつになく確信している。この現実を忘れない限り、イーベイとペイパルのコンビには、非常に明るい未来が待ち受けているはずだ。

マックスと僕はペイパルを立ち上げるとき、まず友人たちを誘った。それから友人の友人などを引き入れて、同心円状に仲間の輪を広げていった。古くからの友情がさらに深まったこと、そして多くの新しい友情が生まれたことが、僕らの成功の証として永遠に刻まれるだろう。これからも連絡を取り合おう。

ありがとう

ピーター

すべてがまったく違う会社の統合
——マングース、処刑される

買収の発表から完了までの数か月間に明らかになったことがある。どちらの会社の経営陣も、「二つの異質なチームの統合」という現実に立ち向かう準備ができていなかったのだ。

ペイパル経営陣はイーベイの雇われの身になるのを嫌った。「みんなでイーベイに行って、会社に留まりたいふりをしなくてはならなかった」とウールウェイも言う。「だがイーベイでは誰もペイパル社員が留まることを望んでいなかったし、ペイパルのみんなも統合会社に留まりたいなんてみじんも思っていなかった」

双方が文化摩擦を予期し、実際に初期の会議では仕事の進め方の違いが浮き彫りになった。「会議の予定を入れるだけでまる一日かかることもあった」と、あるペイパル取締役は言う。「イーベイはあまりにも官僚的だった」。あるときペイパルのチームはイーベイに行き、プレゼンテーションで100枚を超えるスライドを見せられた。「うちでもパワーポイント担当者を雇うことになるのかな」とペイパル経営陣の誰かが会議のあとでこぼした。

イーベイにとっての買収の狙いは、カネで手に入れたペイパルの技術とユーザーをイーベイに組み込むことであって、人材を得ることではなかった。「ペイパル経営陣のスキルセットは、イーベイの人材のスキルセットとおおかた重複していた」とセルビーは言う。イーベイの生え抜き幹部のマット・バニックが、メグ・ホイットマンによって会社の決済責任者に任命されたため、そのままペイパルCEOになるとの下馬評だった。サックスがトップに就く目はなくなった。

とはいえイーベイは、重要なポストの数人を引き留めようとした。たとえば、長年ビザとマスターカードとの関係維持に努めてきたトッド・ピアソンもその一人だ。彼のスキルと人脈はペイパルの運営になくてはならない存在だった。「彼が辞めていたらイーベイは立ち行かなくなっていただろう」とセルビーは言う。

イーベイに留まった社員の中には、大企業の生活を味気なく感じた人もいた。「ジーンズの文化からチノパンの文化に変わった」とデイヴィッド・ウォレスは言う。それでもウォレスは、文化変容の波に抗っても仕方がないと考えた。「事は決したんだ。ペイパルはもはや家族経営の巨大版みたいな会社ではなかった」

元ペイパル社員は、社内政治や会議、報告書の増加に悩まされた。大企業の完全所有子会社になる以上、ある程度は避けられないこととはいえ、自律的にすばやく動く癖がついていた彼らは当惑した。サントッシュ・ジャナーダンはイーベイの新しい上司に自分の仕事を理解してもらえず、「適切な資源配分のために」仕事内容と一日の時間配分をスプレッドシートにまとめさせられた。「なんだそれは、と。『リストラ・マン』のワンシーンかと思った」

彼らは、両社の統合が難航したのは自分たちにも非があったと認める。「あの3か月か6か月は、生き地獄だった。そして私たちのせいで、イーベイにとっても生き地獄になった」とキム＝エリシャ・プロクターは言う。

彼らは不快感を隠そうとしなかった。それがとくにはっきり表れたのは、「効果的な目標設定」というイーベイの全社的な重点課題のシンボルとして、マングースのぬいぐるみが配られたときのことだ。ペイパル部門では、マングースが元ペイパル社員の手で処刑された。一匹はイーサネットケーブルを首に巻かれて天井から吊るされ、もう一匹は小さないばらの冠をかぶせられて十字架に磔《はりつけ》にされた。マングースはもはやイーベイに愛着を持ってもらう存在とはほど遠いものと化した。

「私はペイパルの仲間たちのやり方に当惑したし、一部の行為はやりすぎだった」とエイミー・ロウ・クレメントは認める。「イーベイのリーダーが倫理に反しているとか、邪悪だなんて証拠は何もなかった。彼らにもチャンスを与えるべきだと思った」

大企業の文化に苦しむレヴチン

この時期のペイパルの週刊社内報が、文化の変遷を物語っている。両チームの「統合会議」の模様をまとめた記事には、文化を統合することの難しさが――そしてイーベイ社員をうんざりさせたに違いない嫌みが――よく表れている。

ペイパル／イーベイ製品の統合会議はとても順調に進んだ。イーベイ社員は会議の準備に長時間かけ、多くのサンプルを作成した。ペイパルロゴがあふれるイーベイのサンプルページは壮観だった。

あるプロダクト統合会議で、ペイパルのIDとパスワードの共有を求められた。ペイパルのパスワードを与えることは、ペイパルユーザーの全財産への戸口を開くようなものだ。デイヴィッド・サックスは訊ねた。「君たちのサイトはハッキングされたことはある?」。無邪気なイーベイ社員が肩をすくめて「そりゃね!」と答えると、サックスは「じゃあ、だめだ」と言った。彼らは同意した（苦笑）。

統合後の場面をいくつか紹介しよう。

＊

食堂にて元ペイパル社員：「すごい、ここではハムやチーズがただなのか!」

＊

会議にてイーベイ社員：「ローンチが来年の1月だとすると、重役審査のために9月1日まではPRD（製品要求仕様書）を仕上げないと」

＊

イーベイの受付にて：「どちらの会社の方でしょうか?」「ペイパルです」「ご来社は初めてですか?」「はい」「ご用件は?」「貴社に買収されたので……」「ああそうでした、ええっと……署名はいらないと思います」

マックス・レヴチンは、おおかたの予想よりは長くCTOに留まったが、イーベイでは苦しんだ。大企業の生活になじめなかったし、何ら具体的な責務も与えられなかった。ジョン・マロイはこのときのレヴチンの経験を通して、創業者たちと一緒に働くことの大切さを胸に刻んだ。

「私はマックスを見ていたから、いつか自分の会社をイグジットすることがあっても、創業者全員と連絡を取り続けようと決めた。仲間ロスには陥りたくない」とマロイは言う。「それは鬱にも似ている。毎日一緒に過ごしていた仲間が突然いなくなるのだからね。そうなってしまったら自分を見つめ直して、自分を変えるしかない」

2002年11月にレヴチンが会社を去ったとき、チームは伝説のペイパルIPOパーティーを再現して彼を驚かせた。「IPOの日は、僕が覚えている中で人生最高の日だった」とレヴチンは何人かに宛てたメールに書いた。「そして、この間のパーティーはあの日そのままだった、僕が大勢の前で羽目を外したところまで含めて。ほかに言葉が見つからないよ。パーティーはほんとに楽しかった。これを企画してくれて、ほかにもいろんなすごいことをしてくれたみんなが大好きだ」

イーベイで成長した人たち

レヴチンを含むペイパルの最高幹部がバタバタと去ったことで、「イーベイの文化が人材流出を招いている」とまことしやかにささやかれた。だがその陰で、多くの優秀なペイパル社員が買収後にイーベイの経営に加わり、長い間会社に貢献したことはあまり知られていない。

2002年にペイパルに入社したキャサリン・ウーは、「私は入社が遅かったから、生え抜きの〝ペイパル命〟の社員ではなかった」と言う。彼女はイーベイによる買収後も会社に留まり、大活躍した。辞めずに働き続けたのは、上司のエイミー・ロウ・クレメントを敬愛していたからだ。「エイミーは人を大事にする。それに『イーベイは悪で、ペイパルは善』のような決めつけもしなかった」

エイミー・ロウ・クレメントがイーベイに残ったのは、パン屋の2階の小さな会社だったペイパルが国際的な金融サービス会社になるまでの間、手塩にかけて育ててきたチームを深く愛していたからだ。「私は自分のチームを、それにデザインやエンジニアリング、品質保証、コンテンツも、本当に大切に思っていた。みんなでつくったものに誇りを持っていたから、まだ去る気になれなかった。また、私自身もリーダーとして成長したかった。まだまだ学ぶべきことはあると思った」

会社でやり残したことがあるとも感じていた。「『ペイパルはイーベイのレジ係』というイメージを急いで払拭《ふっしょく》する必要があった。決済市場の規模がどんな市場をもしのぐほど大きくなることを証明するという仕事がまだ残っていた」

ヒューイ・リンはペイパルのトップ層が去ったことに失望したが、そのおかげで残った自分たちに新しいチャンスがめぐってきたと言う。「経営幹部が全員辞めたから、僕らは違うスキルを身につけざるを得なくなった」。ペイパルの中間管理層はすばやく昇進し、人材を管理し大きな組織を動かすスキルを学んでいった。

イーベイは経営研修プログラムも提供した。たとえば経営者向けの「学習と開発」という、ペイパル出身者にとってはなじみのない概念のプログラムがあった。「ペイパルには、経営研修なんて何もなかった。何事もその場その場で考えてやるだけだった」とリンは言う。彼らはこうした研修で学び、身につけた新しいスキルをその後のキャリアにも生かしている。

一部のペイパル出身者は、イーベイで成功できるかどうかは、配属次第だったと言っている。たとえばペイパルの古参エンジニア、デイヴィッド・ガウスベックはアーキテクチャチームに配属され、買収の6年後の2008年までイーベイで働いた。その後立ち上げたスタートアップでも、イーベイでの経験を役に立てた。「僕のチームは、イーベイのほかの事業とはほとんど行き来がなかった。ペイパルにいたころと同じ問題に取り組み、同じプロダクトをつくる毎日に結構満足していた」

それ以外にも数十人のペイパル出身者がイーベイに留まり、その多くが、イーベイの専門的能力開発制度を利用してスタートアップを成熟した組織に育てる方法を学んだことや、多額の報酬が得られたことをありがたく思っている。

本書執筆時点でも、まだペイパルやイーベイで働き続けている人たちがいる。そして多くの人が、イーベイの気前のよい報酬を喜んでいた。レヴチンやマスク、ティールらは、ペイパルのIPOと売却の両方で――この種の取引に一般的な、持株の「加速的権利確定」の慣行にも助けられて――莫大な利益を手にした。だがほとんどの社員が持っていたのは、数千株の権利未確定株式だけ。彼らの多くは、イーベイに留まったおかげで、まとまったお金が得られたのだ。

物言う株主が「ペイパル独立」を煽り立てる――「ペイパルは至宝である」

マスク、ティール、サックス、クレメント、それにイーベイのジェフ・ジョーダンなどは、買収後もペイパルは成長を続けると確信していた。彼らの予測の正しさは、歴史が証明している。ペイパルは2002年時点でも世界の十数か国、2000万人を超えるユーザーに利用されていたが、2010年になると世界中のほぼすべての国でサービスを提供し、ユーザー数は1億人を突破した。本書執筆時点でペイパルのユーザー数は3億5000万人を超え、総決済額は2020年だけでほぼ1兆ドルに上る。

イーベイにおけるペイパルの事業の重要性も高まった。買収の5年後、ペイパルがイーベイの総収益に占める割合は3分の1になり、その5年後にはほぼ半分を占めた。ある試算では、2014年時点でイーベイの時価総額の半分がペイパルによるものとされた。

イーベイ内でめざましい成長を続けるペイパルに、やがて分離独立を求める声が上がった。ティールは2002年のスタンフォード大学での講演で、ペイパルにどんなアドバイスを送りたいかと問われ、「より大きな市場はイーベイの外にある」と答えた。「イーベイ以外の環境で個人間決済を提供するための機能やサービスをたくさん開発するべきだ」

ペイパルの独立気運をさらに煽ったのが、物言う投資家カール・アイカーンである。2013年、アイカーンはイーベイの株式を大量に取得して、ペイパルの分社化を要求し始めた。イーベイは2014年1月発表の四半期報告書の中で、「アイカーン氏の分社化提案に関して、イーベイ取締役会は……会社の分割が株主価値を最大化する最良の方法とは考えていません」と述べている。

アイカーンとイーベイは2014年の春から夏にかけて激しい応酬を繰り広げ、アイカーンはペイパルの分社化を要求したほか、イーベイの企業統治に利益相反などの問題があると批判した。「これまで数々の厄介な状況を見てきたが、イーベイにおける説明責任の完全な欠如ほどあくどい例をほかに知らない」とアイカーンは2014年2月に書いている。これに対しイーベイは「カール、事実に目を向けよ」と題した書簡の中で、アイカーンの言い分を「まったく間違っている」と片づけた。

アイカーンはイーベイの株主に向けた辛辣な公開書簡やメディア出演を通じて見解を表明した。「ペイパルは至宝であり、イーベイはその価値を隠蔽している」とフォーブス誌に語った。

ペイパル出身者もこの論争に加わった。「グローバルな決済システムがオークションサイトの子会社になるなんて、意味がわからない」とマスクは吐き捨てた。「まるで〔スーパーマーケットの〕ターゲットが〔クレジットカード会社の〕ビザを所有しているようなものじゃないか。

ペイパルはイーベイ傘下にいつづけたら、アマゾンペイメントやアップルやその他のスタートアップにズタズタにされてしまう」

このころにはテスラとスペースXのCEOを長く務めていたマスクは、ペイパルは分社化しなければ完全に沈没すると断言した。「カール・アイカーンにはそれが見えている」とマスクは指摘した。「テクノロジーに詳しいわけでもないのに」

サックスも同意見で、ペイパルはイーベイの軛《くびき》から解き放たれれば、ほとんどの銀行よりも優れたサービスを提供できると言った。「ペイパルが自分の運命を切り拓くことを許されれば、世界最大の金融会社になるための布石を打てる」とサックスはフォーブス誌に語っている。ペイパルの価値はイーベイ傘下で300億ドルから400億ドルに増えたが、独立すれば1000億ドル企業になるポテンシャルがあると、サックスとマスクは推定した。

二度目の上場を果たす
――世界的な決済システムになる

2014年夏、ペイパルCEOを務めていたデイヴィッド・マーカスがフェイスブックに移籍した。折しもアップルペイがサービスを開始したことや、中国のアリババがIPOを実施して同社の決済サービス、アリペイの認知度が高まったこともあって、モバイル決済への関心が広がりを見せていた。こうした状況を踏まえ、イーベイは方針転換を決めた。

２０１４年9月13日、イーベイはペイパルを独立会社として分社化すると発表した。ペイパルとイーベイが今後も一体となって事業を継続するという1月の宣言を撤回して、イーベイＣＥＯのジョン・ドナホーはこう書いた。「取締役会とともに戦略を徹底的に見直した結果、イーベイとペイパルが２０１５年以降も同一組織内に留まることは、それぞれの事業にとって戦略的にも、競争上も、明らかに不利であるという結論に至りました」。イーベイ株主は、保有するイーベイ株式1株につき、1株のペイパル株式を受け取ることになった。

かくして２０１５年7月、イーベイが買収を発表した13年後に、ペイパルは二度目の上場を果たしたのである。本書執筆時点で、イーベイのナスダック市場での時価総額は４００億ドル超、これに対してペイパルは３０００億ドルを超え、２００２年ＩＰＯ時の評価額の３００倍以上の価値を誇っている。

創業から二十数年経った現在のペイパルは、創業者たちが夢見た世界的な決済システムになったと言っても過言ではない。

だがこれほどの大成功を遂げても、まだ不十分だとみなす人がいる。マスクは、「ペイパルは世界でダントツで価値の高い金融機関にならないとおかしい」と不満げだ。彼はペイパルを去った数年後、ペイパルの創業チームで会社を買い戻して、世界の金融中枢に育てようと、リード・ホフマンに持ちかけたという。

ホフマンはこの電気自動車から宇宙技術、大量輸送、太陽エネルギー、火炎放射器までのすべてを「やることリスト」に載せている、病的なまでに野心家の友人の妄想をユーモアたっぷりに語ってくれた。「イーロン、やめとけって言ってやったよ」

サックス、ハリウッドに進出する

会社としてのペイパルに負けず劣らず、その創業者と最初期の社員たちも大成功している。ユーチューブ、イェルプ、リンクトイン、スペースX、テスラなど、いまや誰もが知る企業をつくった人たちがいる。また、これらの企業の最初期に投資した人もいる。

たとえばイェルプに初めて投資したのはレヴチンだった。自分の誕生日パーティーのあとで、イェルプの共同創業者となるジェレミー・ストップルマンとラッセル・シモンズに、地元の店のクチコミサイトというアイデアを売り込まれ、翌日投資を決めた。

起業する代わりに、ペイパルの仲間が立ち上げた会社に加わった人たちもいる。ティム・ウェンゼルとブランデン・スパイクス、ジュリー・アンダーソンは、一時期マスクのベンチャーで働いていた。ティールが設立したファウンダーズ・ファンドも、多くのペイパル出身者を雇い、ペイパル出身者の会社に投資もしている。

全員がすぐに次の仕事に就いたわけではない。「あのあと、1年は働く気になれなかった」とルーク・ノセックは言う。ノセックはペイパルを辞めてから世界を旅した。

もっとゆったりとした、スタートアップ以外の道に進もうとした人もいる。ボブ・マグルーとレヴチンは、学問の道を模索した。マグルーはスタンフォード大学の博士課程に進んだ。レヴチンも暗号化技術で博士号を取るために、ひと夏の間、コンフィニティの初期の技術顧問だったダン・ボネと研究をした。だがその後、レヴチンの前途洋々の研究者としてのキャリアは、ボネによって打ち切られたという。

「これじゃうまくいくはずがない」とボネは言った。

「どうして? 僕は楽しんでいるのに!」とレヴチンは聞き返した。

「いやいや、何を話しているときでも君が知りたいことはただ一つ、『これは何の役に立つのか?』だ。次の起業のアイデアを探しているだけじゃないか。君がやろうとしているのは、複雑な数学の難問を解くことじゃない、次の会社を立ち上げることだ」とボネは言い渡した。

マグルーも博士課程を中退し、ティールが始めたビッグデータ分析会社パランティア・テクノロジーズの技術ディレクターになった。

デイヴィッド・サックスはペイパル後の初仕事で、なんとハリウッドに進出した。彼はレヴチン、ウールウェイ、ティール、マスクとともに、風刺映画「サンキュー・スモーキング」を製作し、2007年ゴールデングローブ賞の2部門にノミネートされた。

成功は収めたが、サックスは設立した映画製作会社をすぐに休業した。「僕らは3年かけてペイパルをつくり、3年かけて映画をつくった」とサックスは2012年に記者に語っている。「どちらも貴重な経験だったが、ペイパルは10億ドルで上場し、現在ユーザーが100万人を超える企業だ。テクノロジーを利用すれば、映画にはできないほどの規模で何かを成し遂げられる」。サックスはシリコンバレーに戻って企業向けＳＮＳのヤマーを立ち上げ、２０１２年に12億ドルでマイクロソフトに売却した。

ペイパル内外の敵対関係や断層線はその後も長く残り、シリコンバレーの知るところとなった。だが思いがけず修復された亀裂もある。２０１０年にメグ・ホイットマンが共和党からカリフォルニア州知事選に出馬した際、後援者リストにはかつての商売敵、ピーター・ティールの名前があった。ティールはホイットマンの選挙運動に２万５９００ドルを寄付し、メディアで彼女への支持を訴えた。

ペイパルマフィア
――一枚の写真が生んだ波紋

２００６年ごろから、ペイパル出身者のネットワークがニュースで取り上げられるようになった。ニューヨーク・タイムズの長い記事もその一つ。だがこの集団の結びつきを伝説に変えたのは、２００７年のフォーチュン誌の記事だった。記事のタイトル「ペイパルマフィア」は彼らの呼び名として定着した。

記事に添えられた有名な写真では、ティール、レヴチンなど13人のペイパル出身者がマフィアに扮している。撮影場所は、映画「ゴッドファーザー」風の贅沢な革張りのソファやイタリアの壁画のあるサンフランシスコの有名店、トスカ・カフェだ。

「ペイパルマフィア」の呼び名が本格的に広まり始めたのは2007年ごろのことだ。そのきっかけをつくったのは、フォーチュン誌の表紙を飾ったペイパル出身者の写真である。（後列左から）ジョード・カリム、ジェレミー・ストップルマン、アンドリュー・コーマック、プレマル・シャー、（中列）ルーク・ノセック、ケン・ハウリー、デイヴィッド・サックス、キース・ラボイ、リード・ホフマン、ロエロフ・ボサ、ラッセル・シモンズ、（前列）ピーター・ティール、マックス・レヴチン。この写真はペイパル創業のキーメンバーが入っていないことで物議を醸した。それでもこのイメージにインスパイアされた読者は多い（後述）。

写真は大評判を呼んだが、ペイパル出身者の多くがそのイメージや描き方を苦々しく思っていた。このラベルがあまりにも計算高いと感じた人もいる。「マフィアというラベルには幻滅したわ。ペイパルはそんなものじゃなかった。ペイパルは巨大な仲間集団だった。どんな夢も実現できると信じてがむしゃらに働く、超賢くて、負けを恐れずに果敢にリスクを取る人たちの集まりだった。何か壮大な計画があったわけじゃない」とキム＝エリシャ・プロクターは言う。

ペイパル出身者の知人や同僚たちは、この呼び名の洗練された謎めいた感じが、ペイパルの粗削りなメンバーのイメージにそぐわないと感じた。「あの会社のほぼ全員が、自分は異端だと思っていた」とマロイは言う。「いまではペイパル出身者はクールと言われているが、その対極だったね」

ホフマンは「ペイパルネットワーク」の呼び名のほうを好んでいる。「ペイパルマフィアと一括りにすると、全員が同じ世界観を持っていたように思われがちだ」と彼はニューヨーク・タイムズに語っている。「実のところあの集団は、強烈な経験をともにした仲間だ。テレビシリーズの『バンド・オブ・ブラザース』のように、みんなで同じ戦争を戦ったが、めざす方向はそれぞれ違っていた」

X.comの社員番号5番、ジュリー・アンダーソンも、ペイパル創業者のネットワークを「マフィア」と呼ぶことに異議を唱える。ペイパル出身者の男性オンリーのあの写真を初めて見たとき、「とてもむかついた。女性の代表が一人もいなかったから」。彼女の批判はもっともだ。２０００年11月時点で１５０人いた社員のうち、３分の１が女性だったし、ジュリー・アンダーソンをはじめ、デニス・アプテカー、サラ・インバック、スカイ・リー、エイミー・ロウ・クレメントなど、要職に就いて会社の成長と成功に大いに貢献した女性も多い。

ペイパルマフィアのイメージは偽りの偶像、憂慮すべき偶像となった。エミリー・チャン著『男性優位社会《ブロトピア》』（未邦訳）などに詳説されているように、シリコンバレーの女性は、雇用や資金調達、昇進、役員への登用、業績評価などで公平な扱いを確保するのに長い間、苦労してきた。ペイパルマフィアの写真と神話は、この問題に油を注ぐとともに、男性同士が築く暗黙のネットワーク、いわゆる「ボーイズクラブ」批判の格好の証拠写真となった。

ペイパルの名付け親で、会社やブランドの名前に造詣の深いＳＢ・マスターも、「マフィア」の呼び名が似合わないと感じた一人だ。彼女はその後もペイパルの古参社員が立ち上げた会社にコンサルティングを行っているが、彼らのことをよく知る立場から、ペイパルをテック界のギャングというよりは、変わり者のギーク集団とみなしている。初期のペイパルの錚々たる人材を考えれば、ペイパルから羽ばたいていった創業メンバーには、むしろ「ペイパル離散者《ディアスポラ》」の言葉がふさわしいと彼女は言う。

マフィアの写真に写っているデイヴィッド・サックスもこう言う。「あれはクラブみたいなものじゃなかった。ディアスポラのほうがしっくりくるね。僕らは故国を乗っ取られた。寺を焼かれ、追放された。シチリアのマフィアというよりは、ユダヤ人に近い」

ユニバーシティ・アベニューから遠く離れて

これまでにサックスやティールの自宅などで、何度か同窓会が開かれた。中心集団と距離を置く人たちも、元同僚たちがユニバーシティ・アベニューで一緒に働いていた時代から途方もなく遠くまで来たことに思いを馳せた。ブランデン・スパイクスは、元同僚の躍進ぶりを励みに感じたという。「職場で机を並べて一緒にコードを書き、システムをつくっていた仲間たちが、現代の優れた会社を築いている。再会してそんな話を聞いて、胸が熱くなったよ」。スパイクスは同窓会で発奮して、自分でも会社を興そうと資金集めを始めた。

多くの人が当時の記念品を大切に持っている。本書のインタビューにX.comのTシャツを着てきた人や、X.comのロゴ入りマグを画面で見せてくれた人もいる。「ペイパル出身」の肩書きは、テック界で強力な信用状になるという声も聞かれた。そしていまでも、当時の経験から何を得たかと質問攻めにされるという。

その一方で、このつながりを少し息苦しく感じている人たちもいる。「『ペイパルをつくった男』というだけで終わりたくない」とレヴチンは言った。

あれからの20年間、創業者たちの人生には本当にいろいろなことが起こった。私が初めてマスクとメールをやりとりしたとき、彼はいったい誰が自分の二つ目のスタートアップなんかに興味を持つのかと、いぶかしげだった。「いまとなっては昔話だよ」

だがその昔話は、いまなお大きな影響をおよぼし続けている。マスク自身も感傷的になることがある。X.com のURLを購入してから数十年後の2017年、彼はこのURLをペイパルから買い戻した。そのいきさつをくすくす笑いながら教えてくれた。買い戻しを仲介したブローカーは、この取引を人生の偉業とみなしていたという。「URLに人生を賭けている人で、詳しい知識を持っていた。長い感動的な手紙をくれたよ」とマスクは言った。

そのURLで何をするのかという質問に、マスクはツイッターでこう返している。「X.com の買い戻しを許してくれてありがとう、ペイパル！　いまのところ何の計画もないが、僕にとってはとても思い入れがあるものだ」。本書執筆時点でX.com のURLを訪れると、「x」の一文字が書かれている。ページの残りは空白だ。

このミニマルなサイトには隠し機能が仕掛けられている。本書執筆時点でこのURLのほかのページ、たとえば www.x.com/q や www.x.com /z に行くと「y」の文字が現れる。

先入観のない「未経験」の者たちを採用した

創業者たちは、当時は「企業文化」について多くを語らなかったが、ペイパルの文化がシリコンバレーのひと世代の人々の考え方に影響を与えたことは疑いがない。ペイパルをつくった異端児たちは、いまではテクノロジーとエンジニアリングにおける最も有力な正統派となり、その発言は逐一解読され、分析され、議論されている。いまや彼らは企業経営者や投資家として、アイデアと野心、精力にあふれた新参者の売り込みを、週に何百件も受ける側にまわっている。

創業者たちはペイパル時代の教訓を問われれば、ポッドキャストや会議、講演などの場で答えることがあり、本書も彼らのそうした発言を多く引用している。しかし、多くのペイパル出身者が謙虚だ。「どの経験を次に生かすべきかなんてわからない」とティールもスタンフォード大学の聴衆に説明している。「同じ会社の同じ状況で同じことを繰り返すわけではないからだ」

そうは言っても、彼らがペイパルでの経験をその後の取り組みに生かしているのは明らかだ。何より、彼らは才能豊かな異端児が業界全体を転覆できることを、ペイパルを通して証明した。そしてその手法を、ビジネス向けSNSから政府契約、インフラ構築に至るまでのあらゆる分野で再現している。「僕らがペイパルの経験から学んだのは、優秀な者たちが勤勉に働き、誰も見たことのないテクノロジーを駆使すれば、実際に業界に革命を起こせるということだ」とホフマンは語る。「そしてペイパルでの経験を得たことで、僕らはどんな業界でも幅広くめざせることに突如開眼した」

エイミー・ロウ・クレメントも同意する。「『自分たちがやらなければ誰がやる？』の精神だった。私たちのようなはみ出し者の寄せ集めチームでも、無から有を生み出すことができた。そのことが本当にすばらしかった」

またペイパル出身者は、経験不足を強みとみなすようになった。「あの会社の逸材の中には、とくにコンフィニティ側には、決済分野の経験者はほとんどいなかった」と不正分析チームのマイク・グリーンフィールドは書いている。「それにインターネット製品をつくった経験もほとんどなかった」。もしペイパルが従来の方法で不正防止プロセスを構築していたら、「銀行でイノベーションを起こすこともなく20年間ロジスティック回帰分析モデルをつくってきただけの人材を雇い、その結果、会社は不正損失で破綻していただろう」。

事務責任者のローリ・シュルティスは、ペイパルでは未経験者を積極的に採用していたと言う。「不正対策の人材を雇うときは、あえて不正対策の未経験者を探した。ペイパルでやる仕事に先入観を持ってほしくなかったから。まったく違う角度から、自由な発想と新しい視点で考えられる人、どこそこの銀行ではこうやっていたからここでもそうすべきだ、なんて言わない人を探した」

あるときティム・ウェンゼルが、採用候補者をティールとの最終面接に呼んだ。面接が終わり、ティールがウェンゼルのところに候補者を連れてきたので、ウェンゼルは彼を外まで送っていった。それから自席に戻るまでの短い間に、ウェンゼルのコンピュータにティールからメールが届いていた。「これでおしまいにしよう。頼む、決済経験者は金輪際呼ばないでくれ」

「最高の社員」の条件
――なぜペイパル出身者がここまで活躍しているのか?

ペイパル出身者の多くは、別の意味でも異端児だった。X.comとコンフィニティの創業メンバーは、過半数が外国生まれだった。「移住は起業に似ている」とサックスは言う。「国を離れるために積極的な一歩を踏み出し、その過程ですべてを置き去りにすることも多い。それは究極の起業家的行動だ。だから移住者がアメリカにたどり着いたあとも、環境をつくり変えるために起業家的行動を取り続けるのは不思議ではない」

レヴチンはペイパルの採用基準に一風変わった条件を加え、それがペイパルの成功と出身者たちのその後の活躍に一役買ったと自負している。最初期の社員の多くは、雇われ人であることを好まなかった。「どんな仕事のどんな職務についても言えることだが、トップクラスの人材とは『誰かの下で働くのはもうこれで最後にしよう』と思っている人だ。『この次は自分で起業する』と考えている人だ」とレヴチンは語る。「そういう人材をできるだけ多く集めたことが、会社の成功を決めた。だからこそ、あれだけ多くの起業家が巣立っていったんだ」

取締役のティム・ハードはペイパルの採用条件をより簡潔に表した。「圧倒的知性の持ち主か？　それが第一条件だった。必要な仕事を本当にうまくやれるか？　そのために全身全霊を尽くせるか？　それ以外は不問にした」

シリコンバレーで成功すると、未来をつくるポテンシャルを持つ規格外の異端児たちから遠ざかることになる。いまやペイパル創業者の何人かは、トム・パイトルのような異端児たちよりも、おそらく世界の首相たちとの距離のほうが近い。「安楽な暮らしが手に入ると、再び全賭けする気が失せるし、全賭けする人たちのことがわからなくなる」とマロイ。「床で寝ている社員たちのことが理解できるか？」

創業者たちは、とくに投資家の立場に立ったいま、この難題に対応する方法を見つける必要がある。レヴチンはそのために、かつて計算機学会でやっていたように、いろいろな大学に足を運び、小規模な学生組織と定期的に会うようにしている。ティールもふだんつき合わないような人たちとミーティングをすることで知られる。たとえば心を打つ手紙を送ってきた高校生と会って話すこともある。

ホフマンは知り合いによく、「あなたの知り合いでいちばんエキセントリックで規格外の人は誰か？　その人に会わせてもらえないか？」と訊ねるという。「ただの変人かもしれないが、天才の可能性もあるから」。ホフマンは、あの「混沌」を世界屈指の上場企業に変えた、原石のような元同僚たちに似た、原石のような創業者を探しているのかもしれない。

「プロダクト」に本気で執着する

とはいえ、こうした社員の属性は、ペイパルの成功の一因でしかない。90年代末のシリコンバレーには、型破りな「圧倒的知性の持ち主」や、スタートアップの成功のために社会生活と睡眠を喜んで犠牲にする人はいくらでもいた。成功要因はほかにもあった。

その一つは、プロダクトへの——その基盤となる技術だけでなく、プロダクトそのものへの——飽くなきこだわりだ。「僕らは可能な限り最高のプロダクトをつくることに徹底的にこだわった。可能な限り最高の顧客体験を提供することに、本気で執着していた」とマスクはZip2とペイパルでの取り組みを振り返っている。「僕らにとってはプロダクトそのものが、巨大な営業部隊やらマーケティングの仕掛けやら〝12ステップのなんとかプロセス〟やらよりも、はるかに有効な販促ツールだった」

これを最もよく実践していたのが、デイヴィッド・サックスとプロダクトチームだ。彼らの多くは、その後もプロダクト開発で輝かしいキャリアを歩んでいる。サックスもペイパルでのプロダクト開発の経験、とくにプロダクトの流通に関する経験を、その後の取り組みに生かしている。「ペイパルはほとんどリソースがない、ゼロからのスタートだったから、どうやってプロダクトを消費者に届けるかを真剣に考える必要があった」とサックス。「パームパイロット版プロダクトだったころから、ウェブ版になってもずっと、どうしたらこれを人々に見つけてもらえるか、使ってもらえるかを考え続けていた」

デザイナーのライアン・ドナヒューは、「チームはプロダクトをいかに流通させるかという問題に執着していた。プロダクトを広く顧客の手元に届ける必要性について、とても抜け目のない、ある種とても成熟した視点を持っていた。そしてそれを品質やその他のことよりずっと重視していた」と指摘する。

またエイミー・ロウ・クレメントは、プロダクトチームが、「ユーザーの気持ちがわかる、EQの高い人材」を採用していたこと、そして彼らの「共感」が社内外に広がっていったことを挙げる。「ただユーザー目線に立って優れたプロダクトをつくるだけでなく、会社を一つにまとめる力を併せ持つプロダクト管理グループを、私たちはつくりあげた」

こうした問題を乗り越えて、プロダクトがいったん完成したあとも、ペイパルの急成長からまた別の学びを得て、それが創業者たちの未来の仕事に影響を与えた。

たとえばリード・ホフマンが提唱した〔一気に成長に集中する〕「ブリッツスケーリング」や、シリコンバレーの急成長への執着の少なくとも一部は、ユニバーシティ・アベニューの二つのスタートアップに端を発している。

「ぶつからない隕石」はチャンスを生む

ペイパルのプロダクトとその大成功は、ドットコム破綻の激動にも多大な影響を受けている。

この外的圧力には、新しい何かを生み出す力があったと、多くのペイパル出身者が指摘する。ペイパルはドットコムブームの絶頂期に生まれ、業界全体の低迷期に軌道に乗り始めた。「僕らの経験の大半は、バブル崩壊後に起こったことなんだ」とジャック・セルビーは強調する。ペイパルも破綻寸前に陥り、すんでのところで墜落を免れた――高い現金燃焼率のせいで、2000年時点で、手元資金はあと数か月分を残すのみだった。

だがこのギリギリの状況がすばらしい結果を生み出した。チームは手数料を導入し、不正と戦い、その両方で迅速なイテレーションを繰り返した。外からの財政的圧力がなければ、これだけのイノベーションは起こらなかったかもしれないと、多くの社員が言う。「最高のチームは隕石をかわせる。ぶつからない隕石はチャンスを生むんだ」とマロイ。

イーベイとの駆け引きでさえ、闘志を生んだ。イーベイがオークション決済でのペイパルの利用を妨げようとすると、チームはプロダクトの構築、導入、改良で対抗した。「私たちの絆を本当の意味で深めたのは、イーベイとの戦いだった」とスカイ・リーは言う。「宿敵との戦いほど会社を団結させるものはない」

ティールもこの圧力こそが、ペイパルでの経験の際立った特徴だと言っている。「マイクロソフトやグーグルのような大成功した会社にいれば、新規事業の立ち上げを簡単だと甘く見るようになるだろう。つまり、間違ったことをいろいろ学ぶことになる。他方、失敗した会社にいた人は、新規事業の創出は不可能だと思い込むだろう。ペイパルはその中間だった。シリコンバレーの名だたる企業ほどには成功しなかったが、僕らは会社を舵取りするうちにおそらく最高の教訓を学んだのだと思う──それは困難だが不可能ではない、と」

「正しい答え」に到達することだけをめざしていた

彼らはこの経験から、起業家を選別する厳しい目も養った。「みんな軽々とやっているように見えるが、スタートアップを成功させるのは本当に難しい」とセルビーは言う。

ペイパル出身者はいまでは投資家として、さまざまな創業チームの持久力とアイデアの健全性について、しばしば判断を迫られる。彼らは迅速に動けるか？　変化にすばやく対応できるか？　学習するためなら失敗も恐れないか？　「学習するためにあえて失敗する覚悟がないと、おそらく十分速く学ぶことはできない」とホフマンは言っている。

もちろん、強烈なプレッシャーのかかる環境にはマイナス面もあった。倒産やイーベイや新たな競合の脅威を前に、萎縮したり落ち込んだりすることもあった。

これを思い出して、「ペイパルＰＴＳＤ（心的外傷後ストレス障害）」と冗談まじりに語る社員もいる。彼らは近寄りがたいほど頭の切れる同僚たちに囲まれながら、破綻寸前の会社で昼夜働いて、精神がすり減らされる経験をした。

レヴチンはペイパル内の摩擦について説明するために、ペイパルを去ってから立ち上げた写真共有サービス「スライド」と比較している。以下は、レヴチンがスタンフォード大学の起業講習会で使ったメモの抜粋だ。

ペイパルの経営陣はしょっちゅう衝突していた。経営会議は和やかではなかった。取締役会はさらにひどかった。会議はたしかに生産的ではあった。決定が下され、問題が処理された。でも、詰めの甘い意見を言えば容赦なく馬鹿者呼ばわりされた。

だから次に立ち上げた「スライド」では、もっと気持ちのいい環境をつくろうと考えた。「和気藹々《わきあいあい》と会議をする」というアイデアはすばらしく思えた。でもそれは間違っていた。怒りは敬意の欠如だというのは、まったくの誤解だった。

頭がよくエネルギッシュな人は怒っていることが多い。その怒りの対象は、特定の相手じゃない。まだ「そこに届いていない」ことに怒っている。ほかの大きな問題に取り組むべきなのに、別の問題を解決しなくてはならないことに怒っている。ペイパルでの衝突は、実はとても健全な力学の表れだったんだ。

社員が陰でお互いへの不満を言い合っているのなら、それは問題だ。お互いに不信を抱き仕事を任せられないのであれば、問題だ。しかし、チームメイトが必ずうまくやってくれると信じているのなら、それでいい——たとえお互いを馬鹿者呼ばわりしていたとしても。

ペイパルの緊張に満ちた文化は、真実の文化でもあったとサックスは言う。「あれは真実の探求だった。衝突は多かったが、互いに敬意を持っていたからうまくいった。怒鳴り合いもしたが、正しい答えに到達することだけをめざしていた」

デイヴィッド・ガウスベックは、ペイパル文化の特徴は、衝突が多いことではなく、求める基準が高いことだと言う。彼はのちに3Dスキャンサービス、マーターポートの創業者CTOとして、高い能力を備えたペイパルのチームの思考方式を取り入れようとした。「ペイパルで働いてから、同僚や部下に求める期待値が高くなった。たとえばチームで働くときは、全員に本当に優秀でいることを期待する。それが、僕がペイパルで学んだことだ」

「困難で予測不能な状況」で大きなアイデアを実現する

それはさておき、ペイパル出身者の多くが指摘する、もう一つの大きな成功要因がある——幸運だ。「あの会社にはいろんなスキルや優秀な人材が揃っていたが、それより大きな要素は幸運だった」とセルビーは言う。「めぐり合わせ、星の導き、いろんな呼び方があるけど、成功したのは運のおかげが大きい」

「人は単純な物語に落とし込もうとする」とマロイは言う。「でもそうじゃない。運の要素がとても大きいんだ。それはカネが道ばたに落ちているような幸運ではない。彼らは変化を耐え抜くことで、自ら幸運を生み出した。だがそれでも、もし運がアイデアに味方しなかったら、失敗した可能性はあった」

幸運はいろいろなかたちでやってきた。あの創業メンバーが揃ったのは僥倖だった。

タイミングもだ。ペイパルが金融スーパーマーケットやパームパイロット版プロダクトの戦略にこだわったまま世間に忘れ去られなかったのは、「何を」提供したかだけでなく、「いつ」提供したかによるところも大きい。それに、1億ドルの資金調達ラウンドが完了したのは、バブル崩壊直前の2000年春だった。

ペイパルの登場も、タイミングに恵まれた。すでにメールアドレスは普及し、インターネットは必需品になっていた。もし登場が1年前後していたら、イーマネーメールやペイプレイス、c2itなど、この時代の数十社の決済スタートアップと同じく不発に終わっていた可能性は十分ある。

ペイパルがイーベイのエコシステムを徐々に侵蝕したことも、多難ではあったが結果的に幸いした。もしイーベイが99年春にオークションでの決済手段をビルポイントに限定していたら、ペイパルはその年にコアユーザーを獲得できたはずがなかった。ペイパルはイーベイを通じて活発で声高なユーザーを味方につけ、プロダクト普及に手を貸してもらうことができた。「ペイパルのような会社を始めるチャンスはあったが、3年も遅ければ、それが可能だったどうかはわからない」とティールは語る。

またペイパルはインターネットが息を吹き返す直前に、上場とイーベイへの売却を果たした。インターネットへの懐疑が高まる中で、ペイパル社員の多くがインターネットを信じたまま会社を去った。彼らは他の企業が死んでいくのを見た。多くの企業がインターネットバブルの犠牲となった。だがペイパルは死ななかった。だからその後も迷わず「ウェブ2・0」の波に乗って、次世代のインターネット企業を創業し、投資することができた。

ペイパルの成功物語の核心には幸運があったからこそ、ペイパル出身者は「成功すべくして成功した」という神話をきっぱりと否定する。「シリコンバレーで成功すると、究極の異端児だったとしても、いつしかシリコンバレーに取り込まれる」とマロイは言う。「成功者は伝説になる。そして伝説が独り歩きし始める。人は自らの物語をつくりあげるのがうまい。そしてその物語からは人間的な要素が抜け落ちていく。だが成功するかしないかは、実際には紙一重の差だ」

紙一重で成功したペイパル出身者は、紙一重の「厚み」をもっと厚くしたいと考えている。紙一重の運が味方したペイパルを目の当たりにしたことで、運に左右されずに成功する方法を真剣に考えるようになったという出身者もいる。「あの経験のおかげで、人を尊重し、信頼する能力を伸ばす方法を考えられるようになった」とエイミー・ロウ・クレメントは言う。

ペイパルの初期社員は、自分たちと同じように多難な道を歩む、あらゆる分野の創業者たちに称賛を惜しまない。

マックス・レヴチンは、「困難で予測不能な状況で大きなアイデアを実現させようとする者たちは、世界に大きな変化を起こす実行家であり、僕はそんな彼らを手放しで賛美する」と、ペイパルを去って何年も経ってから個人ブログに書いている。「そういう人間でいるための重要なポイントの一つは、不合理なまでに失敗を恐れない心と、不合理なまでの楽観主義だ。だがもっと戦術的なコツもある。細部にとらわれることなく、何が本当に重要なのかを鋭く見定めることが大切だ」

マックス・レヴチンは多くのアイデアを、「困難で予測不能な状況」で実現させてきた。それなのに、このブログ記事の最後では真摯に呼びかけている。

「能力を最大限に生かすために必要な要素は、ほかにもたくさんあるはずだ。そういう人間のことを、僕自身の能力を高めるためにも、もっとよく理解したいと思っている。何かコツがあったら教えてくれないか?」

EPILOGUE

ペイパルマフィアの余波

本書を執筆するにあたって、私は「ペイパルマフィア」のキーワードが含まれた記事が通知されるようアラートを作成した。その結果、ペイパル物語の当事者たちと同様、私もこのフレーズに複雑な思いを抱くようになった。

一方では、「ペイパルマフィア」というフレーズを出せば、メディア受けがよく、本書のテーマをすぐにわかってもらえた。だが他方では、このフレーズはペイパルの物語というよりは、ペイパル後の起業や人脈を説明する言葉だという点で不十分だった。この言葉とそれを表す写真は、主要人物の多くを除外し、ペイパルを実際よりもずっと均質な集団として描き出していた。

本書の執筆にあたっては、登場人物を現代的にしすぎないよう、つまり彼らの最近のツイートや発言にとらわれすぎないよう心がけてきたが、それでも私はペイパル出身者が一つの集団として現代におよぼした影響をたどりたいと思った。

「ペイパルマフィア」の呼び名はもちろん、テック界で盛んに使われていた。ＩＰＯや重要な企業買収のあとには、どこそこの会社が次の「マフィア」になるだろうといった書き込みが、ツイッターやネット掲示板を賑わせる。

このフレーズは、とくに海外で人気を博していた。ヨーロッパではレボリュートとモンゾ〔ともにイギリスのデジタル銀行〕の成功が「フィンテックマフィア」を生み出したと騒がれ、カナダではワークブレイン〔人材管理ソフト〕の出身者も同様の注目を浴びた。アフリカのケニアではコポコポ〔モバイル決済サービス〕の創業者が「東アフリカのペイパルマフィア」になりたいと発言し、インドでは電子商取引大手のフリップカートの成功が「フリップカートマフィア」の台頭をもたらしたと言われた。

そのほか「ヴィーガンマフィア」など、テック界以外で使われる場合でも、「マフィア」の一言をつけることで、一つの人材集団が生態系を生み出すかのようなイメージを生んでいた。

こうした数十件の事例が、アラートや友人を通じて私のもとに届いた。だが「ペイパルマフィア」にまつわる最も興味深い物語は、ＩＴや起業とはかけ離れた世界に見つかった。

本書で紹介すべきかどうか迷ったが、後世のために記しておきたい。それはシリコンバレーからずっと離れた場所で起こった、一風変わった物語だ。

人がばたばたと死んでいく街

1997年12月、ティーンエイジャーのクリス・ウィルソンを乗せた白いワゴン車が、メリーランド州ボルチモア郊外ジェサップの重警備矯正施設、パタクセント刑務所に到着した。クリスはワシントンDCで育ったが、当時この地域ではクラックコカインの流行が猛威を振るい、多くの若いアフリカ系アメリカ人男性が暴力の餌食になっていた。

クリスは7歳のころ、流れ弾から身を守るために、寝室のベッドではなく、床で眠るようになった。10歳のころ、誕生日パーティーより葬式に行く回数のほうが多くなった。14歳のころ、外出時には必ず銃を携行するようになった。

数年経ち、それを実際に使う機会がやってきた。ある日の深夜、コンビニの外で二人の男が近づいてきた。「クリス、おまえに言いたいことがある」と一人が言った。だがクリスはそれが何なのかを聞く前に銃を取り出し、6回発砲した。一人は即死し、もう一人は逃げ出した。クリスは成人として裁かれ、終身刑を言い渡された。

クリスにしてみれば、こんなはずではなかった。彼には自分を大切に思ってくれる家族がいた。読書好きで、チェスとチェロをたしなんでいた。自分の未来を信じていた。だが押し寄せる殺人と犯罪の波には勝てなかった。彼が銃を持ち歩くようになったのも、恐ろしい出来事を見てきたからだった。

母親の男友だちに悪徳警官がいた。「あるときあいつが俺を殴り倒して、俺の目の前で母さんをレイプして、職務用の銃で母さんの頭を殴りやがった」とクリスは語る。母親は命を取り留めたが、その日を境に、母親もクリスも人が変わったようになってしまった。

夜中に祖母の家に歩いて行く途中、道端に転がる死体をまたいでいったこともある。「あたりまえのように人がばたばた死んでいく環境で、子どもが普通に育つと思うか？」

ショッキングなことには慣れていたはずのクリスにも、刑務所は衝撃的だった。入所するとほかの9人の男性と一緒に部屋に入れられ、裸にされ、肛門検査のために屈めと言われた。人生で最も屈辱的な瞬間だったと、クリスは言う。

ようやく現実が見えてきた。パタクセント刑務所が自分の終《つい》の棲家《すみか》となるのだ。頭にもやがかかったような状態でぼんやりしているうちに、1年が過ぎた。

毎朝目が覚めると、前途洋々だったはずの未来が、なぜこんなにも不当で、なぜこんなにも早い末路を迎えることになったのだろうと、悶々と悩んだ。自殺することも考えた。密かに手に入れた麻薬を吸いながら、わが身の不運を呪った。

「マスタープラン」を書き上げる

スティーヴン・エドワーズがパタクセント刑務所に収監されたいきさつも、クリスと似ている。彼も16歳で第一級殺人罪で有罪を宣告された。だが刑務所に入るまでの生活は、クリスとはまるで違っていた。スティーヴンは敬虔なクリスチャンの両親に信仰深く育てられ、比較的安楽で恵まれた環境で幼年期を過ごした。父親は連邦準備銀行に勤めており、家族は早くから現れた彼の才能を大切に伸ばした。

スティーヴンは数学小僧だった。父親が仕事場から持ち帰ったコンピュータにハマり、プログラムを書いてコンピュータで走らせる方法を学んだ。とくにコンピュータアニメーションに興味を持ち、8か月かけて、NASAのロケットが発射する5分間のアニメーションをつくった。ドット絵のロケットが無事発射されると、満面の笑みを浮かべた。

12歳でワシントンDCの公立中学校に通い始めた。だが賢い彼は煙たがられ、ひどいいじめを受けるようになった。ある晩十数人の上級生の男子に襲われ、頭をバールで殴られ、胸を刺された。

体の傷は癒えたが、心の傷は治らなかった。また襲われるのではないかという不安にさいなまれ、身を守るために銃を持ち歩くようになった。16歳のとき、殺されると思って男を銃で撃ち殺した。スティーヴンは終身刑を宣告された。

スティーヴンはクリスと同じ問いについて考え、答えを探しながら刑務所で1年を過ごした。だが頭のもやが晴れてくると、昔の趣味を取り戻した。コンピュータだ。刑務所での日々を支えてくれるものがもし何かあるとしたら、それはコンピュータしかないと思った。

両親が差し入れてくれたプログラミングの古本を使って、新しいプログラミング言語を独学で学んだ。

コンピュータは使わせてもらえなかったから、若きマックス・レヴチンがキーウでやっていたように、頭で考えたプログラムをメモ帳に書き留めた。コンピュータで実行することができないから、プログラムが正しいかどうかは推測するしかなかった。だがプログラミングの謎解きは楽しかったし、ゼロからものを生み出すことにも充実感を覚えた。

クリスは入所して1年経ったころ、スティーヴンと出会った。「自分と同じ、未成年で終身刑になったやつに出会った。ものすごい集中力で、プログラマーをめざして勉強していた。刑務所を出るという目標と計画を立ててね。冷やかしたよ、おまえコンピュータを持っていないし、使わせてもらえないんだろうって」。二人はすぐに意気投合し、同房になった。

クリスは自己啓発オタクのスティーヴンに感化された。二人は体力強化と学習、祈り、日記、読書の計画に取り組み、切磋琢磨した。クリスは高卒認定試験の数学の問題を間違えると、スティーヴンが見ている前で腕立て伏せをした。

クリスはスティーヴンの野心に触発された。コンピュータがないのにプログラミングに挑む彼に感化されて、クリスは驚くほど野心的な人生の目標を書き上げた。「基本計画《マスタープラン》」と名づけられたそのリストには、スペイン語をマスターする、学士号とMBAを取得する、黒いスポーツカーを手に入れる、世界旅行をする、などの項目が並んでいた。クリスはこのリストを、彼に終身刑を宣告した判事に送った。

監房で猛烈に学び、ビジネスをする

クリスとスティーヴンは模範囚になった。クリスはたった数か月で高卒認定を受けた。スティーヴンは刑務所長に掛け合い、刑務所の事務負担を減らすためのプログラムをつくるという条件で、施設にたった一台しかないコンピュータを使う許可を得た。看守の監視を受けながらコードを書いた。「監視なしではコンピュータに近づくことも許されなかった」とスティーヴンは言う。

プログラミング熱にとりつかれたスティーヴンは、一日数時間では物足りなくなった。何よりもプログラミングがしたい！　どうしたらもっと時間をもらえるだろう？　彼のスキルは評判を呼び、所内のほかの部門からも「ミニプログラム」の依頼が殺到したため、スティーヴンはもっとコンピュータを使わせてほしいと訴えた。まもなく彼は、パタクセントの無給のシステム管理者になった。「収監中に50種類はプログラムをつくったね」

やがてクリスとスティーヴンは、より責任ある仕事を任されるようになった。新入りの受刑者を指導し、読書会や就職支援室を立ち上げた。

ビジネスチャンスも見つけた。刑務所で暮らす子どもや家族の写真をほしがる人たちがいるのを知り、刑務所の上層部の許可を得てデジタルカメラを購入した。写真を販売して得た利益を受刑者福祉基金に寄付し、刑務所の改善に役立てた。

クリスは毎年、マスタープランの進捗状況を判事に報告した。完了した項目を誇らしげに消していった。毎年、返事は来なかった。だが、ただの空想として始まったマスタープランは、有意義な成果を生んでいた。クリスは複数の学位を修了し、三つの言語をマスターし、多くの本を読破し、ゼロから事業を生み出したのだ。

刑務所での16年目に、クリスが毎年送っていたマスタープランの報告が、別の判事の手に渡った。新しい判事はクリスの物語を、矯正施設が支援すべき更生の模範例とみなした。判事は判決を変更し、クリスは仮釈放されたのだった。

「法廷に立った私は後悔の弁だけでなく、自分の成果を裏づける証拠も持っていました」とクリスはボルチモア・サン紙に書いている。「高校卒業資格と準学士号を取得しました。独学でスペイン語、イタリア語、標準中国語を身につけ、後輩の受刑者を指導しました。でも判事が最も重視したのは、マスタープランが私の10年におよぶ一貫した努力を証明したことでした」

「あなたの成し遂げたことには驚かされましたよ」と判事は告げた。クリスはパタクセントに足を踏み入れてから16年後、32歳で自由の身になった。同房のスティーヴンはその2年後、20年の刑期を終えて釈放された。

毎日背中を押してくれた「一枚の写真」

私は本書を執筆する間に、クリスとスティーヴンと親しくなった。彼らが釈放されてから何年もあとのことだ。出所後、スティーヴンはプログラミングの才能を生かしてソフトウェアコンサルティング会社を経営し、その後、物流技術を利用したスタートアップを立ち上げて、学校や会社、その他の組織のコロナ下での活動を支援している。また自然言語処理技術の研究で、米国特許US10417204-B2「動的コミュニケーションの構築と提供のための手法とシステム」を取得した。

クリスも負けてはいない。二つの会社を設立し、大評判となった本を書き、世界を旅するアーティストとして第二のキャリアを歩み始めた。著書『マスタープラン』（未邦訳）の宣伝を兼ねて、トレヴァー・ノアが司会を務める人気番組「ザ・デイリー・ショー」への出演を果たしたことは、出所後の大活躍のハイライトである。

クリスとスティーヴンはたぐいまれな切迫感をもって生きている。それは、彼らが命の大切さを痛感しているからにほかならない。彼らに会った多くの人たちと同様、私も知りたかった。いったいどうして彼らにはこれほどのことができたのだろう？　どうやって逆境を乗り越え、自由を謳歌する私たちよりも多くのことを塀の中で成し遂げたのか？

クリスは幸運に助けられたことを認める――スティーヴンとの出会いと、もちろん情け深い判事との出会いがあった。だが彼自身の努力も大きいという。具体的な目標を定め、揺るぎない信念を持ってたゆみなく取り組み続けた。何年もの間、毎日マスタープランをイメージし、振り返り、リストの項目を消すことだけを目標に生きた。プランがぎっしり書かれた紙と、もう一つのものを監房の壁に貼って、寝る前と朝起きたときに必ず目に入るようにした。

クリスが毎日励みにしていた「もう一つのもの」とは、マスタープランの横に貼られた一枚の写真だった。それはクリスにとって、マスタープランのすべてを象徴するものだった。クリス・ウィルソンが重警備のパタクセント刑務所の壁にマスタープランと並べて貼っていたのは、フォーチュン誌2007年11月号の記事「ペイパルマフィア」の切り抜き写真だった。

ポジティブなギャング集団

ペイパルマフィアの物語に興味を持ったクリスとスティーヴンは、写真を眺めるだけでは飽き足りなくなり、ペイパル創業者たちの人生と業績を塀の中で詳しく調べ上げた。

そもそもの発端は、起業に興味を持ったスティーヴンを支援しようと、彼の家族が刑務所にビジネス誌――インク、アントレプレナー、フォーブス、フォーチュン、ファストカンパニー――の購読を働きかけたことだった。2007年末にフォーチュン誌が届くと、スティーヴンはあの記事に心を奪われた。彼にとってそれは、プログラミングで成功するためのロードマップに思えた。

スティーヴンは記事を二度読んでからクリスに雑誌を渡した。「このすごい記事を読んでみろよ」とスティーヴンは言った。クリスも衝撃を受けた。「『こいつぁすげえや』と言った。俺たちが出所後にやることは、これだ。やってやろうじゃねえかって」

クリスは記事中の「10億《ビリオン》」という文字を見てうっとりした。「10億ドルがどんなものか想像してみたけどできなかった。10億だぜ？」と彼は言った。「どうしたらそんなカネを持てるのか？　それからペイパルの連中に関するすべてを読み始めた。こいつらはゼロから始めてこれだけのカネを手に入れた。そして自分でも考えてみた。これだけのカネがあったら何をするか？　どうしたら世界を変えられるか？　あの記事には、それをやり遂げたやつらの写真があった」

スティーヴンとクリスは励みにするために、写真を取っておいた。「透明テープでラミネートした」とクリスは言う。「いびつになったけど、補強はできた」。テープでラミネートした写真は、人生目標の表の隣という特別な場所に貼られた。「朝起きたら目に入る。寝るときも目に入る」とクリスは言う。「それがモチベーションになった。腕立てをしながら眺め、監禁中にも眺めた。『ケープ・フィアー』のロバート・デ・ニーロのような執着心を持ってさ」。毎日見ているうちに、写真は心に焼きついた。

「写真を見たやつらに、『俺は出所したら、こういう人生を送りたい。社会に影響を与えたい』と宣言した。『おまえ、気はたしかか？』と言われたけどね」とクリスは笑う。

二人はイーロン・マスクやピーター・ティール、マックス・レヴチン、リード・ホフマンなど、ペイパル出身者の記事を片っ端から切り抜いて集めた。ペイパル創業者たちの露出が増えるにつれ、切り抜きのコレクションも増えていき、二人はそれを聖典のように扱った。「興味があったのはそれだけだった。それだけを頼りに生きていた」とスティーヴンは語る。「それが正直なところだ。あんたや俺と同じただの人間が、こんなことを成し遂げたんだってことを考える、それだけが生きがいだった」

二人は出所後に生きていく道として、ビジネスと起業を真剣に考え始めた。「シャバに出ても社会に受け入れてもらえないのはわかっていた。〝復帰〟なんてものはないんだ」とスティーヴンは言う。「実際問題として、刑務所から出たあと、施しを受けたり、マクドナルドで働いたり、ゴミ集めしたりはできるだろう。だが刑務所暮らしをしたことがない、普通の人間のような生活はもうできない。だから俺たちにとっては、ほかの道があると信じることが本当に大切だった。俺たちが制約のない道を拓くには、起業しかなかった」

それまでスティーヴンとクリスは、ペイパルのような特大の野心を持つ企業や、それを生み出したネットワークのことを知らなかった。彼らが知るネットワークといえば、資金洗浄や麻薬、暴力が絡む「ギャング」と呼ばれる集団だけだった。「ペイパルマフィアはポジティブなギャングだ」とスティーヴンは言う。「刑務所ではみんな、よこしまな理由でつるんでいる。ポジティブな友情なんてものには縁がない」

刑務所でペイパルを布教する

物語は二人の監房の外にも伝わった。二人が担当した新入り受刑者向けの講座は、「ペイパルから何を学べるか?」と銘打たれた。集めた記事をコピーして、ペイパルマフィアの写真を表紙に載せて配った。「あの写真はかなり暗いから、オリジナルをコピーさせろと言われて参ったね」とスティーヴンは言う。「オリジナルは汚したくないから、コピーのコピーで我慢させたよ」

講座では、ペイパルマフィアのメンバーが底辺から出発したことを語った。メンバーの多くが移民だったこと、若くて経験も自信もなく、失敗することもあったと説明した。「ペイパルを広めた。みんなわかってくれた。あの物語でつながれたんだ」とスティーヴンは言う。

もちろん二人はカネの話もして、受刑者たちの知る富と比べてみせた。「麻薬密売人の真似をすれば、暴力や銃、投獄、死の危険にさらされて、100万ドル稼ぐのがせいぜいだ。その対極の話をしよう。そういうものに一切手を出さずに何十億ドルも稼いだやつらがいる」とスティーヴンは説いた。「ペイパルの物語を聞いて、なんでそんな道があることを誰も教えてくれなかったのかと、みんな戸惑っていたね」

新入りの受刑者は、マスクやレヴチンの物語に心を揺さぶられた。「俺をまじまじと見つめて、『ちょっと待て、俺にもそんなことができるっていうのか？　そんなすごいことが？』って言うんだ」とスティーヴンは語る。

起業すれば、路上生活から富豪への道が開けるという考えそのものが、受刑者たちにとっては突破口に、見たことのない世界への道案内になった。「いまよりましな存在になりたいというやつらみんなにあの物語を話してやった」とクリスは言う。「つまりあそこにいたほぼ全員だ。あれは重警備刑務所だったから」

スティーヴンとクリスはペイパル物語を布教するとき、「マフィア」のテーマを、そしてペイパルの創業者と社員がお互いを支え合ったという構図を、あえて強調した。「ギャングと関わる若者には、それがわかりやすかった」とスティーヴンは言う。写真のやつらを手本にして行動を起こそう、同志を見つけようと説いた。「こいつらの生い立ちを調べてみろ」とスティーヴンはけしかけた。「おまえらと変わらない。こいつらが何をしたかを調べてみろ。おまえらと変わらない。おまえらと同じ血が流れ、同じ空気を吸っている」

スティーヴンとクリスは、話が彼らに刺さるときも刺さらないときも、手に取るようにわかった。二人は彼らのことをよく知っていた。自分たちと同じように、荒っぽい地域に育ち、刑務所の門をくぐった者たちだ。彼らはお堅いものやインチキを信じなかった。デタラメを見分ける鋭い眼を持っていた。

だがペイパルのことを話すと、彼らは椅子から身を乗り出した。こいつらは本物だ。このネットワークは本物だ。この写真は本物だ。このカネは本物だ。「この物語は俺の人生に、刑務所の多くの仲間の人生に、本当に大きな影響を与えた」とスティーヴンは言う。「ペイパルの連中がやったこと、築いたものは否定できない。連中の実績は否定しようがない。だから、布教は簡単だった」

謝辞

マックス・レヴチンとピーター・ティールは当初、フィールドリンクをつくるのは楽勝だと思っていた。会社を立ち上げ、インターネット草創期のゴールドラッシュに乗ってすばやくスケールして売却するのだと。だが1年のつもりだったプロジェクトは4、5年になり、そして創業20年を超えるいまも、会社はペイパルとなって存続している。

本書もそれと同じで、2年半ほどのつもりで始めた執筆プロジェクトが、5年にもおよんだ。この5年の間に、数え切れないほどの人たちが本書に息を吹き込み、また90年代末のとあるドットコム企業にとりつかれた私が、それにまつわる物語や逸話を語るのを辛抱強く聞いてくれた。寛大な友人たちはきっとホッとしているだろう。そう、とうとう私はペイパルの本を書き上げ、ペイパルの物語を語るのをやめにしたのだから。

この本は、ペイパルを生み出し、ペイパルで働いた数百人の力を借りなければ、一行も書くことはできなかった。彼らはどうやってペイパルにたどり着いたのか、そこで何をしていたのか、ペイパルは彼らにとってどんな意味があるのかを、見ず知らずの私にじっくり説明してくれた。このプロジェクトで本当に楽しかったのは、彼らと話した時間だった。多忙ななか時間を取って、考えたことを率直に語ってくれ、メモを見せてくれ、記憶をたどってくれたみなさんに、言葉にできないほど感謝している。

サイモン&シュスターがこの本にゴーサインを出したのは、編集者の故アリス・メイヒューのおかげだった。彼女は最初から、私と同じことに気づいていた。あの時代のあの会社の何かが、多くの人が思う以上に大きな影響をおよぼしているのに、それがどんなふうにして生まれたのかを誰も知らないのだ。本書を初めて熱心に支援してくれたのも、私の自信が揺らいだときにいつも勇気づけてくれたのも、アリスだった。

アリスはほかの担当書籍にしていたように、本書にも高いハードルを設定した。「ジミー、私に証明してちょうだい。あなたがこの本に書くことは、時の試練に耐えられるの？　50年後にも意味を持つ物語なの？　この本を出し続ける意味は何？」とハッパをかけてくれた。アリスは編集者として、自分の担当した本を後世まで残そうとした。そういう本を書きなさいと、私を激励してくれた。

本書がアリスの高い基準に適うものかどうか、自信はない。だが彼女は最後のやりとりのなかで、それに近づきつつあると言ってくれた。X.comとコンフィニティの初期の歴史の章を読んで、孵化器のような環境だとアリスは指摘した。「エジソンもびっくりね」。完成した本書が、彼女のお眼鏡に適うことを願っている。アリスの存在なしでは本書は完成しなかった。

アリスが2020年初めに亡くなると、私は途方に暮れてしまった。本書を世に出すのは著者だけでなく、編集者にとっても大変な仕事なのだ。ありがたいことに優秀で比類なきステフアニー・フレリッチが、アリスからバトンを受け取ってくれた。ステファニーがサイモン&シュスターの上司からこのプロジェクトを手渡されるまで、私は彼女と話したこともなかったし、彼女が本書をどう思うのか、すでに多忙なスケジュールにどう組み込んでくれるのかは皆目わからなかった。彼女も私のことをまったく知らなかったので、断られても当然だった。

断られなくて本当によかった。ステファニー・フレリッチに本書を編集してもらえたのはこの上ない幸運だった。本書のすべての文章を何度も読み返し、しっかり考えるよう私を真剣に粘り強く促し、執筆の遅れや世界的パンデミックにも負けずに、本書を後押ししてくれた。数え切れないほどの間違いを正し、よりよい文章にしてくれた。

本書がペイパルの物語を忠実に、巧みに伝えているとすれば、それはステファニーのおかげである。彼女は著者と同じくらい本のことを気にかけてくれる、理想の編集者だ。彼女の努力を考えると、感動で涙ぐんでしまう。彼女に心からの感謝を捧げる。

最後にはすべてがきっとうまくいくと「知っていた」人がいる。私自身の信念が何度揺らいでも、つねに信じてくれていた人だ。エージェントのローラ・ヨークは私をずっと甘やかしてくれ(なぜだろう)、本書のポテンシャルを見抜き、情熱を持って支援してくれた。著者が原稿を窓から投げ捨てて「もう執筆は終わりだ!」と宣言した話や、そうした著者をエージェントが励ましてプロジェクトを救った話は世に数多くある。ローラが本書でそんな努力をどんなエージェントよりも惜しまなかったことや、その他多くのことに、本当に感謝している。

友人のジャスティン・リッチモンドは、初期の草稿のほとんどの段落、アイデア、引用に目を通してくれた。早朝の私からのテキストメッセージを読み、このプロジェクトを初めて思いついたときに電話で相談に乗り、それ以降何千通ものメッセージ、メモ、電話を受けてくれた。彼と日々話したおかげで本書を執筆できた。彼の尽力と友情に深く感謝する。

グレッグ・ファヴルは、消防士、公安局員、海軍士官、アスリート、旧友と、いろんな顔を持つ人物だ。それに、長いプロジェクトを完成させるのに必要な忍耐心を重んじる人でもある。私を励まし、ストア派の知恵を授け、頑張るよう尻を叩いてくれたことに感謝している。グレッグが「やり続けやがれ！」と言ってくれるたび5セント玉をもらっていたら、いまごろ私は大金持ちになっていただろう。グレッグ、ありがとう。次のプロジェクトもよろしく。

ローレン・ロッドマンは、本書を書き上げるつらい作業を楽しくしてくれた。ローレンは少しでもいいことがあると、お祝いをしようと言い張った。初めてのインタビュー、初めての草稿完成、大幅な書き換え。ステップを上るごとに、小さな成功を祝って、せめてディナーをしようと言ってくれた。そうやって、プロジェクトにどれだけの進捗があったかを教えてくれたのだ。世界中の全員がローレン・ロッドマンのような友人を持つべきだ。

友人のグレース・ハリーは、このプロジェクトの構想に共感し、その中にある炎をいろんな方法で燃え立たせてくれた。グレースは世界有数のミュージシャンたちのインスピレーションの源泉として生涯を過ごしてきた。そしてその知性と知見を生かして、本書とその野望、範囲について何度となく相談に乗ってくれた。彼女とパートナーのアミール・トンプソンは、時代を超越したクリエイティブな人々――さまざまな文化の潮流の中で青春を生きた芸術家や詩人、作家、音楽家たち――とペイパルとの関係性を指摘してくれた。

グレースは私がいちばん助けを必要としているときに、創造的な励ましと客観的な視点を与えてくれた。私はレコーディングスタジオにいたわけではないが、なぜあんなに多くの伝説的ミュージシャンが彼女をスタジオに呼ぼうとするのかが、いまならわかる。本書は彼女の助けを借りて誕生し、彼女の影響が色濃く表れている。

私のメンターで友人、コーチのローレン・ザンダーにはいくら感謝しても足りない。彼女が早く始めて早く終わらせよと檄を飛ばしてくれなかったら、たぶん本書はいまも、私の頭の中の構想のままだっただろう。どんな作家も詐欺師《インポスター》症候群や不安、自己不信、雑音に悩まされるものだが、私はとくにその気が強いようだ。ローレンはこれらの害から私を守り、どんなばかげたメッセージが来ても断固として、真剣に、思いやりを持って対応してくれた。彼女ほど作家にとってうれしい友人はいない。熱心に励ましてくれたことに感謝している。

ほかにも助けてくれた人はたくさんいる。サイモン&シュスターのエミリー・サイモンソンは、編集プロセスの間、ずっと忍耐と優しさをもって私を指導してくれた。エリザベス・タレリコは自分から進んで最初の数章を読み、その後もずっと、またとくに草稿を何度も書き直していた陰鬱な時期に、サポートとアドバイスをくれた。マージー・シュリンプトン、ミランダ・フラム、ロブ・グッドマンが原稿を整理してくれたおかげで、より力強い作品になった。ケイレブ・オストロムはあとのほうでプロジェクトに参加してくれた。私が彼に何十回も言っているように、もっと早く出会いたかった。私の最高の思考のパートナーとして、文章に息を吹き込むために彼がしてくれたすべてのことに感謝している。私の話に熱心に耳を傾け、忍耐強く電話で聞いてくれた。いろんな迷惑を我慢してくれてありがとう、ケイレブ。

作家には作家の友人が必要だが、私は業界最高の作家たちを友人に持つ幸運に恵まれている。友人のライアン・ホリデイがピーター・ティールを紹介してくれ、そこからトントン拍子で話が進んだ。アレン・ガネットが、「作家のセラピー」と私たちが呼ぶディナーにいつも付き合い、私を後押ししてくれたおかげで、やりがいを感じながら執筆することができた。イーロン・マスクの伝記を書いたアシュリー・ヴァンスは、初対面の私と長い夕食をともにし、キーパーソンを紹介し、彼ならではの編集上の知恵を授けてくれた。

このプロジェクトを始めたころに出会った、アリス・メイヒューの担当作家のウォルター・アイザックソンのおかげで、本書の意義と可能性を信じることができた。最後には、伝記という分野で長年努力を重ねてきた人にしかできないアドバイスをくれた。脚注からファクトチェック、インタビューに至る、あらゆる面でのアドバイスに深く感謝している。

友人のデイヴィッドとケイトのハイルブローナー夫妻は、私が「森小屋」にこもりたくなるといつも家を貸してくれ、また重要人物のドキュメンタリー作家であるデイヴィッドの情熱にはいつも励まされた。シャーとマーニーのニール夫妻は、編集と校正の段階で家を貸してくれ、適度な量のハグと楽しい会話、マカロニチーズを提供してくれた。

クリス・ウィルソン、アンディ・ユーマンズ、リー・フェイギン、ベントリー・ミーカー、ナディア・ロールズ、ブランドン・クラインマン、ケイティ・ボイル、パーカー・ブライデン、ジェイコブ・ホーキンス、アーサー・チャン、ケヴィン・カリー、ブライアン・ウィッシュ、エナ・エスキン、スティーヴ・ヴェレス、マイク・マルトッチオ、マット・グレドヒル、マット・ホフマン、トム・ブキャナン、ミホ・クバガワ、トリシャ・ベイリー、ニッキ・アーキン、アレックス・レヴィ、ブロンウィン・ルイス、カイ・ラーセン、ミーガン・カークパトリック、ベンジャミン・ハーディのみなさん、励ましの言葉を（そして数々の失礼を許してくれて）本当にありがとう。この本についてのメールやメッセージを送るのはもうおしまいにする。約束だ。

そして最後に、私が本書を捧げた娘のヴェニスへ。このプロジェクトのアイデアが始まったとき君は1歳、終わったときは6歳だった。その間の5年間は、主に君のおかげで、私にとって人生最良のときになった。君も、私が語るマックス・レヴチンやイーロン・マスクの物語に耳を傾け、私が不安なときには知恵を授けてくれた。君はこの5年間に起こったことをきっと覚えていないだろうが、私はけっして忘れないよ。

本書のような本の著者は、一般に教訓めいたことは書かない。賢明な読者は、著者に言われなくても自分で教訓を得られるからだ。だが子どもを持つ作家には、謝辞の中だけで許される例外があり、私はこの機会を利用してメッセージを送り、君が読めるようになるまで瓶に入れておこう。

メッセージはこうだ。君の人生の土台になるのは、君が生み出したものと、それを一緒につくった仲間たちだ。人はふつう、前者には手をかけても、後者をそれほど育もうとしない。ペイパルの物語は、プロダクトを生み出すために結束した人々の物語というだけではない。結束することによって、彼ら自身がどんなふうに成長し、変化していったかを描く物語でもある。この会社の創業者や社員たちは、お互いとの切磋琢磨を通じて人間性を磨いていった。

君もぜひそんな仲間を見つけ、一緒に何かをつくってほしいと願っている。簡単そうだが、実践するのは本当に大変だ。私は幸運にも、ここに挙げたような仲間に恵まれてきた。君にとっては「ローレンおばさん」や「グレースおばさん」「ジャスティンおじさん」のような人たちだ。彼らは僕を鍛えてくれた。私たちはただ会って楽しんでいるだけじゃない。お互いをよりよい人間にしているんだ。私たちの友情の根っこにあるのは生産的な不協和で、お互いを敬愛しているからこそ、言うべきことを言い合える。

私が君のために、そんな仲間の役割を担ってあげられるかどうかはわからない。君のことを愛しすぎて教えられない教訓があるから、自分の力で学んでほしい。人生という旅の仲間がきっと君を助けてくれるだろう。本に編集者が必要なように、人生にも編集者が必要だ。

私のすべてのアドバイスと同じで、このアドバイスも『はらぺこあおむし』のように気軽に読んでほしい。そもそも私が心配する必要もないのかもしれない。君がこの本を開いて、ここまで読んでくれたなら、それで十分だろう。

ニューヨークにて　J・S

ソースと調査手法について

私が本書を書いたのは、これらの出来事が起こってからほぼ20年後のことだ。私の以前の著作の歴史的伝記に倣《なら》って、本書の執筆プロジェクトも同様の手法で取り組み始めた。まずペイパルとその前身企業のフィールドリンク、コンフィニティ、X.comについて書かれたすべての本、記事、学術論文、その他の公開文献からなる膨大なアーカイブを作成した。

資料は可能な限り、1998年から2000年代半ばまでに発表されたものに限定した。また、ペイパルと最も深く関わった創業者や初期の社員のブログ記事、インタビュー、メディア出演をすべてスプレッドシートにまとめ、その一つひとつに目を通して、金脈を見つけようとした。これらの数千件の記事と数百時間分の映像、とくにペイパル物語の当事者の回想がとても重要だとわかった。

その中でもとりわけ貴重な資料が、スタンフォード大学で行われた2003年のイーロン・マスクの講演と、同大学での2004年のピーター・ティールとマックス・レヴチンの共同発表、そしてQ&Aサイト「クオーラ」でのペイパル出身者たちのコメントだった。本執筆プロジェクトを通して、大学や報道機関、図書館、その他多くの組織の資料保管・収集の取り組みに非常に助けられた（それに本書はペイパル出身者がつくった動画共有サイトのユーチューブがなかったら生まれていない）。

インターネットアーカイブに収集された情報にも助けられた。この非営利のデジタルライブラリは縁の下の力持ちだ。地球人のことを知りたい異星人には、まずarchive.orgを見てみることを勧めたい。

本や記事、既存の映像・音声コンテンツを収集したほか、ペイパルの元社員と投資家、投資を検討した人、競合その他のペイパルの関係者に広く接触した。本プロジェクトを通して数百人に連絡を取り、200人以上から返事をもらい、インタビューさせてもらうことができた。インタビューに快く応じ、多忙にもかかわらず議論の時間をたっぷり取ってくれたペイパル出身者たちに感謝している。物語の当事者のみなさんにとっても、本書が新しい発見になることを願っている。

本文に登場するシーンや会話については、実際の状況を詳しく知る二人以上に話を聞くよう心がけた。また可能な限り、取締役会の議事録や売り込み資料、社内メモ等の資料やメールの記録によって情報を補完した。

インタビューした人の多くが収集魔で、彼らが保管していたメモやメール、書類、書簡に大いに助けられた。とくにこの時期に送られた、総計数十万ページに上る数ギガバイト分のメールへのアクセスを許してもらえたおかげで、さまざまな瞬間のことをよりよく理解し、記録することができた。また幸運にもペイパルの4年分の社内報（「ウィークリーエキスパート」、のちに「ウィークリーパル」に改称）を掘り起こすことができ、当時の空気感や臨場感を知るのにとても役立った。それを本文に反映できていることを願いたい。

本書で引用した発言は、私が行ったインタビューと、一次・二次資料から得たものである。読みやすくするために、本文にすべての引用元を組み込むことはせず、出典一覧に詳しく記した。匿名を希望する人についてはその意向を尊重して名前を伏せるとともに、匿名の発言の引用をなるべく減らすよう心がけた。

本書は数回の書き直しと、校正、徹底的な精査を経ている。サイモン&シュスターの優秀なチームによる精読と、同社が契約する法律事務所ミラー・コーゼニク・サマーズ・レイマンLLPの法的確認を受けた。そのほかベテラン校閲者のベンジャミン・カリンにも、本文を鋭い目で読んでもらった。ベンジャミンは容赦なく、徹底的に、真実を追究しようとする。彼の助けを借りられてありがたかった。

これほど長い本がみなそうであるように、本書は誤りを含んでいるおそれがあり、あり得べき誤りはすべて私の責任である。本書のラフな下書きは数十万語、インタビュー音源は15日分にも上った。あなたがいま手にしているこの本は、多くの決断と苦渋の編集を経ている。編集でかなりの部分が削られた。

当然ながら、本プロジェクトにはいわゆる「講釈の誤り」（後づけで物語をこしらえてしまうこと）を招く可能性があった。特定の企業の特定の瞬間について書くことは、隣の席でいま起こっていることを書くこととはわけが違う。ブラッド・ストーンは処女作『ジェフ・ベゾス果てなき野望』（日経BP）の執筆についてベゾスと話し合ったとき、ストーリーラインを時系列で語ることの限界にどう対処するつもりかと問いただされた。「社内でアイデアが生まれるプロセスは入り組んでいる」とベゾスは言った。「『わかった！』とひらめくような決定的な瞬間はどこにもない」

ベゾスは完全に正しい。だがストーンが取った対応もまた正しい。著者は講釈の誤りを念頭に置いたうえで、「とにかく書いてみる」必要があるのだ。それに加えて、この種の本の使命は、そうした混沌を文章のかたちで捉えることにあると、私は考えている。何か（この本を含め）を生み出すプロセスは、袋小路や未踏の道、忘れられた瞬間に満ちている。本書がテクノロジーや事業戦略に関する知見を明らかにするだけでなく、そうした粗削りな試行錯誤の取り組みにも光を当てることができれば幸いである。

本書を書くにあたっては、インタビューで繰り返し挙がったテーマを網羅しつつも、私が感動したり驚いたりした物語やアイデアも取り上げた。これらは編集上の選択であり、異なる選択を行えば、異なる本ができあがるはずだ。ペイパルにはまだ書かれていない物語があると私は思っている。未来の著者が、この時期のペイパルを再び取り上げるかもしれない。

本書の出典に目を通そうという猛者は、私がこの旅で見つけた「川」をそこに見つけることだろう。また、独自の調査で新しい川を見つけた人は、そのときまだ私が元気でいたら知らせてほしい。ペイパル物語の探検に私も参加させてほしいから。

訳者あとがき

イーロン・マスクは2022年10月にツイッターを買収する少し前、「なぜ買収するのか？」と聞かれて、こんなツイートをした。

「ツイッターはX.comの当初のビジョンの実現を加速させる」

どうやら彼はツイッターに決済やネットショッピング、配車サービス等々の機能を導入し、何でもできる〝スーパーアプリ〟にすることをめざしているようだ。

X.com（Xドットコム）とは、マスクが1999年に設立した、「すべての金融サービスをまとめて提供する」ことを謳ったオンライン銀行である。この会社と、同時期にピーター・ティールとマックス・レヴチンの二人が立ち上げた決済会社のコンフィニティが合併して、ペイパルが生まれた。

ペイパルはいまやマスターカードとビザと並び、（頭文字から）「決済業界のMVP」と称される巨大企業である。またペイパルの初期メンバーは、その後さまざまな世界で成功し、その異次元的な活躍から「ペイパルマフィア」（605ページの写真参照）の異名を取る。

だが草創期のペイパルは、いまの姿からは想像もつかない、破綻寸前のスタートアップだった。本書はそのころのペイパル——98年末の創業からさまざまな波乱を経て、10億ドルのＩＰＯを果たし、イーベイによって15億ドルで買収・子会社化される２００２年まで——のわずか４年間の足跡を追ったドキュメンタリーである。

著者ジミー・ソニは、二十数年前の物語をあえていま書く理由について、「単純に、当時のペイパルと創業者たちのことを知りたかったから」と言う。創業者たちの成功後に書かれた自伝や評伝はたくさんある。だが、彼らがまだ海のものとも山のものともつかない、自分探しの途上にあった時期、彼らの原点となる経験が培われたこの重要な時期について書かれた本は、(元社員の回想録を除けば) 不思議と一冊もなかった。

そんなわけで、創業メンバーをはじめ、多くの社員や関係者の全面協力を得て——本書に描かれたペイパルの激動の年月より長い——5年かけて本書は書かれた。ほぼ四半世紀を経たとは思えないほど克明で、生々しく、今日的な示唆《しさ》に富んだこの本は、懐疑主義者のピーター・ティールをして、Terrific book!（スゴ本）と言わしめた。

そしてそれは、天才が成功するという予定調和の展開とはほど遠い、とんでもない物語だった！

啞然とするような「ジェットコースター的展開」

本書の読みどころは、何といっても波乱万丈、紆余曲折のジェットコースター的展開だ。

マスクのつくったX.comと、ティール、レヴチンが共同創業したコンフィニティは一時期、数奇にもシリコンバレーで隣人になる。ベンチャーキャピタル（VC）の聖地サンドヒルロードに程近いユニバーシティ・アベニューの394番地で、同じ建物の隣り合うオフィスに入居するのだ。

当時コンフィニティは電子財布の提供、X.comはあらゆる金融サービスを統合するハブを目指していたが、どちらのアイデアも時代の先を行きすぎていた。そこで生き残りを賭けて両方の会社が行き着いた先が、電子メールによる送金だった。

このプロダクトにうってつけの市場は、意外にもオンラインオークションの草分け、イーベイに見つかった。イーベイに出品する家族経営の零細業者や一般の個人が、支払いを受け取る手段を切実に求めていた。彼らが熱狂的に受け入れたのがこのサービスだったのだ。

そこからX.comとコンフィニティの運命が交差し、両社は世紀の死闘を繰り広げる。そして苦渋の合併を経たあとも、高い現金燃焼率、二度の社内クーデター、ロシアマフィアによる組織的詐欺、規制問題、クレジットカード会社との敵対、イーベイとの激闘など、次から次へと問題が降りかかる。さらにそれでも足りないとばかりにITバブルの崩壊や、9・11同時多発テロといった苦難が襲う――。

ペイパル出身者の一人であるデイヴィッド・サックス（ペイパル後にハリウッドにも進出し、ゴールデングローブ賞ノミネートを果たした）らが本書の映像化権を獲得し、テレビシリーズ化に向けて動き出しているのもうなずける。

史上まれな「異端的天才集団」の物語

本書はそのオールスターキャストぶりにも驚かされる。

南アフリカから移住し、インターネットの可能性を引き出す大きなことがしたいと渇望していた27歳のマスク。法曹の世界を飛び出し、ヘッジファンドを立ち上げたばかりの31歳のティール。旧ソ連で英才教育を受けるもユダヤ人として排斥され、アメリカに移住してきた天才コーダー、23歳のマックス・レヴチン。

人材獲得競争が熾烈をきわめていた当時、実績ゼロのスタートアップが経験者を雇うのは難しかった。彼らは才能を見込んだ友人や、そのまた友人たちを誘うしかなかった。一人ひとりの採用が、会社の成否がかかった賭けだった。

たとえば外交家で交渉に長けたリード・ホフマンがいた。それからプロダクトに関してスティーヴ・ジョブズ張りの鋭い嗅覚を持つデイヴィッド・サックス。独創的なアイデアマンのルーク・ノセック。南アフリカ出身の辣腕《らつわん》アクチュアリーのロエロフ・ボサ……。

こうして集まった個性豊かな若き俊英たちが、同じ屋根の下で、ときに激しくぶつかり合いながら、さまざまな問題に「正解」を出していく過程は、実に痛快でエモーショナルだ。ペイパルの成功は一人の天才の功績ではなく、集団の生産的な切磋琢磨から生まれたのである。

実際、いまではスタートアップ界の定番となった戦略や手法には、この時期のペイパルでいち早く導入されたものが多い。

迅速な方向転換《ピボット》、アジャイル開発、現金ボーナス、埋め込み可能なウィジェット、プロダクト・マーケット・フィット、フリーミアムモデルによる黒字化達成……これらは彼らが厳しい競争環境に対応するために、手探りで編み出した方法だった。

「激闘の4年」が生んだ途方もない影響

競合が次々と死に絶えていく厳しい競争環境のなか、ペイパルは生き延びたばかりか、親会社となったイーベイをしのぐ成長を続け、2015年には分社化、再上場を果たした。コロナ禍でのネットショッピング急増の波にも乗って、時価総額は一時期3000億ドルを超えた。

ペイパル出身者たちはその後、数々のスタートアップやユニコーンを創業し、大きな成功に導いている。ベンチャーキャピタリストとしても起業環境を整え、投資、助言を通して数百社のスタートアップの創出、育成に手を貸している。

ティールとサックスを筆頭に、アメリカの政界に絶大な影響力を持つメンバーもいる。

彼らがつくり、育てた企業の錚々たる名前を見ると、ペイパルのこの濃密な苦闘の歴史がなければ、いまの世界は異なるかたちになっていたのではないかとすら思えてくる。

以下は、ペイパル出身者と、彼らが関わった企業や投資先の一例である。

イーロン・マスク（スペースX創業、テスラ、ツイッターCEO）、ピーター・ティール（パランティアテクノロジーズ創業）、マックス・レヴチン（スライド、アファーム創業）、リード・ホフマン（リンクトイン創業）、ジョード・カリム、チャド・ハーリー、スティーヴ・チェン（ユーチューブ創業）、デイヴィッド・サックス（ヤマー創業）、ジェレミー・ストップルマン、ラッセル・シモンズ（イェルプ創業）、プレマル・シャー（キヴァ創業）……。

また、ティールは創業直後のフェイスブックに投資したことでも知られるが、他にもペイパル出身者は、エアビーアンドビー、ウーバー、リフト、ピンタレスト、エバーノート、スクエア、そしてオープンＡＩといったシリコンバレーの名だたる企業を投資家として支えている。ロエロフ・ボサはいまやセコイアキャピタルのパートナーである。

なぜペイパルはこれほどまでの成功を続けることができたのか？　なぜペイパルから起業家が次々と巣立っていったのか？　その答えを、ぜひ本書から探していただきたい。ツイッターの今後をはじめ、シリコンバレーやテックシーンの未来を占う洞察が満載である。

最後に、本書はダイヤモンド社の三浦岳編集長のお力を借りなければけっして完成しなかった。大作にへこたれそうになる訳者を励まし、原稿に手を入れ、的確に導いてくださったことに、この場をお借りして心から感謝申し上げる。

２０２３年４月

櫻井祐子

本書の出典一覧は、以下のURLから、
PDFファイルをダウンロードできます。
▼
https://rd.diamond.jp/106792-pb

［著者］
ジミー・ソニ（Jimmy Soni）
幼いころにインドからアメリカに移住。2014年、作家デビュー。2作目の『クロード・シャノン 情報時代を発明した男』（共著、筑摩書房）で、英国数学史学会ノイマン賞、電気電子学会ミドルトン賞を受賞。3作目の本書は全米ベストセラーとなり、ニューヨーク・タイムズ、ウォール・ストリート・ジャーナル、ニューヨーカー、エコノミスト、フィナンシャル・タイムズなどメディアや読書界で絶賛され、大きな話題に。ニューヨークのブルックリンで、娘のヴェニスと暮らしている。

［訳者］
櫻井祐子（さくらい・ゆうこ）
翻訳家。京都大学経済学部経済学科卒。大手都市銀行在籍中にオックスフォード大学大学院で経営学修士号を取得。訳書に『1兆ドルコーチ』『上流思考』『自分を変える方法』（いずれもダイヤモンド社）、『OPTION B』（日本経済新聞出版）、『NETFLIXの最強人事戦略』（光文社）、『シリコンバレー最重要思想家ナヴァル・ラヴィカント』（サンマーク出版）、『BAD BLOOD シリコンバレー最大の捏造スキャンダル全真相』（共訳、集英社）などがある。

【写真提供】
ラッセル・シモンズ（P. 130, 147, 313, 554, 557）、セシュ・カヌリ（P. 197）、AP通信（P. 338）、スティーヴ・クドゥラーチェク（P. 283）、オリヴァー・カートランダー（P. 588）、Robyn Twomei/Redux（P. 605）。

創始者たち
――イーロン・マスク、ピーター・ティールと世界一のリスクテイカーたちの薄氷の伝説

2023年5月9日　第1刷発行

著　者――ジミー・ソニ
訳　者――櫻井祐子
発行所――ダイヤモンド社
〒150-8409　東京都渋谷区神宮前6-12-17
https://www.diamond.co.jp/
電話／03･5778･7233（編集）　03･5778･7240（販売）
装丁――――小口翔平（tobufune）
本文デザイン―布施育哉
本文DTP――キャップス
校正――――円水社
製作進行――ダイヤモンド・グラフィック社
印刷――――勇進印刷
製本――――ブックアート
編集担当――三浦岳

ISBN 978-4-478-10679-2